지역사회복지실천론

| 지은구 · 조성숙 공저 |

Community
Welfare Practice

학지사

머리말

　지역사회조직(community organization)에서 출발하여 사회복지학과의 필수교과목으로 자리매김한 지역사회복지는 사회복지실천의 영역에서 분류하면 거시사회복지실천영역(macro social work)에 포함된다. 거시사회복지실천은 지역사회의 사회복지정책 및 사회서비스정책의 실현을 통하여 지역사회를 포용적 사회로 만들기 위한 모든 행동을 포함한다. 가장 작은 단위의 지역주민 개개인과 가족 그리고 지역주민들이 참여하는 다양한 지역사회조직, 지역사회 및 주민들의 삶의 질에 영향을 미치는 사회복지전달체계와 각종 사회복지제도 및 정책 등 모든 것을 포함하는 지역사회가 지역주민들을 배제하지 않고 지역주민들을 포용하도록 만들기 위해, 사회복지사들은 어떠한 이론과 실천방안과 전문적 기술 등을 가지고 있고 그것을 어떻게 활용하여야 하는가에 대한 구체적인 방안을 제시하여 지역사회현장에서 그들의 역량을 발휘하도록 길잡이가 되는 것이 곧 거시사회복지실천의 중요 학습내용이 된다.

　이 책은 사회복지사들이 지역사회에 개입하여 지역사회를 배제적이 아닌 포용적 지역사회로 만들기 위해 필요한 가능한 많은 지식과 방법 그리고 실천방안 등을 가능한 한 제시하기 위한 목적으로 기획되었다. 지역사회에 처음 입문하는 새내기 사회복지사들이나 학교에서 지역사회복지론을 처음 접하게 되는 학생들에게 지역사회현장은 자기가 살던 장소이기도 하고 자기가 관심이 있거나 자신이 일하는 장소이기도 하다. 이 책에서 지역사회는 장소와 공간을 우선으로 하여 공동의 이익과 관심을 가진 사람들이 모여 있는 집합체로 정의한다. 즉, 나와 나의 가족들(우리와 우리의 가족들)의 공동의 관심과 이익을 실현하는 장소적 의미의 지역사회를 나와 우리를 배제하지 않는 포용적 지역사회로 만들기 위한 실천적 방안을 탐색하기 위해 노력한다. 특히 지역사회복지실천영역에서 지역사회개입과 실천활동을 통해 지역사회를 보다 건강하고, 모든 주민이 소외당하지 않으며, 차별받지 않고 배제되지 않는, 즉 더불어 잘 살 수 있는 집단공동체로 건설하기 위한 알기 쉬운 매뉴얼의 역할을 지향한다. 이 책에서는 최근 지역사회의 현상을 보다 실천적으로 해설할 수 있는 최신의 이론 및 실천방안과 전문기술에 대하여 최근의 자료들을 중심으로 다루기 위해 노력하였다.

이 책이 지역사회실천현장의 사회복지사들에게 조금이나마 도움이 되기를 희망하며, 출간을 흔쾌히 허락하여 주신 학지사 김진환 대표께 감사를 드린다.

2019년 3월
지은구 · 조성숙

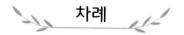

차례

제1부 지역사회복지의 기초

제1장 지역사회와 지역사회복지의 개념　13

제2장 지역사회복지의 역사　41

제4부 지역사회복지실천 추진체계

제1부
지역사회복지의 기초

제1장

지역사회와
지역사회복지의 개념

1. 개관

지역사회는 다양한 개념적 정의를 가지고 있는 혼합적인 의미의 용어이다. 지역사회는 지역사회복지학과 지역사회복지실천의 연구영역이자 실천이 일어나는 현장이라고 할 수 있다. 지역사회복지실천은 특히 개인적 치료와 정신치료 중심의 임상사회복지사들이 지역사회에 대한 지식과 기술 없이는 지역사회의 구성원들인 지역주민들을 완전히 이해하고 지원하는 데 한계가 있을 수밖에 없으며, 지역주민들의 삶에 영향을 미치는 중요한 강점들을 관리하고 형성하는 데에도 한계가 있을 수밖에 없고, 지역주민들이 스스로 역량강화를 하도록 돕고 개인적·사회적 자원을 활용하고 관리하도록 하는 데에도 한계가 있을 수밖에 없다는 사실을 깨닫게 된 이후, 사회복지분야에서 거시사회복지실천(macro social work practice)분야의 구체적인 실천방법으로서 자리 잡고 발전하게 되었다(지은구, 2003). 미시사회복지실천(micro social work practice)분야가 개인이나 집단들과의 직접적 실천개입에서 임상적 경쟁력을 강조하는 반면에, 거시사회복지실천분야는 지역사회정책을 발전시키고, 효과적인 사회복지서비스 전달을 조직화하며, 지역주민의 삶을 개선시키고, 지역사회문제를 예방 및 해결하기 위한 집단적 행동을 강조한다.

지역사회복지실천의 정의 및 범위 그리고 실천모델과 이론 등 지역사회복지실천에서 다루는 다양한 분야에 대한 본격적인 설명에 앞서 가장 먼저 이해하여야 하는 개념이 바로 지역사회와 지역사회복지 그리고 지역사회복지실천에 대한 개념 정리이다. 왜냐하면 지역사회가 지역사회복지실천이 일어나는 배경이기도 하지만 지역사회복지실천의 대상인 지역주민들을 포함하고 있는 사회적 단위이면서 지역사회 자체가 사회문제가 일어나고 해결되어야 하는 실천대상영역이기도 하기 때문이다. 또한 지역사회복지는 지역사회구성원들에게 영향을 주는 지역복지 수준이나 상태, 조건 등을 의미하므로 지역사회복지 수준을 증진시키기 위한 다양한 영역에서 다양한 대상을 향한 지역사회복지실천 활동이 필요하게 된다.

2. 지역사회의 개념 및 관점

1) 지역사회의 개념

지역사회의 사전적 정의는 지역사회라는 하나의 장소에서 살고 있는 사람들의 조직체 그리고 공동의 종교, 직업 등을 가지고 있는 사람들의 조직체이다. 사전적 정의에 따르면 지역사회는, 첫째, 장소적 개념과, 둘째, 공동관심이나 공동의 이익행동이라는 개념을 포함한다. 즉, 사전적으로 지역사회는 장소적으로 사람들이 살고 있는 곳, 공동의 이익이나 관심을 추구하는 곳이 된다. 따라서 지역사회의 개념을 알기 위해서 가장 기본적으로 지역사회는 하나의 장소라는 공간적 · 지리적 · 장소적 개념(물리적 환경)과 공동의 이익과 관심을 추구하는 것이라는 점을 이해하여야 한다. 이는 지역사회가 하나의 장소에서 살고 있음으로 물리적으로 눈에 보일 수도 있는, 우리가 살고 있는 동네나 마을로 이해될 수 있음을 뜻한다.

일반적으로 지역사회라고 하면 이러한 공간적 · 지리적 · 장소적 개념을 가장 먼저 떠올리게 된다. 하지만 지역사회는 이러한 공간적 개념을 뛰어넘는다. 즉, 주민들이 같이 생활하는 눈에 보이는 공간적인 특성을 가지고 있지는 않지만 공동의 이익이나 관심을 추구하는 지역사회인 경우는 지역사회구성원들이 여러 지역사회에 분산되어 살더라도 공동의 이익이나 관심을 실현하기 위하여 함께 움직인다는 측면에서 장소라는 공간적·시각적 범위를 뛰어넘는다는 것을 의미한다. Jacobson과 Heitkamp(1995)는 장소적 개념을 강조하여 지역사회가 도시, 농촌, 이웃 등과 같은 지리적 경계를 가지고 있는 것으로 정의하였지만, 기본적으로 지역사회는 지리적 장소라는 개념과 함께 공유하는 이익과 관심으로 지역사회를 정의하는 두 분류가 있다고 볼 수 있는데, 이러한 지역사회를 일반적으로 지리적 지역사회와 구별하여 기능적 지역사회(functional community; Kemp, 1995) 또는 사회적 지역사회(social community; Chaskin, 2013)로 구별한다. 공동의 이익과 관심으로 지역사회를 정의한다면 지리적·공간적 의미의 지역사회 이외에도 공동의 무엇인가를 함께 추구하는 다양한 수의 지역사회 또한 상존할 수 있게 된다.

기능적 지역사회가 지역사회의 기능, 즉 지역사회의 생산·분배·소비의 기능과 사회화의 기능 등 지역사회가 수행하는 기능을 의미하는 것으로 이해될 수 있으므로 Chaskin(2013)은 기능적 지역사회를 사회적 지역사회로 수정하여 지칭하였으며, 이 책은 사회적·관계지향적인 공동의 이익이나 관심을 가진 사람들의 집합체로서 지리적·공간적 지역사회와 다른 지역사회의 중요한 개념으로 사회적 지역사회를 지역사회의 중요한 영역(dimension)으로 제시한다.

Brueggemann(2002)은 지역사회를 우리의 욕구를 충족하고 상호 간의 목적을 성취하며 삶의 의미를 제공해 주는 공통의 경험과 관계의 묶음에 기초한 자연적 인간 협의체라고 정의하였다. 그는 지역사회를 2개의 영역, 즉 시간과 공간에 위치해 있는 지역사회와 시간과 공간의 범위에 위치해 있지 않은 지역사회로 나누었다. Norlin과 Chess(1997)는 지역사회를 지리적 영역에 기초하고, 대부분의 사람은 지역사회에서 공동의 욕구와 갈망이 만족되고, 그들의 공동의 문제를 다루며, 그들의 번영을 추구하는 수단을 찾으며, 그들의 사회에 연관이 있는 사회적 조직의 내재적 형태로서 정의하였다. Hardina(2002)와 Fellin(2001)은 지역사회를 장소, 이익, 그리고 동질성으로 구분하여 장소와 공동의 이익이라는 사전적 정의에 동질성이라는 의미를 추가하였다. Fellin에 따르면 지역사회는 사람들로 구성된 한 집단이 공동의 장소, 이익, 동질성, 문화, 공동의 행동 또는 상호행동에 기초해서 하나의 사회적 단위를 형성할 때 나타나게 된다고 한다. Cnnan과 Rothman(1995)은 지역사회가 소속된 사람들 또는 성원들에게 일련의 집합적 동질성을 제공한다고 하여 역시 동질성을 강조하였다.

Netting, Kettner, McMurtry와 Thomas(2016)는 지역사회의 개념이 무엇이든 간에

중요한 것은 지역사회라는 개념에는 공간, 사람, 상호행동 그리고 공유된 동질성이 공통요소임을 강조하였다. 따라서 공유된 이익이나 관심 그리고 공동의 목적을 성취하기 위한 상호행동과 동질성의 측면에서 지역사회를 바라본다면 이는 곧 지역사회가 탈지리적 개념을 나타내는 것이라고 볼 수 있으며, 이러한 지역사회는 곧 사회적 지역사회를 의미하는 것으로서 같은 인종, 같은 언어, 같은 종교, 같은 삶의 방식, 같은 계급, 같은 이데올로기, 같은 가치, 같은 성별, 같은 직장이나 직업 등으로 지역사회가 구분될 수 있음을 나타내 준다. Fellin(2008)은 지역사회가 동질성, 공동의 이익이나 관심에 기초하며 사람들이 공동의 이슈를 공유할 때 나타난다고 강조하였다. 이러한 학자들의 지역사회는 곧 사회적 지역사회를 의미한다.

　Chaskin(2013)은 또한 지역사회를 정치적 지역사회로도 분류하였다. 그는 지역주민들이 지역사회를 개선하기 위하여 행동에 개입함으로써 지역사회가 지역주민들을 하나로 묶는 정치적 개념을 갖는다고 강조하였다. 즉, 지역사회를 보다 좋게 만들기 위한 모든 사회행동을 위해서는 지역주민들이 함께 모여 행동하고 조직화하는 정치적 행동을 수행한다는 측면에서 지역사회는 정치적이라는 측면이 강조된다는 것이다. Gamble과 Weil(2008) 역시 기능적 지역사회를 강조하였는데, 그들이 제시한 기능적 지역사회는 사회문제를 해결하기 위해 주민들이 집단을 형성하여 함께 행동하는 집합체를 의미하므로 이는 곧 정치적 지역사회를 의미한다고 할 수 있다. Collins(2010)는 지역사회를 힘의 상호행동과 불평등이 명확한 영역으로 정치적 구조를 갖고 있다는 점을 강조하였으며 집단동질성으로 주민들이 힘의 구조 및 불평등을 개선하기 위하여 함께 행동하도록 하고 사회변화를 위해 연합하는 영역이라고 주장하여 지역사회의 정치적 의미를 강조하였다. 그는 정치적 지역사회에서 지역주민들은 시민사회 및 민주주의를 실현하기 위해 행동을 조직화하고 참여와 거버넌스를 확장하기 위해 노력하여야 함을 강조하였다.

　결론적으로 지역사회복지실천이 일어나는 실천현장인 지역사회는 지리적 지역사회와 사회적 지역사회 그리고 정치적 지역사회라는 중요한 영역을 가진 다면적 개념이다. 즉, 사회복지사가 지역사회에 개입한다고 했을 때 지리적 지역사회, 즉 대구광역시나 서울특별시 등과 같은 지역사회에 직접 개입하는 것을 나타내는 의미이기도 함과 동시에 서울특별시라는 지역사회에서 공동의 관심이나 이익을 추구하는 사람들의 집합체인 사회적 지역사회 그리고 지역사회의 힘의 구조나 불평등구조, 나아가 지역사회문제를 해결하기 위해 함께 행동하는 정치적 지역사회에 개입한다는 것을 의미한다. 결국, 지역사회란 지리적 장소로서의 개념이 한 축을 이루고 공동의 관심과 이익을 실현하는 사회적 개념이 좀 더 분화 발전하여서 집단동질성과 사회행동으로서의 지역사회로 발전하게 되었음을 알 수 있다. 따라서 지역사회는 지리적 장소, 공동의 이익과 관심 그리고 사회행동의 측면에서 정의될 수 있게 된다. 이러한 개념들을 적용하여 보면 지역사회란 지리적·공간적 영역에 기초하며 집합적 동질성을 가진 성원들이 상호행동하여 공동의 욕구를 충족하고 공동의 목적을 성취하기 위해 그리고 지역사회문제를 함께 해결하기 위해 행동하는 사회적 단위라고 정의내릴 수 있다.

지역사회	• 지역사회복지실천의 연구영역이자 실천이 일어나는 현장 • 사람들의 욕구를 충족하고 상호 간의 목적을 성취하며 삶의 의미를 제공해 주는 공동의 경험과 관계의 묶음에 기초한 자연적 인간협의체 • 지역사회란 지리적 영역에 기초하며 집합적 동질성을 가진 성원들이 상호행동하여 공동의 욕구를 충족하고 공동의 목적을 성취하기 위해 그리고 지역사회문제를 함께 해결하기 위해 행동하는 사회적 단위
지역사회의 영역	• 지역사회는 지리적 지역사회와 사회적 지역사회 그리고 정치적 지역사회로 구성

※ 사회복지사가 서울이나 대구라는 지역사회에 개입한다고 했을 때 장소적·공간적으로는 대구광역시라는 지역사회에서 실천활동을 수행한다고 이야기할 수 있다. 하지만 사회복지사가 노숙인들이 집중적으로 모여 있는 서울역이나 대구역 근처의 쪽방촌지역에 보다 구체적으로 개입한다고 했을 때 쪽방촌은 사회계급적으로 사회하층계급에 속하는 노숙인들의 공동의 이익과 관심을 추구하는 지역사회로서 사회적 지역사회에 개입한다고 생각할 수 있다.[1] 또한 노숙자들의 생활개선 및 복지향상을 위해 사회복지사들과 주민 그리고 노숙인들이 함께 그들의 문제를 개선하기 위해 사회행동을 하는 정치적 지역사회에 개입한다고도 볼 수 있다.

1) 우리나라에서는 일반적으로 지역사회를 지리적 영역으로 좁게 바라보는 시각이 존재한다. 사회복지사가 지역사회에 개입한다고 했을 때 물론 지리적·공간적 의미의 지역사회로 개입하는 것이 맞지만 지역사회는 지리적 영역에 국한되는 개념이 아니고 보다 넓은 개념임을 반드시 인지하여야 지역사회구성원들을 위한 지역사회복지 개선 및 향상을 위한 실천활동을 올바르게 수행할 수 있다.

2) 지역사회에 관한 관점[2]

지역사회를 해석하고 설명하는 다양한 관점이 존재한다. 지역사회 관점들은 우리에게 지역사회를 어떻게 바라보아야 하는가에 대한 해답을 제시해 준다. 지역사회를 어떻게 바라볼 것인지에 대한 다양한 관점은 지역사회에 개입하는 사회복지사들이 지역사회에서 일어나는 모든 현상에 대한 나름대로의 해석을 할 수 있도록 돕는다. 따라서 지역사회를 바라보는 관점은 지역사회복지실천을 수행하기 위해 반드시 사회복지사들이 이해하고 학습해야 하는 분야라고 할 수 있는데, 이는 지역사회를 어떻게 설명하는가에 따라 또는 지역사회를 어떻게 이해하는가에 따라 지역사회복지실천을 위한 관점 또는 이론과 실천모델이 다르게 적용될 수 있기 때문이다. 지역사회에 대한 관점들은 많은 학자에 의해서 제기되었는데 이 책에서는 Warren(1972; 1978)이 정리한 관점들을 중심으로 살펴보도록 한다. Warren(1972)은 지역사회를 설명하기 위하여 다음의 다섯 가지 관점을 제시하고 있다.

- 구조 관점
- 사회-심리 관점
- 사람과 영역 관점
- 기능·행동과정 관점
- 기능주의 관점

이상의 지역사회에 관한 관점들을 설명하면 다음과 같다.

(1) 구조 관점

지역사회를 설명해 주는 구조 관점의 가장 큰 특징은 지역사회가 크게 3개의 하위체계(하위구조)로 구성되어 있다고 본다는 점이다. 즉, 첫 번째는 정치적-법적 구조이고, 두 번째는 지리-공간적 구조 그리고 세 번째는 사회계층화와 권력구조이다. 이 관점들을 차례로 살펴보면 다음과 같다.

---

2) 이하 내용은 지은구(2003), 지은구, 조성숙(2010), 제1장의 내용을 참고하여 수정·보완하였음.

① 정치적 · 법적 지역사회

정치적 · 법적 구조로 지역사회를 바라보는 시각은 지역사회가 수도, 시, 군, 구 등과 같은 공식적 행정단위로 구분된다는 관점이다. 즉, 지역사회에 대한 정치적 · 법적 관점은 지역사회를 중앙정부나 지방정부로부터 공공서비스를 받고, 정부에 세금을 지불하고, 투표를 하는 측면에서 지역사회를 구분하는 관점으로서 지역사회주민들의 역할, 책임성, 혜택에 따라 지역사회를 구분하는 것을 의미한다. 정치적 · 법적 관점은 국가가 지역사회를 운영하고 지역사회주민들을 통치하고 관리하는 것을 손쉽게 하기 위해서 행정 편의적으로 지역을 구분하여 지역사회에 명칭을 부여함으로 탄생되기도 한다. 예를 들어, 서울특별시 송파구 방이동, 대구광역시 달서구 용산동 등과 같은 이름은 국가가 편리하게 지역을 관리 운영하기 위한 정치적 · 법적 관점으로 지역사회에 명칭을 부여한 것으로 이해할 수 있다.

정치적 · 법적 지역사회	지역사회는 수도, 시, 군, 구 등과 같은 공식적 행정단위로 구분된다.

② 지리-공간적 지역사회

지리-공간적 구조로 지역사회를 바라보는 시각은 사람들이 함께 모여 사는 지리적 · 영토적 공간으로 지역사회를 바라보는 시각이다. 따라서 공간 내에 함께 살고 있는 사람들이 지역사회를 정의하는 기초를 제공한다고 볼 수 있다. 지리-공간적 관점의 개념은 하나의 장소에 살고 있는 사람들의 조직체로 지역사회를 바라보는 사전적 의미의 대표적 개념이라고 할 수 있다.

지리-공간적 지역사회	지역사회는 사람들이 함께 모여 사는 지리적 · 영토적 공간으로 구분된다.

③ 사회계층화와 권력구조 지역사회

사회계층화와 권력구조로 지역사회를 바라보는 시각은 지역사회 안에서 결정수립의 권한(누가 결정하는가?), 경제적 자원, 지위, 불평등한 분배의 영향 등에 의해서 지역사회가 구분된다고 바라본다. 즉, 사회계층화와 권력구조 지역사회는 권력, 힘의 관계, 계급 등으로 지역사회가 계층화된다고 보는데, 빈곤지역이나 부자지역 등으로 구분하는 것은 모두 사회계층화와 권력구조 관점으로 이해 및 해석이 가능하다고 할 수 있다. 따라서 이 관점에 따르면 지역사회에 대한 연구는 누가 지역사회를 지배하는지, 무엇에 의해 지배당하는지, 그리고 어떻게 지배의 위치나 종속관계가 수년 동안 변화하는지 등의 힘의 관계 및 계급구조와 권력에 대한 조사를 필요로 한다.

사회계층화와 권력구조 지역사회	지역사회는 권력, 힘의 관계, 계급 등으로 구분된다.

(2) 사회-심리 관점

사회-심리 관점은 지역사회가 3개로 구성되어 있다고 설명한다. 즉, 사회-심리 관점으로 지역사회를 구분하는 데 있어 지역사회는 이익 지역사회, 개인-심리적 지역사회, 그리고 문화-인류적 지역사회로 나뉘어 설명된다.

① 이익 지역사회

이익으로 지역사회를 바라보는 시각은 지역사회가 공동의 이익이나 관심에 의해 함께 묶여 있는 일련의 사람이나 집단의 공동체라는 측면이 강조된다. 이 집단에 있는 성원들은 상호소속감, 공유된 목적, 가치, 또는 행동에 기초한 연계나 연대감을 가지고 있으며 이러한 연계나 연대에 대한 공동의 감정이 곧 지역사회를 구성하게 된다. 사전적 정의에서 지역사회를 공공의 관심이나 이익을 실현하는 사람들의 조직체라고 바라보는 관점은 바로 이익지역으로 지역사회를 바라보는 시각을 의미한다.

이익 지역사회	지역사회는 공동의 이익이나 관심에 의해 함께 묶여 있는 일련의 사람이나 집단의 공동체로 구분된다.

② 개인-심리적 지역사회

개인-심리적으로 지역사회를 바라보는 시각은 개개인들의 입장에서 지역사회를 바라보는 것을 특징으로 한다. 즉, 어린이들은 어린이들의 시각으로 지역사회를 바라보며 그들 나름대로 기준을 가지고 지역사회를 결정하고 구분한다. 특히 어린이들은 지역사회를 어른들보다 좁게 보는 경향이 있다. 가난한 사람들은 그들 나름대로의 속성이나 특징을 가지고 중간 또는 상위 부자들이 사는 지역사회와 비교해서 그들이 살고 있는 지역사회를 정의하고 경계를 지으려고 하는 경향이 있다. 예를 들어, 한 가족 구성원으로 엄마와 아버지 그리고 아이가 모두 같은 지역사회에 살고 있지만 그들은 모두 각기 나름대로 지역사회를 경험하고 한정하여 지역사회를 경계지으며 구분하는 경향이 있다. 따라서 같은 지역사회에 포함되어 있는 구성원들의 개인적ㆍ심리적 성향에 따라 지역사회가 다르게 이해될 수 있으므로 같은 지역사회구성원이라고 해도 모두 동일하게 지역사회를 이해하고 구분하지 않을 수도 있음을 이해하는 것이 매우 중요하다고 할 수 있다.

개인-심리적 지역사회	지역사회가 개개인들의 입장에서 그들 나름대로의 속성이나 특징을 기준으로 하여 구분된다.

③ 문화-인류적 지역사회

문화-인류적으로 지역사회를 바라보는 시각은 지역사회를 행동, 풍습, 규범, 태도 등을 포함하여 비슷한 문화나 비슷한 언어 그리고 비슷한 태도나 풍습을 갖는 사회적 삶의 형태로 바라보는 것이다. 즉, 문화-인류적 관점에 따르면 지역사회란 비슷한 언어를 사용하는 사람들의 집합체 내지는 비슷한 종교나 문화 등을 가지고 있는 사람들의 집합체라고 규정지을 수 있다. 예를 들어, 같은 종교를 가지고 있는 사람들이 모여 살고 있는 지역사회는 문화-인류적 시각으로 이해될 수 있다.

문화-인류적 지역사회	지역사회가 행동, 풍습, 규범, 태도 등을 포함하여 비슷한 문화나 비슷한 언어 그리고 비슷한 태도나 풍습을 갖는 사회적 삶의 형태로 구분된다.

(3) 사람과 영역 관점

사람과 영역 관점에 따르면 지역사회는 본질적으로 인구통계적이고 생태적이다. 사람과 영역 관점이 인구통계적이라는 의미는 자기가 살고 있는 지역사회는 인구통계에 기초한다는 것을 의미한다. 즉, 인구통계학 또는 인구학은 인구 출산율, 유아 사망률, 수년 동안의 다양한 인구의 특징과 변화, 인구이동, 실업률, 빈곤율, 집 보유 상태, 월세 전세 비율, 세대소득, 학력 등 인구에 대한 통계적 조사를 의미하는데, 결국 이러한 관점에서 지역사회란 사람들과 각종 인구통계들의 총체적 특성으로 구분되고 구성될 수 있게 된다. 특히 인구통계를 강조하는 사람과 영역 관점은 인구조사나 정부 통계에 나타나 있는 인구통계자료의 특성으로 지역사회를 구분하기 때문에 이들 자료를 기초로 해서 지역사회가 이해되고 구분되므로 인구통계자료로 구분되는 지역사회에 대한 개념이라고 이해할 수 있다.

사람과 영역 관점에서 생태적 관점이란 자기가 살고 있는 주변 환경이 곧 지역사회라는 것을 의미한다. 즉, 자기가 살고 있는 지역의 물리적 환경이 곧 지역사회인 것이다. 예를 들어, 자신이 살고 있는 장소에서 자신과 연관이 있고 자신과 상호행동하는 주변 환경을 지역사회라고 이해한다. 따라서 생태적 관점에서 지역사회를 이해하기 위해서는 사람과 그들의 환경과의 상호행동을 조사하는 것이 중요하다고 할 수 있다. 이 관점에 따르면 지역사회란 인간 삶과 사회조직에 대한 환경의 효과에 대한 관심과 연관이 있다. 따라서 생태적 관점에서 지역사회는 개개인을 둘러싼 시설(또는 물리적 환경)의 공간적 배분이 중요한 측면을 이룬다고 볼 수 있다.

사람과 영역 관점 지역사회	• 지역사회는 인구통계자료로 구분된다. • 자기가 살고 있는 주변 환경이 곧 지역사회이다.

(4) 기능 · 행동과정 관점

기능 · 행동과정 관점은 지역사회의 기능을 강조하는 기능과 지역사회구성원들의 행동을 강조하는 행동과정으로 지역사회를 바라보는 2개의 관점이 있다.

① 기능적 지역사회

지역사회를 기능적 관점으로 해석하고 이해하는 것은 지역사회가 기능에 따라 분류된다는 것을 의미한다. 기능적 관점에 따르면 지역사회란 어떤 목적, 기능, 또는 욕구가 해결되어야 하는 문제의 측면에서 정의된다. Ross(1967)에 따르면 기능적 지역사회란 복지, 농업, 교육, 종교, 경제, 행정, 정치 등과 같은 공동의 이익이나 기능을 공유하고 있는 사람들의 집합체가 된다. 즉, 행정도시, 정치도시, 교육도시, 과학도시 등과 같은 지역사회의 구분은 그 지역의 기능을 의미하는 것으로서, 정치도시는 정치와 관련된 시설과 집단들이 모여 있으며 지역사회의 구성원들이 정치적 행동을 지향하는 사람들로 구성된다. 우리나라의 도시를 예로 들면, 제주도는 관광도시의 기능을 갖고 있고 울산은 자동차산업도시, 포항은 철강도시의 기능을 가지고 있다고 볼 수 있다.

기능적 지역사회	지역사회는 도시의 기능에 따라서 구분된다.

② 행동과정 지역사회

지역사회에 대한 행동과정 관점은 지역사회를 일반적으로 하나의 장소 그리고 특정 기능이나 공동의 이익을 추구하는 집합체로 보는 대신 공동의 행동을 추구하는 집합체로 보는 경향이 있다. 다시 말해, 지역사회에서 일어나는 행동에 따라 지역사회를 구분한다는 것을 의미한다. Kaufman(1959)에 따르면 지역사회란 추구되어야 하는 포괄적인 관심이나 이익, 행동의 확인, 행동에 대한 참여의 정도, 행동에 참여하는 조직의 범위를 포함하는 상이한 지역행동들을 위한 하나의 다면체라고 한다. 행동과정 관점에 따르면 장소적으로 같은 지역에 거주하는 지역구성원이라도 어떤 행동을 하느냐에 따라 상이한 지역사회구성원으로 구분될 수 있다. 즉, 같은 행동에 참여하는 집단구성체가 하나의 지역사회로 구분된다. 따라서 하나의 장소로 이해되는 지역사회라도 그 지역사회의 구성원들이 어떠한 행동을 하느냐에 따라서 상이한 지역사회로 다시 분류될 수 있게 된다. 예를 들어, 한 마을이 노인요양원 설립을 찬성하는 구성원과 반대하는 구성원으로 나뉜다면 그 지역사회는 행동과정 관점에 의해서 2개의 지역사회로 구분될 수 있다.

행동과정 지역사회	지역사회는 공동의 행동을 추구하는 집합체로 구분된다.

(5) 기능주의 관점

기능주의(functionalism)는 사회현상을 이해하는 가장 대표적인 이론으로서 지역사회가 수행하여야 하는 기능을 중심으로 지역사회를 이해하는 관점이다. 기능주의는 지역사회를 이해하기 위해서는 구조와 기능에 대한 분석이 중요함을 강조한다(Netting, Kettner, & McMurtry, 2004). 하나의 구조로 학교를 예로 든다면, 학교는 학생들을 가리키는 기능을 수행하는 것으로 이해할 수 있다. 기능주의는 지역사회를 사회기능과 사회구조가 복잡하게 얽혀 있는 하나의 사회체계로 바라본다(Harrison, 1997). 따라서 기능주의적 관점은 사회체계이론의 기초가 된다고 할 수 있다.

기능주의 관점에 따르면 지역사회는 반드시 수행하여야 하는 기능들로 구성되는데 만약 구성된 기능들이 제대로 작동하지 않는다면 지역사회는 올바른 역할을 수행하지 못하게 된다. 지역사회의 기능을 설명하는 기능주의 관점은 Warren(1972; 1978)과 Sanders(1966), Pantoja와 Perry(1992) 등에 의해서 대표되는데 그들의 관점을 살펴보면 다음과 같다.

기능주의 관점 지역사회	지역사회는 반드시 수행하여야 하는 기능들로 구성되는데 만약 구성된 기능들이 제대로 작동하지 않는다면 지역사회는 올바른 역할을 수행하지 못하게 된다.

① Warren의 입장

Warren에 따르면 지역사회는 생산, 분배, 소비, 사회화, 사회통제, 사회참여 그리고 상호지지의 기능을 담당한다. 덧붙여 그는 지역사회를 사람들의 생존과 성장을 위해 필요한 행동에 참여하는 기회를 사람들에게 제공하는 사회적 관계의 조직이라고 생각했는데 이러한 행동은 결국 생산, 분배, 소비, 사회화, 사회통제, 사회참여 그리고 상호지지의 기능을 행함으로써 구체화된다. 결국 그에 따르면 지역사회란 장소와의 관련성을 갖는 주요한 사회적 기능(생산, 분배, 소비, 사회화, 사회통제, 사회참여 그리고 상호지지)들을 수행하는 사회적 단위와 체계의 조합이 된다(Warren, 1978).

그에 따르면 장소와 관련한 사회적 기능들은 공식적 조직에 의해서만 수행되는 것이 아니라 비공식적인 집단이나 협회(association)에 의해서도 수행된다. 그리고 하나의 사회적 단위가 하나 이상의 기능을 수행할 수도 있다. 예를 들어, 학교가 사회화 기능과 함께 다른 기능까지 지역 주민들을 위해 제공하는 것과 같다.

생산·분배·소비의 기능은 음식, 의복, 주택 등과 같이 우리가 매일매일 살아가기 위해 필요로 하는 기본적 재화나 서비스를 만들고, 분배하고, 사용하는 과정을 의미한다. 많은 유형의 조직들이 이러한 기능을 수행하고 있다.

사회화기능은 개개인들이 지식, 가치, 사회의 행동 유형과 사회적 단위의 구성요소를 배우는 과정을 의미한다. 가족, 집단, 조직, 지역과 같은 모든 사회적 단위들은 직·간접적으로 그들의 구성원들에게 필요한 정보를 가르친다. 가족과 학교는 알려져 있듯이 대표적인 사회화를 위한 제도이다.

사회통제기능은 한 집단이 사회적 규정, 규범, 그리고 규칙을 가지고 그들 구성원들로부터 복종을 획득하는 과정을 의미한다. 사회통제는 내적 통제와 외적 통제의 두 측면을 가지고 있다고 한다. 먼저 내적 통제는 사회화를 통해서 발전되는 것이고 외적 통제는 복종을 보장하기 위해서 집단에 의해서 부과되는 통제를 의미한다. 정부는 가장 대표적인 사회통제의 주요 기관이며 경찰은 전형적인 지방의 사회통제기관이다.

사회참여기능은 다양한 사회 집단이나 조직에 참여하는 과정을 의미하며, 상호지지기능은 지역 성원들의 번영을 위해 돌보는 과정을 의미한다. 가족, 이웃, 친구들은 일차적으로 사회적 지지와 보호를 제공하는 집단이며 지역이 점점 더 복잡해지면서 많은 이차적 집단들이 상호지지기능을 제공하기 위해 나타났다. 대부분의 사회복지시설이나 기관들을 포함해서 신용조합이나 협동조합 등이 이에 포함된다.

따라서 지역을 기능주의 입장에서 생산, 분배, 소비, 사회화, 사회통제, 사회참여 그리고 상호지지의 기능들을 수행하는 상호 연관된 체계 또는 단위의 복잡한 망으로 생각한다면 이 단위들이나 체계들 사이의 관계가 어떻게 정리될 수 있는지에 대해 Warren은 수평적 지역조직(또는 단위)과 수직적 지역조직의 개념을 가지고 설명한다. 즉, 지방조직이나 단위 또는 체계는 다른 지방조직(수평적 체계)과 일반적으로 관계를 맺으면서 또 한편으로 초 지역적 조직(수직적 체계)들과 연관을 맺는다는 것이다. 학교를 예로 들면, 한 지방에 있는 초등학교는 일반적으로 그 지방의 학부모 협회, 다른 초등학교, 그리고 그 지방의 초등학교 담당 부서 등과 관계를 맺고 있다(수평적 관계). 하지만 동시에 그 지방의 초등학교는 시 교육위원회, 교육인적자원부 등과도 관련을 맺고 있다(수직적 관계). 수평적 조직은 일차적이고 신성한 관계와 책임을 강조한다고 하며 수직적 조직은 더욱 명백한 사회적 계약, 더 특수화된 노동의 분업, 그리고 이차적 관계를 강조한다.

② Pantoja와 Perry 그리고 Sanders의 입장

Pantoja와 Perry(1992)는 Warren이 강조한 지역사회의 다섯 기능에 덧붙여 지역사회는 생산·분배·소비의 기능과 사회화, 사회통제, 사회배치(social placement), 상호지지, 방어(defence), 그리고 의사소통(communication)의 모두 7개 기능을 수행하는 체계로 보았다. Pantoja와 Perry에 따르면 지역사회가 7개의 기능을 제대로 수행한다

면 지역사회구성원들의 욕구는 해결될 수 있지만, 그렇지 않은 경우 구성원들의 욕구
는 해결되지 않으며 지역사회의 변화는 일어나지 않을 것임을 강조하였다.

Pantoja와 Perry에 따르면 사회배치는 Warren의 용어를 빌리면 사회참여를 의미하
므로 지역사회의 새로운 기능으로 보기는 어렵고, 방어는 지역사회가 구성원들을 보
호하고 돌보는 기능을 의미하므로 보다 넓은 의미의 상호지지기능이라고 할 수 있다.
그들에 따르면 일부 지역사회는 방어지역으로 이해될 수 있는데 방어지역에서는 지
역사회가 그 구성원들을 돌보는 다양한 기능을 수행한다.

의사소통은 방어와 함께 Pantoja와 Perry가 강조하는 지역사회기능으로서 사상이나
생각을 표현하기 위해 사용하는 공동의 언어나 상징을 의미한다. 그들에 따르면 의사
소통은 지역구성원들을 함께하도록 하고 하나로 묶는 데 기여하는 지역사회의 중요
한 기능이다. 즉, 문서화된 글이나 사람들 사이의 대화나 그림 등은 의사소통의 중요
한 도구로서 그것을 통해서 지역사회구성원들의 사상이나 사고가 이해되고 표현되기
때문에 의사소통은 지역사회구성원들의 단합이나 공동체 의식을 강화시키는 데 있
어 중요한 기능을 수행한다. 이러한 Pantoja와 Perry 그리고 Warren의 견해(지역사회
가 위에서 제시한 7개의 기능을 수행하여야 하며 이 기능들이 제대로 작동하지 않는다면 지
역사회는 지역주민들의 욕구 및 문제를 해결하지 못하게 된다는 견해)는 Netting과 동료들
(2008)에 의해서도 지지되었다.

한편, Sanders는 지역사회의 기능을 새로운 성원의 모집, 재화와 서비스의 할당, 사
회통제, 사회화, 사회통합 등이 포함된다고 강조하였다.

〈표 1-1〉은 Warren, Pantoja와 Perry 그리고 Sanders의 지역사회기능을 정리한 것
이다.

표 1-1   지역사회 기능주의 관점의 분류

Warren의 지역사회기능	Pantoja 와 Perry의 지역사회기능	Sanders의 지역사회기능
1. 생산, 분배, 소비 2. 사회화 3. 사회통제 4. 사회참여 5. 상호지지	1. 생산, 분배, 소비 2. 사회화 3. 사회통제 4. 사회배치(참여) 5. 상호지지 6. 방어 7. 의사소통	1. 새로운 구성원의 모집 2. 재화와 서비스의 할당 3. 사회통제 4. 사회화 5. 사회통합

3) 지역사회복지학자들의 지역사회에 대한 관점

오래전부터 지역사회에 관심을 가지고 지역사회에 대해 다양한 관점을 제시한 Warren 등과 같은 지역학자들과 비교하여 지역사회복지학자들은 지역사회복지실천의 입장에서 지역사회를 어떻게 이해하고 바라보는가? 지역사회복지영역에서 지역사회에 대한 개념이 이론적으로 정립되기 시작한 것은 1980년대 이후라고 할 수 있다. 지역사회복지학자들인 Rubin과 Rubin(2008)은 지역사회를 다섯 유형으로 나누어서 설명한다. 그들에 따르면 지역사회란 장소로서의 지역사회, 연대로서의 지역사회, 사회계급으로서의 지역사회, 사회네트워크(social network)로서의 지역사회 그리고 이익으로서의 지역사회로 나뉜다. 지역사회에 대한 Rubin과 Rubin의 정리 이외에 Kemp는 삶의 공간으로서 지역사회를 그리고 Hardcastle, Wenocur와 Powers(2011)는 갈등의 장으로서의 지역사회를 이해하는 관점들을 소개하고 있다. 또한 거시사회복지실천을 강조하는 Netting, Kettner, McMurtry, Tropman, Rothman 등은 지역사회를 변화가 일어나는 실천현장으로 바라본다는 특징이 있다.

지역사회에 대한 지역사회복지학자들의 관점을 정리하면 다음과 같다.

(1) 장소로서의 지역사회

사회복지사가 개입하는 지역사회는 분명히 장소이고 공간이다. 장소로서의 지역사회란 지역사회에 대한 사전적 의미에 기초하여 하나의 장소에 살고 있는 사람들의 집합체로 지역사회를 바라보는 시각에 기초한다. 이런 의미에서 장소로서의 지역사회는 매일매일의 삶의 주요 영역을 접근할 수 있는 특정 지리적 영역 또는 근접하게 살고 있는 사람들의 집단으로 정의될 수 있다. 장소로서의 지역사회에서는 민족성이나 문화에 의해서 지역구성원들의 사회적 관계가 강화될 수 있다. 지역사회를 장소의 개념으로 인식하는 경우 사회복지사들은 다음과 같은 점에 유의해야 한다.

첫째, 특정 장소에 사람들은 같이 모여 살지만 서로서로가 상호 간에 연결되어 있다고 생각할 필요는 없다. 한 장소 또는 영토에 많은 지역사회가 존재할 수도 있다. 꼭 한 장소에 한 지역사회만이 존재한다고 생각할 필요는 없다.

둘째, 장소로서의 지역사회에는 동질성을 공유하는 집단과 그렇지 않은 매우 이질적인 개별적 특성을 갖는 집단이 같은 지역사회 안에서 생활할 수 있기 때문에 사회복지사들은 장소로서의 지역사회를 이해하기 위해서 그 지역사회구성원들이 갖는 기능적 지역사회의 특성인 동질적 성격을 찾는 것이 무엇보다 중요하다.

외부인으로서 사회복지사가 바라보는 특정지역사회에 대한 생각은 그 지역사회 안에서 생활하고 있는 주역주민들과 상이할 수 있다. 따라서 지역사회를 장소로 인식하는 경우 지역사회를 구분 짓는 경계에 대해 지역 주민들에게 물어보는 것이 중요하다고 볼 수 있다. 사회복지사는 그들이 개입하여 일하게 되는 지역사회와 친밀해져야 할 필요성이 있는데 그렇게 하기 위해서 일반적으로 탐색해야 할 지역주변을 관찰하고 주변사람들과 함께 그 주변을 거닐며 시간을 보내는 것이 그 지역사회의 공간적 지리적 특성을 이해하는 데 중요할 수도 있다.

(2) 연대로서의 지역사회

연대로서 지역사회를 바라보는 시각은 지역사회가 공통의 유산을 가지고 있다는 전제에 기초한다. 즉, 종교, 민족성, 인종, 문화, 언어 등과 같이 공통의 유산을 가지고 있는 주민들은 강력한 일체감 또는 동질성을 갖게 되고 공동의 가치와 신념체계를 가지고 있을 수 있다. 예를 들어, 미국 뉴욕에 있는 브루클린의 한 지역은 유태인들이 그들의 신념과 종교가치 등을 공유하며 지역을 형성해서 살고 있고, 지리산 청학동에는 여전히 과거의 전통을 고수하며 살고 있는 지역주민들이 존재하고, 아직도 일부 지역사회는 같은 성을 가진 사람들만이 살고 있는 경우도 종종 볼 수 있는데, 이런 경우 그 지역사회의 연대성은 공통의 일체감을 갖지 못한 지역사회구성원들이 갖는 연대감보다 매우 높다고 할 수 있다.

이 경우 사회복지사는 인구통계국의 자료(예를 들어, 지역주민의 나이분포나 가구형태나 소득수준 등)만 가지고, 즉 인구통계적 관점만 가지고 지역사회의 특징이나 성격을 이해하기 어렵기 때문에 보다 실제적이고 구체적인 지역사회에 대한 자료를 필요로 하게 된다.

(3) 사회계급으로서의 지역사회

사회계급으로서의 지역사회는 앞에서 설명했던 사회성층화와 권력구조적으로 지역사회를 바라보는 관점에 기초한다. 즉, 사회계급으로서의 지역사회는 공유하고 있는 권력 또는 힘의 관계로 지역사회를 이해하며 정의한다. 다시 말해, 지역사회는 힘(power)의 관계에 따른 계급의 분화에 의해 정의될 수 있다는 것을 의미한다. 사회적 계급은 힘을 나타낼 수 있는 소득, 교육, 재산의 소유관계, 자원과 기회에 접근할 수 있는 접근성의 정도 등에 기초한다. 어떤 특정 지역에 있는 주민들이 어떠한 힘의 관계를 형성하고 있는지 인구통계나 장소로서의 지역에 대한 접근방법을 통해서는 정확한 대답을 찾을 수 없지만, 사회계급으로 지역사회를 바라보는 관점은 특정 지역사회의 힘의 관계를 통해서 그 지역의 특징을 분석하는 데 도움을 줄 수 있다. 예를 들어, 대도시 슬럼지역(빈곤지역)의 경우 지역주민들의 빈곤화는 힘의 관계를 통해 분석될 수 있고 결국 힘의 관계는 그 지역사회의 특성을 파악할 수 있도록 하는 데 도움을 준다.

따라서 사회계급으로서 지역사회를 이해하기 위해서 사회복지사는 지역사회 안에 존재하고 있는 지역 주민들 사이의 힘의 분석(power analysis)이 필요하게 된다. 사회복지사들에게 힘의 분석은 다음의 두 가지 명확한 강점들을 제시해 준다.

첫째, 권력 또는 힘이 없음이 그 지역사회에 있는 구성원들에게 어떠한 영향을 가져다주는지를 이해할 수 있게 한다.

둘째, 지역사회를 계급적으로 구분 짓는 잠재적인 힘의 원천(sources)들이 무엇인지를 확인할 수 있다.

(4) 사회네트워크로서의 지역사회

지역사회를 사회네트워크로 바라보는 시각은 사람들이 연결망을 구성하고 이 연결망이 곧 지역사회를 구성한다는 것을 강조하기 때문에 지역사회가 네트워크로 구성되어 있다고 이해한다. Rubin과 Rubin(1992)에 따르면 사회네트워크는 특정한 논의 또는 이슈에 대한 정보를 흐르게 하고 돕는 연계된 관계의 하나의 유형이라고 한다. 연결망은 가족, 친척, 동료, 또는 공동의 관심사 주변으로 함께 모이는 사람들로 구성된다. Rubin과 Rubin(1992)은 연결망 구축을 위한 일차적인 기초가 동일한 욕구와 정서(감정)이기 때문에 연결망의 초점은 상호원조에 있다고 한다. 상호원조는 협조와 지지로 발전하기 때문에 사회복지사는 가족 연결망(family network)뿐만 아니라 사회네트워크가 어떻게 이루어져 있는지 파악하고 있어야 하며 사회네트워크의 파악을 통해서 지역사회의 구성원들을 이해하고 그들의 문제를 해결하는 데 있어 중요한 정보를 제공받을 수 있게 된다. 결국 사회네트워크로서의 지역사회는 특정한 논의 또는 이슈에 대한 정보를 유통시키고 상호 돕는 네트워크로 구성되어 있다는 점이 강조된다.

(5) 이익으로서의 지역사회

지역사회를 이익으로 이해하는 관점은 지역사회가 서로 간에 이해가 얽혀 있는 조직체로 바라본다는 특징이 있다. 이익으로 지역사회를 바라보는 관점은 지역사회에 대한 사전적 정의의 두 번째 의미인 공동의 관심을 가지고 있는 조직체의 개념이 발전된 것으로 볼 수 있다. 많은 지역이 공유하고 있는 지리적 영토보다 공유하고 있는 공동의 관심이나 이익을 가지고 있는 것으로 한정되기도 한다. 즉, 이러한 지역사회는 공동의 이익이나 관심을 가지고 있는 사람들에 의해 쉽게 조직화될 수 있다. 예를 들어, 독신남녀 모임, 환경문제 모임, 알콜중독자 모임, 단도박 모임 등의 다양한 공동의 이익이나 관심을 가지고 있는 사람들로 지역사회가 조직화되고 구성된다. 최근 인터넷의 발전으로 심지어 물리적 접촉이 없이 그리고 대화를 통하지 않고도 이익지역사회의 구성이 가능해지고 있다.

(6) 삶의 공간으로서의 지역사회

삶의 공간으로 지역사회를 바라보는 관점은 지역사회에 대한 생태적 관점의 확대 발전이라고 볼 수 있다. Kemp(1995)는 생태적 관점을 가지고 지역사회를 해석하는 이론을 제시하였다. 그녀는 기본적으로 Rubin과 Rubin(2008)의 지역사회에 대한 다섯 관점을 지지하며 추가로 생태적 관점에서 지역사회를 해석하는 삶의 공간으로서의 지역사회라는 개념을 제시하였다.

그녀에 따르면, 삶의 공간이라는 용어는 개개인이 경험하고 건설하는 그들만의 사회적 그리고 물질적 세계의 특정한, 개인화된 방식을 설명하는 용어라고 할 수 있다. 누구나 개인적으로 그들만의 특수한 공간을 가지고 있을 수 있으며 같은 공간이라고 해도 개인적 느낌이나 경험에 따라 매우 다르게 해석될 수 있다. 비록 집합적으로는 특정 공간에 대해 사람들이 경험하는 것이 비슷할지라도, 개개인의 수준에서는 그들 나름대로의 개인적 특성과 경험을 바탕으로 지역사회를 형상화하고 색깔을 칠한다. 생태적 관점에서 삶의 공간은 Niche(적소)로 설명되기도 한다(Brower & Nurius, 1993; Germain, 1985). Niche는 경험, 인식, 문화, 그리고 기회구조에 의해서 만들어지는 장소이며 사람들은 일생을 살면서 다양한 Niche를 점유할 수 있다. 결국 개개인들의 삶의 공간(Niche)은 다를 수 있으며, 따라서 지역은 각기 다른 사람들이 경험하는 자신들만이 갖는 삶의 공간으로서의 Niche라고 할 수 있다. 다시 말해, 생태적 입장에 따르면 지리적으로 똑같은 공간이 아니라 개개인 나름대로의 공간이 바로 그들만의 지역사회가 된다. 그들만의 지역사회인 삶의 공간에서 개개인들은 편안함과 안락함을 느끼며 그 공간을 벗어난 경우는 새로운 공간에 적응하여야 한다.

지역사회복지실천분야에서 지역주민 또는 사람들이 이러한 그들 나름대로의 다양한 Niche에 귀속하는 의미와 가치를 이해하는 것은 대단히 중요할 수 있으며 또한 그들의 Niche에서 그들이 갖는 경험을 이해하는 것 역시 중요하다고 볼 수 있다. 결론적으로 사람들이 그들의 장소를 인식하는 방식이 그 장소에서 무엇이 가능한지에 대한 그들의 관점을 형성할 수 있으며 지역사회개입은 이러한 총체적 경험 안에 있는 개개인들의 다양성에 대한 응답으로 행해진다고 볼 수 있다.

(7) 갈등의 장으로서의 지역사회

기존의 지역사회에 대한 관점들은 사회계급으로 지역사회를 바라보는 관점을 제외하고 대부분 지역사회를 체계이론 관점으로 또는 공간 등의 물리적 위치에 따른 지역사회로 그리고 공통의 이해와 관심이 표출되는 지역사회로 구분하여 지역사회를 안정과 조화 그리고 통합이 이루어질 수 있는 구조적 틀로 바라본다. 특히 체계적 관점으로 바라보는 지역사회는 지역을 전체의 혜택을 위해 함께 일하는 통합된 하위체계들의 집합체로 바라본다. 하지만 지역 안에서 상이한 하위체계 안에 있는 다양한 권력집단들 간의 불일치나 전체와 부분 집단들의 불일치가 일어나는 경우에 대한 원인과 결과 그리고 그 대책에 대한 분석에 있어 체계이론적 관점은 그 한계를 나타낸다. 실재적으로 다수집단에 의해 소수집단의 결정이나 의사가 무시되는 현상은 지역에 비일비재하게 일어나는 현상이다.

갈등의 장으로서의 지역사회는 지역사회를 갈등이 일어나는 장소로 바라본다는 특징이 있다. 지역사회를 갈등의 장으로 보는 시각은 집단과 집단 간 나아가 개인과 집단 간의 불일치 또는 갈등이 어떻게 인식되고 또 해결되어야 하는지에 대안으로 등장하였다. 기본적으로 지역사회를 갈등의 장으로 보는 시각은 갈등과 변화는 지역사회가 안고 있는 속성이며 발전을 위한 전제라고 바라본다. 그리고 주민들의 이익을 결정하는 과정은 이성적 기획, 제휴, 조정 등에 의해서 뿐만 아니라 협상과 갈등을 포함한다고 강조한다(Hardcastle, Powers, & Wenocur, 2004). 지역을 갈등의 장으로 보는 시각은 체계적 관점이 힘(또는 권력)을 분석하지 않는 것과 달리 힘과 정치를 전면으로 내세운다. 따라서 갈등의 장으로서의 지역에 대한 관점은 힘 또는 권력 그리고 힘의 구조에 대한 분석을 시도한다.

(8) 변화의 장으로서의 지역사회

거시사회복지실천을 강조하는 대부분의 지역사회복지학자들은 지역사회를 변화가 일어나는 장으로 바라본다는 특징이 있다(Netting et al., 2016; Tropman, Erlich, & Rothman, 2002; Fauri, Wernet, & Netting, 2000). 변화의 장으로 지역사회를 바라보는 입장은 지역사회에 사회복지사들이 개입하는 가장 결정적인 원인이 바로 지역사회를 변화시키기 위함임을 강조한다. 지역사회에 개입하여 지역구성원, 집단, 조직, 나아가 지역사회가 가지고 있는 문제를 해결하면 지역사회는 결국 변화가 이루어지며 변화가 이루어지는 지역사회는 더 나은 삶의 질이 보장되는 지역사회로 발전된다. 변화하지 않는 지역사회는 문제가 해결되지 않고 지역사회에 만연해 있으면서 결국 구성원들이 더 나은 삶을 보장받기 위하여 지역사회를 떠나게 되는 결정적인 원인을 제공한다. 따라서 지역사회복지실천의 입장에서 지역으로의 개입을 통하여 실천가들은 변화를 추구하는 다양한 활동(사회행동)들을 지역사회에서 수행한다. 따라서 지역사회복지실천이 일어나는 현장이 지역사회가 되고, 지역사회는 실천개입활동을 통해서 변화가 이루어진다. 결국 지역사회에 개입하여 거시사회복지실천을 수행하는 현장이 바로 지역사회이고, 실천현장인 지역사회는 실천가들의 사회행동 및 변화 노력으로 더 나은 삶이 보장된다는 것이 지역사회를 변화의 실천현장으로 바라보는 입장이라고 할 수 있다.

표 1-2 지역사회복지실천의 입장에서 지역사회에 대한 관점

지역사회에 대한 관점	내용
장소로서의 지역사회	지역사회는 지리적 영역 또는 근접하게 살고 있는 사람들의 집합체
연대로서의 지역사회	지역사회는 종교, 민족성, 인종, 문화, 언어 등과 같이 공통의 유산이나 강력한 일체감 또는 공동의 가치와 신념체계를 가진 집합체
사회계급으로서의 지역사회	지역사회는 공유하고 있는 권력 또는 힘의 관계로 구성
사회네트워크로서의 지역사회	지역사회는 특정한 논의 또는 이슈에 대한 정보를 흐르게 하고 상호 돕는 네트워크로 구성
이익으로서의 지역사회	지역사회는 공동의 이익이나 관심을 가지고 있는 사람들이 모여 있는 집합체
삶의 공간으로서의 지역사회	지역사회는 개개인들이 생활하는 데 있어 편안함과 안락함을 느끼는 개인적인 공간
갈등의 장으로서의 지역사회	지역사회는 집단과 집단 간 나아가 개인과 개인 그리고 개인과 집단 간의 불일치 또는 갈등이 일어나는 장
변화의 장으로서의 지역사회	지역사회는 사회행동 및 변화가 일어나는 장

3. 지역사회복지와 지역사회복지실천

1) 지역사회복지

지역사회복지는 지역주민과 지역사회의 문제와 욕구를 해결함으로써 지역 주민들의 삶의 질을 증진시키는 지역사회차원의 복지체계로서 지역사회의 복지, 즉 지역사회의 복지수준이나 정도를 나타낸다. 지역사회의 복지수준이 높으면 당연히 지역사회 구성원들인 지역주민들의 생활과 삶은 안정적으로 유지되며 그들의 욕구는 적절한 수준에서 해결되고 지역사회문제 역시 적절한 대응으로 예방 및 개선이 가능해진다. 지역사회복지의 수준을 결정 짓는 가장 결정적인 요소는 지역사회복지에 직접적인 영향을 주는 사회복지의 제도적 · 정책적 수준이다. 지역주민들의 복지향상 및 생활안정과 삶의 질을 결정 짓는 다양한 복지정책과 제도는 곧 지역사회복지전달의 측

면에서 공공 및 민간 복지조직들을 통한 다양한 사회복지재화와 서비스의 전달 및 제공을 가능하게 하며, 이는 곧 지역사회구성원인 개인, 가족 집단 그리고 나아가 지역사회 전반의 복지수준을 향상시켜 지역사회의 질을 개선 및 증진시키는 데 중요한 역할을 하게 된다.

지역사회 구성원인 지역주민들의 복지를 어떻게 향상시키는가? 그리고 지역사회 전체의 복지수준을 어떻게 개선 및 향상시키는가는 지역사회복지의 가장 중요한 영역이다. 주민들의 복지향상을 위한 제도적·정책적 지원과 이와 관련한 사회복지재화와 서비스의 전달체계 구축 및 전달은 곧 지역사회의 질을 향상시키는 실제적인 논리이다. 즉, 지역사회복지향상을 위한 제도적·정책적 틀을 구축하여 지역사회복지급여(현금, 현물 및 서비스)의 제공을 위한 사회복지전달체계를 구축하고 이를 통해 주민복지향상을 위한 사회복지혜택을 제공하여 지역주민의 삶의 질 향상을 통해 지역사회의 질을 향상시키는 것이 지역사회복지의 구체적인 영역이다.

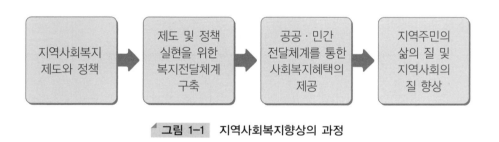

그림 1-1 지역사회복지향상의 과정

지역사회복지	지역주민과 지역사회의 문제와 욕구를 해결하므로써 지역 주민들의 삶의 질을 증진시키는 지역사회차원의 복지체계

2) 지역사회복지실천

지역사회복지실천은 지역사회 및 지역사회구성원의 복지증진향상을 위한 실천 (practice)을 의미하며 실천은 곧 사회복지사의 지역사회복지증진을 위한 활동이나 행동을 나타낸다. 따라서 지역사회복지실천의 대상은 지역사회와 지역사회구성원인 개인 및 가족과 집단 등이 모두 포함된다. 지역사회는 지역주민이 거주하고 생활하는 공간적인 특성을 가짐과 동시에 공동의 이익과 관심을 실현시키기 위해 동질성이나 정체성이 같은 사람들의 집합체적 특성을 동시에 나타냄으로 전체 지역사회를 위한 실천행동과 지역사회의 구성원 및 집단을 위한 실천행동이 모두 지역사회복지실천에 포함된다. 따라서 지역주민들의 복지향상을 위한 실천행동과 지역사회복지증진을 위한 실천행동이 모두 지역사회복지실천에 포함된다.

　지역주민들의 복지가 향상되고 삶의 질 및 생활안정이 이루어지면 이는 곧 지역사회 전체의 복지수준이 향상되고 나아가 지역사회의 질(quality)이 향상되는 것을 의미하는 것이다. 특히 지역사회복지실천은 지역사회의 복지수준 및 질의 향상을 통해서 지역주민들의 복지 및 질 향상을 추구하는 Top-down식 실천방법을 통해 지역주민들의 복지를 향상시키기 위해 노력함과 동시에 지역주민들의 복지향상을 통해서 지역사회 전체의 복지수준을 향상시키는 Down-top 방식을 동시에 추구한다. 따라서 지역사회복지수준을 향상시키기 위한 사회복지의 제도적 · 정책적 방안구축 및 실행 그리고 새로운 대안제시를 위한 노력을 포함하여 지역주민들의 삶에 부정적인 요인을 미치는 각종 지역사회문제를 해결하고 주민들의 욕구를 집단적으로 해결하기 위한 모든 노력이 지역사회복지실천에 포함된다. 예를 들어, 지역사회의 빈곤문제에 대응하기 위해서는 빈곤정책이나 제도 그리고 빈곤혜택을 위한 전달체계 등을 변화시키기 위한 노력과 함께 주민들에게 부정적인 영향을 미치는 삶의 조건을 변화시키기 위한 노력이 필요하다. 따라서 지역사회복지실천은 지역주민들의 복지증진 및 삶의 질 향상을 위해 지역사회의 질을 향상시키기 위한 노력이나 행동이라고 정의할 수 있으며 지역사회복지실천의 방법은 지역주민문제의 해결을 위한 노력이나 행동에서 지역사회의 제도적 · 정책적 변화를 위한 노력이나 행동 등이 모두 포함된다.

　Weil과 Gamble(2005)은 지역사회복지실천을 지역사회에서 소외되고 약해져 있는 사람들과 지역사회를 위한 삶의 질을 개선시키는 것이라고 정의하였으며, Hardcastle과 동료들(2011)은 지역사회복지실천이 지역사회집단, 조직, 제도, 또는 이러한 곳에서 이루어지는 사람들의 관계나 상호행동들을 바꾸기 위해 실천기술을 적용하는 것이라고 강조하였다. 또한 Weil(2004)은 지역사회복지실천이 사회 · 경제적 발전과 지역사회조직화, 사회기획 그리고 진보적인 사회변화를 통해 사회정의를 증진시키고 주민들의 삶의 질을 개선시키기 위해 활동하는 것으로 정의하였다. 이러한 정의에 따르면 지역사회복지실천을 실현하기 위해서는 주민들의 삶의 질 개선을 위한 노력과 지역사회의 질 개선을 위한 노력이 동시에 필요함을 알 수 있다. 지역사회의 사회 ·

경제적 발전과 지역사회조직화 그리고 사회기획 및 사회변화를 통해 사회정의를 실현하며 주민들의 삶의 질을 개선하기 위해서 사회복지사들은 사회문제에 영향을 받은 주민, 집단, 조직 및 각종 단체 등과 협력하여야 함은 필연적이다. 따라서 지역사회복지실천의 영역은 지역사회구성원인 개인을 포함하여 집단과 조직 등을 모두 포함하게 된다. 사회문제 영향을 받은 지역주민들과 지역사회의 문제를 해결하고 주민들의 삶의 질 및 지역사회의 질을 개선하는 것은 지역주민들이 그들 스스로 사회·정치적 힘과 자원을 개발할 수 있도록 역량을 강화시키는 것이 필요하다.

Netting과 동료들(2008)은 지역사회복지실천을 거시사회복지 실천분야에 포함되는 개념으로 인식한다. 그들은 거시사회복지실천(macro social work practice)은 조직이나 지역사회에서 계획된 변화를 가져오기 위해 설계된 전문적 개입방법이라고 정의하였다. 즉, 거시사회복지실천은 개인단위보다는 사회적 단위나 조직 그리고 공공 및 민간서비스전달체계 등과 같은 지역사회의 거시적 체계의 변화를 통해 지역주민들의 생활 및 삶의 질을 개선하기 위한 실천활동을 나타낸다(Netting et al., 2008; Kirst-Ashman & Hull, 2009). 하지만 지역사회복지실천의 실천영역은 지역사회로서 소외되고 차별받는 개인을 포함하여, 집단과 조직 그리고 각종 단체 및 협회 등 모든 지역사회의 단위들을 포함하는 반면, 거시사회복지실천의 영역은 조직과 지역사회로 범위가 좁혀져 있음을 알 수 있다.

결국 지역사회복지는 지역주민과 지역사회의 문제와 욕구를 해결함으로써 지역주민들의 삶의 질을 증진시키려는 모든 노력을 포함하는 사회복지의 한 분야로 볼 수 있다. 거시사회복지분야에 포함되는 지역사회복지실천은 "지역주민들의 삶의 질을 개선시키고 지역사회의 문제를 해결하기 위한 사회복지의 전문적 개입방법이다"라고 정의할 수 있고, 지역사회복지실천은 실천활동을 위한 지침 또는 기술로서의 실천 모델들을 포함하는데, 지역사회능력개발, 사회기획, 사회행동 그리고 지역연계 등이 여기에 포함된다.

■ 지역사회복지실천의 기본 가정

지역사회복지실천의 기본 가정은 지역사회복지실천을 통해 지역주민들과 지역사회의 역량이 강화되어 지역사회문제에 효과적으로 대처할 수 있으며 그들의 삶의 질과 지역사회의 질을 개선시킬 수 있다는 것이다.

지역사회복지실천	지역주민들의 삶의 질을 개선시키고 지역사회의 문제를 해결하기 위한 사회복지의 전문적 개입방법

3) 지역사회복지실천과 사회복지사

(1) 지역사회복지실천과 사회복지사의 관계

사회복지사가 지역사회에 개입하여 지역사회에 있는 사람들의 사회적 기능과 삶을 증진시키기 위해 지역사회의 자원을 관리하고 발전시키고 지역사회자원을 사람들에게 연결시키는 역할을 담당하게 될 때 사회복지사들은 지역사회복지실천 분야에 개입하게 된다. 또한 사회복지사가 지역주민들이 사회적 환경을 둘러싸고 있는 자원을 잘 사용할 수 있도록 도울 때 사회복지사들은 지역사회복지실천에 개입하게 된다. 사회복지사들은 또한 지역사회에서 사회행동을 위한 참여를 기본적 임무로 인식하고 있어야 한다. 또한 지역사회에서 직접적 서비스를 제공하는 분야에서 일하는 사회복지사들은 지역사회를 특정 집단이나 클라이언트들을 위한 잠재적으로 지지적인 자원이라고 생각하여야 한다(Hardcastle, Wenocur, & Powers, 2011).

결국 지역주민 개개인의 삶의 질을 개선시키기 위한 노력에 있어 사회복지사들은 주민 개개인이 정신적으로나 물질적 또는 육체적으로 건강해지는 것뿐만 아니라 지역사회를 모든 사람을 위해 더 살기 좋은 곳으로 변화시키는 것에도 관심을 가져야 한다는 것은 너무나 당연하다. 따라서 사회복지사들은 분야에 상관없이 지역사회를 둘러싸고 있는 지역사회구조에 대한 이해와 지식 그리고 지역사회의 여러 부분에서 주민들의 효과적인 행동변화를 위한 기술 등이 필요하게 된다. 따라서 사회복지행정가, 정책결정가 또는 실천가에 상관없이 지역사회복지실천은 필요한 분야이다.

(2) 지역사회복지실천에서 사회복지사의 역할 및 임무

Kemp(1995)는 지역사회복지실천분야에서 사회복지사들이 수행해야 하는 역할과 임무를 다음과 같이 요약하고 있다.

첫째, 집단과 지역의 힘의 강화를 촉진시킨다.
둘째, 자원과 서비스를 사람들에게 연결시켜 주며 서비스와 자원이 부족하면 그들을 개발한다.

셋째, 지역사회발전을 양성한다.

넷째, 사회복지사는 지역사회변화를 위한 중요한 목소리의 역할을 수행한다.

Hardina(2002)는 지역사회복지실천 현장에서 사회복지사들은 다음의 역할과 임무를 수행해야 한다고 강조하였다.

첫째, 사회복지사들은 그들이 일하고 있는 지역사회의 내재적인 능력과 가치, 기술, 힘을 인식해야만 한다.

둘째, 사회복지사들은 그들의 일차적인 실천 목적이 소외된 집단이 재화와 서비스를 획득할 수 있도록 돕는 것이라는 것을 인식해야만 한다.

셋째, 사회복지사들은 지역사회에서 행해지고 있는 다양한 형태의 억압들을 인식해야 한다.

넷째, 사회복지사들은 문제해결과정에서 필요한 모든 단계들(지역사회문제확인, 목적 및 목표 설정, 실행, 평가 등)을 포함해서 의사결정에 지역주민들이 포함될 수 있도록 하는 구조를 가지고 있어야만 한다.

다섯째, 사회복지사들은 전문직 직원, 준 전문직 직원 그리고 지역주민들의 평등을 인지할 수 있는 의사결정구조를 개발해야 한다.

여섯째, 사회복지사들은 지역주민들이 선호하는 것들과 실제 필요한 욕구를 조절할 수 있는 협상과 조정 기술을 가지고 있어야 한다. 이 기술은 집합적 의사결정구조를 증진시키기 위해서도 필요하다.

일곱째, 사회복지사들은 적절한 전략과 전술을 선택하는 데 있어 윤리적 결정을 위한 개인적 기준(개인적 가치판단기준)을 가지고 있어야 한다.

여덟째, 사회복지사들은 실제 벌어지고 있는 지역사회문제를 해결할 수 있는 실천모델을 선택해야 하며 그리고 어떠한 실천모델도 완벽한 것은 없다는 것을 인식하고 있어야 한다. 그리고 효율적이기 위해 사회복지사들은 실천과정의 단계 속에서 다양한 실천모델을 사용하기 위해 준비되어 있어야 한다.

아홉째, 다양한 문화가 교차하는 그리고 다문화가 조성되어 있는 곳에서 일하는 사회복지사들은 문화적으로 경쟁력이 있어야 한다. 즉, 그들이 일하고 있는 지역사회의 전통과 가치를 이해하기 위한 기술을 가지고 있어야 한다. 그리고 실천노력의 일환으로 사용되는 전략과 전술은 문화적으로 적절해야만 한다.

결론적으로, 사회복지사들의 역할과 임무는 핵심적으로 다음과 같이 정리할 수 있다.

첫째, 지역사회를 구성하는 지역주민을 이해하고 지역주민을 둘러싸고 있는 제반 환경들을 이해해야 하며, 특히 지역주민과 지역사회환경 사이의 상호관계와 역동성들을 이해한다.

둘째, 다양한 인간집단의 독특한 특징들을 이해하고 수용하며 존경한다.

셋째, 인종, 민족, 성, 나이, 종교, 육체적·정신적 능력, 사회적 계급 등과 관련해서 이익과 관심을 공유하고 있는 지역사회의 특징을 이해한다.

넷째, 소외, 차별, 경제적 박탈이나 불평등, 억압이 이루어지는 사회적 구조를 시민들이 인식하고 비판적 의식이 고양될 수 있도록 도우며 주민들의 경제·사회적 정의를 실현하기 위해 노력한다.

다섯째, 지역사회복지의 영역에서 사회복지사들은 지역주민들은 물론이고 지역의 지도자(주민대표나 민간 시설의 장 등), 선거로 선출된 관리(국회의원, 시의원, 구의원 등), 전문직 종사자(의사, 변호사, 교수 등) 등과 함께 일하며 과업을 성취하기 위해 이들을 포함하는 추진위원회나 자문위원회의 구성에도 힘을 쏟아야 한다.

(3) 지역사회복지실천영역에서 지역사회의 의미

지역사회복지실천분야에서 지역사회에 개입하여 지역사회를 위하여 일하는 사회복지사들은 지역사회를 어떻게 바라보아야 하는가? 즉, 지역사회복지실천영역에서 지역사회는 어떤 의미를 가지고 있는가? Kramer와 Specht(1975)는 지역사회를 다음과 같이 바라보았다.

표 1-3 지역사회복지실천영역에서 지역사회의 의미

지역사회의 의미	
1. 실천이 일어나는 배경 (또는 정황)	지역사화는 사회복지사들의 실천행동이 일어나는 장소이며 배경이다.
2. 개입의 표적	지역사회는 실천가들에게 있어 개입의 표적으로 개입을 통해 지역사회를 변화시키려는 표적물이다.
3. 변화를 일어나게 하는 수단	지역사회가 변화를 위한 수단이라는 의미는 지역사회변화의 자원(실현될 수 있는 또는 잠재적 자원)은 결국 모두 지역사회에 존재하기 때문에 변화를 위한 수단으로 지역사회를 바라본다는 것을 나타낸다.

Kemp(1995)는 지역사회복지실천영역에서 지역사회는 기본적으로 개입이 일어나는 곳이면서 더욱 밀접하게는 주의(attention)가 필요하고, 또 행동이 일어나는 단위로 이해될 수 있다고 하였다. Hardcastle, Wenocur와 Powers(2011)도 지역사회복지실천영역에서 지역사회란 사회복지실천의 배경 또는 정황이라는 것에는 인식을 같이하며 지역사회와 지역사회복지실천은 사회복지의 발전과 역사에서 중심이었다고 강조한다. 그들에 따르면 미국의 경우 국가가 복지를 제도적으로 보장하기 이전 민간단체 중심으로 행해졌던 복지지원활동들(특히 자선조직협회의 활동)과 지역을 중심으로 이루어졌던 인보관운동(settlement house movement)이 지역사회복지실천의 뿌리로서 역할을 했다고 한다.

제2장

지역사회복지의 역사[1]

1. 영국

영국의 지역사회복지의 역사는 자선조직화운동(Charity Organization Movement)과 인보관운동(Settlement Movement) 그리고 지역사회보호(community care)의 등장과 발전으로 구분하여 살펴볼 수 있다.

1) 자선조직화운동

1860년대 이후 면화기근이나 전염병의 만연 등으로 대량실업이 발생하였으나 「빈민법(Poor Law)」은 이에 적극적으로 대처하지 못하였다. 이러한 구빈행정이 부실한 상황에서 영국에는 무차별적인 시혜와 자선단체가 난립하였다. 1861년에는 런던에만 640개의 자선단체가 활동하고 있었는데, 이 단체들은 구빈행정당국 혹은 다른 자선단체들과의 협력이나 조정이 이루어지지 않았다. 또한 각 자선기관의 종파적 특성에 따른 협력 결여, 개인의 자선활동에 필요한 정보 부족, 이로 인한 구호의 중복, 낭

---

[1] 이 장은 지은구, 조성숙(2010)의 제2장을 참고로 보완하였음.

비 및 재원 탕진 등과 같은 무차별적인 구호의 폐해가 증가하였고 훈련받지 않은 일반인이 감상적인 선의로 구호사업에 참여하였다(이강희, 양희택, 노희선, 2006).

자선조직화운동(Charity Organization Movement)은 19세기 후반에 성행하였던 부유층들의 자선활동들을 지역사회 단위로 조직화함으로써 보다 체계적이고 효율적으로 자선활동을 수행하고자 모색한 자선사업 개혁운동이었다. 영국 최초의 자선조직협회(Charity Organization Society: COS)는 1869년 영국 런던에 설립된 자선조직협회로서, 찰스 스튜어트 로크(Charles Stewart Loch), 찰스 보산퀘트(Charles Bosanquet), 에드워드 데니슨(Edward Denison), 옥타비아 힐(Octavia Hill) 등 영국의 자유주의 유력인사들에 의해 주도되었다(원석조, 2008).

COS의 활동원칙은 다음과 같이 정리될 수 있다.

첫째, COS는 빈곤의 원인이 빈민의 개인적 성격이나 생활방식에 있다고 보았다.

둘째, 무계획적인 자선활동보다 「빈민법」의 원칙에 따라 자선을 실시한다는 원칙이다. 즉, 빈민을 구제 가치가 있는 빈민(the deserving poor)과 구제 가치가 없는 빈민(the undeserving poor)으로 구분하여 자선활동 대상을 구제가치가 있는 빈민에 한정하였다.

셋째, 중복 구빈의 예방을 위해 자선단체 간의 자선활동을 조정한다는 원칙이다.

넷째, 원조 전에 개인에 대한 신상조사와 참고조사를 실시한다.

다섯째, 주어진 원조는 금액과 시기가 적절해야 한다. 즉, 구제대상자는 엄격히 선별되었고 자조의사가 없다고 인정된 자의 구제신청은 거부되거나 빈민법 하의 구빈행정으로 송부되어야 한다(이강희, 양희택, 노희선, 2006).

COS는 빈곤의 원인을 나태와 같은 개인의 도덕적 결함으로 보았는데, 자선조직협회는 구걸행각을 억제하고 중복구호를 방지하기 위하여 여러 가지 자선활동을 조직화하고 조정하며, 환경조사와 적절한 원조의 제공을 목적으로 하였다. 중복구호를 방지하기 위하여 연락기관이 설치되었는데, 이것이 현재의 지역사회사업으로 발전하였고, 빈민에 대한 철저한 환경조사는 개별사회사업 혹은 가족사회사업으로 발전하였다. 이들은 정상적인 중산층의 인격적인 감화를 통하여 비도덕적인 빈민들의 탈빈곤 동기를 강화시켜 줌으로써 그들이 스스로 빈곤으로부터 탈피할 수 있다고 보았고,

이에 우애방문원(friendly visitor)을 파견하였다. 19세기 말에는 런던에만 40개 이상의 COS지소가 활동하였고, 지방에도 75개의 연락조직이 존재하였다. 또한 COS는 빈곤이 개인적 과실로 인하여 발생하고 빈민은 스스로 빈곤으로부터 탈피해야 한다고 전제하였는데, 이런 전제하에 COS의 사례조사는 아주 세밀하고, 엄격하고, 다분히 가치판단적이라고 할 수 있다. COS는 철저히 자조(self-help)의 미덕을 강조하였기 때문에 공공의 구빈정책에 대해 반대의 입장을 고수하였고 "빈민에게 물고기를 주지 말고 물고기 잡는 방법을 가르쳐 주자"는 슬로건을 내걸었다. 반면, 사적 자선, 기부, 자원봉사활동 등 순수 민간 구호노력을 강력히 지지하였다(원석조, 2008).

COS는 난립한 자선활동들을 건설적으로 재조직할 목적으로 설립되었으나, 지역사회복지 발전에 긍정적인 영향과 함께 한계도 내포하고 있다. COS는 빈민들의 구제여부를 판단하기 위한 사례조사를 실시하였고, 빈민들의 인격적 감화를 위한 우애방문원들의 방문활동은 자원봉사활동의 계기가 되었으며, 자선기관 간 연계 및 협력, 지역사회 단위의 조직화 등 현대의 전문적인 사회복지의 초석을 마련하였다는 점에서 의의가 있다고 할 수 있다(이강희, 양희택, 노희선, 2006). 그러나 COS는 빈곤이라는 문제를 개개인의 도덕적 결함의 결과로만 간주하여 사회·경제 구조적 관점을 전혀 고려하지 못하였다. 뿐만 아니라 전문사회사업의 근원이 된 빈민에 대한 과학적 조사는 당시로서는 매우 선구적인 방법이었으나, 사생활 간섭의 특성이 짙은 환경조사로 인해 빈민들은 충분한 원조를 받을 수 있거나 혹은 전혀 받을 수 없는 상황이 발생하며, 이 조사로 인하여 빈민들에게 낙인이 수반될 수 있다는 점에서 비판을 받았다(원석조, 2008). 영국의 COS는 1946년 이후 가족복지협회로 바뀌었고 오늘날까지 가족지원단체로 활동하고 있다(홍현미라 외, 2010).

2) 인보관운동

인보관운동(Settlement Movement)은 1854년 에드워드 데니슨(Edward Denison) 목사가 주축이 되어 캠브리지 대학교와 옥스퍼드 대학교 학생들과 슬럼가의 노동자들을 연계하여 빈곤문제를 해결하려는 일종의 이상주의운동으로 시작되었다. 그 후 이를 계승하여 사무엘 바네트(Samuel Barnett) 목사가 1884년에 세계 최초의 인보관(settlement house)인 토인비 홀(Toynbee Hall)을 설립하였다. 토인비 홀은 에드워드 데

니슨과 함께 헌신적으로 활동하다 젊은 나이에 요절한 개혁적 경제학자 아놀드 토인비(Arnold Toynbee)를 기념하기 위해 명명되었다(원석조, 2008). 토인비 홀의 목적은 빈민들의 교육 수준과 문화 수준을 높이고, 빈민들의 생활환경과 사회적 욕구를 파악하며, 빈민들의 사회문제와 건강문제에 관심을 가지고 빈민들을 위한 사회입법에 시민들의 관심을 촉구하는 것이다(원석조, 2008 재인용).

토인비 홀은 설립 후 개혁 인사들의 활동거점이 되었다. 예를 들어, 페이비언 협회(Fabian Society) 멤버들이 이곳에서 활동하였으며, 런던시 빈곤실태조사를 실시한 찰스 부스(Charles Booth)와 베아트리스 포터(Beatrice Potter)는 이곳을 조사활동의 거점으로 삼았다. 많은 젊은이가 이곳을 방문하였는데, 특히 미국의 제인 아담스(Jane Addams)는 토인비 홀을 방문한 후 미국으로 돌아가 시카고에 헐 하우스(Hull House)를 설립하였다(감정기, 백종만, 김찬우, 2005).

이 당시의 인보관운동은 자선조직화운동과는 다른 방식으로 지역사회문제에 접근하였다. 인보관운동은 지역사회복지사업에 다음과 같은 중요한 함의를 가진다.

첫째, 인보관 사업의 주요목적은 지역사회 또는 지역사회 주민의 복지증진과 개선으로 지역사회 전체를 문제의 대상으로 보고 지역사회에 기반한 사회복지사업을 수행하였다는 점이다.

둘째, 인보관운동은 활동의 거점으로서의 공간인 인보관을 확보하여 그것을 중심으로 지역사회의 문제해결 능력을 높이고자 하였다. 인보관의 운영방식은 공공조직 및 지역주민과의 관계 속에서 결정되었고 시대변화에 부응하여 개선해 나갔다.

셋째, 인보관운동은 주는 자의 입장이 아닌 수혜자, 즉 지역사회주민의 입장과 이익을 중시한 활동이었다. 이와 같이 지역사회와 지역사회문제에 대한 변화된 관점은 현대적인 지역사회복지실천의 밑거름이 되었다고 할 수 있다(이강희, 양희택, 노희선, 2006).

3) 지역사회보호의 등장과 발전

(1) 1950년대~1960년대 후반

1957년 지역사회보호(community care)라는 용어가 공식적으로 사용되기 시작한 왕

립정신병법위원회(Royal Commission on the Law Relating to Mental Illness and Mental Deficiency)는 정신건강문제를 가진 사람들을 병원에서 장기간 보호하는 것보다는 지역사회에서 보호하는 것이 더 바람직하다고 권고하였다. 이 보고서의 영향으로 1959년에 「정신보건법(Mental Health Act)」이 제정되어 지역사회보호가 법적으로 명확하게 규정되었으며, 형식적으로나마 지역사회보호정책이 전개되기 시작하였다(오정수, 류진석, 2009). 지역사회보호는 정신건강문제와 장애인들이 비인간적인 시설로부터 그들이 생활하는 지역사회 혹은 가정에서 보호를 받을 수 있도록 그들을 비용 효과적으로 원조하도록 하는 목적을 가지고 있다.

1950년대 이래 지역사회보호 정책에 대한 정부의 지지에도 불구하고 대형 병원의 입원환자와 보호시설의 수는 지속적으로 증가하였다. 국민보건서비스(National Health Service: NHS)를 도입할 당시의 예상과는 달리 병상 수요가 지속적으로 증가함에 따라 1962년부터 지역거점병원(District general hospital)을 건립할 것을 제안한 '병원 계획(Hospital Plan)'이 수립되었다. 이 지역거점병원은 동일한 장소에서 많은 수의 다양한 서비스를 제공할 목적으로 추진됨에 따라 대규모 정신병원이 폐쇄될 것으로 전망되었다. 정신병 치료제가 개발되고 대중매체와 학자들이 시설입소 환자들의 학대사례들을 집중적으로 조명함에 따라 여론은 점차 시설의 장기 입소를 반대하는 방향으로 흘러갔다. 시설수용 환자들에 대한 비인간적인 치료, 학대와 부실한 보호 등이 사회에 알려짐에 따라 시설보호에서 지역사회보호로의 전환을 위한 방안이 계속적으로 강구되었으나, 지역사회보호에 필요한 재정을 책임져야 할 지방정부가 재정적 부담을 이유로 소극적인 입장을 취하였고 지역사회보호에 대한 실질적인 진전은 없었다(원석조, 2008).

(2) 1960년대 후반~1980년대 후반

1979년부터 보수당의 대처(Thatcher)정부가 집권한 이후 지역사회보호에 대한 관심이 증가하기 시작하였다. 이 시기에는 노인인구의 급증으로 노인복지대책에 대한 중요성이 증가하였을 뿐만 아니라, 보호에 대한 책임을 가족, 시장, 민간이 공동으로 책임질 것을 강조하는 지역사회보호가 이 정부의 신자유주의 노선과 일치했기 때문이다(원석조, 2008). 이 시기에는 정부가 발표한 다양한 보고서가 지역사회보호의 발전에 영향을 미쳤으므로, 시봄 보고서(Seebohm Report), 하버트 보고서(Harbert

Report), 바클레이 보고서(Barclay Report) 등의 주요 보고서를 중심으로 지역사회보호의 발전을 살펴보고자 한다.

① 시봄 보고서(Seebohm Report)

시봄 보고서는 1968년에 영국 사회복지제도의 개혁을 지향한 '지방자치제 및 관련 대인사회서비스위원회'의 보고서이며, 위원장인 시봄(Seebohm)의 이름을 따라 명명하였다(이철수, 2006). 시봄 위원회는 잉글랜드와 웨일즈지역 지방행정당국 대인사회서비스의 조직과 책임을 검토하고 효과적인 가족서비스를 보장하기 위해 어떤 변화가 바람직한지를 고찰하는 과제가 주어졌다. 사회사업업무들이 여러 지방행정부서와 중앙정부부서에 산재해 있었던 이 당시에 시봄 위원회는 지역사회에 기반을 두고 가족지향적인 서비스를 제공해 줄 수 있는 지방행정당국의 새로운 부서의 창설을 제안하였고, 이 권고에 따라 아동, 가족, 성인들을 위한 서비스를 통합하는 포괄적인 사회서비스부(Social Service Department)가 창설되었다. 이 위원회는 이러한 노력들이 보다 포괄적이고 통합된 서비스를 가능하게 하고 보다 많은 자원을 유치할 수 있게 하며 한 지역의 사회적 욕구를 보다 효과적으로 파악하여 미리 계획할 수 있게 한다고 주장하였다(Glasby, 2005).

시봄 보고서는 영국의 현재 및 미래 사회사업실천과 관련하여 다음과 같이 권고하였다. 첫째, 아동 및 성인업무를 통합적으로 담당하는 부서의 설치를 제안하였다. 둘째, 이 보고서는 주택, 보건의료, 교육 등과 같은 다른 서비스와의 긴밀한 협력을 강조하였다. 셋째, 사회적 빈곤의 위험을 감소시키고, 변화의 시기를 통해 가족을 지원하고, 위험에 처한 특정 지역에 집중하는 등 예방적 접근에 대한 필요를 강조하였다. 이런 과정에서 시봄 위원회는 지역사회의 위험상황을 보다 상세하기 파악하기 위한 연구의 중요성과 지역사회개발의 중요성을 강조하였다. 그 결과, 사회서비스부들은 특별한 욕구가 있는 지역에 자원을 집중시키고, 서비스 기획·조직·제공과정에서 시민참여를 장려하고, 자발적 행동을 촉진하고, 비공식적 선린관계를 독려하며 지방팀 중심으로 서비스를 조직하는 등 지역사회개발사업에 관여하여야 했다(Glasby, 2005).

뿐만 아니라, 이 보고서는 지역사회를 사회서비스의 수혜자이자 서비스의 제공자로 인식하였다. 또한 사회서비스부의 직원은 고립적인 서비스 수행단위가 아니라, 지역사회 내의 서비스연결망의 일부분으로서 서비스를 조정하고 지역사회의 자원을 동원하는 역할을 하도록 권고되었다. 그리고 지역사회 지향적 정책은 각종 비공식 보호 서비스와 시민의 참여를 독려하였다. 1960년대 후반 이후 사회서비스 부문의 중요한 정책 방향을 제시한 시봄 보고서는 지방행정당국의 서비스를 중심으로 고용, 교육, 주택당국, 가정원조, 경찰, 교회, 자원봉사조직, 친구, 이웃에 의한 서비스를 포괄하는 것으로 이해하였다. 즉, 지역사회보호의 주체는 공공과 민간의 다양한 조직이 포함되어야 함을 강조하였다(오정수, 류진석, 2009).

② 하버트 보고서(Harbert Report)

하버트 보고서는 1971년에 창설된 에이번(Avon) 지방정부 사회서비스부의 행정책임자였던 하버트가 이 지방정부의 사회서비스 행정경험에 기초하여 작성한 보고서로 '지역사회에 기초한 사회적 보호(Community-Based Social Care)'라는 제목으로 발표되었다. 이 보고서에 따르면, 공공 서비스는 지역주민의 복잡하고 다양한 모든 욕구를 충족시킬 수는 없으며, 자조집단의 서비스에도 한계가 있어 재정적인 원조와 지원이 필요하다고 지적하고 있다. 이 보고서는 공공서비스와 민간서비스 외에도 비공식서비스의 역할을 인식하였고, 가족체계와 지역사회의 근린에 초점을 둔 비공식 서비스의 중요성 또한 강조하였다. 즉, 공공과 민간 서비스의 주요 과업은 친구와 친척에 의하여 제공되는 비공식 보호를 지원함으로써 클라이언트의 긴급한 욕구를 충족시켜 주는 것이라고 할 수 있다. 하버트는 지역사회보호란 지역사회에서 사회적 의존 인구를 지원하기 위하여 다양한 방법으로 제공되는 공공서비스, 민간서비스 및 비공식서비스라고 정의하였다. 그는 다양한 형태의 서비스가 상호보완적이어야 하며 각 서비스는 적절한 재정적 지원을 받을 필요가 있으며, 특히 자원봉사서비스는 공공의 법정서비스에 대한 대체 서비스가 아님은 물론 지방행정당국의 사회서비스 예산을 절감하기 위한 수단도 아님을 강조하였다(오정수, 류진석, 2009).

③ 바클레이 보고서(Barclay Report)

1982년 바클레이 보고서는 시봄 보고서 이후 지속적인 논의의 주제였던 사회사업가의 직무와 역할에 대하여 광범위한 제안을 하였다(오정수, 류진석, 2009). 이 보고서에 따르면, 사회사업가들은 무한한 욕구와 그 욕구를 충족시키기에 불충분한 자원 사이에서 불안하게 일하고 있으며, 이런 중압감으로 인해 그들이 어떤 방향으로 나아가야 할지, 그들이 무엇을 해야 할지, 그들이 어떻게 조직화되고 배치되어야 하는지에 대한 방향성에 혼란을 겪고 있다고 지적하였다(Glasby, 2005).

이 보고서는 사회사업가들이 다음과 같은 기능을 수행해야 함을 지적하였다. 첫째, 사람들과 사람들의 욕구를 전체로 보고 서비스가 필요하다면 어떤 서비스가 제공되어야 할지에 대한 그들의 견해를 고려해야 한다. 둘째, 개인들의 가치를 인정하고 자기결정에 대한 그들의 권리를 인식하여야 한다. 셋째, 지역사회 연결망을 촉진하고 사회보호계획에 참여한다. 다시 말하면, 개인의 욕구에 대응하고 지역주민에 부응하여 계획하고, 다른 기관과 협력하며, 자원봉사단체들(voluntary organizations)을 강화함으로써 기존과 미래의 사회문제들을 경감하기 위해 노력한다. 넷째, 개별사회사업과 광범위한 지역사회사업을 균형을 맞추면서 지역사회자원에 대한 지식을 가지고 중재자(broker)와 협상자(negotiator)로서 행동하여야 한다. 다섯째, 클라이언트를 대신하여 협상하고 옹호하면서 다른 서비스들과 협력하여야 한다. 여섯째, 부족한 자원을 배분하고 모니터하는 역할을 한다(Glasby, 2005 재인용).

이 외에도 바클레이 보고서는 공식 서비스는 수발자들의 역할을 대신할 수 없음을 인식하면서, 비공식 보호의 중요성을 강조하였다. 또한 개인, 가족, 지역사회, 광범위한 서비스 등 주요 이해관련자 연결망과 협력적 관계를 개발하면서, 사회서비스는 다른 서비스들과 긴밀히 협조할 필요가 있음을 강조하였다. 무엇보다도 바클레이 보고서는 지역사회에 근거한 사회사업접근을 강조하면서, 지역공동체에 대한 힘을 개발하고 지역공동체가 보호과정에 참여할 수 있도록 상세한 정보를 가진 사회사업가를 활용할 것을 강조하였다. 특히 시민들의 사회적 욕구가 충족될 수 있도록 하기 위해서 대인사회서비스는 지역사회와 지역사회의 강점에 보다 많은 초점을 두고 시민들과 긴밀한 동반자적 관계를 개발하여야 한다고 주장하였다(Glasby, 2005).

(3) 1980년대 후반~현재
① 그리피스 보고서(Griffiths Report)
대처(Thatcher)정부는 1986년 로이 그리피스(Roy Griffiths)경을 위원장으로 하는 위원회를 구성하고 전반적인 지역사회 보호체계를 검토 · 보고하도록 하였다. '지역사회보호: 행동 안건(Community care: Agenda for action)'이라는 제목의 녹서(Green Paper)로 1988년에 발표된 그리피스 보고서(Griffiths Report)는 지역사회의 자원이 보다 효과적으로 지역사회보호에 기여할 수 있는 방법에 초점을 맞추었다. 이 보고서는 관리주의(managerialism) 이데올로기의 영향을 받아 복지국가가 직면한 문제들은 강력하고 효과적인 리더십과 관리의 부족으로 인해 발생한다고 전제하였다.

그리피스 보고서는 다음과 같은 사항을 권고하였다. 첫째, 충분한 이용자원과 함께 지역사회보호에 대한 분명한 정책이 있어야 하며, 이 목표 달성을 위해 책임을 질 수 있는 장관을 지명해야 한다. 둘째, 효과적이고 포괄적인 서비스가 되기 위해서는 단편적인 방법보다는 통합적인 방법으로 서비스가 개발되어야 한다. 셋째, 모든 보호체계는 개인들의 욕구를 충족시킬 수 있도록 맞춘 보호 패키지에 근거하여야 한다. 예를 들어, 장애인들 스스로 서비스를 찾아내고 활용하는 것은 어려운 반면 서비스는 전달되어야 하므로, 서비스를 패키지화하여야 한다. 넷째, 지역사회보호프로그램은 개인들의 광범위한 욕구를 충족시킬 수 있도록 설계되어야 한다. 다섯째, 개인프로그램을 계획할 때에는 소비자의 목소리가 우선적으로 고려되어야 한다. 여섯째, 모든 서비스는 물리적 환경과 보호측면 모두를 고려하여 수립된 최소기준에 따라야 한다.

이 보고서는 개인 이용자와 수발자에 초점을 두어 욕구 충족, 선택 향상, 자기결정 촉진이라는 새로운 지역사회보호정책을 위한 세 가지 핵심목표를 제시하였다. 소비자 제일주의(consumerism)의 강세는 지역사회보호에 대한 다양한 논점을 제시하였다. 즉, 사람들이 그들의 가정에 머물 수 있도록 가정과 지역사회 환경에서 제공될 수 있는 탈시설적 지원서비스를 활성화하고, 곤궁에 처해 있는 대부분의 사람이 서비스를 받으며, 자원의 비효율성과 낭비를 방지하기 위한 자원의 효과적인 표적화가 이루어져야 한다는 것이다(Powell, 2001). 이 보고서는 지방행정당국의 역할이 변화해야 한다고 강조하면서, 지방행정당국의 지역사회보호에 대한 책임과 감독역할을 제안하였다. 즉, 지방행정당국은 서비스를 직접 제공하는 역할을 수행하기보다는 복지혼합경제에서 서비스가 다른 대리인들에 의해 제공될 수 있도록 서비스를 계획 및 감독하고, 서비스가 용이하게 제공되도록 조장하는 역할을 하여야 한다는 것이다(Powell, 2001 재인용). 공공서비스의 주요기능은 사람들의 욕구에 발맞추어 보호와 지원의 제공을 설계하고 조정하는 것이며, 보호와 지원은 다양한 원천으로부터 제공될 수 있음을 강조하였다. 따라서 사회서비스행정당국은 서비스를 독점적으로 제공하는 역할을 하는 것이 아니라, 보호서비스를 조정하고 구매하는 역할을 하여야 한다. 그리고 그리피스 보고서는 지역사회보호를 위한 권한과 재정의 지방자체단체 이

양을 제안하였다.

그리피스 보고서의 핵심은 복지다원주의(welfare pluralism) 또는 복지주체의 다원화라고 할 수 있다. 복지다원주의란 복지 제공의 책임자가 정부뿐만이 아니라 비정부 부문, 즉 비공식 부문, 민간 부문으로 역할을 증대시킨다는 개념이다. 영국의 경우 19세기와 20세기 초까지만 하더라도 사회복지에서 민간 부문이 사회복지의 주요 제공자였으나, 대규모 국가 사회복지제도와 관료구조와 복지국가가 등장함으로써 민간 부문의 역할은 현저히 약화되거나 불필요하거나 국가복지에 장애물로 전락되었으나, 복지다원주의는 복지영역에서 이러한 민간 부문의 위상을 복권시켰다고 할 수 있다(원석조, 2008).

② '국민 보호: 지역사회보호 향후 10년과 그 이후' 백서 발표

1989년 정부는 그리피스 보고서에 응답하여 '국민 보호: 지역사회보호 향후 10년과 그 이후(Caring for People: Community Care in the next Decade and Beyond)'라는 백서를 발표하였다. 이 보고서는 다음과 같은 원칙을 제시하였다. 즉, 국가부조는 관료적이고 비효율적이므로 국가는 보호의 제공자가 아닌 조장자의 역할을 수행하여야 하고, 보호의 구매자와 제공자의 역할을 분리하며 예산과 예산통제를 이전한다는 것이다. 이 보고서는 다음의 두 가지 사항을 제외하고는 그리피스 보고서의 권고를 모두 따랐다. 즉, 이 보고서는 지역사회보호 장관제를 제안하지는 않았고, 그리피스가 권고한 사회적 보호를 위한 새로운 배당자금제도는 제안하지 않았다. 하지만 이 보고서는 그리피스 보고서와는 약간 다른 여섯 가지 목표를 제시하였다. 새로운 자금구조, 비영리부문인 독립섹터(independent sector)의 촉진, 명확히 정의된 기관 책임, 욕구조사와 케어 매니지먼트 개발, 재가보호, 데이케어 및 임시보호의 촉진, 수발자들을 위한 실질적인 지원 개발이었다.

③ 지역사회보호개혁: 국민보건서비스 및 지역사회보호법 공표

1990년에는 그리피스 보고서의 내용에 기초하여 「국민보건서비스 및 지역사회보호법(National Health Services and Community Care Act)」이 공표되었다. 이 법은 국민보건서비스 개혁과 지역사회보호 개혁에 대한 내용을 포함하고 있는데, 국민보건서비스 부문은 1991년 4월부터 시행되었지만, 각 지방자치단체의 개혁사항인 지역사회보호개혁은 지방정부의 재정부담으로 1993년 4월부터 시행되었다. 이 지역사회보호개혁은 시장경제의 원리, 즉 소비자의 선택과 서비스 제공자 간의 경쟁을 통하여 지역사회보호서비스의 수준을 향상시키고 케어 매니지먼트(care management)의 도입으로 적절한 서비스를 제공하고자 하였다(오정수, 류진석, 2009).

지역사회보호개혁의 구체적인 정책내용은 다음과 같다. 첫째, 지역사회의 욕구와 자원분석에 근거하여 지역사회보호계획을 수립한다. 둘째, 보호 욕구에 대한 정확한 판단과 이에 근거한 보호서비스 제공을 위해 케어 매니저먼트를 도입한다. 셋째, 공공서비스에 대한 민간서비스와 경쟁 유도 그리고 욕구에 근거한 서비스 제공 등 지방자치단체의 역할 변화를 추구한다. 넷째, 지역사회보호개혁과 관련된 외부기관과의 동반자적 관계를 모색한다. 다섯째, 복지서비스에 대한 감독제도를 강화한다. 여섯째, 중앙정부에서 지방자치단체로의 권한과 재정의 이양 등을 통해 지방자치단체가 지역사회보호에 대한 재량권을 발휘할 수 있도록 하였다. 이와 같은 정책 변화로 인하여 지역사회보호의 개념이나 실천방향은 과거와 달리 공공 부문이나 지방행정당국의 역할보다는 민간 부문의 역할이 상대적으로 강조되고 있다. 그리피스 보고서 발표 이후 지역사회보호의 개념은 보다 다양한 장에서의 광범위한 서비스의 개발을 모색하면서 지방행정당국의 역할뿐만 아니라 가족 등의 비공식 부문, 민간 부문, 자원 부문의 역할이 강조되고 있으며, 소비자의 선택권 증진과 케어 매니지먼트를 도입하였다(오정수, 류진석, 2009).

최근 영국의 지역사회보호의 흐름은 정부의 복지제공에 대한 한계를 극복하기 위한 복지다원주의에 기초한다는 점이고 이를 위하여 민간조직의 서비스제공을 강조한다는 점이며 복지서비스를 이용하는 이용자들의 선택권을 보다 강화하는 방향으로 제도개편이 이루어지고 있다는 점이다. 특히 노동당정부는 2008년 지역사회 돌봄서비스의 질 향상을 관리ㆍ감독하는 기구에 민간기관이 참여할 수 있도록 '지역참여네트워크(Local Involvement Networks: LINks)'에 관한 법적 근거를 마련하여 개인이나 자원조직 등 민간기관이 지역사회돌봄서비스 제공기관에 대해 모니터링을 할 수 있도록 권한을 부여하였다. 2013년 집권보수당은 「보건 및 사회보호법(Health and Social Care Act)」에 따라 '지역참여네트워크'를 폐지하고 보건서비스의 정보제공 및 소비자보호 등을 강화하는 '지역헬스워치(local health watch)'로 재편하였다(오정수, 류진석, 2016).

2. 미국[2]

1) 길드시대와 자선조직협회

남북전쟁 이후 생겨난 신흥 산업도시 질서는 전례없는 사회적 상황과 도전을 제시하였다. 19세기 말 미국사회는 전통적 농업사회에서 산업적·도시적·이질적·현대적 사회로의 전환이 가속화되었다. 길드시대(Gilded Age)란 당시 미국이 개인 부에만 전념하는 시대였음을 묘사하기 위해 마크 트웨인(Mark Twain)이 명명하였는데, 도시산업사회에로의 전환에서 대기업가, 노동자, 농부들 간에 격렬한 경쟁이 야기되었다. 따라서 이 시기에는 미국의 인구가 실질적으로 성장하였고 상류층과 부유층이 대거 등장하였다. 당시의 자유방임주의적이고 사회 다위니즘(Social Darwinism)의 정치경제는 개인행동을 개선하고 상업을 이롭게 하는 것에 중점을 둔 사회적 개입만을 장려하였다. 이 당시 친노동·친농업 조직가들은 농부와 노동자들을 위해 정부가 중재하도록 하기에는 역부족이었다.

이 시기의 산업화, 도시화, 이민 등에 따른 인구 급성장의 결과, 미국은 사회문제가 폭발적으로 증가하였다. 이런 문제들은 대규모로 나타났을 뿐만 아니라 통제불능의 수준까지 증가하였다. 경찰 추산에 의하면 뉴욕시의 인구가 1백만 이하였을 때에도 1만명 이상의 아동이 거리에서 생활하였다고 한다(Popple, 1995). 이 당시에는 산업화로 인한 노동·작업조건의 문제, 아동노동이나 안전에 대한 문제들이 부각되었고, 급속한 산업화로 인해 농촌의 인구가 도시로 대거 유입되었다. 또한 유럽 각지에서 이주해 온 이민자들이 정착에 어려움을 겪었고 질병과 빈곤에 시달렸으며, 남북전쟁 이후에 나타난 흑인들의 각종 인권 및 교육문제 등이 확산되었다(최일섭, 류진석, 2009). 이런 사회문제에 대응하여 나타난 대표적인 운동이 1877년부터 시작된 자선조직화운동(Charity Organization Movement)과 1886년부터 시작된 인보관운동(Settlement Movement)이다(Popple, 1995).

---

2) 이 부분의 내용은 Fisher(2005)와 Popple(1995)을 인용 및 재인용하여 정리하였으며, 지역사회복지 역사의 시대 구분은 Fisher(2005)를 따랐음. 그 외의 참고자료는 해당되는 곳에 제시하였음.

자선조직화운동은 이민, 산업화 및 도시화 등의 영향으로 부유층과 빈민층으로 양분되었던 현실에 대응하여 이들을 화해시키고자 모색한 19세기 후반의 박애주의 개혁이다. 자선조직협회(Charity Organization Society: COS)는 1800년대 말에서 1900년대 초반 빈민에 대한 정보 교환을 위해 만들어진 민간 자선단체로, 1877년 미국 최초의 자선조직협회가 뉴욕주의 버팔로에 설립되었다. 자선조직협회는 많은 의욕적인 목표들, 즉 빈민을 원조하는 것뿐만 아니라 빈곤과 가족해체 문제를 이해하고 해결하고자 하였다. 미국의 자선조직화운동은 영국의 「구빈법」 개혁, 청교도적 이데올로기, 사회다위니즘, 기독교 박애주의 등 많은 이데올로기의 영향을 받았다. 자선조직화운동 지도자들에 의하면, 자선의 본래 목표는 고난을 완화하는 것이 아니고, 수혜자들의 정신을 앙양하여 그들을 사회에서 생산적이고 독립적인 성원으로 변모시키는 것이다.

자선조직화운동은 사회 다위니즘에 근거한 개념인 '과학적 자선(scientific charity)'이라는 용어를 채택하였다. 자선조직협회 지도자들이 당시 무질서한 자선활동에 과학적 수단을 통하여 질서를 가져오려는 새로운 형태의 사회복지를 추구함에 따라 자선조직협회는 미국 전역에 빠르게 확산되었다. 자선조직협회는 과학적 자선방법, 즉 조직(organization), 조정(coordination) 및 조사(investigation)를 자선행정에 적용하고자 하였으며, 기존의 자선행위를 조정하려는 조직간 노력을 모색하였다. 자선조직협회는 수많은 기관이나 조직 간 관계에 질서를 가져오고자 하였는데, 이러한 이유로 현대적 사회복지발전의 선구자라고 할 수 있다. 그러나 자선조직협회의 실천은 기관 간 조정 이상을 강조하였다. 무엇보다도 자선조직협회의 서비스 구조는 길드시대의 자조 정신에 확고한 기반을 두었다. 즉, 자선조직화운동은 빈곤과 다른 사회문제들이 개인적 특성의 결함에 기인하므로 개인적 향상을 통해 해결되어야 한다고 가정하였다.

뿐만 아니라, 대부분의 19세기 사회복지조직들처럼, 자선조직협회는 초창기에 주로 자원봉사자들이 직원으로 활동하였다. 각 자선조직협회에는 대행자(agent)라고 불리는 소수의 유급직원이 구호지원서를 접수받고 각 사례에 대한 정보를 확인하는 업무를 담당하였다. 이 정보는 자원봉사자로 구성된 위원회에 넘겨졌는데, 이 위원회는 지원자의 원조 적격성과 어떤 종류의 원조가 얼마만큼 필요한지 결정을 하였고 그 사례를 자원봉사 우애방문원에게 할당하였다(Popple, 1995). 우애방문원은 지역사회조직가라기 보다는 케이스워커(caseworker)라고 할 수 있다. 그들은 궁핍한 사람들을 돕고 그들이 진정 도움을 받을 자격이 있는 빈민인지 혹은 아닌지를 구별하기 위하여 가정방문을 실시하였다. 우애방문원들은 구호 제공에는 별 관심이 없었고 치료나 개인적 서비스 제공에 주로 관심이 있었다. 자선조직화운동은 빈곤의 원인이 악덕, 게으름, 무절제 등의 부도덕성과 관계가 있다고 믿었기 때문에, 주요한 치료기법은 청결하고 성공한 삶과 관련된 긍정적인 도덕사례를 제공하는 것이었다. 그들은 물질적 원조가 빈곤과 고통 감소에는 불충분하며 개인서비스라는 매체를 통하여 의존의 원인을 재조정할 수 있다고 믿었다(Popple, 1995).

그러나 자선조직화운동은 사회서비스 제공을 위해 주로 자원봉사자들에게 의존함으로써 다양한 문제점이 드러났다. 자원봉사자의 전문성 부족과 수적인 부족은 자선조직협회에 등록된 모든 클라이언트의 욕구를 충족시키기에는 한계가 있었다. 이런 문제들로 인해, 자선조직협회는 19세기 후반까지 자원봉사 우애방문원들을 유급직원으로 대체하였고, 기관과 직원들은 빈곤과 의존이라는 문제에 보다 효과적으로 대항하고자 하였다(Popple, 1995).

2) 진보주의시대와 인보관운동

1880년대와 1890년대는 사회 다원주의와 자유방임자본주의에 열중한 시기였으며 계층, 인종, 신앙 등 다양한 요인이 뒤엉킨 혼란과 분열의 시기였다. 개혁가들은 반이데올로기와 사회운동을 개발하기 시작하였고, 단순히 개인이 아닌 사회가 사회적 상황에 책임이 있고 단순히 개인적 특성이 아닌 환경이 생활경험을 형성한다고 주장하였다. 진보주의의 핵심은 인보관운동에 의해 가장 잘 요약되는데(Popple, 2007), 이 시기에는 동유럽 등의 지역에서 건너온 이민자들의 욕구에 대응하기 위하여 사회개발과 사회행동의 혼합형태가 제인 아담스(Jane Addams), 릴리안 월드(Lillian Wald) 그리고 스탠턴 코이트(Stanton Coit)와 같은 인보관운동 실천가들에 의해 사용되었다(Mondros & Staples, 2008).

미국 최초의 인보관은 1886년 스탠턴 코이트에 의해 뉴욕에 설립된 네이버후드 길드(Neighborhood Guild. 후에 University Settlement로 불림)라고 할 수 있다. 스탠턴 코이트는 사무엘 바네트 목사가 설립한 영국의 토인비 홀을 방문한 후 1886년 네이버후드 길드를 설립하였다. 1889년에는 제인 아담스가 시카고의 슬럼지역에 헐 하우스를 설립하였고 1892년에는 릴리안 월드가 뉴욕에 너시스 세틀먼트(Nurses Settlement. 후에 Henry Street Settlement로 불리게 됨)를 설립하였다. 이러한 운동은 10여 년 동안 급격히 확산되어 1910년경에는 미국전역에 400여 개의 인보관이 설립·운영되었다. 이런 인보관들은 유럽이민자들을 위해 주로 백인 부유층에 의해 주도되었지만, 흑인을 위한 지역사회사업과 인보관들 또한 급격히 확산되어 진보주의시대의 지역사회실천에 기여하였다. 뉴욕과 시카고는 산업화, 도시화, 이민, 금융 자본주의라는 당시의 거대한 도전의 합류점에 있었기 때문에, 인보관운동의 핵심지역으로 이 시대의 사회혁신을 주도하였다.

인보관 사업은 개인적 문제와 사회적 개선과의 상호연결성을 토대로 하고 있으며, 인보관운동의 실천방법은 다음의 세 가지 핵심사항을 내포한다. 첫째, 인보관운동은 매우 필요한 서비스를 전달하고, 지역사회뿐만 아니라 개인수준에서 개입하고, 인보관 활동가들과 지역주민 간의 결속력을 다지려는 통합된 협력실천이다. 둘째, 인보관운동은 지역사회와 지역사회 구축의 본질적 중요성에 대하여 인식하고 있다. 셋째, 인보관운동은 사회·정치·경제적 정의를 옹호하고 조직화하려는 자발성을 가지고 있다. 인보관운동의 목적은 새로운 종류의 지역사회생활을 가능하게 하는 것이다. 인보관 활동가들은 입법을 위한 로비활동에 참여하거나 공공 위원회에서 활동하기도 하고, 정치 후보자들을 장려하였으며, 스스로 공직에 입후보하였고, 사회조사를 수행하였고, 때로는 광범위한 주택개혁, 노동조합 옹호, 노동자·여성·아동의 권리를 위한 캠페인에 동참하였다. 인보관들은 지역의 정치경제를 개혁하고 사회서비스를 제공함으로써 지역사회를 활성화시키기 위해 투쟁하였다. 특히 뉴욕과 시카고 지역의 비교적 규모가 큰 인보관들은 사회행동에 보다 많은 관심을 가지고 관여하였다. 이 시기에는 개인 원조, 지역사회 구축, 사회 변화 모두가 지역사회조직실천의 중요한 일부분이었다.

자선조직협회와 인보관운동은 사회문제의 원인 및 해결방법, 참여주도층, 활동의 초점 및 내용 등 여러 가지 면에서 상이하다. 〈표 2-1〉은 자선조직협회와 인보관운동에 대한 비교를 간략히 정리한 것이다.

표 2-1 자선조직협회와 인보관운동의 비교

구분	자선조직협회	인보관운동
사회문제의 원인	개인적 요인	사회구조 및 환경적 요소
이데올로기	사회진화론	자유주의와 진보 및 급진주의
참여주도층	상류층	중류층과 대학생
활동의 초점	빈민개조와 역기능의 수정	빈민과의 거주, 사회질서의 비판
사회문제 해결방법	자선기관의 서비스 조정	서비스의 직접 제공
활동의 내용	우애방문원의 가정방문	각종 서비스 제공과 사회개혁활동
의의	지역사회조직 실천방법의 출발	민간사회복지관 활동의 출발

출처: 오정수, 류진석(2016), p. 63에서 재수정.

3) 정상으로의 복귀(1919~1929년)

1920년대의 정치경제는 지역사회복지실천에 극적인 변화를 가져왔다. 인보관과 지역사회센터의 의미는 다소 퇴색되었지만, 인보관이 수적으로 감소하지는 않았고 다만 활동면에서는 다소 저조하였다. 1920년대에는 신흥 사회복지영역에는 전국적으로 지역사회공동모금회 같은 공동모금조성구조가 형성됨에 따라 지역사회조직실천도 변화를 겪게 된다. 이러한 모금 노력은 서비스 영역의 권력을 향상시켰고, 대규모 서비스 기회에의 참여를 가능하게 하였으며, 서비스 조정과 조사에 대한 책임을 증가시켰다. 그러나 이러한 현상은 진보주의시대 이전으로의 복귀이자 개혁 욕구를 부인하는 전형적인 보수적 정치경제임을 시사한다.

제1차 세계대전(1914~1918년)은 진보주의시대 지역사회조직실천을 위한 분수령이 되었다. 이 전쟁은 자유주의적이고 집합주의적인 감성에 충격을 가하였다. 진보 개혁자들과 이민자들에 대한 전후 적색공포(Red Scare), 즉 반공산주의로 인하여 지역사회실천의 핵심요소는 후퇴하게 되었다. 협력적인 실천, 지역사회 구축, 사회행동이라는 인보관운동의 핵심요소를 대신하여 1920년대에는 훨씬 더 제한된 사회복지실천이 제도화되었다. 사회복지라는 신생 직업은 낭만주의적인 선행주의를 거부해야 했는데, 사회복지사들은 사회개혁자라기보다는 객관적인 전문가여야 함을 강조하였다(Fisher, 2007). 1920년대의 지역사회복지실천은 지역사회차원의 모금과 지역사회에 대한 자료수집을 바탕으로 한 사회계획을 강조하는 경향을 반영하였다(Mondros &

Staples, 2008).

1920년대에는 사회행동이 퇴색되는 경향이 있었다. 지역사회 구축은 더이상 제1순위가 아니었지만, 지역사회실천은 사라지지 않았다. 일찍이 자선조직협회가 해 온 대로, 신생 지역사회모금운동은 조직간 조정과 행정을 통해 사회서비스기관들 간의 연합을 구축하고 관리하는 것에 초점을 맞추었다. 사회사업 분야는 전문화되기 시작하였고 지역사회조직의 하위분야도 마찬가지로 변화를 맞이하였다. 이 당시의 많은 저서는 지역사회조직의 연구와 실천이 보다 정확하고 엄격해야 함을 강조하였다. 대부분의 저자들은 존 듀이(John Dewey)와 도시사회학이라는 신생분야의 영향을 받았는데, 지역사회조직실천을 안내하기 위하여 보다 전문적이고 체계적인 방법을 모색하였다.

4) 대공황, 뉴딜, 제2차 세계대전(1929~1945년)

대공황에 대한 연방정부와 일반대중 차원의 활기찬 대응은 지역사회조직을 극적으로 변모시켰다. 1930년대 사회개혁 욕구가 표면화되었을 때, 진보주의시대 사회개혁 욕구와는 달랐다. 경제재앙과 사회적 욕구에 대한 1930년대의 대응은 지역사회에 기반을 둔 것이 아니라, 훨씬 더 중앙집권적이고 국가적인 차원에서 이루어졌다. 1930년대 지역사회조직은 계층과 연합에 강력한 기반을 둔 사회행동 모델과 함께 표면화되었다. 그러나 이 시기의 사회개혁과 사회행동의 초점은 명백히 국가 수준에 있었다. 해리 홉킨스(Harry Hopkins), 프란시스 퍼킨스(Frances Perkins), 헨리 모건도(Henry Morgenthau) 같은 인보관 활동가들은 지역사회조직 프로젝트보다는 대규모 사회정책과 복지프로그램을 수행하는 데 관여하였다.

빈곤과 실업과 같은 대규모 문제들로 인하여 사회와 사회복지사들은 개인적 문제들이 구조적 차원에 있음을 재인식하게 되었다. 즉, 이는 사회문제의 주요한 원인이 개인 성격의 결함보다는 환경적 요인들임을 재인식하게 되었음을 의미한다. 사회사업 내부에서는 논쟁이 최고조에 달하였다. 일부 사회복지사들은 1920년대의 개별사회사업은 사회적 맥락과 개인문제 간의 관계를 부정하기 때문에 부적절하다고 주장하였다. 이러한 사회세력은 지역사회조직이 더 확고한 전문적 발판에 기반을 두기를 희망하고 그 당시의 긴급한 요구를 충족시키기를 희망하면서, 사회사업 내에서 지역사회조직 분야의 사명이 재평가되도록 촉구하였다.

1939년에 개최된 전국사회복지회의에서 발표된 보고서에서는 지역사회조직을 개별사회사업과 집단사회사업과 동등한 사회사업의 한 분야로서 정의하고자 하였다. 6개 도시의 토론집단에 기반을 둔 레인 보고서(Lane Report)는 1930년대 지역사회조직의 특징과 포부를 반영하였다. 지역사회조직에 대한 광범위한 정의 내에서, 레인 보고서는 지역사회 조직을 구성하는 실천종류의 유형론을 구체화하였다. 지역사회조직의 실천에는 사회행동과 사회계획을 위한 사실 발견, 사회복지서비스와 프로그램 시도 및 개발, 개인·조직·집단 간의 상호관계 촉진, 사회복지활동, 프로그램 및 목표들에 대한 대중의 이해와 지지 개발 등이 속한다. 그러나 이 보고서는 지역사회조직의 핵심기능을 사회개발이라고 보수적으로 정의하면서, 사회복지 자원과 사회복지 욕구 간의 조정을 달성하는 것이라고 결정하였다. 즉, 초점은 사회서비스 계획과 조정, 프로그램 개발 및 행정에 두었다. 이 시기는 대공황에 맞서 사회계획하에 일을 추진하였던 시기로, 지역사회 구축과 보다 참여적인 과정은 그 분야에 덜 중요하고 덜 절박하다고 간주되었다. 대공황이 진정되고 제2차 세계대전(1939~1945년)이 시작되었을 때, 지역사회조직은 사회복지 자원과 사회복지 욕구 간에 조정을 유지하는 것을 계속적으로 강조하였다. 또한 지역사회조직은 개별사회사업이나 집단사회사업과 같은 사회사업과정이며, 지역사회는 독특한 의미의 클라이언트임이 제안되었다. 대공황기의 지역사회실천은 일반적으로 사회복지의 큰 이슈에 대한 초점과 정치행동을 통한 더 큰 목적에 도달하는 경향이 있다.

5) 냉전과 1950년대

1945년경부터 1973년까지의 시기는 정치·문화의 변화뿐만 아니라 거대한 경제성장 및 기회의 시기였다. 그러나 전후시기는 지역사회조직에 관심있는 사회사업 내부와 외부의 사람들에게는 어려운 시기였다. 지역사회실천가들은 당시의 보수적인 맥락에서는 그들의 사회행동업무를 유지하는 것이 불가능하다고 인식하였다. 제1차 세계대전 후의 적색공포(Red Scare)처럼, 사회변화와 민주주의적 의견차이는 국가에 위협으로 인식되었다. 이 시기는 국내외에서 공산주의에 대한 공포가 지배적이었던 매우 보수적인 냉전 정치의 시기였다.

지역사회조직은 1940년대와 1950년대에는 대중들에게 영향력을 거의 미칠 수 없었다. 지역사회실천에 관여한 사회사업가들은 현장과 학문의 장에서 보다 큰 생존력을 발휘하였다. 왜냐하면 그들은 보다 다양한 방법으로 냉전 맥락에 대응하였고 보다 폭넓은 자금원을 모색하였다. 또한 이 시기의 학자들과 실천가들은 지역사회사업 분야에서 사회사업실천을 위한 개념적 틀을 개발하기 위하여 노력하였다. 예를 들어, 케네스 프레이(Kenneth Pray)는 지역사회사업의 초점은 개인과 집단들과의 직접적인 원조관계를 개발하는 것에 맞추어져야 한다고 주장하였다. 한편, 뉴스테터(Newstetter)는 집단 간 사업 과정에 보다 많은 관심을 가졌고 지역사회는 본질적으로 집단들의 상호작용과 조정관계여야 한다고 보았다. 존 힐(John Hill)은 실천가들에게 시민으로서의 책임과 직업인으로서의 책임을 구별하여야 한다고 경고하였다.

머레이 로스(Murray Ross)는 지역사회조직에 대한 보다 확대된 개념화를 제공하였는데, 지역사회조직은 과정, 개혁, 계획 지향을 포함하였다. 그의 저술은 현대 사회과학연구에 기초를 두었고, 당시 지역사회조직에 관한 다른 저술들보다 체계적이고 사회과학적인 접근을 사용하였다. 그러나 궁극적으로 로스는 대부분의 당대 인물들처럼 지역사회조직은 과정으로서의 지역사회조직에 초점을 두어야 하며, 사회행동 및 보다 옹호관련 형태의 지역사회사업이나 상의하달식의 계획모델보다 원조자(enabler)로서의 지역사회사업가로서의 역할을 강조하였다. 이 당시의 지역사회조직은, 집단사회사업이나 개별사회사업처럼 주로 대인관계 과정, 즉 자조집단들이 얼마나 포괄적으로 조직화되는지, 어떻게 민주적 결정이 만들어지는지에 주로 초점이 맞추는 경향이 있었다. 이 당시의 지역사회조직은 빈곤, 인종차별이나 일반적 형태의 차별에 영향을 미치는 구체적인 성과에는 별다른 관심이 없었다.

6) 1960년대(1960~1975년)

1960년부터 1975년까지의 시기는 세계적으로 사회행동의 전성기였다. 제2차 세계대전 후에 서구의 제국주의에 대항하는 민족주의와 사회주의적 도전과 함께, 제3세계에서는 저항이 시작되었다. 미국에서는 유색인종들의 평등권에 대한 찬성, 학생들의 베트남전쟁 반대, 여성들의 성차별 반대와 양성평등 지지 등 대규모 사회운동들이 계층, 인종, 정치, 가치, 성에 기반을 둔 한 사람들의 억압을 반대하였다. 이 시기는 대규모 폭동, 급진적 정치, 청년들의 실험의 시기로 기억된다. 즉, 참여적 취지와 함께 민주주의라는 관념이 되살아났던 시기이다.

무엇보다도 이 시기에는 다양한 형태의 정치 참여와 사회변화에 유용한 자금과 공간의 양이 상당한 수준에 이르렀다. 미국의 빈곤율이 19퍼센트에 육박하자 린던 존슨(Lyndon B. Johnson) 대통령이 제안한 '빈곤과의 전쟁(War on Poverty)' 기치 하에 공공사업들이 수행되었다. 이 사업들은 빈곤의 사회적 원인에 초점을 맞추고 지역수준에서 빈곤을 다루기 위하여 지방분권화 전략을 추진하면서, 빈민을 위해 활동하는 조직들에게 대규모의 연방 지원을 제공하였다. '빈곤과의 전쟁'을 수행하기 위해 「경제기회법(Economic Opportunity Act)」에 의해 1964년에 설립된 경제기회청(Office of Economic Opportunity)은 지역사회에 기반을 둔 비영리 프로그램을 위한 자금량을 극적으로 확대하였다. 새로운 경제기회청 하에서 이루어진 프로그램들로는 헤드스타트(Head Start), 직업단(Job Corps), 지역 청년 부대(Neighborhood Youth Corps), 지역사회행동프로그램(Community Action Program: CAP) 등이 있다. 빈곤문제는 다시 한번 연방정부 차원의 문제로 간주되었지만, 많은 핵심프로그램은 연방정부의 역할을 참여, 계획, 권력과 같은 지역사회 기반 노력들을 주도하고 자금을 제공하는 역할로 규정하였다. 사회복지서비스에 대한 연방정부 지출은 1965년에서 1970년까지 5년 만에 약 3배에 달했다.

이 당시 지역사회조직 전략과 전술에서 보다 활동주의적인 운동 전략과 보다 전문적·점증적인 전략 간에 긴장이 존재했다. 당시의 많은 지역사회사업가는 과거보다 권력에 더 많이 접근할 수 있었고 정책개발에 영향력 있는 역할을 하였기 때문에, 진보주의 시대와 뉴딜정책 당시에 성공을 거두었던 전문적이고 점진적인 전략을 선호하였다. 그러나 지역사회에 기반을 둔 노력들은 많은 관심을 모았고 많은 사람에게 직업과 사회변화경험을 제공하였다. 물론 사회변화를 성취하기에 용이한 시기는 아니었지만, 지역사회조직에 대해서는 유별나게 지지적이고 약동하는 시대였다.

지역사회실천은 계속해서 이전처럼 동일한 장과 유사한 방법으로 진행되었지만, 지역사회 구축, 사회계획, 사회행동은 점점 권력의 문제에 많은 관심을 가지게 되었고, 전략과 전술이 사회행동과 정치적 옹호 그리고 투쟁적이고 대립적인 전략과 전술을 더 많이 포함하도록 확대하고자 하였다. 이 당시의 전반적인 분위기는 사회행동 및 민주주의적 의견차이에 대하여 많은 지지가 존재하였고 합법적이었다.

1960년대 말과 1970년대에는 많은 주요 발전들이 지역사회사업에 대한 관심을 확대시켰던 반면, 미래 또한 침식시켰다. 미국 내의 급진적 정치 반대파를 제거하고자 하는 등 정부의 억압이 운동노력을 약화시켰다. 많은 활동가는 1970년대 초반에 국가 지향적 대규모 운동에서 물러나 보다 참여적이고 평등적인 공동사회를 건설하기 위한 수단으로써 풀뿌리 지역사회조직화로 복귀하였다. ACORN(Association of Community Organizations for Reform Now)이나 산업지역재단(Industrial Areas Foundation) 같은 풀뿌리 조직들은 현재도 존속하고 있다.

7) 1975년 이후: 민간 부문의 지역사회실천

이 시기는 다음의 세 가지 중요한 도전으로 요약될 수 있다. 첫째, 1975년 이후에는 민간 기관이 강화되었다. 민간 부문은 경제 및 기술적 진보의 동력이자 사회문제를 다루고 해결하는 주요 도구로 간주된다. 둘째, 우리는 공익과 공적인 참여보다는 사적인 개인주의 문화가 점점 더 강조되는 사회에 살고 있다. 사람들은 이전보다 개인적 욕구와 성장에 초점을 맞추며, 사회생활에 대한 참여는 말할 것도 없이 사회생활에 대한 관심을 배제한다. 빈곤, 폭력, 교육, 환경오염과 같은 문제가 개인적 해결책을 가진 개인적 문제로 재정의됨에 따라 사회문제와 사회적 해결책이라는 의미는 사라진다. 셋째, 사적인 공간이 점점 공적인 공간을 대신한다. 도시풍경은 거리, 공원, 도서관, 도심가 쇼핑 등의 공적인 공간으로부터 사람들을 이동시켜 개인주택과 뒤뜰, 컨트리 클럽, 개인 서점, 개인 차, 대문으로 강화된 교외지역사회와 쇼핑몰과 같은 사적 영역에서 살도록 조장한다. 그런 세계에서는 공적 생활은 차치하고라도 타인과의 사회결속력을 형성하고 공동체를 형성하는 것은 극적으로 감소하면서 기업화, 개인화, 세계화는 사람들이 피할 수 없이 지역사회수준에서 결속력과 임파워먼트를 추구하게 할 것이다.

1975년 이후의 보수주의 정치경제에서 사회행동노력은 사회사업 내부 및 외부에서 부적절한 것으로 간주되어 왔다. 또한 많은 주가 재정위기를 겪으면서 전투적인 사회행동 지역사회사업이 극적으로 쇠퇴하였다. 게다가 중앙집권화, 민주주의 억제, 개인주의화되는 상황에서 지역사회실천은 민주적 과정과 목소리에 보다 많은 강조를 두었고 조직화를 관계 형성으로 정의하는 것에 보다 많은 강조를 두었다. 그러나 조

지 부시(George W. Bush) 대통령의 집권과 2001년의 9·11사태는 공적 생활과 공공
부문을 해체하고 다시 한번 지역사회실천의 형태를 취하게 하면서 국가의 정치경제
를 보다 더 우파로 이동시켰다. 하지만 2008년 대선에서 승리한 오바마(B. H. Obama)
는 의료개혁(오바마케어) 및 최저임금인상 등 사회소외계층에 대한 사회정책영역에서
의 보다 평등한 정책을 추진하였다. 앞으로 미국의 지역사회복지의 과제는 참여민주
주의, 평등주의, 시민권과 권리, 감소된 인종주의와 성차별주의에 대한 관심을 진보
주의적 정치, 경제, 사회적 프로그램에 통합하는 것이라고 할 수 있다. 특히 향후에는
사회·경제·정치적 정의를 향해 나아가려는 지속적인 목표에 초점을 두면서 사회사
업 내부와 외부에서 최선의 지역사회실천방법을 모색해 나아가야 할 것이다.

3. 한국[3]

여기에서는 먼저 일제강점기 이전 우리나라에 존재했던 인보 및 상부상조 관행과
일제시대의 지역사회복지 관련 활동을 알아보고, 지역사회복지 태동기(광복 후~1970
년대), 지역사회복지 정착기(1980~1990년대 초반), 지역사회복지 발전기(1990년대~현
재)로 나누어 간략하게 소개하고자 한다.

1) 일제강점기 이전

(1) 계

계(契)는 상부상조의 민간협동체의 하나로, 조합적 성격을 갖는 한국 특유의 협동
조직이다. 계는 사회경제적 혹은 정치적 상황에 따라 목적과 기능을 달리하면서 명맥
을 유지하여 왔다. 계는 친목 도모라는 사회적 목적이나 궁핍 혹은 대규모 가계지출
에 대비하는 경제적 목적을 가진 형태가 주를 이루었으나, 그 외에도 비밀결사와 같
은 정치적 목적을 띠고 결성된 계들도 있다.

---

3) 이 부분은 감정기, 백종만, 김찬우(2005), 강철희, 정무성(2006), 오정수, 류진석(2009), 최일섭,
이현주(2006)를 주로 참고하여 요약·정리하였음. 또한 광복 후의 시대 구분은 오정수, 류진석
(2009)을 따랐음.

(2) 두레

두레는 농촌에서 모내기나 김매기 등 농번기에 농사일을 협력하기 위해 부락이나 리(理) 단위로 만들어진 협동조직체 혹은 그것을 통해 공동노력을 행하던 풍습을 말한다. 상호부조, 공동유흥, 협동노동 등을 목적으로 마을 단위로 조직되었다. 두레의 참여는 노동능력에 따라 이루어졌고, 통솔자인 행수(行首)를 포함한 여섯 명의 간부회의인 역원이 재가한 후에 가입이 허락되었다.

(3) 품앗이

품앗이는 노동의 교환형식으로 이루어졌던 비교적 단순한 형태의 농촌지역 협동조직이다. 두레가 1년 중 가장 바쁜 시기인 농번기에 주로 이루어졌던 반면, 품앗이는 몇몇 사람을 중심으로 시기와 계절에 상관없이 이루어졌고 작업의 종류도 농가에서 필요로 하는 모든 작업에 해당되었다. 품앗이는 주로 상호부조의 의식 혹은 의리 같은 정신적 자세나 처지가 유사하다는 관념에서 결성되는 경향이 있었다.

(4) 향약

향약(鄕約)은 조선시대 유교적 예규에 근거하여 권선징악과 상부상조를 목적으로 만들어진 향촌의 자치규약이자 지역발전과 주민의 순화, 덕화, 교화를 목적으로 한 지식인들 사이의 자치적 협동조직이다.

(5) 오가작통

오가작통(五家作統) 제도는 정부의 강제성이 어느 정도 개입된 인보제도이며, 이 제도의 기원을 정확하게 알 수는 없다. 이 제도에 대한 최초의 기록은 1428년(세종 10년) 조선시대 『세종실록』에서 최초로 등장하였으나, 이 건의가 받아들여지지 않았고, 1455년(단종 3년)에 입법화되었다. 이 제도는 다섯 가구, 즉 오가를 일통으로 편성하였다고 하여 오가작통이라고 불린다. 오가작통 제도는 각 하급 지역의 행정구획을 일정수의 호수 또는 지역을 표준으로 여러 개의 구역으로 세분화하여 오가 중에서 지위나 연령이 높은 사람 1인이 통수로서 통내의 사무를 관장케 하였으며, 그 구역 내의 모든 거주자는 인보상조와 연대책임을 가지고 지역 내의 치안을 유지하고 복리와 교화를 증진하여 지방행정의 운영을 용이하게 하는 지방자치제도이다.

2) 일제강점기

일제강점기는 근대적 의미의 지역사회복지사업이 싹트기 시작한 시기이다. 이 당시의 구호사업은 식민정책을 위한 수단으로 시혜나 자선형태로 이루어졌으며, 우리 민족이 일제에 충성하게 하려는 의도에서 이루어졌다. 또한 일제의 식민지정책은 전통적으로 내려오던 다양한 지역사회조직체와 민간협동단체를 와해시켰다.

이 당시의 지역사회복지활동으로는 농촌지역을 중심으로 한 협동조합운동과 인보관운동, 사회복지협의체로 나누어 볼 수 있다. 먼저 사회복지관의 모체라고 할 수 있는 인보관사업은 20세기 초 외국 선교사들에 의해 시작되었는데, 1906년 메리 노울즈(Mary Knowles)라는 선교사가 원산에서 시작한 인보관운동이 사회복지관의 모태가 되었다. 1921년에는 서울에 태화여자관이 설립되었고 1926년에는 원산에 보혜여자관이 설립되었다. 뒤이어 1930년에는 조선총독부에서 서울에 인보관을 설치하였다. 또한 일제의 강압에도 불구하고 민중운동이 계속되었다. 예를 들어, 민간주도 협동조합운동은 주로 일본 유학생들과 천도교계, 기독교계를 중심으로 이루어졌으나, 일제는 이러한 자발적이고 민간주체적인 협동조합이나 농촌운동을 억제하였고 침략과 약탈의 수단으로 이용하기 위하여 관제조합이나 농촌진흥운동을 시행하였다. 그리고 사설 사회복지사업의 연락·조사 연구기관으로 1921년 4월에 조선사회사업연구회가 조직되었고 1929년 4월에 재단법인 조선사회사업협회로 개칭, 확대되었다. 이 협회는 현재의 사회복지협의회와 유사한 업무를 담당하였던 협의체이지만 관에 의해 통제되었다는 점에서 정부기관으로 보는 것이 타당할 것이다.

3) 지역사회복지의 태동기: 광복 후~1970년대

(1) 외국원조기관의 활동

1945년 해방과 1950년의 한국전쟁으로 인하여 한국은 정치·경제·사회적 불안정과 혼란이 계속되었다. 한국전쟁으로 인한 고아나 전쟁난민이 증가함에 따라 외국의 민간구호단체들이 한국에 들어오기 시작하였고, 이들 기관은 구호사업을 비롯하여 보건사업, 교육사업, 지역사회개발사업을 전개하였다. 한국전쟁 중인 1952년 외국의 민간구호단체 7개 기관이 '외국민간원조한국연합회(Korean Association of Voluntary

Agencies: KAVA)'라는 외국원조협의체를 조직하여 원조활동과 관련한 문제들을 협의·조정하였고, 1955년에 이르러서야 사무국을 두어 연합회로서의 기능을 갖추게 되었다.

외국의 민간구호기관의 사업들은 전쟁고아를 원조하기 위한 시설보호사업이 주를 이루었는데, 전반적으로 전시 및 전후 복구의 시기에 사회복지서비스 제공에 중요한 역할을 담당하였다. 이러한 기관은 1964년경에는 70여 개로 증가하였는데, 이 중 28개 기관만이 교육, 보건, 사회복지, 구호, 지역사회개발사업을 수행하였고, 나머지 기관들은 기독교 선교의 목적을 가지고 활동하면서 부수적으로 교육, 보건, 구호 및 사회복지분야에서 활동을 전개하였다. 외국 민간구호단체들은 원조사업의 내용, 활동 및 전문성 면에서 한국의 사회복지사업에 중요한 역할을 하였고, 미국식 전문사회사업의 실천방법과 관련된 이론들을 국내에 전파하는 데 결정적 역할을 하였다. 이 기관들은 지역사회조직사업 등 전문화된 사회복지사업을 실천으로 보여 주었으며, 상호 정보교환을 통해 원조의 중복을 피하고 상호 간에 전문적인 지식을 교환할 수 있는 기회를 제공하였다. 한국의 경제개발로 소득수준이 향상됨에 따라 1970년대에 들어서서는 외국 민간구호단체들이 철수하기 시작하였다.

(2) 토착 지역사회복지관 설립

1970년대는 외국 민간구호기관의 활동이 감소하고 한국의 토착 사회복지관이 증가하기 시작하였다. 1956년에 이화여자대학교가 복지관을 설립하였고, 1956년에는 아현인보관, 1962년에는 목포사회복지관 등 대학부설 혹은 개인이나 민간단체에 의해 사회복지관이 설립되기 시작하였다. 특히 1975년에는 한국은 국제사회복지관연합회 회원국으로 가입하였고, 1976년에는 22개의 사회복지관이 연합하여 한국사회복지관연합회를 결성하였다.

(3) 새마을운동

우리나라에서 체계적인 지역사회개발사업의 기반이 구축되기 시작한 것은 1958년 9월 지역사회개발위원회 규정이 공포되면서부터라고 할 수 있다. 뿐만 아니라, 1970년대에는 한국의 전형적 지역사회개발사업이라고 할 수 있는 새마을운동이 뿌리를 내리기 시작하였다. 이 사업은 1970년 당시 박정희 대통령의 지시에 따라 농한기 농촌

마을 가꾸기 시범사업 형태로 시작하였고, "근면 · 자조 · 협동"의 기치 하에 내무부에 전담부서를 두고 전국적인 사업으로 전개하였다. 농촌생활환경개선운동, 소득증대운동, 소비절약운동뿐만 아니라, 도시에서는 의식개선운동으로 확산되었다. 지역사회복지라는 맥락에서 새마을운동은 체계적인 지역사회개발사업을 위한 기반을 구축하였다는 점에서는 상당한 의의가 있으나, 정부의 권고나 지시에 의해 1인 혹은 소수의 지도자가 주도한 사업이라는 점에서는 한계가 있다고 할 수 있다. 즉, 새마을운동은 지역주민들의 자발성에 근거한 지역사회개발사업이라고 평가하기에는 무리가 있다.

4) 지역사회복지의 정착기: 1980년대~1990년대 초반

1980년대의 지역사회복지는 사회복지관에 대한 공식적 정부 지원, 재가복지서비스의 도입, 사회복지전문요원제도의 도입, 지역사회복지운동의 확대로 요약할 수 있다.

(1) 지역사회복지관에 대한 국고보조금 지급

먼저 1983년에는 「사회복지사업법」의 개정으로 인하여 사회복지관은 복지관 운영을 위해 국가로부터 공식적으로 국고보조금을 지급받기 시작하였다. 이에 힘입어 1980년대에는 민간단체에 의한 사회복지관 설립이 증가하여 1990년 당시 58개의 사회복지관이 설치 · 운영되었다. 사회복지관사업은 1980년대 산업화 이후 대도시의 빈곤문제가 심각하게 부각됨에 따라, 이를 해결하기 위한 방안으로서 국가의 공식적인 국고보조사업으로 추진하게 되었다. 1989년에는 「주택건설촉진법」 등에 의해 저소득층 영구임대아파트 건립시 일정규모의 사회복지관 건립을 의무화하였고 사회복지관 운영 · 건립 국고보조사업지침에 근거하여 국가지원금 산출방식이 마련되었다. 그리고 사회복지관들의 연합체인 사회복지법인 한국사회복지관협회가 1989년에 설립되었다.

(2) 사회복지전문요원제도 도입

이 시기에는 1987년부터 별정직 공무원인 사회복지전문요원제도가 도입되어 서울, 부산, 대구, 인천, 광주, 대전의 전국 6개 대도시 저소득층 밀집지역의 동사무소에 사회복지전문요원이 신규로 임용·배치되기 시작하였다(김범수, 신원우, 2006). 이어 1992년 12월 8일 사회복지사업법 개정을 통해 사회복지전담공무원이라는 명칭으로 이들에 대한 법적인 근거가 마련되었고, 이들은 전국적으로 확대 임용·배치되어 생활보호대상자(후에는 국민기초생활보장수급자)를 중심으로 공공부조업무를 담당하였다.

(3) 재가복지서비스 도입

1980년대에는 노인과 장애인을 대상으로 재가복지서비스가 도입되었다. 즉, 서비스가 필요한 대상자들이 시설에 수용되지 않고 자신들이 거주하는 가정이나 지역사회 내에서 서비스를 제공받을 수 있도록 재가복지가 민간분야에서 처음으로 시도되었다. 예를 들어, 노인분야에서는 1980년대 초 한국노인복지회가 노인결연사업, 상담사업 등을 실시하였으며, 후에 정부와 국제노인복지회의 지원을 받아 가정봉사원파견 시범사업을 실시하였다. 장애인분야에서는 1980년대 장애인재활협회, 서울장애인종합복지관 등을 중심으로 지역사회중심재활사업(community-based rehabilitation)이 실시되었는데, 장애인들의 가정을 방문하여 상담, 진단치료, 교육프로그램 등을 제공하였다.

(4) 지역사회복지운동 활성화

1980년대 후반에는 사회운동적 성격의 각종 지역사회복지운동이 폭발적으로 증가하였다. 정치적 민주화라는 정치 환경의 변화를 계기로 도시 빈민운동이나 노점상운동, 농민운동 등과 같은 부문운동뿐만 아니라, 경제정의실천시민연합(경실련), 참여연대, 공명선거실천시민운동협의회(공선협), 환경운동연합(환경련) 등을 중심으로 시민사회단체 운동이 확대되었다. 또한 장애인, 노인, 여성 등 사회적 취약집단을 중심으로 이익집단 성격의 단체가 결성되어 적극적 이익추구 활동을 전개하게 되었다.

5) 지역사회복지의 발전기: 1990년대 초반 이후~현재

1990년대 이후부터 현재까지의 지역사회복지현장은 이전보다 지역중심성이 강조되고 전문성의 강화가 요구되어 지역사회복지의 질적인 전환이 이루어진 시기이다.

특히 재가복지서비스의 확대, 지역사회복지실천주체의 전문화와 다양화, 지역사회중심의 자활사업, 지방자치제 및 지방분권화 실시, 시민사회운동의 활성화 등은 지역사회복지실천의 내실화에 기여하였다. 이 시기에는 지역사회복지관 급증, 지역자활센터 정착, 시범 사회복지사무소 설치, 지역사회보장협의체 구성, 재가복지봉사센터 운영, 사회복지공동모금 활성화 중심으로 설명하고자 한다.

(1) 지역사회복지관 급증

1990년대 이후의 지역사회복지실천현장의 가장 두드러진 현상은 사회복지관의 기하급수적인 증가라고 할 수 있다. 사회복지관은 1990년대 이후 급속히 증가하여 1990년에는 58개의 사회복지관이 운영되던 것이 2018년 4월 현재 466개의 사회복지관이 설치·운영되고 있다.

사회복지관의 재정구조는 국고보조금, 지방비, 법인 자부담으로 형성되어 있었으나, 정부의 지도감독 하에 민간법인이 운영하는 등 반관반민의 운영형태를 띠고 있었다. 그러나 지방재정운용의 자율성 증가를 위해 2005년부터 시행되고 있는 지방분권 재정정책에 의하여 국고보조금이 분권교부세로 전환되었으며, 사회복지관의 운영은 지방자치단체의 일반재정에 의하여 운영되게 하였다. 또한 1997년 「사회복지사업법」의 개정에 의해 실시되고 있는 사회복지기관 평가제도로 인해 사회복지관의 운영 및 프로그램의 효과성과 효율성을 제고시키기 위한 다양한 노력과 함께 지역사회에 근거한 자원동원 및 서비스 전달체계의 확립, 지역사회주민조직화 사업을 강화하는 등 지역사회복지실천의 핵심체계로 자리매김하고 있다(오정수, 류진석, 2009).

(2) 지역자활센터 정착

이 시기에는 자활지원센터 설립이 제안되어 전국적인 사업으로 정착되었다. 1995년 한국보건사회연구원의 정책과제 연구를 통해 자활지원센터의 필요성이 제기되었고, 국민복지기획단이 자활지원센터 설립을 제안하였다. 이에 1996년에는 시범 자활지원센터 5개소가 출범하였고 이후에도 점진적으로 양적 성장을 이루었다. 2000년에는 「국민기초생활 보장법」 제정으로 자활후견기관으로 개칭하였고, 지역사회 중심의 자활지원사업이 본격적으로 전개되었다. 자활지원사업은 근로능력이 있는 기초수급자 및 차상위 계층에게 체계적 자활지원서비스와 각종 자활사업 참여기회를 제공하여 자활능력을 배양하고 빈곤탈피를 유도하기 위한 제도이다. 2007년에는 지역자활센터로 개칭되었으며, 지역사회의 자활지원사업을 담당했던 조직의 대부분이 지역자활센터로 지정되었다. 2000년 64개소이던 것이 2016년 8월을 기준으로 현재 전국적으로 248개의 지역자활센터가 설치·운영되고 있다.

(3) 시범 사회복지사무소 설치 및 행정복지센터

사회복지사무소 설치에 대한 논의는 1980년대 초부터 지속되어 왔고, 1992년 「사회복지사업법」에 '복지사무전담기구'에 관한 규정을 신설함으로써 법적 근거를 마련하였다. 이후 1995년부터 1999년까지 4년 동안 전국 5개 지역에서 보건복지사무소 시범사업을 실시하였다. 2003년 참여정부에서 국정과제인 '참여복지와 삶의 질 향상'을 위해 '사회복지사무소 설치 등 사회복지전달체계 개편' 방안이 추진되었다(보건복지부, 2005b). 시·군·구청 소속 복지전담기구를 설치하여 복지업무의 효율화·전문화 및 공공부조와 복지서비스의 내실화를 꾀하기 위하여 2004년 7월부터 2006년 6월까지 서울시 서초구, 강원도 춘천시, 충북 옥천군 등 9개 시·군·구 지역에 사회복지사무소 시범사업을 실시하였다. 2006년 6월 시범 사회복지사무소 운영이 종료됨에 따라 2006년 7월부터 복지서비스 전달체계가 통합적 주민생활지원서비스 제공방식으로 개편되기 시작하였다. 통합적 주민생활서비스를 제공함에 있어 동사무소는 2007년부터 읍·면·동 주민센터로 명칭이 전환되었고 2017년부터는 읍·면·동 행정복지센터로 명칭이 수정되어 지금에 이르고 있다.

(4) 지역사회보장협의체 구성 및 지역사회보장계획 수립

공공·민간 분야 상호 간의 연계체제가 구축되지 않음에 따라 일부 대상자에 대한 서비스 중복과 누락이 발생하고 있으며, 복지대상자가 서비스에 접근하기 위해서는 관련 기관을 수차례 방문해야 하는 등의 문제점이 존재하였다. 이에 지역 단위로 민·관이 협력하여 사회복지서비스 제공의 효과성과 효율성을 제고하고 지역의 복지문제를 스스로 해결할 수 있는 논의구조를 통해 지역사회 내의 보건·복지 분야 등 민·관 대표자, 실무자들이 참여하여 수요자에게 통합적 서비스를 제공할 수 있도록 지역단위 연계·협력체계의 구축 필요성이 제기되었다. 이런 배경에서, 2000년 한국보건사회연구원의 '보건·복지 기능연계모형 연구'를 통해 보건·복지 기능연계 도모를 위한 지역사회보장협의체 구성의 필요성을 확인하고, 지역사회보장협의체 설치 근거를 명시한 「사회복지사업법」 개정 법률안이 2000년 12월 국회에 상정되었다. 그리고 지역사회보장협의체 운영성과 검증을 위해 15개 시·군·구에 2001년 10월부터 2년간 시범사업이 실시되었다. 2003년 7월 「사회복지사업법」 개정을 통해 종전에 시·군·구에 설치되어 있던 사회복지위원회를 폐지하는 대신, 각 지역의 실정에 맞는 사회복지서비스를 주도적으로 계획하고 수행할 수 있는 지역사회보장협의체 구성·운영과 관련된 법조항을 신설하여 2005년 7월부터 설치·운영하도록 하였다(보건복지부, 2005b; 보건복지가족부, 2009a). 또한 2003년 7월 「사회복지사업법」 개정 이후 시장·도지사 또는 시·군·구청장은 2005년 7월 31일부터 당해 시·도 또는 시·군·구의 지역사회복지계획을 4년마다 의무적으로 수립하도록 되어 있다. 현재 지역사회보장협의체는 지역사회보장협의체로 그리고 지역사회복지계획은 지역사회보장계획으로 용어가 수정되었으며, 현재 2019년에서 2022년의 4년간 지역사회보장계획을 실행하는 제4기 지역사회보장계획이 진행 중에 있다.

(5) 재가복지봉사센터 운영

1980년대의 민간 차원에서 이루어진 재가복지서비스의 노력들이 결실을 맺어 정부는 1992년부터 가사, 간병, 정서, 의료, 결연 등의 서비스를 제공하기 위해 재가복지봉사센터를 설치·운영해 오고 있다. 재가복지봉사센터는 1980년대 이후 정부의 지원사업으로 확대 설치된 기존의 사회복지관, 장애인복지관, 노인복지관 등의 전담인력, 장비 등 사업비를 추가 지원하여 복지관 부설 형태로 설치·운영해 오고 있다.

(6) 사회복지공동모금의 활성화

이 시기에는 민간에 의한 자발적인 복지자원 개발 활동 지원을 위해 국민의 자발적인 성금으로 모금된 재원을 효율적으로 관리·운용하기 위해 사회복지공동모금회가 설립되었다. 1975년 이후 정부에서 이웃돕기모금사업을 주관하였으나, 1997년 3월 「사회복지공동모금법」 제정에 따라 1998년 7월 이후 중앙과 지방에서 동시에 공동모금 활동이 전개되기 시작하였다(행정안전부, 2009a). 「사회복지공동모금법」은 1999년 3월 「사회복지공동모금회법」으로 대체입법되었고, 이 사업은 민간단체로 이관되어 시행되어 오고 있다(http://busan.chest.or.kr).

(7) 지역사회서비스사업의 전개

2007년부터 정부는 지역별 특성과 주민욕구에 부응하여 지역실정에 맞는 사회서비스를 지방정부가 주도적으로 개발 및 제공하도록 지원하는 지역사회서비스혁신사업을 시작하면서 사회복지서비스의 물질적 토대를 강화하였다. 지역사회서비스혁신사업은 2008년 지역사회서비스투자사업으로 명칭이 수정되었고 2013년에는 포괄보조금방식으로 재정지원방식이 전환되면서 지역 자체적으로 사업을 개발하는 방식으로 전환되어 지금에 이르고 있다. 현재 제공 중인 지역사회서비스사업으로는 지방자치단체가 자율적으로 자체개발하는 지역자율형 지역사회서비스사업과 전국적 보편사업인 노인돌봄서비스, 산모·신생아 돌봄서비스 그리고 장애인활동보조사업 등이 있다. 지역사회서비스 재정지원방식은 이용자들에게 전자바우처(electric voucher)로 지불된다는 특징이 있다.

제3장

지역사회복지실천이론

1. 개관

지역사회복지이론은 실천을 위한 개념적인 뼈대로서 우리가 직면하는 현상에 관해 생각하고 이해하는 것을 도우며, 어떻게 개입할 것인지에 대한 결정을 수립하는데 도움을 준다(Hardcastle, Wenocur, & Powers, 1997). 또한 이론이란 왜 어떤 것은 작동하고 어떤 것은 작동하지 않는지를 설명하는 상호 연관된 개념의 집합체라고 할 수 있다(Netting, Kettner, & McMurtry, 2004). 일반적으로 이론이란 어떤 사회현상의 원인과 효과의 상호관련을 이해하고 설명하는 데 사용된다. 즉, 경험적 조사를 통하여 유효한 것으로 설정된 원인과 효과의 상호관련에 대한 가정이 곧 이론이라고 할 수 있다(Hardina, 2002). Silver(1980)에 따르면 이론이, 첫째, 인간 개개인의 행동을 이해할 수 있도록 도우며, 둘째, 집단과 조직의 행동을 이해할 수 있도록 돕고, 셋째, 개인, 집단 그리고 조직 사이의 교환과 힘의 관계를 이해할 수 있도록 도우며, 넷째, 개개인들과 집단의 사상이나 사고를 이해할 수 있도록 돕기 때문에 필요하다고 한다.

Silver가 제시한 이론이 필요한 이유를 지역사회복지실천영역에 적용하여 보면 지역사회복지실천영역에서 이론은 지역사회의 조직이나 집단 그리고 주민 개개인의 행동을 이해하는 데 도움을 주며, 지역사회 안에서 이루어지는 모든 교환행동과 힘의 관계를 이해하는 데 도움을 주고 조직과 집단 그리고 개개 주민들이 가지고 있는 가치와 이념 또는 사상을 이해하는 데 도움을 준다. 즉, 이론은 지역사회복지실천을 위한 행동방법이나 해결방법 또는 개입을 위한 방법 등 구체적인 실천행동을 위한 방법을 직접적으로 제시하지는 않지만, 지역사회복지실천을 위한 이론을 통해서 우리는 지역사회를 어떻게 바라보고 이해하여야 하며 지역사회복지의 향상을 위해서 무엇을 어떻게 해야 할 것인가에 대한 지침을 얻을 수 있다. Netting, Kettner, 그리고 McMurtry(2004)는 지역사회복지실천의 영역에서 지역사회에 대한 이론은 지역사회를 지배하는 지역사회구조와 기능을 설명하고 나타내 준다고 하였다. 특히 Reed(2005, 핸드북)는 이론이 지역사회에서 어떻게 변화가 발생하는지 그리고 변화를 위한 장벽과 변화에 필요한 자원을 이해하는 데 도움을 준다고 강조하였다.

결국 지역사회복지실천영역에서 이론은 어떻게 지역사회가 기능하는지, 지역사회에 문제가 발생하는 원인은 무엇인지, 어떻게 지역사회 주민들이 변화에 순응하는지, 어떻게 정부의 정책결정에 영향을 미칠 것인지, 힘(또는 권력)을 갖기 위해 지역사회 주민들이 어떻게 대응하여야 하는지에 대한 이해를 할 수 있도록 도우며 궁극적으로는 어떻게 지역사회복지실천을 수행할 것인지를 설명하는 실천방법(또는 모델)을 모색하는 데 도움을 준다. 따라서 이론은 지역사회복지실천가들이 지역사회에 개입하여 특정 지역사회를 어떻게 바라볼 것이며, 그 지역사회에 영향을 미치는 다양한 요소와 그 요소들 사이의 관계를 이해하고 나아가 지역주민들의 삶의 질을 개선 내지는 향상시키기 위하여 어떤 실천모델을 사용할 것인지를 결정하는 안내자 역할을 한다.

지역사회의 수준에서 지역사회복지실천을 설명해 주는 이론은 정치경제론, 체계이론, 생태이론, 갈등이론, 사회자본론, 사회건설주의이론이 있고, 지역사회 전체적 수준이라기보다는 지역사회 안의 조직적 수준에서 지역사회복지실천을 설명하는 이론은 사회교환이론, 자원동원이론, 상호조직이론, 사회네트워크이론이 있으며, 지역사회를 구성하는 가장 작은 단위인 지역주민 개인수준으로의 실천개입을 강조하는 이론으로는 사회학습이론이 있다.

2. 정치경제론

1) 정치경제론의 개념

정치경제론(political economy theory)은 경제행동과 정치행동의 상호관계, 즉 국가나 정치 환경 그리고 시장과 같은 경제체제가 어떻게 상호 간에 영향을 주고받는가를 연구하는 이론이다(Alesina, 2007). 정치경제론은 특히 국가의 소득과 부의 분배 그리고 정부와 법과 제도와의 관계하에서 생산과 거래를 연구하는 이론으로 알려져 있다. 정치경제이론은 본래 18세기 국가의 경제 그리고 국가의 정치를 연구한다는 측면에서 정치경제론으로 명명되었다고 알려져 있다. 따라서 정치경제론은 국가의 경제현상을 설명하는 데 있어 단지 경제에만 국한하지 않는다는 점을 특징으로 하며 정치경제론의 주요 이슈는 경제정책에 국가 또는 정부정책이 어떻게 영향을 미치는지에 대한 논의라고 할 수 있다. 1970년대 이후 정치경제론은 사회에 만연한 분배를 둘러싼 갈등과 정치제도를 다룬다.

현대 자본주의사회에서 경쟁에 놓여 있는 조직들은 기존의 시장에서 혁신을 통해 새로운 이익을 창출할 수 있는 기회를 끊임없이 추구한다. 하지만 이러한 시장경제조직들의 변화노력은 단지 경제에 국한되지 않으며 지역사회, 나아가 전체 사회에도 영향을 미친다. 지역사회는 경쟁시장을 통한 경제활동의 산물로부터 이익을 취하지만 지역사회는 또한 지속적으로 경쟁시장의 활동으로부터 영향을 받아 이윤을 추구하는 자본주의의 자본축적 논리에 의해서 사회구성원들의 삶의 비경제적 부분(문화여가활동 등)은 경제적 부분에 종속되고, 미래에 대한 불확실성은 증대되며, 그들의 삶은 지속적으로 파괴되어 간다. 시장경제가 발전하면 할수록 지역사회구성원들의 삶이 지속적으로 파괴된다는 자본주의사회의 모순 내지는 사회갈등은 결국 지속적 자본축적을 위한 요구물(예를 들어, 경제발전정책)과 사회질서의 재생산을 위한 요구물(예를 들어, 사회복지정책) 사이의 균형에 영향을 주고, 이는 사회구성원들의 안정적이고 건강한 삶을 유지·보전하기 위한 대항운동의 필요성, 나아가 국가의 사회복지재화와 서비스의 생산 및 제공을 통한 사회적 보호 및 분배문제 해결을 위한 노력의 필요성을 보여 준다.

정치경제론의 입장에서 사회복지학에서는 국민들의 사회적 욕구를 해결하기 위한 정부의 사회정책과 경제정책 등의 제반 노력을 분석한다. 특히 정치경제론은 사회복지영역에서 불평등과 재분배의 문제를 해결하기 위한 사회복지정책과 경제정책과의 연관이나 경제성장과 사회 불평등과의 관계에 대해서 논의한다. 즉, 정치경제론에서 지역사회는 사회정책적 환경과 경제정책적 환경이 상호 연관되어 있으며 지역사회문제인 지역사회의 부의 분배와 불평등문제를 지역사회경제정책과 지역사회복지정책을 통해서 규명하고자 노력한다.

정치경제론의 지역사회	지역사회는 지역사회에 영향을 미치는 사회복지정책과 경제정책이 상호 연관되어 있는 체제이다.

자본주의 시장경제는 분배적 갈등을 초래하며 분배문제에 대한 해결은 시장경제체제를 통해서 해결되지 않고 더욱 악화되므로 이를 해결하기 위한 정부의 제도나 정책은 정치경제론의 주요한 과제라고 할 수 있다. 정치경제론은 특히 사회구성원들의 사회적 삶이나 정치 그리고 사회정책에 영향을 주는 경제적 관심이나 경제적 제한점들의 상호관계를 분석함으로써 사회와 경제를 통합적 관점으로 이해하고 분석하는 힘을 제공한다. 자본주의라는 경제체제하에서 국가 또는 지역사회와 경제는 밀접한 연관이 있으며 상호의존적일 수밖에 없다. 즉, 경제는 사회에 영향을 받으며 사회는 경제에 영향을 받는다. 따라서 정치경제론의 주요관심은 사회와 경제와의 상호관계에 있다고 볼 수 있다(Streeck, 2011).

Besley와 Burgess(2002)에 따르면 정치경제론의 주된 관심은 사회구성원들의 사회적 보호에 있어 국가적 효과성을 향상시키기 위해 국가는 어떤 경제적, 사회적 그리고 정치적 제도를 가지고 있는가에 있다고 한다. 특히 시장으로부터 소외되거나 배제된 사회구성원들은 그들의 생존을 위해 국가의 대응에 의존하게 되는데, 정치경제론에서는 소외되고 배제된 사회구성원들을 보호하기 위하여 국가는 사회적 보호를 위한 노력을 어떻게 효과적으로 기울여야 하는가가 중요한 정책적 이슈가 된다. 따라서 지역사회에 만연해 있는 경제적·사회적 불평등과 자원에 대한 접근기회의 부족 그리고 시장으로부터의 배제 등은 정치경제론으로 설명하는 것이 가능하다.

결국 경제는 국가와 밀접한 연관이 있으며, 나아가 보다 좁은 영역으로 지역사회복지 역시 지역사회에 영향을 주는 경제와 밀접한 연관이 있으므로 지역사회복지에 영향을 주는 경제현상을 이해하고 이를 극복하기 위한 대응방안을 찾기 위해 지역사회를 보다 거시적인 시각으로 이해하고 설명하는 것이 가능한 정치경제론은 유의미한 이론이라고 할 수 있다.

2) 지역사회복지실천으로의 적용

정치경제론의 입장에서 볼 때 지역사회복지학에서는 주민들의 사회적 욕구를 해결하기 위한 정부(지방정부 포함)의 사회정책과 경제정책 등의 제반 노력을 분석한다. 특히 정치경제론은 지역사회복지영역에서 불평등과 재분배의 문제를 해결하기 위한 지역사회복지정책과 경제정책과의 연관이나 경제성장과 지역사회 불평등과의 관계에 대해서 분석하고, 지역사회복지실천의 영역에서 정치경제론은 지역사회의 부의 분배와 불평등문제를 규명하고자 노력한다. 중앙정부와 지방정부의 지역사회복지정책은 전체 국가나 특정 지역의 경제적 상황과 밀접한 연관이 있다. 따라서 오늘날 지역사회에 만연해 있는 경제적·사회적 불평등과 자원에 대한 접근기회의 부족 그리고 시장으로부터의 배제 등은 정치경제이론으로 설명하는 것이 가능하다.

지역사회에 개입하여 지역사회복지향상을 위해 노력하는 사회복지사들은 지역사회의 정황을 이해하고 변화를 위한 행동을 추진함에 있어 지역사회와 지역주민과의 관계뿐만 아니라 지역사회에 영향을 미치는 정치와 경제와의 관계 역시 중요하게 인식하여야 한다. 즉, 중앙정부나 지방정부의 사회복지정책을 국가나 지역사회에 영향을 미치는 경제정책이나 경제적 환경과 연관하여 이해하려는 노력이 필요하다. 전체 국가의 성격을 규정하는 정치경제현상은 국가의 복지활동에 영향을 주며 지역사회의 모든 복지활동에 영향을 주는 중요한 요소로 작동한다. 따라서 사회복지사들은 거시적 접근방법으로 정치경제론을 토대로 지역사회를 이해하고 지역사회에 개입하여야 할 필요성이 있다.

자본주의 시장경제와 정치상황은 국가의 복지정책에 영향을 미치며 이는 또한 지역주민들의 삶에 지대한 영향을 미치는 요인이다. 국가가 어떤 정치세력에 의해 운영되는가에 따라 또는 국가는 어떤 사회복지정책을 기획하고 제공하는가에 따라 사회복지제도와 사회복지정책의 기획 그리고 사회복지서비스는 영향을 받으며, 국가의 시장에 대한 개입의 여부에 따라 생산과 소비는 영향을 받고 이는 곧 소득의 분배에도 영향을 미치게 된다. 일반적으로 불평등이 심하고 소득재분배가 상대적으로 열악한 국가 또는 지역사회는 경제성장 역시 낮게 이루어진다고 알려져 있다(Saint & Verdier, 1996).

지역사회차원에서 사회복지사들은 지역사회복지에 영향을 미치는 지역의 상황, 특히 정치경제적 상황을 면밀히 고려하고 이해하여야 한다. 사회복지사들은 지역주민들의 건강한 삶을 유지·발전시킬 수 있도록 하기 위하여 개인주의적 가치에 반하여 집합적 가치를 강조하면서 지역사회변화를 추구하는 가장 강력한 변화의 대리인이자 지역사회변화의 촉매제이다. 따라서 사회복지사는 지역변화를 성취하기 위하여 지역사회문제의 정치·경제적 상황에 대한 정확한 인식을 고취시키고 이를 해결하기 위한 집합적 행동을 증진시키는 중요한 역할을 수행하여야 한다. 특히 시장이 양산해 내는 경제적 불평등과 빈곤의 심화 그리고 사회적 차별과 배제를 사회기획(social planning)적 측면에서는 사회복지프로그램에 기초한 사회복지재화와 서비스의 제공을 통하여 그리고 사회행동(social acting)적 측면에서는 자원할당의 배열을 재조정하기 위한 집합적 행동 및 옹호활동을 통하여 극복할 수 있음을 인식하여야 한다. 정치경제론은 지역사회복지실천에 다음과 같은 함의를 제공해 준다.

지역사회복지실천의 정치경제론 함의	• 지역사회에서 부의 불균형 분배와 불평등문제를 규명하기 위해 지역사회 복지정책과 경제정책과의 연관을 중심으로 분석하는 거시분석의 틀을 제 공해 준다. • 중앙정부나 지방정부의 사회복지정책을 국가나 지역사회에 영향을 미치는 경제정책이나 경제적 환경과 연관하여 이해할 수 있는 틀을 제공해 준다. • 지역사회차원에서 사회복지사들은 지역사회복지에 영향을 미치는 지역의 상황 특히 정치경제적 상황을 면밀히 고려하고 이해하여야 한다.

3. 체계이론

1) 체계이론의 개념

체계이론은 지역사회를 하나의 사회체계로 바라본다. 체계이론의 기본 가정은 잘 통합되고 잘 기능하는 체계가 가능하며 또한 바람직하다는 것이다. 체계이론에 따르면 어떤 체계도 환경과의 연관 없이는 존재할 수 없으며 또한 체계는 종결을 위해서 끊임없이 나아가는 하나의 열린 체계이다. 즉, 체계는 열리고 닫히는 것을 반복하면서 주위환경에 의해 영향을 받는다는 것을 의미한다. 체계이론은 개인, 가족, 집단, 조직, 지역사회 등을 포함하는 하나의 체계에서 상호행동하는 행동주체들이 관계를 강화하거나 유지하기 위해 서로를 자극하는 것을 이해할 수 있도록 해 준다. 체계이론에서 지역사회를 바라보는 시각은 일반적으로 지역사회를 그들의 구성원들을 위해 중요한 기능들을 수행하는 상호 연결된 여러 체계를 포함하는 하나의 사회체계로 바라본다는 점이다.

체계이론의 지역사회	지역사회는 지역사회구성원들을 위해 중요한 기능들을 수행하는 상호 연결된 여러 체계를 포함하는 하나의 사회체계이다.

2) 지역사회복지실천으로의 적용

지역사회복지의 측면에서 우리는 체계이론을 이용해서 개인, 가족, 집단이나 조직과 같은 체계들을 살펴볼 수 있다. 또한 체계이론을 이용해서 지역사회와 같은 체계를 살펴볼 수도 있다. 우리는 지역사회를 개인과 집단 그리고 조직이라는 하위체계들을 포함하고 있는 체계라는 측면에서 살펴볼 수 있다. 즉, 지역사회는 더 큰 환경의 하위체계이기도 하면서 다른 하위체계들을 포함하고 있는 상위체계로 볼 수도 있다. 체계이론에 의하면 지역사회는 정치, 사회, 경제적 체계에 의한 변화에 영향을 받지만 지역사회라는 체계의 한 구성부분의 어떤 행동은 하위체계의 모든 것을 바꾸기도 한다(Fellin, 1995).

지역사회를 구분 짓는 경계는 더 큰 체계로부터 오는 대화와 환류(feedback)에 열려 있기도 하고 닫혀 있기도 하다. 곧, 지역은 역동적이라는 것을 의미한다. 생존하기 위해 조직이 대화와 환류를 받아들여야만 하는 것과 같이 지역사회는 변화에 순응해야 한다는 것을 의미한다(Norlin & Chess, 1997). Parsons(1971)는 체계가 4개의 기능을 가지고 있다고 하였는데 그에 따르면 순응, 통합, 목적성취 그리고 형태유지가 그것이다. 즉, 모든 체계는 순응 및 적응하려는 경향을 가지고 있고 적응을 통해서 통합하려는 경향을 가지고 있으며 목적을 성취하려는 경향을 가지고 있다. 또한 상태나 형태를 유지하려는 경향을 가지고 있다. 순응은 환경으로부터 충분한 편의시설을 확보하여 이를 각각의 체계에 배분하는 활동을 의미하며, 통합은 체계 간의 상호관계를 조정하고 유지하는 활동을 의미하고, 목적성취는 우선순위를 정하고 가장 먼저 성취하려는 목적을 위하여 체계 내의 자원을 동원하는 능력을 의미하며, 형태유지는 체계의 행위자가 적절한 특성을 발휘하도록 하는 활동과 행위자의 내적 긴장을 다루는 활동을 의미한다. 순응하고 통합하며 형태를 유지하고 목적을 성취하기 위해 체계는 개방적이야 하는 동시에 닫혀 있음을 반복하여야 한다.

체계이론에 의하면, 지역사회의 일차적 목적은 개인을 더 큰 사회에 연결시켜 주고 안정적인 상태를 유지시키는 것이다. 지역사회의 체계는 앞에서 지적한 것과 같이 목적성취, 통합, 환경의 요구에 대한 순응, 그리고 형태유지를 증진시키기 위해 노력하게 된다(Parsons, 1971; Knuttila, 1992; Norlin & Chess, 1997). 지역사회와 연관하여 체계의 기능을 설명하면 다음과 같다.

- 순응: 지역사회가 잘 돌아가도록 하는 데 필요한 자원을 획득하기 위한 지역사회의 능력을 의미한다.
- 통합: 개인이 사회나 조직 등의 가치와 행동을 받아들이는 과정을 의미한다. 통합은 지역사회통제를 위해 사용되고 있다는 시각도 포함한다.
- 형태유지: 사회화라는 의미를 포함하며 지역사회를 통해서 공통된 가치나 행동을 지속적으로 유지 및 형성하는 과정이다.
- 목적성취: 지역사회는 목적을 성취하기 위해 자원을 동원(사용)할 수 있는 능력이 있어야 한다. 목적성취를 위하여 모든 지역의 하위체계들은 반드시 적절한 수준에서 기능해야 하며 그렇게 된다면 지역사회 자원들이 목적을 성취하기 위해 사

용될 수 있다는 점이 강조된다. Parsons(1971)에 따르면 정부가 목적성취를 위한 가장 중요한 원천이며, 사회시설, 기업체, 공식적 조직, 지역주민을 위한 비공식적 조직들이 결과를 만들어 내기 위하여 조직될 수 있다(Hardina, 2002).

Warren(1978)은 지역사회라는 하나의 상위체계가 잘 기능하도록 하기 위한 하위체계들을 다음과 같이 구분하였다.

표 3-1 지역사회의 기능과 하위체계

기능	하위체계
생산-분배-소비	기업과 고용주를 포함하는 경제적 하위체계
사회화	가족, 학교, 종교단체, 동료집단
사회통제	정부, 사법체계, 종교단체
사회참여	비공식적 집단, 공식적 조직
상호지지	사회복지프로그램, 공공 및 비영리 조직, 비공식적 지원체계 및 협력연결망

체계이론에 따르면 지역사회문제는 곧 체계의 오작동이나 역기능 또는 기능장애에서 발생된다. 앞에서 제시된 바와 같이 지역사회라는 하나의 체계는 다양한 하위체계들로 구성되는데 하위체계가 작동을 하지 않거나 잘못된 기능을 수행하면 이는 곧 전체 상위체계가 작동하지 못하는 결과를 초래한다. 체계이론은 지역사회복지실천에 다음과 같은 함의를 제공해 준다(Hardina, 2002).

지역사회복지 실천의 체계이론 함의	• 상위체계의 변화는 지역생활의 어떤 측면(또는 하위체계)에서의 반응을 이끌어 낸다. • 지역사회 하위체계(가족, 집단, 조직을 포함)의 행동은 전체 지역사회뿐만 아니라 그 체계의 구성원들에게도 영향을 끼친다. • 지역사회는 생산, 분배, 소비, 사회화, 사회통제, 사회참여, 그리고 상호지지 등의 역할을 수행한다. • 지역사회복지실천을 수행하고 지역조직화를 하는 목적은 모든 지역 주민이 지역 생활에 참여할 수 있는 안정된 상태로 지역사회를 보존하기 위함이다.

4. 생태이론

1) 생태이론의 개념

생태이론은 지역사회가 변화에 순응하면 살아남고 변화에 순응하지 못하면 도태된다는 것을 강조한다. 생태이론은 다윈(Darwin)의 생물학적 결정주의인 "생존을 위한 최적 상태(Survival of the fittest)"에 기초하여 일반적으로 동물이나 식물의 생태를 설명하기 위해 등장하였지만 1930년대 이후 지역사회를 설명하는 이론으로 적용되었다. 생태이론을 지역사회에 처음 적용한 학자들은 시카고 대학교의 Robert Park 교수가 이끄는 사회학자집단으로 알려져 있다. 그들은 지역사회를 지리적·공간적 관계로 바라보았는데 이러한 관점은 동물이나 식물생태이론과 구별하여 인간생태이론(human ecology theory)이라고도 불린다. Park(1983)와 Hawley(1950, 1968)는 지역사회의 기본적 특성은, 첫째, 지역사회가 공간적으로 조직화되어 있는 하나의 인구집단이고, 둘째, 인구집단이 거주하고 있는 땅에 기초하고 있으며, 셋째, 인구집단의 개별적 단위는 사회적이라기보다는 상징적인 상호 독립적 관계로 살아간다고 보았다.

생태이론에 따르면 지역사회구조는 개인과 집단 그리고 주변에 있는 물질적인 환경 간의 상호작용을 통해서 발전한다(Norlin & Chess, 1997). 또한 지역사회환경의 변화는 인구밀도나 지역 안팎으로의 인구이동 같은 자연적인 힘들 때문에 발생한다는 점을 강조한다. 그리고 자연적인 힘들은 균형을 추구하고 또 지역사회가 활동의 규칙적인 형태를 유지할 수 있도록 하는 생태학적 균형을 유지하기도 한다. 지역사회의 생태체계(ecosystem)는 지역주민, 건물, 인구밀도, 토지사용, 그리고 사회구조 등의 다양한 구성물들로 구성된다. 그리고 지역 내에 있는 다양한 집단들은 땅, 집, 일자리, 그리고 다른 자원을 갖기 위해 경쟁한다. 이러한 자원을 갖고 있는 개인이나 집단은 갖지 않은 개인이나 집단을 지배하게 된다. 그리고 자원을 소유하지 못한 개인이나 집단은 자원을 가진 구조나 과정에 순응하게 된다. 결국 생태이론은 현 지역사회구조와 질서를 있는 그대로 인정하며 변화는 안정과 적응에 기인함을 강조하며 지역사회문제는 지역사회환경의 변화에 의하여 자연적으로 나타난다고 본다.

생태이론은 인구통계(예를 들어, 나이, 성, 인종 등), 물리적 공간의 사용, 지역사회에 있는 기술과 구조 등에 초점을 맞춘다. 인간생태이론학자들은 지역사회를 조직과 인구집단들 속에서 관계를 변화시키기에 충분하고 매우 독립적인 것으로 바라본다. 생태적 관점에 따르면 경쟁력 있는 지역사회는 주민과 그들의 환경 사이에서 생산적 균형을 유지하며, 질서 있고 비파괴적인 방식으로 변화를 허락하고, 구성원(지역주민)들에 필요한 매일매일의 필수품을 제공한다(Fellin, 1995). 결국 생태이론은 한 인구집단에 있는 개별단위들은 경쟁하며 지역사회가 모든 지역거주민들을 지원할 수 있도록 보장하기 위하여 개별단위들은 협조하여야 한다는 점을 강조한다.

특히 생태이론은 장소나 공간이 중심이 되는 지역사회가 어떻게 경쟁, 중앙화, 집중화, 통합과 연속 과정을 다루는지에 관심을 갖는다. 경쟁, 중앙화, 집중화, 통합과 연속은 연결되어 있는데 경쟁은 집단들이 땅(공간)을 차지하기 위해 경쟁하는 것을 의미하며, 힘의 역동성(힘의 소유 여부)에 의존해서 땅의 소유는 이동하게 된다. 중앙화는 얼마나 많은 집단이나 조직이 한 장소에 몰려 있는가를 나타내며, 집중화는 특정 지역으로 사람들이 진입하는 것을 나타내고(예를 들어, 이민자), 통합은 특정 인구집단이 그들만의 언어나 문화, 종교 등과 같은 변수들을 버리고 융합하는 것을 의미하고, 연속은 지리적 영역 안에서 하나의 사회집단이 다른 사회집단을 대신하는 것을 의미한다(Fellin, 2001).

결국 생태이론은 지역사회가 공간적 특성을 가지고 있으며 지역사회라는 지리적 공간은 다양한 구조나 체계로 이루어져 있어 지역주민들은 지역사회 안에 있는 구조나 체계들과의 관계에서 상호 독립적으로 살아가며 지역의 물리적 공간의 사용이 지역사회자원을 향한 장벽을 만들기도 하고 자원을 향한 접근성을 향상시킬 수도 있음을 인지하는 것이 중요함을 강조한다.

생태이론의 지역사회	지역사회는 지리적, 공간적으로 조직화되어 있는 하나의 인구집단이다.

2) 지역사회복지실천으로의 적용

생태이론은 살아남기 위하여 자연에 적응하고 적응하지 못하면 도태되는 자연의 섭리를 강조한다. 지역사회복지실천에서 생태이론은 생존을 위해 지역사회에 생존

해 있는 자원의 소유여부에 따라 지역구성원들을 포함하는 지역사회체계가 자연스럽
게 재편되는 것을 강조한다. 즉, 지역사회의 구성원들이나 지역사회체계는 지역사회
를 둘러싸고 있는 환경과 상호행동을 하고 환경에 적응하면서 환경을 변화시킬 수 있
지만 환경에 적응하지 못하는 지역사회체계나 지역사회구성원들은 자연적으로 도태
된다. 생태이론은 지역사회복지실천에 다음과 같은 실천적 함의를 제공해 주었다.

지역사회복지 실천의 생태이론 함의	• 지역사회에서 경쟁력을 가지지 못한 개인이나 집단은 부족한 자원을 소유하게 되며 지속적으로 지역사회에서 도태되고 배제된다. 나아가 경쟁력이 없는 지역사회 역시 도태되고 사라지게 된다. • 경쟁에서 뒤떨어져 있거나 경쟁에서 실패한 개인이나 집단은 주변환경에 적응해야 한다. 따라서 생태이론은 개인이나 집단, 그리고 조직 간의 영향력을 설명하는 데 도움을 준다. • 지역사회의 물질적인 환경은 어떻게 지역사회구조가 창조되었는지를 정의하는 데 있어 중요한 역할을 한다. 즉, 지역사회의 물질적 환경의 변화는 지역사회 간의 차이를 나타내 준다. 예를 들어, 빈민촌(슬럼) 같은 소득이 낮은 구성원들이 모여 사는 지역사회는 열악한 사회간접자본과 열악한 주택환경이나 주택난 등으로 그려질 수 있으며 이러한 물질적 환경은 지역사회의 생태적 특성이다. 따라서 물질적 환경을 변화시키는 것은 지역사회를 변화시키는 것으로서 그 변화에 적응하고 상호행동하지 못하게 되면 그 지역사회의 변화는 이루어지지 않게 된다. • 지역주민들의 문제는 개인적 원인에 덧붙여 생태적이고 자연적 측면에서 찾을 수 있다.

하지만 생태이론이 강조하는 지역사회의 물질적 환경이 지역사회구조에 영향을 미
친다는 전제가 다소 결정주의적(영향을 미치지 않을 수도 있다는 점에서)으로 해석될 수
있으며 지역사회, 조직 또는 집단에서의 조화를 강조하는 반면, 지역사회의 변화를
위해 어떤 구체적이고 실천적인 행동을 수행하여야 하는지에 대한 방향제시가 결여
되어 있다. 또한 생태이론은 경쟁을 인정하고 힘의 역동성을 인지하는 것이 중요하다
는 것을 강조하지만 지역사회 안에서 힘의 역동적 관계의 분석을 통해 힘이 없는 집
단이나 조직들이 어떻게 힘을 성취하여야 하는지를 이끌어 내지는 못한다는 약점을
지니고 있다(Netting, Kettner, & McMurtry, 2004).

5. 갈등이론

1) 갈등이론의 개념

갈등이론(conflict theory)은 갈등이 지역사회발전의 원동력임을 강조한다. 갈등이론은 안정과 질서를 중요시하는 체계이론과 달리 무질서 또는 부조화도 인간생활에서 피할 수 없는 부분이며 자연스러운 것으로 본다. Marx와 Dahrendorf는 갈등이론의 대표적 이론가들이며 그들의 견해를 종합한 갈등이론은 다음과 같은 특징을 내포하고 있다(지은구, 2003).

첫째, 사회체계는 체계적으로 갈등을 유발하며 갈등은 사회에 만연해 있는 것이 특징이다.

둘째, 갈등은 사회구조상 피할 수 없는 서로 대립되는 집단이나 개인들의 상이한 관심사들에 의해서 유발된다.

셋째, 대립되는 관심은 지배집단과 피지배집단 간의 힘과 희소자원의 불평등분배에 기인하며, 따라서 모든 사회는 한 성원과 다른 성원들과의 긴장에 의존한다.

넷째, 상이한 관심들은 두 갈등집단으로 양분된다.

다섯째, 갈등은 변증법적이다. 즉, 갈등의 해결은 또 다른 갈등의 대립적인 관심을 일으키고 그것은 또 다른 갈등으로 발전한다.

여섯째, 계속적인 갈등의 결과로서의 사회는 진보하고 발전하며 갈등은 사회에 만연해 있는 것이 특징이다.

Marx는 갈등을 사회의 경제구조에 기초한다고 보았으며 경제구조는 부의 사적소유와 그것을 포함하는 계급구조를 포함한다고 생각하였다. Marx에게 있어서 생산은 중요한 개념이며 그는 생산이 문화적 가치, 종교, 신념, 사회관계, 계급구조 등에 영향을 미치는 것으로 간주하였다. 그는 자본주의하에서 생산수단이 자본가에 의해서 소유되어 있기 때문에 노동자는 자본가에 의존해야 하고 결국은 힘이 없게 되어 착취당한다고 생각하였다. 그는 자본의 요구에 의해서 노동자는 팔리고 살 수 있는 상품

화(노동의 상품화)되며 결국 노동자는 빈곤화될 수밖에 없다고 생각하였다. 그러나 그
는 자본주의 자체가 변화할 수 있는 씨앗을 내포하고 있다고 보았다. 즉, 노동자들의
소외 그리고 계급의식의 성장은 노동자들이 자본가계급에 도전할 수 있도록 하며 결
국에는 자본주의체제가 사회주의체제로 이행할 수 있다고 Marx는 보았던 것이다.

한편, Marx의 추종자인 Dahrendorf(1959)는 현대 자본주의하에서 산업 갈등을 유
일한 하나의 갈등영역이라고 규정하였다. 그는 산업사회 내의 집단의 갈등과 이익을
분석하였고, 힘과 권위를 강조하였다. 그에 따르면 갈등은 하나의 작은 집단이나 공
식 조직으로부터 한 사회 또는 지역사회에 이르기까지 조직화된 사회적 체계 안에 있
는 사회적 규칙들을 동반하는 지배와 굴종의 관계에 구조적 기원을 가지며 만연해 있
다. Marx와 Dahrendorf는 공통적으로, 변화를 위해 같은 의식을 가진 개인들을 하나
의 집단으로 변형시키는 것 또는 묶는 것이 중요하다고 인식하였다. 이 변형은 힘을
가지고 있는 지배집단의 불법적인 지위와 박탈의 상대적 상태에 대한 피지배집단의
인식 및 의식의 발전으로 갈등주의론자들에게 보여진다. 결국, 이 의식의 성장은 피
지배집단이 지배받고 있는 조건을 이해하기 위해 그리고 그 조건을 변화시키기 위해
정치적으로 행동하게 되는 하나의 방법으로 정의된다. 다시 말해, 각각의 집단들이
그들 스스로에 대해 자각하는 것이 중요하다는 것을 의미한다.

갈등이론의 지역사회	• 지역사회는 개인 간, 집단 간, 계층 간, 계급 간 항상 갈등이 만연하며 갈등을 통해서 지역사회는 변화한다. • 갈등이론의 지역사회는 지리적 · 공간적 지역사회의 범위를 뛰어넘어 공동 의 이익과 관심을 표출하는 기능적 지역사회의 의미를 내포한다.

2) 지역사회복지실천으로의 적용

갈등이론은 지역사회복지실천의 분야에서 특히 개개인들이나 집단들이 그들이 처
한 갈등의 상황을 인식하고 이를 극복하기 위한 행동의 필요성, 나아가 갈등을 극복
하기 위해 조직화하는 것, 즉 지역사회조직화에 많은 영향을 미쳤다. 따라서 갈등이
론이 지역사회복지실천에 미친 영향은 갈등을 극복하기 위한 힘의 관계를 분석하는
것과 실천방안으로서의 지역사회조직화이다. 특히 갈등이론의 지역사회조직화로의
적용은 지역사회조직화의 대표학자인 Alinsky에 의해서 실현되었다. Alinsky(1971,

1974)는 모든 사람이 재화와 서비스에 접근할 수 있어야 한다고 생각했으며, 지역사회조직화의 목적이 부자나 자본가계급이 자본주의로부터 혜택을 받는 것같이 낮은 소득이나 노동자계급이 혜택을 받기 위해 조직화하는 것이라고 정의하였다. 또한 그는 조직화하는 것은 가진 사람들의 자원과 의사결정의 권위를 이양하도록 하기 위해 힘을 사용하는 것이라고 정의했으며 이 힘은 조직의 건설과 권위를 가진 사람들과의 대항으로부터 온다고 강조하였다. 갈등이론은 지역사회복지실천을 위해 지역에 개입하여 실천을 수행하는 데 있어 다음과 같은 함의를 가져다주었다.

지역사회복지 실천의 갈등이론 함의	• 힘을 가진 자와 가지지 못한 자가 지역사회자원을 위해 경쟁한다. • 힘을 가진 자들은 가지지 못한 자들에 대해서 힘의 사용에 따른 이익과 자원을 갖는다. • 지역사회 내에서 소외된 집단이 경험하는 억압은 계급주의, 인종주의, 능력주의, 나이주의, 성차별주의 등에 근거한다. • 힘을 가진 자들은 정부와 의사결정의 권한 등을 통제한다. • 지역사회조직화의 목적은 일자리, 교육, 돈, 그리고 다른 자원에 접근하고 힘을 획득하기 위하여 억압받은 집단들의 성원들이 행하는 것이다. • 지역사회실천가들은 힘 또는 자원을 가지지 못한 자들이 의사결정권한에 접근할 수 있게 만들 수 있는 다른 형태의 힘(즉, 언론, 투표, 많은 수를 통한 힘의 과시 등)을 만들기 위하여 노력한다.

갈등이론은 다음과 같은 측면에서 사회복지사들의 역할에 영향을 미쳤다.

첫째, 사회복지사들이 지역주민들이 갖는 문제를 개인적 요인이 아닌 사회구조적인 문제에 기인함을 인식하도록 하였다. 이러한 인식의 변화는 지역사회변화를 위한 노력에서 사회복지사들은 체계적인 기능장애(dysfunctions)로 개인적인 문제의 원인을 바라봄으로써 주민들의 문제를 개인적인 문제로 국한시켜 처리하는 데 저항할 수 있게 하였다.

둘째, 갈등이론은 사회복지사들이 지역사회집단들 간의 상호작용에 초점을 맞추도록 하는 데 도움을 주었다.

셋째, 사회복지사들에게 가진 자와 가지지 못한 자 사이(또는 힘이 있는 집단과 힘이 없는 집단)의 갈등이 사회발전의 원동력이라는 관점을 제공해 주었으며 또한 지역사회발전을 위해 사회구조적 문제들에 대한 인식과 지역주민들 각각의 의식의 성장이 중요한 역할을 한다는 것을 인식시켜 주었다.

넷째, 사회복지사들에게 갈등은 피할 수 없는 현실이라는 점과 지역사회의 갈등을 해결하기 위한 구체적인 실천방안으로 지역사회조직화의 중요성을 인식시켜 주었다.

결국 갈등이론은 사회복지사들에게 지역사회문제의 원인을 개인보다는 사회구조에서 찾고 이를 해결하기 위해 갈등에 대한 인식과 문제해결을 위한 실천행동과 이를 위해 계급의식발전을 고취시키는 것이 중요함을 인식하도록 하였다. 즉, 복지제도, 정책 등과 같은 거시적 요인에서 해법을 찾도록 하였으며 복지요구 및 복지요구투쟁이 사회복지서비스의 발전을 고취시키므로 이를 위한 조직화와 같은 실천행동의 중요성을 인식하는 데 도움을 주었다.

하지만 갈등이론은, 첫째, 지역사회실천가들이 힘이 있는 사람이나 사회지배계층이 지역사회에 부정적인 영향을 끼친다는 것을 전제하며, 둘째, 지역사회실천가들이 소외된 집단은 그들의 욕구를 해결하기 위해서는 반드시 힘을 가져야 한다는 점을 전제하는데, 이러한 전제는 결과적으로 실천가들의 지역사회문제해결을 위한 전략과 전술의 채택에 있어 사회적 동의나 합의를 이룩하려는 노력보다 기존 힘의 구조와의 갈등을 유발하고 갈등을 위한 해결에 있어 대항전략과 같은 급진적인 전략을 사용하도록 한다는 점, 즉 힘을 얻기 위한 조정이나 합의를 위한 전략이나 전술의 사용을 불가능하게 하여 지역사회문제를 해결하기 위해 실천가들이 다양한 전략대안들을 사용하는 데 한계를 갖게 한다는 비판을 받았다.

6. 사회자본론

1) 사회자본론의 개념

사회자본이 개인이나 집단 그리고 지역사회의 속성(Huysman & Wulf, 2004)이라는 의미는 사회자본이 개인이나 집단, 나아가 특정 지역사회를 설명해 주는 특성임을 나타내 준다. 사회자본의 정도가 높은 지역사회일수록 지역주민이 해결하려고 하는 욕구해결의 정도는 높으며 사회문제가 낮고 범죄율이 낮으며 경제적 안정 및 성장이 더욱 빠르다는 점은 이미 사회자본을 연구하는 학자들에 의해서 입증되었다.

사회자본은 개인이나 집단의 상호행동이나 관계의 밀도나 양 그리고 그들의 소명 감에 대한 상호감정, 공동의 가치나 규범에 근거하는 신념, 소속감 그리고 지역사회 의 내적 통합에 기초가 되는 연대와 같은 주제를 포함(Jenson, 1998; McCracken, 1998; O'Connor, 1998; Woolley, 1998)하므로 사회자본은 지역사회통합을 위한 가장 근본적 인 토대로서 작동한다고 볼 수 있다. 사회자본은 사회를 개인들이 모인 집합체 이상 으로 만들기 위한 공유된 가치, 개인적 관계에서 표현된 사회적 행동을 위한 규정, 신뢰, 시민 책임의식에 대한 공동의 감정 등이 포함된 개념이라고 해석된다(Social Capital Initiative, 1998). Bhandari와 Yasunobu(2009)는 사회자본을 축적된 사회적 규 범, 가치, 믿음, 신뢰, 의무, 관계, 네트워크, 친구, 회원, 시민사회참여, 정보흐름 그리 고 경제 사회발전으로의 기여와 상호신뢰를 위한 집단적 행동과 협력을 부양하는 제 도를 망라하는 다면적 현상으로 인식하고, 이를 "상호혜택을 위해 협력과 집합적 행 동을 촉진시키는 공유된 규범, 신뢰, 네트워크, 사회관계, 제도의 유형으로 있는 집합 적 자산"으로 정의하였다.

한편, OECD(2001)는 사회자본이 집단 안에서나 집단들 사이에서 협력을 촉진시키 는 공유된 규범, 가치 그리고 이해를 함께하는 네트워크라고 정의하여 사회자본의 개 념을 개인적 수준을 넘어 조직적 수준으로 확대시켰다. 세계은행(World Bank, 2007) 은 사회자본에 대해 OECD보다 더욱 광범위한 개념을 제시하였다. 세계은행에 따르 면 사회자본은 사회적 상호행동의 양과 질을 규정하는 제도, 관계 그리고 규범이며 사회자본은 단순히 사회를 지탱하는 제도의 합이 아니고 사회를 함께 있도록 하는 접 착제라고 바라보았다. 이러한 국제기구의 사회자본에 대한 견해는 사회자본의 조직 측면과 사회의 제도적 측면을 모두 포괄하는 정의라고 할 수 있다. 사회자본에 대한 다면적·종합적 견해를 종합하면 사회자본은 "개인이나 집단들 사이의 상호행동을 지배 하는 제도, 네트워크, 협력 그리고 태도와 가치"라고 정의할 수 있다.

지역사회의 영역에서 사회자본은 개인적 수준보다는 집단적 수준으로 해석되 는 것이 정당하다. 집합적 사회자본은 사회자본이 개인적이라기보다는 집합적 속 성을 지닌다고 본다. Adler와 Kwon(2002)은 사회자본의 근원은 행위자가 소속되 어 있는 사회구조에 놓여 있다고 강조하였다. Coleman(1990)은 사회자본이 개인적 수준에서 이해되는 것이 아니라 사회구조적 요소로서 이루어져 있음을 주장하였으며 Putnam(1993)과 Fukuyama(1995)는 사회자본의 집합적 또는 거시적 행동을 강조하여 사회자본을 집합적 수준에서 보아야 함을 주장하였다. Granovetter(1985), Coleman(1990), Putnam(1993), Fukuyama(1995), Newton(2001), Bowels와 Gintis(2002), Van der Gaag와 Snijders(2003) 등과 같은 집합적 사회자본의 지지자들은 사회자본이 개인적 측면뿐만 아니라 집합적 측면 역시 포함된다고 보았으며 나아가 사회자본이 사회적 속성을 가지고 있는 것으로 바라보았다. 여기서 사회적 속성이라는 것은 사회자본이 개인들을 협력하게 하고 집합적으로 행동하게 하는 관계와 네트워크의 질과 연관이 있다고 보는 것을 의미한다(Putnam, 1993).

집합적 사회자본은 전체 지역사회에 혜택이 되는 집합적으로 생산되고 집합적으로 소유되는 선이나 가치 또는 이익을 의미한다. 따라서 집합적 사회자본은 개인보다는 지역사회에 대한 혜택이 보다 강조된다. 집합적 사회자본의 기본 전제는 사회관계가 실현되기 위해서는 한 사람의 개인적 수준이 아니라 최소 두 명 이상의 사람들이 있어야 가능하다는 것이다. 즉, 한 사람이 아니고 두 사람 이상의 행위자들이 행동을 하여 모든 행위자들에게 혜택을 가져다주고 그것이 결국은 개인과 집합 그리고 지역사회구성원 모두에게 혜택으로 돌아간다는 것이 강조되는 것이다. 따라서 집합적 사회자본은 네트워크 안에서 상호행동하는 구성원들의 자원의 합을 나타내는 것이라고 볼 수 있다. 이는 Putnam이 사회자본을 교량과 결합자본으로 유형화하였는지를 잘 설명해 준다. 즉, 구성원들의 상호행동을 위해 교량자본이 필요하고 상호행동을 더욱 효과적으로 하여 자원의 총량을 극대화하기 위해 결합자본이 필요한 것이라고 해석할 수 있다.

결국 지역사회는 개인들로 구성되어 있고 개인들은 자기만의 고립된 사회를 만들어서 그 지역사회에서 혼자 개별적으로 자기들만의 이익만을 위해 사는 것이 불가능하므로 모든 지역사회구성원이 상호행동과 상호교류와 협력을 통해서 보다 나은 사회를 만들기 위해 노력하여야 한다는 측면에서 보면 사회자본은 개인적 수준에서 발생할 수 있지만 집합적 수준에서 해석되는 것이 당연하다. 한 가지 분명한 사실은 지역사회구성원 개인 혼자만의 노력으로는 사회자본이 구축되고 동원되는 것이 어렵다는 것이고 공동의 이익실현을 위한 노력과 협력이 전체 지역사회를 보다 풍요로운 복지사회로 건설하는 원동력이라는 사실이다. 종합하면, 사회자본론은 지역사회를 상호혜택을 위해 협력과 집합적 행동을 촉진하게 하는 관계와 네트워크로 구성된 사회체계로서 이해할 수 있으며 지역사회는 사회구성원들의 신뢰와 참여, 공유된 신념이나 공동체인식 등과 같은 사회자본의 수준에 의해 발전한다.

사회자본론의 지역사회	• 상호혜택을 위해 협력과 집합적 행동을 촉진하게 하는 관계와 네트워크로 구성된 사회체계이다. • 신뢰나 공동의 가치나 공동체인식이 강조되는 사회자본은 기능적 지역사회와 지리적 · 공간적 지역사회에서 동시에 강화될 수 있다.

사회자본은 과정이자 결과이다. 사회자본이 과정이라는 것은 사회자본을 형성하고 강화하기 위한 사회구성원들의 행동이 중요함을 의미하는 것이고, 사회자본이 결과라는 것은 신뢰나 공동의 가치 등은 사회구성원들이 사회관계나 네트워크 안에서 구축하는 것이라는 점을 강조하는 의미이다. 즉, 신뢰가 구축되어야 지역사회의 안전과 발전, 나아가 지역사회복지가 담보된다는 점을 강조하는 것이다.

2) 지역사회복지실천으로의 적용

사회자본은 지역사회와 지역사회구성원들이 상호호혜의 규범을 통해 획득하는 사회적 지지와 사회적 의무라고 할 수 있으므로 지역사회발전을 담보하는 동력이며 지역사회통합을 위한 기본 전제조건으로 작동한다. 특히 사회자본은 지역사회에서 지역주민들이 사회적 상호행동, 사회참여, 그리고 시민사회개입을 발전시키는 데 중요한 역할을 담당한다. 신뢰와 공유된 비전 그리고 연대감 등을 통해 지역주민들 간, 집단구성원들 간 그리고 조직구성원들 간에 사회적 상호행동을 강화시키고 지역사회로의 참여를 증진시키며, 나아가 시민사회로 발전하는 데 있어 다양한 시민행동이 가능하도록 시민사회개입을 촉진시켜 지역사회의 복지 및 지역사회가 발전하도록 하는 데 중요한 역할을 한다. Ross(1967)와 Moyser와 Parry(1997) 등은 지역사회발전과 사회정의를 실현시키기기 위한 중요한 구성요소로서 사회자본을 강조하였다(Hardcastle et al., 2011, p. 49에서 재인용).

지역사회복지실천의 현장에서 사회복지사들은 지역주민들과 신뢰를 바탕으로 상호행동을 하고 지역사회의 다양한 조직구성원들과 실천가 및 행동가들 역시 신뢰를 바탕으로 지역사회의 안정과 주민들의 삶의 질 및 지역사회의 질을 향상시키기 위해서 상호행동 및 관계를 바탕으로 하는 다양한 공동사업 및 네트워크를 수행하므로 사회자본의 형성은 지역사회복지실천현장에서 사회복지사가 지역사회개입을 위한 가장 기본적인 토대라고 할 수 있다.

사회자본을 강조하는 학자들의 실증적 연구에 따르면 사회자본은 지역사회 및 경제적 발전을 가져다주는 가장 확실한 동력임을 알 수 있다. Putnam(2000)은 사회적 자본의 경제적 기능을 강조하며 사회자본이 다음과 같은 이유로 중요하다고 강조하였다.

첫째, 사회적 자본은 사람들이 더욱 쉽게 집합적인 문제를 해결하는 것을 허락하기 때문이다. 이는 사람들이 상호협력을 한다면 더 나은 사회적 번영이 올 것이라는 전제에 기초한다.

둘째, 사회적 자본은 지역사회가 잘 기능할 수 있도록 바퀴에 기름을 치는 것과 같은 역할을 하기 때문이다. 사람들이 상호신뢰하고 믿으면 기업이나 경제활동 등의 모든 사회적 거래는 더 낮은 비용으로 더 잘 돌아갈 것이다.

셋째, 사회적 자본은 사람들의 운명이 연계되어 있는 다양한 방식에 대한 우리의 인식을 넓힘으로써 우리의 몫을 증대시키기 때문이다. 다른 사람들과의 활동적이고 신뢰를 바탕으로 하는 연계는 사회의 다른 구성원들에게 선을 행할 수 있는 성격을 유지시키고 발전시키도록 한다.

Putnam(2000)은 또한 사회자본이 지역사회에 가져다주는 혜택을 다음과 같이 제시하였다.

첫째, 아동의 발전이 사회자본에 의해서 개발된다. 가족, 학교, 동료집단, 그리고 지역 안에서의 신뢰, 연계망, 상호호혜의 규범 등은 아동들의 선택과 기회에 영향을 미치고 그들의 행동과 개발에 영향을 준다.

둘째, 더 깨끗한 공공장소, 더 친절한 사람들, 보다 안전한 거리를 만드는 데 사회자본이 일조함으로써 지역사회의 범죄율의 감소, 빈곤의 감소 등에 영향을 미친다.

셋째, 신뢰와 사회적 연계가 번창한 곳에서는 개인, 기업, 나아가 지역사회 및 국가가 번창하기 때문에 사회자본이 사회경제적 불이익을 완화시키는 역할을 담당한다.

넷째, 사회자본이 사람들이 더 좋은 건강을 유지하도록 도움을 주기 때문에 사회적 지출을 줄이는 역할을 한다. 이는 혼자 활동하고 혼자 생각하고 혼자 생활하는 것보다 같이 행동하고 같이 생활하고 같이 행동하는 것이 정신건강이나 신체건강을 위해서 훨씬 더 좋기 때문이다.

특히 사회자본을 강조하는 학자들의 연구 결과에 따르면 사회자본은 지역사회의 빈곤경감과 사회불평등 개선 등과 같은 사회·경제적 발전과 밀접한 연관이 있으며 낮은 범죄율과 행복에 이르기까지 사회자본이 중요한 역할을 수행함을 다양한 사회지표를 통해서 입증하였다(Boneham & Sixsmith, 2006; Ohmer, 2008; Perry et al., 2008; Pyles & Cross, 2008; Saegert & Winkel, 2004; Speer & Zippay, 2005). Prusak과 Cohen(2001)은 사회자본이 사회·경제적 성장과 발전에 영향을 미치는 결정적인 이유를 다음과 같이 제시하였다(지은구, 2007에서 재인용).

첫째, 사회자본은 사회구성원들이 더 좋은 지식을 공유할 수 있도록 하여 상호간의 신뢰, 공유된 목적 등은 더 진척된 연구개발을 할 수 있는 토대가 된다.

둘째, 사회자본이 계약이나 서열 관료주의적 규칙 등과 같은 공식적인 협약메커니즘에 들어가는 거래비용을 절감시킴으로서 경제성장과 발전의 과정 그리고 경제적 수행력에 영향을 미칠 수 있기 때문이다.

셋째, 사회자본이 낮은 이직률, 고용이나 훈련에 들어가는 비용의 절감, 그리고 조직이 추구하는 가치의 공유를 통해 조직발전과 고용안정에 도움을 준다.

넷째, 사회자본으로 인한 조직안정과 공유된 이해 때문에 구성원들 사이에 더 큰 응집력이 생기는 것도 사회·경제적 발전에 긍정적인 영향을 미친다고 볼 수 있다.

결국, 불신과 반목의 연속 그리고 갈등은 지역사회발전을 위한 사회적 지출을 증대시키며 사회·경제적 불안을 가져다주지만, 사회자본이 확충된다면 이러한 사회적 지출이 사라지게 되어 더욱 안정적인 지역사회발전을 추구할 수 있게 된다. Fukuyama(1999)는 국가는 간접적으로 사회적 안전망과 같은 사회복지재화와 서비스 등의 필요한 공공재를 효과적으로 제공함으로써 사회자본의 창출에 기여할 수 있다고 강조하였는데 이는 곧 높은 수준의 지역사회복지수준이 곧 사회자본을 창출하는 데 긍정적인 역할을 한다는 것을 의미한다. 따라서 사회자본은 지역사회복지의 영역에서 사회복지의 수준을 향상시키기 위한 노력을 통해 사회자본을 향상 및 증대시키고 이러한 사회자본의 향상은 또한 지역주민들에게 연대와 공동체성을 강화하도록 하며 지역사회의 문제 및 주민들의 욕구에 보다 적극적으로 대응하도록 함으로써 지역사회의 질 향상에 도움을 준다. 사회자본이 지역사회복지실천에 주는 함의를 살펴보면 다음과 같다.

지역사회복지실천의 사회자본론 함의	• 사회자본은 지역사회구성원들 간에 발생하는 불신과 반목 및 갈등을 약화시킴으로써 보다 안전한 지역사회로 발전하는 데 토대를 제공한다. • 지역사회주민들의 사회자본을 향상시키기 위하여 기본적인 사회적 안전망이 구축되어야 하며 지역사회복지서비스를 강화하여야 한다. • 사회자본은 지역주민들에게 연대와 공동체성을 강화하도록 하며 지역사회의 문제 및 주민들의 욕구에 보다 적극적으로 대응하도록 함으로써 지역사회의 질 향상에 도움을 준다.

7. 사회건설주의이론

1) 사회건설주의이론의 개념

사회건설주의(social constructionism 또는 reality construction)이론은 삶의 새로운 건설을 통해 지역사회가 발전할 수 있음을 강조한다. 따라서 새로운 삶의 건설을 위하여 특정 지역사회에 거주하는 주민 개개인의 역할과 능력을 매우 중요시한다는 특징이 있다. 사회건설주의이론은 대부분의 지역사회복지실천분야의 이론들(대체적으로는 사회과학이론들)이 서구의 문화적 가치와 규범에 일치하여 발달되어 왔다고 강조한다. 특정 지역사회를 이해하는 데 있어 보편적 사회과학이론이 적용 가능할 수도 있지만 그렇지 못한 지역사회도 존재하므로 모든 지역사회에 동일한 이론을 적용하여 지역사회의 모든 부문들을 이해하는 것은 지역사회에 대한 편견과 편협한 사고를 가져다줄 수 있다.

사회건설주의이론은 기존의 사회과학적 인식의 틀을 거부하고 사회 주변부에 사는 집단들의 삶에 관련된 지식발전을 위한 하나의 토대를 제공하였다. 여기서 지식발전이란 지배문화의 사회구성원들과는 관련이 없는 사람들의 삶에 연관된 지식을 의미한다. 사회건설주의이론은 과거로부터의 단절을 주장하며 그리고 객관성을 부정하는 등 포스트모더니즘에서도 영향을 받았다. 사회건설주의이론은 전통적으로 지배받아 왔던 구성원들(빈민, 장애인, 노인, 여자, 아동 등)의 삶과 경험에 관한 새로운 지식을 구축하고 건설함으로써 억압을 극복하는 것에 초점을 맞추고 있다. 사회건설주의이론은 개개인들이나 집단들이 사회제도나 풍습, 매일매일의 활동들과 관련된 의미들을 알고 확인하기 위한 대화의 과정에 참여 또는 개입해야 한다고 강조하는데 이는 사회건설주의이론의 뿌리가 상징적 상호작용주의(symbolic interactionism)에 기초한다는 것을 의미한다. 상징적 상호작용주의는 사람들이 언어의 사용, 문화적 가치나 규범과 관련된 의미를 가지고 매일매일의 활동을 건설한다는 것을 강조한다. 따라서 사회건설주의이론의 기본 가정은 하나의 의미나 하나의 진실이라는 것은 존재하지 않으며 지식이나 의미는 개관적이지 않고 대신에 지식은 경제, 역사적인 영향, 정치구조, 다양한 문화 내에서 사람과 사람 사이에 사회적 상호활동과 대화를 통해서 건설되는 것이라는 점이다.

사회건설주의이론에 의하면 어떤 사람의 현실에 대한 인식이 다른 사람보다 더 좋다거나 또는 더 못하다고 이야기할 수 없다(Rossiter, 1996). 곧, 주어진 가치, 규범, 신념, 태도, 전통, 생활실천(practices)이 모두 집단(나아가 지역사회)마다 상이하고, 마찬가지로 지식의 사회적 건설도 집단마다 상이하다는 점이 강조된다(Lee & Greene, 1999). 따라서 사회건설주의이론은 사람마다 상이한 현실을 경험하고 또 개개인들이 갖고 있는 가치나 개인적 경험에 비추어 현실을 해석하기 때문에 지식의 생성은 개인마다 다르다(Chambon, 1999; Rodwell, 1998).

또한 사회건설주의이론은 현재 존재하는 이론들이 개개인들과 주변부 그룹들 성원들을 억압하기 위한 제도적인 구조를 유지하기 위해 지배문화가 갖는 하나의 메커니즘이라고 바라본다. 따라서 사회건설주의를 주장하는 이론가들은 기존의 것들은 버리고 새로운 방식의 이해를 발전시켜야 한다고 주장한다. 결국 사회건설주의이론에서 인간은 그들이 사용하는 언어, 그들이 추진하는 의미, 그들이 발전시키는 역할, 그들이 형성하는 조직, 집단들을 끊임없이 발전시키고 후퇴시키는 과정을 통해서 새롭게 그들에게 맞는 지역사회를 건설한다. 즉, 인간은 현실의 창조자가 되며 지역사회를 매일 새롭게 창조하고 건설한다. 따라서 사회건설주의이론에 따르면 매일매일의 삶의 현실은 사회적으로 건설되며 그 주체는 곧 지역사회에 존재하는 개개인들, 개개 집단 그리고 조직이 된다. 종합하면 사회건설주의이론에 따르면 지역사회는 지역주민들이 인식하는 현실의 세계이며 지역사회는 구성원이 사용하는 언어, 그들이 추진하는 의미, 그들이 발전시키는 역할, 그들이 형성하는 조직 및 집단들을 끊임없이 발전시키고 후퇴시키는 과정을 통해서 새롭게 건설되는 것이다. 또한 지역사회문제는 지역주민들이 인식하고 지역사회에 내재해 있는 억압구조나 제도 또는 지배문화가 된다.

사회건설주의 이론의 지역사회	지역사회는 지역주민들이 인식하는 현실의 세계이며 주민들이 사용하는 언어, 그들이 추진하는 의미, 그들이 발전시키는 역할, 그들이 형성하는 조직, 집단들을 끊임없이 발전시키고 후퇴시키는 과정을 통해서 새롭게 건설된다.

2) 지역사회복지실천으로의 적용

객관성과 지배집단의 이론이나 인식 등을 거부하고 개별 집단이나 조직이 건설하는 새로운 삶의 방식이나 의미 등을 강조하는 사회건설주의이론은 지역사회복지실천을 수행하는 사회복지사들에게 다음과 같은 영향을 미쳤다(Hardina, 2002).

첫째, 사회건설주의이론은 사회복지사들에게 어떻게 사회, 경제, 그리고 정치 구조가 개인의 행동을 형성하는지 그리고 어떻게 사회, 경제, 그리고 정치 구조가 문화적 가치와 규범에 속해 있는 의미를 형성하는지를 이해하는 데 도움을 주었다.

둘째, 사회건설주의이론은 사회복지사들이 문화적 상징(symbols)과 실천에 영향을 끼치는 의미를 결정하기 위해 다른 사람과의 대화에 적극 개입하여야 한다는 것을 강조한다.

셋째, 지역주민들이 어떻게 소외된 지역사회의 현실을 이해하고 해석할 것인지 그리고 어떻게 지역사회에 지배문화에 의해서 억압이 내면화되어 있는지에 대한 결론을 얻기 위해 지역사회에서 사회복지사들이 협동적 조사를 수행하도록 하였다.

넷째, 어떻게 사회적 강제력과 힘(자원)이 소외된 집단이나 지역사회의 구성원들에게 영향을 끼치는지에 관한 이론과 지식을 발전시키는 데 도움을 주었다.

종합하면, 지역사회에 개입하여 지역사회복지증진을 위해 노력하는 사회복지사들에게 있어 사회건설주의이론은 지역주민들과의 대화 및 의사소통을 통해서 지역주민들의 세계와 그들이 인식하는 현실과 생활 그리고 그들이 경험하는 억압구조 등을 이해하는 것이 매우 중요한 과업이라는 것과 함께 지역사회에서 독점적 힘의 구조가 지역주민과 사회복지서비스를 필요로 하는 클라이언트에게 어떠한 억압적이고 부정적인 영향을 미치는지를 주민과 클라이언트들이 이해하는 데 도움을 주었으며 (Saleebey, 1994) 나아가 지역주민과 클라이언트가 원하는 지역사회를 건설하기 위해 필요한 지식을 구축하는 데 도움을 주었다(Reich et al., 1981).

결국 사회건설주의이론에 따르면 현실은 미리 결정되어 있지도 않고 고정되어 있지도 않다. 즉, 지역사회질서라는 것은 끊임없이 재건설되고 재창조된다. 그리고 우리는 매일매일 우리의 삶과 협상을 한다. 따라서 지역사회에 개입하여 있는 사회복지사들의 가장 큰 임무는 지역사회 내 또는 지역사회에 있는 복잡한 체계들과 협상을 해서 구성원들이 사회적 규칙을 수행하고 자원을 얻게끔 도움으로써 결국 지역사회의 힘이 강화될 수 있도록 하는 것이다. 사회복지사들은 지역 내 구성원들이 지역 내에서의 지배적인 힘이나 제도에 의한 억압효과를 이해할 수 있도록 도와야 하며, 나아가 그들 자신들의 지역사회를 위해 가능한 억압에 대응하는 지식을 개발할 수 있도록 도와야 한다. 사회건설주의이론은 지역사회복지실천에 다음과 같은 함의를 가져다주었다.

지역사회복지실천의 사회건설주의이론 함의	• 지역사회를 구성하는 개개인들이 상호작용을 통해서 새로운 문화, 언어, 역할, 의미, 그리고 조직들 나아가 새로운 지역사회를 건설할 수 있다. • 지역사회의 문화와 의미를 이해하는 것이 그 지역사회 문제해결을 위한 핵심적 활동이다. • 넓은 의미에서 지역사회는 그 자체가 하나의 지식을 발전시키는 의미를 갖는 실체로서 다른 지역사회와의 상호작용을 통해 매일매일 새로운 현실을 건설할 수 있는 능력을 가지고 있다. 건설의 동력은 그 지역의 사회구성원들, 즉 지역주민들이다.

사회건설주의이론은 지역사회에 대한 이해와 지역사회에 대한 새로운 접근방법을 제공하여 개개 구성원들의 역할의 중요성을 강조하였지만 다음과 같은 이론적 한계

점들을 가지고 있다.

첫째, 현실이란 무엇인가에 대해 동의할 수 있는 정확한 정의가 존재하지 않는다는 점이다(Lee & Greene, 1999). 사회건설주의이론에 의하면 현실은 특정 지역 안에서 매일매일 새롭게 건설된다는 것인데 구체적으로 어떻게 건설되고 그것이 무엇인가에 대한 설명이나 논의가 부족하다.

둘째, 사회건설주의이론은 기존의 지역사회에 관한 이론과 실천전략과 전술 등을 모두 거부함으로써 사회복지사들을 포함한 지역사회복지실천가들이 적절한 실천개입을 위한 상황논리에 기초한 이론들을 사용하도록 요구한다. 즉, 실천을 행하는 데 있어 기존의 이론들을 등한시하고 상황에 기초한 이론이나 전략과 전술을 적절하게 새롭게 적용하는 것을 강조하지만 기존 이론이나 실천전략들도 지역사회에 개입하여 실천활동을 수행하는 데 있어 반드시 고려되어야 한다.

8. 사회교환이론

1) 사회교환이론의 개념

사회교환(social exchange)이론은 지역사회자원의 균형 있는 교환을 통해서 지역사회가 발전한다는 것을 강조하며, 특히 구체적인 자원배분을 위한 방법들을 제시하며 자원의 균형 있는 교환을 강조한다는 특징이 있다. 이는 사회교환이론이 지역사회에 내재하는 자원의 균형 있는 교환을 통해서 개인이나 집단, 조직, 나아가 지역사회 전체가 발전할 수 있음을 강조한다는 것을 나타낸다. 사회교환이론은 지역사회실천, 조직 상호 간의 실천, 사회적 마케팅과 네트워킹 등에 기초적인 역할을 수행한다 (Hardcastle, Wenocur, & Powers, 2011).

사회교환이론에 따르면, 지역사회복지실천은 하나의 행동으로서 지역사회라고 하는 교환의 장(field)에서 이루어진다. 이 이론에 의하면 이 교환의 장은 원하는 자원과 상품을 교환하기 위해서 다양한 관점으로, 그리고 다양한 조합으로 서로에게 영향을 주는 둘이나 그 이상의 참가자들로 구성되는 하나의 시장, 나아가 지역사회일 수 있다. 교환의 대상이 되는 자원으로는 심리상담, 지역조직서비스, 현금, 정보, 아이디어, 정치적 영향력, 의지, 의미(meanings), 에너지 등을 포함하는 유형 또는 무형의 자원들을 의미하고 이 자원들은 지역사회발전을 위해 필요하다. 특히 사회교환이론은 교환을 위해 사회가 개입하는 것을 나타내므로 시장을 통해 교환을 하지 못하는 많은 사회소외 및 배제집단들을 위해 지역사회가 교환의 장으로서 역할을 하여야 함이 강조된다. 지역사회구성원들은 삶을 유지하고 안정적인 생활을 위해 당연히 교환을 통해 자원을 얻어야 하며 지역사회조직 역시 같은 이유로 조직 안정 및 발전을 위해 다양한 자원을 필요로 하지만, 필요한 자원을 교환하지 못하면 지역주민이나 집단, 조직, 나아가 지역사회는 지역주민들의 기본적인 삶이 보장되지 못하는 자원결핍 상태가 되는데, 이는 곧 지역사회의 불안정성을 의미하는 것이다.

　자본주의경제체제에서 교환은 일반적으로 시장을 통해서 이루어진다. 교환을 위해 지불할 능력이 있는 구매자와 상품이나 서비스를 보유한 이익을 추구하는 판매자 간의 교환의 격전장이 바로 시장이다. 따라서 교환에 있어 가장 기본적인 전제는 지불할 능력의 여부일 것이다. 지불할 능력이 있다면 일반적으로 시장에서 교환을 하기 위해서 반드시 필요한 전제인 정보와 욕망이 있어야 한다. 발생할 거래를 위해 각각의 참가자들은 교환할 상품에 대한 정보와 상품을 교환할 욕망을 필요로 한다. 주어진 정보와 교환을 위한 욕구를 가지고 각각의 참가자들은 거래에서 가장 큰 혜택을 가지고 있는 것 또는 비용에 대한 보상이 가장 큰 것들을 모든 가능한 교환을 통해서 선택하게 되고 교환의 결과는 쉽게 측정될 수 있다. 하지만 시장에서 이루어지는 경제적 교환과 달리 사회적 교환은 교환의 효과를 측정하는 데 어려움이 있다. 지역사회복지 실천을 위해 쓰이는 자금과 교환될 수 있는 사회복지서비스나 프로그램에 대한 효과, 즉 지역사회개발, 지역주민에 대한 지원, 지역주민들의 사회적 지위(social status)나 상태, 행동의 변화 등은 경제적 상품과 비교했을 때 효과를 측정하기가 쉽지 않기 때문이다.

　교환의 장에서 교환에 참여하는 조직이나 개인 집단들은 모두 독립적일 수 있고 일방에 의존적일 수 있으며 상호의존적일 수 있다. 교환의 장에 있는 참가자들은 어떤 시점에 서로서로 관계를 가질 수도 있고 갖지 않을 수도 있으며, 관계를 갖지 않은 두 그룹은 제3의 그룹과 거래, 즉 관계를 동시에 맺을 수도 있다. 즉, 교환의 장에 있는 A라는 참가자 또는 조직이나 기관은 B라는 참가자와의 관련 없이도 목적하는 바를 성취할 수 있다는 것을 의미한다. 즉, 서로서로에게 독립적이라는 것을 의미한다. 하지만 한 참가자의 목적이 다른 참가자의 상품이나 자원과의 교환을 통해서만 획득되어야 한다면 그 자원을 가지고 있는 참가자에 대한 의존적인 관계가 형성되고, 또 두 참가자가 상호 간의 교환을 통해서만 목적을 성취할 수 있다면 교환의 장에서 두 참가자는 상호의존적(interdependency)이 된다.

여기서 교환관계의 균형을 깨는 것은 바로 의존적 관계의 교환이 일어나는 경우이다. 만약 A가 B보다 어떤 자원을 훨씬 필요로 한다면 A는 교환의 성사를 위해 B에게 무엇을 제공해야 하는가? 그리고 A가 필요한 자원을 위해 제공한 것이 B가 원하지 않는 것이거나 B가 그 이상의 것을 요구한다면 어떻게 되는가? 이 문제를 해결하는 것이 곧 힘이다. 교환의 장에서의 불균형 교환관계는 힘에 의해서 설명될 수 있다. 교환관계에서 힘은 간단히 말해 다른 참가자가 원하는 자원을 통제할 수 있는 능력의 기능으로 이해된다. 예를 들어, A가 목적을 성취하기 위해 가져야 하는 자원에 대해 B가 통제권을 가지고 있다면 B는 A를 통제할 수 있고 통제권을 갖는다. 이 경우 B는 교환의 장에서 독립적이며 A는 의존적이 될 수밖에 없다.

○○지역사회복지관이 지역보건소를 설립하기 위해 재정지원을 아산복지재단의 원조프로그램에 의존하고 있고 이 원조가 ○○복지관이 가지고 있는 보건소 설립을 위한 유일한 재정지원이라고 가정하자. 교환이론에 의하면, 아산복지재단은 ○○복지관에 대해 힘을 가지고 있다. 왜냐하면 아산복지재단이 보건소를 짓기 위해 필요한 자원을 통제할 수 있는 결정권, 즉 힘을 가지고 있기 때문이다. 따라서 아산재단은 재정지원을 조건으로 보건소지원에 따른 각종 조건들(재정 감사, 회계보고, 경영보고서 등)을 ○○복지관에 요구할 수 있다. 여기서의 교환은 ○○복지관이 보건소운영에 대한 회계·관리보고를, 그리고 아산재단은 보건소설립을 위한 재원을 서로 교환하는 것에 있으며 ○○복지관이 필요한 재원을 오직 아산재단만이 가지고 있기 때문에 ○○복지관은 아산재단이 요구하는 것을 다 포함해서 교환할 수밖에 없다. 이 경우 아산재단이 요구하는 것이 보건소운영에 도움이 된다면 당연히 교환에 문제가 없겠지만, 아산재단이 요구하는 것이 보건소운영에 걸림돌이 된다면 그 교환은 조직운영에 과도한 부담이 되고, 결국 조직운영은 어려움에 봉착할 수 있어 지역조직발전, 나아가 지역사회에 해가 될 수 있다. 왜냐하면 힘 의존이론에 따르면 과도한 의존은 지역발전에 부정적인 영향을 가져다주기 때문이다.

　따라서 더 선호하는 조건의 교환을 위해서 다른 참가자가 통제하는 자원을 필요로 하는 참가자는 힘의 균형을 맞추기 위한 다양한 전략이 필요하다. 여기서 자원이 필요한 쪽을 행동조직이라고 부르며 힘을 가지고 있는 쪽을 목표조직이라 부른다. 따라서 교환의 참가자 A와 B의 관계로 다시 설명한다면 다음과 같다. 전제는 A와 B는 교환의 당사자들이고, A는 B가 가지고 있는 자원을 필요로 하는 조직이며, B는 A가 필요로 하는 자원을 가지고 있는 힘이 있는 조직이다. B의 힘을 줄일 수 있는 가능한 대안들로는, 첫째, 자원이 필요한 A가 자원에 대한 힘을 가지고 있는 B에 대한 의존을 줄이는 방법이 있고, 둘째, A에 대한 B의 의존을 높일 수 있는 방안이 있을 수 있다. 이렇게 힘의 균형을 잡기 위한 전략(power balancing strategies) 또는 접근방법으로 다음의 다섯 가지 방법이 구체적으로 사용될 수 있다. 이것은 교환에 있어 균형적인 방법을 찾기 위한 전략을 의미한다.

(1) 경쟁

　경쟁(competition)전략은 A가 필요한 자원을 B와의 교환을 통해서가 아닌 제3의 참가자와의 교환을 통해서 찾는 방안이다. 만약 A가 필요한 자원을 B만 가지고 있는 것이 아니라 D, F도 가지고 있다면 B의 A가 필요로 하는 자원에 대한 의존은 약해지는 것이다. 예를 들어, 지역사회복지조직이 지역재활센터를 건립하려 한다고 가정하고 지역에 이 센터를 짓기 위한 부지를 오직 A대학만 가지고 있다고 한다면 A대학은 지역사회복지조직에 대해 힘을 갖게 된다. 결과적으로 양쪽이 교환을 하려고 한다면 A대학은 잠재적인 힘을 갖게 되고, 이 A대학은 교환을 위해 지역사회복지조직에 그에 상응하는 요구(예를 들어, A대학에서 준비 중인 법안에 대한 지지)를 하게 되며, 지역사회복지조직은 이 부지를 획득하기 위해 대학의 요구가 지역사회에 긍정적이든 부정적이든 상관없이 들어줄 수밖에 없게 된다. 하지만 다른 단체들이 지역재활센터를 지을 수 있는 부지를 갖고 있다면 A대학의 지역사회복지조직에 대한 힘은 줄어들 수밖에 없고, 지역사회복지조직의 A대학에 대한 의존은 줄어들게 되어 보다 균형 있는 교환을 할 수 있게 된다.

(2) 재평가

　재평가는 조직이나 지역사회가 필요한 자원에 대해 새롭게 평가하여 새로운 해석을 하는 것을 의미한다. 즉, 정책의 변화, 가치의 변화 또는 상황의 변화 등으로 인해 B가 가지고 있는 자원에 대한 A의 관심이 줄어들게 되면 B는 A에 대한 힘을 잃게 된다. 이와 같은 상황에서 B는 A와의 교환을 성사하기 위해 새로운 제안이나 유인책 등을 A에 제시하여 교환을 성사시켜 B에 대한 A의 의존도를 유지하려고 할 수 있다.

예를 들어, 지역사회복지조직이 지역재활센터를 지역사회에 설립하고자 부지를 필요로 하였지만 재활센터의 건립이 많은 자원을 필요로 하고 수요조사 결과 지역에서 자활센터에 대한 욕구가 없으며 자활센터를 설립하였을 경우 경비조달 및 운영에 문제점이 있는 것으로 파악되어 건립 계획에 관심을 잃어 다른 계획으로 눈을 돌린다고 가정하자. 이런 경우 A대학은 더 이상 지역사회복지조직이 필요로 하는 자원을 가지고 있지 않게 되고 A대학은 지역사회복지조직과 구성원으로부터 준비 중인 법안에 대한 지지를 받을 수 없게 된다. 이런 상황에서 만약 A대학이 반드시 지역사회복지조직으로부터의 법안 지지가 필요하다고 판단된다면 A대학은 지역사회복지조직이 지역재활센터를 위해 관심을 가지고 있었던 부지를 싸게 팔든지 또는 다른 계획을 위해 기부금을 내든지 하는 방법 등을 지역사회복지조직에 제시할 수 있다.

(3) 상호호혜

상호호혜(reciprocity)는 조직 상호 간의 교환이 조직 상호 간에 혜택을 줄 수 있도록 하는 방안이다. A가 찾으려고 하는 자원을 B가 가지고 있고, B에게 A가 잠재적인 교환 상대자로서의 장점들을 많이 갖게 되면 A에 대한 B의 의존관계는 독립적 관계로 이행할 수 있으며, 결국은 균형적인 힘의 유지를 성취할 수 있게 되고 상호 조직 간의 교환이 이루어지게 된다.

예를 들어, A대학이 협소한 교내 주차 공간 문제를 해결하고자 학교 근방에 주차지역을 갖기를 원하고, B라는 지역단체는 그 지역의 의사결정에서 영향을 미칠 수 있는 힘을 가지고 있다고 하자. 만약 지역단체가 A대학에서 학생들의 주차공간으로 사용하려는 부지에 대한 통제권(즉, 의사결정에 대한 영향력)을 가지고 있다면 A대학의 입장에서 지역단체 B는 가치 있는 자원을 가지고 있는 것이다. 이런 상황에서 지역단체 B가 필요한 자원을 A대학이 보유하고 있다고 한다면 A대학과의 교환에서 좀 더 유리한 교환을 할 수 있게 되고 A와 B는 독립적으로 서로에게 이득이 되는 교환을 하게 된다.

(4) 연합

연합(coalition)은 특정 조직이 가지고 있는 자원과 교환하기 위하여 자원이 필요한 조직이 다른 조직과 협력하는 전략이다. B가 자기 홀로 A에 대한 영향력을 고취시킬 수 없다고 가정하자. 그리고 C와 D도 A의 교환에서 영향력이 없다고 본다면 교환을 위해서 B, C, D와 A가 원하는 또는 필요로 하는 자원에 대해 연합할 수 있다. 이렇게 되면 결과적으로 B, C, D의 A에 대한 의존은 줄어들고 A와의 교환에서 수평의 관계를 유지할 수 있다.

(5) 강제

강제(coercion)는 다른 쪽이 원하는 것을 하기 위해 한쪽을 못하게 하는 물리적인 강제력의 사용을 의미한다. 여기서 개인에게 손해를 입히고 개인의 재산을 해하는 강제적이고 물리적인 힘의 사용과 정당한 방법인 집회, 파업 등은 구별된다. 예를 들어, 지역 내 비호의적인 여론을 유발시킨 시장의 어떤 결정에 대해 지역사회주민들이 함께 시장의 결정에 반대하는 집회 등을 열 수 있으며 이 집회는 시장의 힘에 대한 물리적인 강제력의 동원이라고 할 수 있다.

결국 교환과 힘의 역동성은 교환의 장에서 매우 중요하며 사람들은 거래에서 이익을 취하려고 노력하지 않아도 자원을 공유하고 정보를 교환함으로써 다른 사람과 끊임없이 관계할 수 있다. 결론적으로 사람과 사람, 지역조직과 지역조직 간의 자원과 정보의 끊임없는 교환이 각각 개인이나 집단 또는 조직의 발달을 가져다주며, 특히 상호호혜를 바탕으로 한 긍정적인 교환을 통한 발달 또는 발전은 지역사회조직들이 서로 지지그룹, 새로운 조직, 연결망 구축, 연합체 결성 등과 같은 연합회를 구성할 수 있도록 해서 지역사회발전에 긍정적인 영향을 미치게 되기 때문에 힘의 균형과 균형 있는 교환은 지역사회발전을 위한 중요한 전제라고 할 수 있다.

종합하면, 사회교환이론에 따르면 지역사회는 교환의 장소이며 지역사회에 내재하는 자원의 균형 있는 교환을 통해서 개인이나 집단, 조직 나아가 지역사회 전체가 발전할 수 있다. 또한 지역사회문제는 곧 자원의 균형 있는 교환이 발생하지 못할 때 발생하며 필요한 자원을 교환하지 못하면 지역주민이나 집단 그리고 조직 나아가 지역사회는 지역주민들의 기본적인 삶이 보장되지 못하는 자원결핍을 나타내고 이는 곧 지역사회문제의 핵심이라고 할 수 있다.

사회교환이론의 지역사회	지역사회는 교환의 장소이며 지역사회에 내재하는 자원의 균형 있는 교환을 통해서 개인이나 집단, 조직 나아가 지역사회 전체가 발전할 수 있다.

2) 지역사회복지실천으로의 적용

사회교환이론은 자원 또는 힘의 균형 있는 교환이 곧 지역사회발전을 위한 기본 전제임을 강조한다. 지역사회구성원들에게 기본적인 삶의 안정 및 삶의 질을 보장하기 위해 지역사회는 기본적으로 자원이 균형 있게 교환되어야 한다. 자원이 균형 있게 교환되는 지역사회와 자원이 일방에 의해 독점적으로 교환되는 지역사회는 힘과 자원의 불균형분배에 의해 지역사회가 제대로 기능하기가 어렵게 된다. 특히 지역사회에서 제공되는 다양한 사회복지재화와 서비스는 지역주민들의 균형 있는 삶을 위해 제공되는 것이므로 교환의 능력이 없는 사회배제나 사회차별 집단들에게 제공되어야 하며, 이를 위해 사회교환은 반드시 필요하다.

사회교환이론의 측면에서 사회복지사들은 지역사회에서 자원이 균형적으로 교환되는지를 확인하고 분석할 줄 알아야 한다. 특히 자원의 균형적 교환을 위해 공공 및 민간 사회복지제공기관의 협력행동은 매우 중요한 전략이다. 교환관계에서 특정집단이나 개인들이 배제되거나 차별받는지를 확인하고 이를 극복하고 개선하기 위한 행동은 매우 중요하다. 균형 있는 교환을 통한 지역사회발전을 강조하는 사회교환이론은 지역사회복지실천의 영역에 다음과 같은 실천적 함의를 가져다주었다.

지역사회복지실천의 사회교환이론 함의	• 지역사회에서 개인과 개인 집단과 집단, 조직과 조직 간에 상호 교차적인 교환은 교환의 장으로서의 지역사회의 발전에 기여한다. • 지역사회 내의 조직 또는 다른 지역사회의 조직과 이루어지는 교환이 상호호혜의 균형전략에 기반한다면 한정된 자원과 정보를 가지고도 효율적으로 지역사회복지를 실천할 수 있으며 또한 지역사회 내에 존재하는 각각의 참가자들은 자원과 정보를 공유하고 교환함으로써 지역사회의 균형발전에 기여할 수 있다. • 자원과 정보의 공유와 교환을 통한 지역사회발전을 추구하기 위해 교환의 주체들은 서로 힘을 합치거나 공동의 목적을 위해 같이 행동할 수 있는 기반을 닦을 수 있다. 이는 곧, 새로운 조직체의 결성 또는 연합체의 결성으로 이어지며 새로운 조직의 결성 및 운영은 결국 지역사회복지실천의 강력한 지지 세력의 확대재생산을 의미한다.

9. 자원동원이론

1) 자원동원이론의 개념

자원동원(resource mobilization)이론은 간략하게 말해서 자원동원이 조직 및 지역사회의 발전에 영향을 미칠 수 있다고 보는 이론이다. 일반적으로 자원동원이론은 조직의 측면에서 조직행동을 설명하는 이론이지만 조직에서 지역사회로까지 범위를 넓히면 지역사회의 기능을 지역사회자원과 연관하여 설명하는 데 도움을 주므로 지역사회복지개선을 위한 지역사회개입을 위한 실천행동을 지역사회 및 지역조직의 자원동원을 위한 행동과 연관하여 이해할 수 있다. 예를 들어, 지역사회가 안정적인 지역사회로 기능하기 위해서 자원(인적 및 경제적 자원)이 필요하며 필요한 자원이 유입 및 동원되지 못한다면 지역사회는 발전이 지체되거나 쇠퇴한다. 지역사회조직 측면에서 본다면 조직의 회원 증대는 회비증대를 가져다주어서 조직의 자원동원에 많은 영향을 미치기 때문에 조직이 발전하기 위해서는 조직구성원들이 조직운영을 위한 회비의 증대가 필연적이다. 여기서 회비는 조직발전을 위한 자원이 된다.

자원동원이론에 따르면 조직은 구성원들을 모집하고, 자금을 확충하고, 자격 있는 직원을 고용함으로써 발전된다고 한다. 따라서 실천가 또는 조직은 직원을 고용하고, 자금을 증액하고, 회원의 수를 확대시킬 수 있어야 한다. 또한 조직은 조직구성원들을 조직발전을 위한 행동에 참여할 수 있도록 동원할 수 있어야 한다. 조직원들이 행할 수 있는 행동들은 다양하다. 구성원을 동원하는 조직의 능력은 잠재적 구성원들과 조직의 철학 그리고 이데올로기에 관해 대화할 수 있는 능력에 의존한다. 기본적으로 조직구성원 모집은 기존의 조직구성원들에 의존하게 되는데 그들은 친구, 이웃, 친척과 같은 비공식적 연계망을 이용해서 새로운 조직구성원을 모집하게 된다. 자원동원이론에 따르면 지역사회나 조직에 있어 중요하고도 기본적인 것은 구성원 사이에 **집합적 동질감**을 불어넣어 주는 것이다. 집합적 동질감은 지역주민이나 집단 성원들이 함께 소속되어 있다는 집단성원들의 공유된 인식을 의미하며, Hyde(1994)는 집합적 동질감의 인식이 성원들 사이의 연대성과 응집력을 증가시킨다고 강조하였다. 결국 구성원들의 연대성이 높으면 지역사회나 조직의 활동에 대한 참여는 함께 증대하게 된다.

또한 지역사회나 조직은 많은 구성원을 확보하고 있어야 하며 예산의 크기는 일반적으로 지역사회나 조직이 얼마나 힘이 큰지를 보여 준다. 지역사회의 외부 또는 조직 외부의 자원에 많이 의존하는 지역사회나 조직은 외부자원으로부터의 통제에 놓이게 되어 자율성이 침해받을 수 있으므로 이를 극복하기 위해, 즉 외부로부터의 자원의존을 줄이기 위해 자원동원이론에 따라 지역사회나 조직은 스스로 사회구성원들과 기부자들을 확보하는 것이 중요하다(Piven & Cloward, 1979). 자원동원이 지역사회와 지역사회의 조직발전에 영향을 미칠 수 있다는 자원동원이론은 지역사회복지가 발전하기 위해서는 지역사회에 내재해 있는 자원을 동원하는 것이 중요함을 인식하는 데 도움을 주었다.

종합하면, 자원동원이론은 지역사회가 자원이 내재되어 있는 장소이고, 지역사회문제는 지역사회가 기능하기 위해서는 자원(인적 및 경제적 자원)이 필요하지만 필요한 자원이 유입 및 동원되지 못하면 발생하게 되는 지역자원결핍이 된다.

자원동원이론의 지역사회	• 지역사회는 동원할 수 있는 지역자원이 내재화되어 있는 장소이다. • 지역사회가 기능하기 위해서 자원(인적 및 경제적 자원)이 필요하며 필요한 자원이 유입 및 동원되지 못한다면 지역사회는 쇠퇴한다.

2) 지역사회복지실천으로의 적용

자원동원이론은 지역사회와 지역사회에 존재하는 조직의 힘이 자원을 동원할 수 있는(구성원 확보를 통해서 또는 기부금이나 회비의 증대를 통해서) 능력에 의해 결정될 수 있음을 강조한다. 자원동원이론이 강조하는 자원동원은 물질적 자원뿐만 아니라 자원봉사자들과 같은 인적자원도 포함되며 지역사회의 발전을 위해서도 이러한 자원의 동원은 매우 중요한 원천이라고 할 수 있다. 즉, 지역사회에 내재해 있는 지역문제가 해결되고 지역사회가 보다 나은 사회로 발전하기 위해서는 이를 위해 필요한 자원이 개발되고 동원되어야 가능하다.

모든 지역사회는 그 지역에 거주하는 주민들의 안정적인 유입(인구유입)과 그들이 납부하는 세금 등에 의해서 유지 · 발전된다. 따라서 지역구성원들의 계속적인 유입은 그 지역자원의 증대를 의미하고 자원의 증대는 지역사회발전에 기초가 된다고 할 수 있다. 지역주민들의 이탈이 가속화되는 지역은 경제적·인적 자원의 부족으로 인하여 지역주민들을 위한 다양한 사회복지정책이나 사업을 수행하기 어렵게 되어 지역사회문제해결에 어려움을 겪게 되며, 그 결과 지역사회는 고립되고 격리될 수 있는 가능성이 증대하게 된다. 결국 자원동원이론은 지역사회자원(물질적·인적 자원) 동원이 지역사회발전에 가장 중요한 요인이 됨을 강조하며 지역사회가 발전하기 위해서는 적합한 지역사회의 자원이 동원되어야 함이 강조된다. 지역사회복지실천에 있어 자원동원이론은 다음과 같은 함의를 가져다주었다.

| 지역사회복지실천의 자원동원이론 함의 | • 지역사회발전은 필요한 인적 그리고 물적 자원의 확보와 동원에 달려 있다.
• 지역사회발전을 위한 자원을 동원하기 위해서는 지역사회주민들이 자원동원에 대한 필요성을 인정하도록 하고 집단적 동질감을 갖도록 하는 것이 중요하다.
• 지역사회가 유지·발전되기 위해 필요한 자원의 동원은 그 지역사회에 내재해 있는 개인, 집단, 그리고 조직들과 조직구성원들 나아가 사회복지사들의 역할에 따라 많은 영향을 받을 수 있다. |

10. 상호조직이론

1) 상호조직이론의 개념

상호조직이론(Interorganizational theory)은 조직 상호 간의 지지와 상호협력이 지역사회를 발전시킬 수 있음을 설명해 주는 이론이다. 따라서 정치경제론, 사회자본론 그리고 체계이론 등과 달리 지역사회 수준에서의 개입을 통해 개인과 집단 조직 및 제도와 정책 그리고 나아가 전체지역사회를 변화의 대상으로 바라보는 거시적 입장의 이론들보다는 조직적 차원에서의 변화가 지역사회의 변화를 유도한다는 측면에서 조직적 차원의 상호행동을 위한 노력, 즉 협력이나 상호지지와 파트너십 그리고 네트워크 등과 같은 조직활동의 중요성이 강조된다.

사회비조직화이론(Figueira-McDonough, 1991; 지은구, 조성숙; 2010)에 따르면 지역사회발전의 기초는 바로 지역사회조직화의 정도에 달려 있다. 공식적 조직이 없는 지역사회는 존재하지 않는다. 특히 사회비조직화이론에 따르면 지역사회에 적절한 수의 조직이 존재하는 또는 반드시 필요한 조직이 존재하는 지역사회가 잘 기능할 수 있으며, 필요한 조직이 존재하지 않거나 지역사회에서 지속적으로 조직이 줄어들게 되면 결국 지역사회는 유지 및 발전하지 못한다. 따라서 지역사회에는 지역사회주민들에게 필요한 적절하고 다양한 조직들이 반드시 존재하여야 한다. 예를 들어, 사회적 재생산을 위한 교육시설, 노인, 장애인, 아동돌봄을 위한 돌봄시설, 건강서비스를 위한 의료시설, 사회복지서비스 제공을 위한 복지시설 그리고 각종 사회문화체육시설과 종교시설 등 지역사회에는 지역사회가 잘 기능하도록 하기 위해 필요한 시설들이 반드시 필요하며 이들 시설들이 부족하게 되면 지역주민들의 욕구는 해결되지 않는다. 또한 지역사회문제의 복잡성과 다면성으로 인해 하나의 특정 사회문제를 완벽하게 해결할 수 있는 조직은 존재하지 않으며, 조직은 지역사회문제 또는 지역주민들의 문제를 해결하기 위해 상호협력하여야 함은 지역사회문제해결에 있어 중요한 과제로 등장하고 있으므로 다양한 영역의 조직들이 지역사회를 유지 · 발전시키기 위해 필요함은 당연하다.

지역사회에 기초한 조직들은 지역사회의 발전을 위하여 상호협력하여야 하며 조직이 조직 자체의 이익이나 조직구성원만의 이익을 추구하는 경우 지역사회문제의 해결과 전체 지역사회구성원들의 상호발전은 기대할 수 없게 된다. 지역사회복지실천 영역에는 다양한 형태의 조직들이 있으며 상호조직이론은 이러한 지역사회조직들 간의 조정과 협력이 지역사회의 복지를 개선 · 증진시키는 데 있어 중요하다는 것을 강조한다. 일반적으로 지역사회복지실천활동은 지역사회에 존재하는 다양한 집단이나 조직들과 관계를 설립하고 관리하는 것을 포함한다. 따라서 상호조직이론은 지역사회에서 조직 간의 관계를 이해하는 데 도움을 준다. 상호조직이론에서 분석의 단위는 개인들보다는 조직에 있으며 지역사회복지실천의 입장에서 집단이나 조직 상호 간의 행동을 이해하려는 노력이 곧 상호조직이론이다.

상호조직이론은 모든 조직은 생존과 번영을 위해 더 큰 집단이나 조직의 네트워크 안에 놓여 있어야 한다는 것을 기본 전제로 한다. 일반적으로 각각의 조직은 상호조직의 네트워크 또는 교환의 장 안에서 그들만의 특정영역에서 움직인다. 지역사회조직들이 다른 조직과의 상호관계하에서 그들의 영역을 확인한다면 조직들은 중복된 서비스나 서비스영역 그리고 서비스대상자들에 대한 조정을 통하여 조직이 가지고 있는 자원을 최대화하고 서비스제공의 효과성을 개선할 수 있다.

예를 들어, 노숙자 수가 20여 명인 용산동에 같은 영역의 노숙자를 위한 동일한 서비스를 제공하는 조직이 2개가 있을 필요는 없다. 두 조직 간의 상호조정을 통하여 한 조직은 노숙자를 위한 상담이나 치료를 제공하고 다른 조직은 노숙자를 위한 기술교육이나 자활공동체 운영 등의 서로 다른 중첩되지 않는 서비스를 제공할 수 있을 것이다. 지역사회는 매우 다양하기 때문에 각각의 조직은 서로 다른 사업영역에서 다양한 서비스를 제공할 수 있다. 조직의 사업영역은 조직이 다른 조직에 의존해야 하는지 또는 다른 조직과 연관을 맺어야 하는지를 결정해 주는 포인트이다.

자원은 어떤 환경에서 부족하기도 하고 또 다른 환경에서는 풍부하기도 하다. 어떤 환경은 많은 경쟁자와 규정을 가지고 있지만 또 어떤 환경은 부족한 경쟁자와 규정을 가지고 있기도 하다. 따라서 효율적으로 자원을 소비하고 자원사용의 이점을 최대화하기 위하여 조직은 조직을 둘러싼 과업환경을 이해하고 필요하지 않은 자원은 지역사회를 위해 소비할 수 있는 방안을 찾아야 하며, 조직목적을 실현하기 위하여 필요한 자원을 소유하고 있는 조직과 협력하는 것이 필요하다. 조직은 목적을 성취하기 위해 6개의 과업환경이 필요한데 이는 다음과 같다(Hasenfeld, 1983; Thompson, 1967).

① 자금, 노동, 재료, 장비, 그리고 작업할 수 있는 공간의 제공자
② 권위와 정당성의 제공자(예를 들어, 사회복지교육협의회의 사회복지교육과정에 대한 신뢰)
③ 클라이언트 또는 소비자의 제공자(예, 클라이언트 소개기관): 조직의 서비스를 직접적으로 필요로 하는 개인이나 가족들은 물론이고 조직에게 개인이나 가족들을 소개해 주는 사람이나 기관을 의미한다.
④ 보조적 서비스 제공자(예, 필요한 서비스를 위한 다른 조직들)
⑤ 조직의 상품과 서비스의 소비자와 수혜자(예, 사회복지조직에게 있어 클라이언트들): 사회복지상품이나 서비스의 수혜자나 소비자가 없으면 사회복지조직은 존재하지 않게 된다.
⑥ 경쟁자: 어떤 조직이 아무런 경쟁 조직 없이 독점적인 서비스를 제공하는 경우는 거의 없다. 대부분의 지역사회에서 조직은 같은 대상자나 같은 후원자 등을 위해 경쟁하게 된다. 따라서 성공적으로 경쟁할 수 있는 능력은 조직적 삶을 위해

중요하지 않을 수 없으며 또한 경쟁을 통해서 조직은 발전하게 된다.

결국 상호조직이론에 의하면 독점적인 조직의 사업영역이란 존재하지 않으며, 현대의 조직적 삶은 실제로 상호조직적 삶이고, 상호조직적 삶은 복잡하고 계속 변화하는, 그리고 예측할 수 없는 환경에서의 끊임없는 협상과정을 포함하고(Aldrich, 1979; Emery & Trist, 1965), 이 상호조직적 삶이 지역사회발전의 원천이 된다. 종합하면 상호조직이론은 지역사회를 조직 상호 간의 지지와 협력이 발생하는 장소이며 지역사회문제는 지역사회의 비조직화와 조직 간 상호협력의 부재 등으로 나타나게 된다.

상호조직이론의 지역사회	• 지역사회는 지역조직 상호 간의 지지와 협력이 발생하는 장소이다. • 지역사회발전의 기초는 바로 지역사회조직화의 정도에 달려 있으며 조직 상호 간의 지지와 협력이 지역사회를 발전시킬 수 있다.

2) 지역사회복지실천으로의 적용

사회복지사들이 지역사회에 개입하게 되면 지역사회에 기초해 있는 다양한 지역사회복지기관이나 시설과 단체 등에서 지역사회복지개선을 위한 활동을 수행하게 된다. 즉, 사회복지사가 개별적으로 지역사회에서 활동한다기보다는 조직적인 측면에서 지역사회변화를 위해 집단적으로 노력하게 된다. 한편 지역사회의 환경은 시시각각 변화하며 지역사회환경의 변화는 또한 지역주민들의 삶과 생활에도 직접적인 영향을 주고 또한 지역주민들에게 부정적인 영향을 미치는 지역사회문제는 매우 복잡하고 다양하게 진화하고 있어 이를 해결하기 위한 범조직적 차원에서의 노력이 반드시 필요하다. 상호조직이론은 이러한 조직적 차원에서의 지역사회문제해결에 초점을 맞추는 이론이다. 즉, 조직 상호 간의 지지와 상호협력이 지역사회를 발전시킬 수 있음을 설명해 준다.

사회복지사들은 상호조직이론에 근거하여 다양한 조직 간 협력활동 및 네트워크활동을 수행하여야 하며 이를 통해 자원 및 정보의 공유와 교환이 이루어지고 보다 포괄적이고 통합적인 문제해결을 위한 노력이 지역사회를 보다 안정적이고 건강한 지역사회로 발전시킬 수 있게 된다. 상호조직이론은 지역사회복지실천에 있어 다음과 같은 실천적 함의를 제공해 주었다.

지역사회복지실천의 상호조직이론 함의	• 지역사회 내의 집단과 조직들의 상호작용이 지역사회 발전에 영향을 미친다. • 부족한 자원 내지는 한정된 주민이나 대상자를 확보하기 위한 조직 간의 경쟁은 지역사회발전을 퇴보시키는 요인이 될 수 있기 때문에 지역사회의 조직들은 각각의 영역 내에서 상호교환과 협력, 조정을 통해서 지역사회의 욕구를 해결해 나가야 한다.

결국 상호조직이론은 조직 간의 협력과 조정을 강조하며 지역에 실재해 있는 조직들의 상호협력은 지역사회발전을 위한 중요한 토대를 제공한다는 점을 강조하기 때문에 지역사회발전을 위해 노력하는 사회복지사는 조직과 조직 사이를 연결하는 조정자와 중재자의 역할을 수행하여야 한다.

11. 사회네트워크이론

1) 사회네트워크이론의 개념

사회네트워크이론에서 네트워크(또는 연결망)는 협력의 한 유형으로서 각각의 조직들이 조직적 자율성을 유지하면서 공유된 자원을 가지고 어떤 서비스나 프로그램을 제공하기 위하여 함께 결합하는 협력시스템이라고 할 수 있다. 일반적으로 네트워크는 행위자를 연결하는 관계를 의미하며, 행위자란 구체적으로 사람이나 조직 및 시스템을 의미하고, 관계란 상호행동을 의미한다. 지역사회복지실천의 영역에서 네트워크는 일반적으로 한 사람이 자신에게 도움을 줄 수 있는 다른 사람을 필요로 할 때 그리고 자신이 도움을 줄 수 있는 다른 사람을 필요로 할 때 발생하게 된다. 즉, 도움을 주거나 받기 위해 다른 사람이나 조직을 필요로 할 때 네트워크는 필요하게 된다. 사회네트워크는 하나 이상의 관계에 의해서 연결된 행위자들이나 성원들로 구성된 구조를 의미하고(Knoke & Yang, 2008), 목적을 성취하기 위하여 교환을 하고 상호행동하는 사람, 집단, 조직, 또는 사회적 단위를 위한 사회적 배열이라고 할 수 있다(Hardcastle, Powers, & Wenocur, 2011). 따라서 사회네트워크는 다른 사람과의 사회적 관계를 유지하고 건설하는 것을 포함하며 가족, 친구, 동료, 이웃 등은 모두 사회네트워크를 구성하는 구성인자가 될 수 있다. 사회네트워크이론에 착안하면 지역사회는 결국 하나 이상의 관계에 의해서 연결된 행위자들이나 성원들로 구성된 사회구조이다.

사회네트워크는 위기 때 도움을 줄 수 있는 중요한 도구로서 기능을 하는 지원 또는 지지를 위한 환경자원의 역할을 수행하며 돈, 감정적 지원, 주택, 아동 돌봄 같은 교환자원을 위한 상호원조체계로서 작동한다. 사회네트워크는 교환을 위한 구조를 제공하기 때문에 사회적 지지체계라고 할 수 있다. 결국, 사회네트워크는 도움을 주고받기 위해 필요한 사회적 구조라고 정의할 수 있으며 개인, 집단의 영역을 뛰어넘어 조직과 조직 사이의 교환을 위한 사회적 지지체계로서의 역할을 수행하게 된다. 결론적으로 사회네트워크란 개인, 집단, 조직, 나아가 지역사회 내에서 통합적이고 문제해결 중심적인(실천적) 서비스를 제공하기 위해 상호 간의 도움을 주고받는 사회적 교환체계이자 사회적 지지체계라고 할 수 있다. 종합하면 사회네트워크이론은 지역사회를 하나 이상의 관계에 의해서 연결된 행위자들이나 성원들로 구성된 사회구조로 바라보며 지역사회문제는 지역주민에게 도움을 줄 수 있는 다른 사람이나 조직이 존재하지 않을 때 발생하게 된다.

사회네트워크이론의 지역사회	지역사회는 하나 이상의 관계에 의해서 연결된 행위자들이나 성원들로 구성된 사회구조이다.

Dosher(1977)에 따르면, 네트워크의 주요기능은, 첫째, 의사소통연계장치와 정보채널의 기능, 둘째, 참여지지체계와 자원공유기능, 셋째, 조정, 협력, 협의, 프로그램실현, 능력건설, 훈련을 위한 수단의 기능 그리고 마지막으로 집합적 행동을 위한 수단으로서 지지체계의 기능 4가지로 분류될 수 있다고 한다. 지역사회의 문제해결구조이자 지지체계로서 사회네트워크의 기능을 구체적으로 살펴보면 다음과 같다.

- 지역주민의 욕구와 지역자원의 교환을 위한 의사소통연계장치와 정보채널의 기능
- 집단과 집단 나아가 지역조직과 조직 사이의 참여지지체계와 자원공유기능

- 조직 간의 서비스영역 조정, 협력, 협의, 프로그램실현, 조직능력건설, 지역사회 구성원 훈련을 위한 수단의 기능
- 개인, 조직, 나아가 지역사회 문제해결을 위한 실천활동과 상호원조 및 협조를 위한 지지체계기능

2) 지역사회복지실천으로의 적용

사회네트워크이론은 Warren이 강조하였던 지역사회 기능 중 상호지지체계와 협력체계의 구축을 통한 지역사회의 발전을 강조하는 이론이라고 할 수 있다. 특히 사회네트워크이론은 상호조직이론과 자원동원이론에 기초하여 발전된 이론이라고 할 수 있다. 사회네트워크의 형성을 통해 지역사회의 자원은 교환 내지는 지원될 수 있으며 위기에 처해 있거나 도움이나 원조를 필요로 하는 지역주민들이나 집단, 나아가 조직이나 지역사회는 사회네트워크를 통해 다양한 지역자원을 교환하고 소비할 수 있다. 특히 사회네트워크는 지역구성원들에 대한 감정적 지지를 뛰어넘어 지역주민들이 필요한 욕구를 해결할 수 있도록 하며 자원을 교환할 수 있도록 하여 지역사회발전에 이바지하게 된다. 사회네트워크이론은 지역사회복지실천의 영역에 다음과 같은 실천적 함의를 제공하였다.

지역사회복지실천의 사회네트워크 함의	<ul><li>지역사회의 발전을 위해서 사회네트워크는 사회적 지지와 사회적 교환을 위한 하나의 사회적 체계로서 역할한다.</li><li>사회네트워크는 지역주민의 의사소통기구이자 문제해결기구이고 정보교환기구로서 작동한다.</li><li>사회네트워크는 지역사회구성원들이 지역문제에 참여하여 문제를 해결하고자 하는 참여기구의 역할을 하여 지역사회 참여를 통한 지역자원강화의 토대로서 작동한다.</li><li>사회네트워크는 조직 간의 사회서비스 영역 조정, 협의, 프로그램 공유, 조직능력건설, 구성원 훈련을 위한 수단 등의 기능을 수행한다.</li></ul>

12. 사회학습이론

1) 사회학습이론의 개념

사회학습이론(social learning theory)은 지역사회복지실천을 설명하는 이론 중에서 가장 미시적인 접근방법을 강조하는 이론이다. 즉, 조직이나 전체 지역사회의 수준이 아닌 지역사회구성원인 주민과 집단의 행동에 대한 이해와 행동수정을 통해서 개인, 집단, 조직 나아가 지역사회가 변화함을 강조하는 이론이다. 사회학습이론은 지역주민이나 집단들의 행동에 영향을 주는 주변환경에 대한 학습을 통해 지역주민이나 집단구성원들의 역량이 강화되고 그들의 역량강화는 결국 지역사회를 발전시킬 수 있는 요인이 됨을 강조하는 이론으로 인간행동이론에 의해 영향을 받았다고 알려져 있다. 특히 형태론적접근방법(behavioral approaches)은 사회복지실천분야에서 개인과 집단치료를 위해 다양한 형식으로 널리 사용되어져 왔으며 사회학습이론에 영향을 주었다. 사회적 학습에 대한 사고(idea)는 개인과 집단의 역동성을 이해하는 데 중요하지만 지역사회에 적용할 수 있는 실천활동에서도 유용하다. 즉, 지역사회복지실천분야에서 사회학습이론은 인간과 집단, 조직 나아가 지역사회구성원들의 행동을 이해하고 영향을 미치는 데 도움이 될 수 있다.

사회학습이론의 기본 가정은 인간행동이 다른 사람 그리고 사회환경과 상호작용하는 동안 학습된다는 것이다. 따라서 사회학습이론가들은 관찰 가능한 행동 그리고 이러한 행동을 수정하고 행동을 만들어 내는 요인들에 관심을 갖는다. 행동을 수정하고 만들어 내는 요인들을 이해하기 위해 사회학습이론은 자극(cues), 인식(cognitions), 그리고 결과(consequences)의 개념을 사용한다. 즉, 자극, 인식 그리고 결과를 가지고 인간행동을 이해하려고 노력한다.

인간은 자극이 있어야 인식하며, 인식을 바탕으로 행동을 하여야 결과를 얻을 수 있다. 예를 들어, 맞으면 아픈데 아픔을 인식하여야 그에 대한 대응(행동)을 하며, 대응하여야 그에 대한 결과를 얻을 수 있다. 또 목마름(자극)을 인식하면 물을 마셔야 하고(행동), 물을 마시면 갈증이 해소되는 결과를 얻을 수 있다. Silver(1980)에 따르면 사회행동을 이해하기 위해 사회학습이론은 자극을 시간에 앞서서 일어나는 것으로,

인식을 일어난 것들을 전달하는 것으로 그리고 **결과를 따라오는 결과**에 대해서 칭찬하고 또는 벌을 주는 것으로서 정의하였다. Silver는 이러한 요인들을 사회학습의 우연성(contingencies)이라고 불렀다.

학습된 행동의 하나의 중요한 형태는 **응답행동** 또는 고전적으로 Pavlovian 조건이라고 불린다. 즉, 공포나 걱정, 혐오뿐만 아니라 침 흘리고 땀을 흘리는 것과 같은 자동신경체계응답을 포함한다. 응답행동은 배고프면 맛있는 음식이 생각나는 것과 같은 것이다. 만약 한 시민이 법률공청회에 참석해서 발표를 하는데 그가 과거에 법률공청회에 참석해서 발표했을 때 어떤 참석자에게 그 발표에 대해서 심한 비판을 받은 적이 있다면 그 시민은 법률공청회에 다시 참석해서 발표하기 전에 과거의 경험에 의해 두려움을 느낄 것인데 이러한 행동이 바로 응답행동이라고 불린다. 학습된 행동의 또 다른 하나의 중요한 형태는 **작동 또는 작용행동**이다. 작용행동은 이야기하고 공부하는 것과 같이 의식적으로 통제될 수 있는 행동을 의미하며, 상이나 벌칙과 같은 긍정적 또는 부정적 결과에 의해서 영향을 받는다고 한다. 칭찬받은 행동은 일반적으로 유지되고 또는 발전되는 데 반해, 벌을 받은 행동은 다시 반복되어 행해지기 어렵다.

이상과 같이 사회학습이론은 개인적 행동을 수정하고 이해하는 데 있어 중요한 단초를 제공해 준다.

사회학습이론에 의하면, 지역사회주민들의 행동과 인식은 지역사회발전에 중요하다. 즉, 지역주민 자신이 문제해결이나 삶의 안정 또는 번영을 위해 얼마나 노력하고 있으며 경쟁력이 있는가에 대한 질문의 인식에서부터 지역사회의 발전이 영향을 받으며, 주민들이 전반전인 지역사회의 인적 그리고 물적 환경에 대해서 긍정적으로 보는지 또는 부정적으로 보는지 등의 **자기효과성**이나 주변의 환경에 대한 인식이 지역사회발전에 긍정적으로든 부정적으로든 영향을 미친다고 한다. **자기효과성 또는 자기확신**(자기 자신이 만족할 만한 결과를 만들 수 있는가)과 **집합효과성 또는 집합적확신**(집합이 만족할 만한 결과를 만들어 낼 수 있는가)은 매우 유용한 개념이다. 자기확신이 강한 사람은 변화에 대한 도전에 있어 적극적일 수 있으며, 자기확신이 낮은 사람은 변화에 대한 도전의지가 약할 수 있다. 만약 어떤 사람이 자기 자신의 기술과 지식이 낮아서 또는 적절치 않다고 생각해서 목적하는 바를 수행하는 것을 포기하는 것을 **낮은 효과기대**(low efficacy expectation)라고 부르며 기술과 지식의 면에서 확신은 있는데 나타나지 않은 방해물을 나타난다고 생각하거나 응답이 없을 것이라고 생각해서 포기하는 것을 낮은 결과기대(low outcome expectation)라고 부른다. 이러한 두 개념은 학습된 도움박약(learned helplessness)이라고 불린다. 개인적 도움박약은 개인이 개인적으로 문제를 해결할 수 없다고 느끼는 것이며 보편적 도움박약(universal helplessness)은 아무도 그 문제를 해결할 수 없다고 생각하는 것이다(Abramson, Seligman, & Teasdale, 1978).

사회학습이론에 따르면 자기확신이 높은 사람 또는 삶이나 주변의 환경에 영향을 미치는 결정에 성공적인 사람은 보편적 희망을 발전시킬 수 있으며 그런 사람은 자신은 물론 남들도 성공할 수 있다고 믿으며 기꺼이 행동을 취하게 된다. 집합적확신(집합효과성)은 목적을 성취하기 위한 집단의 능력에 대해서 집단구성원들이 공통으로 가지고 있는 인식으로 정의되며(Pecukonis & Wenocur, 1994), 개개 구성원들의 자기확신(효과성)이 포함된다. 결국 집합적확신은 집단, 나아가 지역사회를 하나의 전체로서 그리고 연대의 개념으로 보는 데 있어 중요한 개념이다. 긍정적 의미에서 집합적확신은 집합에 속해 있는 개개 성원들의 경험과 집단을 둘러싼 외적 환경에 있는 집단의 능력과의 상호행동에 의해서 형성되며 동시에 이러한 집합적확신은 집단 내지는 지역사회구성원들이 유지해야 하는 개인적확신(자기확신)에도 기여한다. 결국 개인적확신이 집합적확신에, 그리고 집합적확신이 자기확신에 상호영향을 미치는 것이다. 종합하면 사회학습이론은 지역사회를 지역주민이나 집단들의 행동에 영향을 주는 환경으로 바라보며 지역사회문제는 지역사회환경에 대한 주민들의 학습과 인식부족(자기확신 부족과 집합적확신 부족 등)에 의해서 발생한다.

사회학습이론의 지역사회	지역사회는 지역주민이나 집단들의 행동에 영향을 주는 환경이며 지역사회주민들의 행동과 인식이 지역사회발전에 영향을 미친다.

2) 지역사회복지실천으로의 적용

사회학습이론에 의하면 사회복지사의 행동과 인식이 지역사회복지실천에서 중요하다. 예를 들어, 사회복지사 자신이 얼마나 지역사회복지실천을 수행하는 데 있어서 자기확신이 있는가에 대한 질문의 인식에서부터 사회복지사가 지역사회 내에 새로운 협력네트워크를 만드는 데 있어 네트워크의 목적과 발전, 그리고 운영 등 전반전인 네트워크를 둘러싼 환경에 대해서 긍정적인 시각으로 보는지 또는 부정적인 시각으로 보는지 등의 자기확신이나 자기효과성 그리고 주변의 환경에 대한 인식이 지역사회복지실천영역에서 긍정적으로든 부정적으로든 영향을 미칠 수밖에 없다.

지역사회복지실천영역에서 자기효과성 또는 자기확신과 집합효과성 또는 집합확신은 매우 유용한 개념이다. 자기확신이 강한 실천가는 변화에 대한 도전에 있어 적극적일 수 있으며, 자기확신이 낮은 실천가는 변화에 대한 도전의지가 약할 수 있다. 만약 지역사회복지실천가가 자기 자신의 기술과 지식이 낮아서 또는 적절치 않다고 생각해서 목적하는 바를 수행하는 것을 포기하는 것을 낮은 효과기대(low efficacy expectation)라고 부르며 사회복지사가 기술과 지식의 면에서 확신은 있는데 나타나지 않은 방해물을 나타난다고 생각하거나 응답이 없을 것이라고 생각해서 포기하는 것을 낮은 결과기대(low outcome expectation)라고 부른다. 이러한 두 개념을 학습된 도움박약(learned helplessness)이라고 부른다. 개인적 도움박약은 개인이 개인적으로 문제를 해결할 수 없다고 느끼는 것이며 보편적 도움박약(universal helplessness)은 아무도 그 문제를 해결할 수 없다고 생각하는 것이라고 한다(Abramson, Seligman, & Teasdale, 1978).

사회복지사의 자기효과성과 집단적 효과성이 중요한 것과 마찬가지로 지역주민들의 자기효과성과 집단적 효과성 역시 지역사회복지발전 및 지역사회변화를 위해 매우 중요한 요소이다. 지역주민들이 변화나 발전에 대해 자기효과성이나 집합효과성을 가지고 있지 못하면 변화에 능동적으로 대처할 수 없으므로 주민들이 행동을 수정하기 위한 사회복지사들의 노력은 매우 중요한 지역사회복지실천 요소가 된다. 지역사회복지실천의 분야에 사회학습이론은 다음과 같은 함의를 가져다주었다.

| 지역사회복지실천의
사회학습이론 함의 | • 지역 내에서 사회복지사 개개 성원의 경험된 행동 또는 인식은 곧 그 사회복지사가 속해 있는 그룹이나 단체, 조직 등의 지역사회복지실천의 영역에 영향을 미친다. 따라서 지역실천 영역에서 사회복지사 개개인들의 높은 자기확신이 필요하다.
• 지역주민들이나 또는 그룹이나 조직에 참여하고 있는 지역주민들의 자기 자신에 대한 확신과 집합적확신을 높이면 결국 목적한 결과에 대해 높은 결과를 기대하게 만들 수 있으며, 결국 이에 기초한 주민 연대성이 강화된다. |

13. 지역사회복지실천이론 종합

지역사회개입을 통하여 지역사회복지를 증진시키기 위한 사회복지사들의 실천행동을 설명해 주는 지역사회복지실천이론들은 위에서 설명한 바와 같이 매우 다양하다.

지역사회를 거시적 체계로 바라보면서 지역사회구성원들을 포함하여 전체 지역사회를 변화시키는 것을 강조하는 이론으로는 정치경제론, 체계이론과 생태이론 및 갈등이론과 사회자본론 그리고 사회건설주의이론이 있다. 정치경제론은 지역사회의 정치와 경제와의 관계를 중심으로 지역사회의 분배구조 및 지역사회복지체계를 분석하여 지역사회복지를 증진 및 개선시키기 위한 틀을 제공해 주며, 체계이론은 지역사회를 구성하는 하위체계들의 적절한 기능이 지역사회라는 상위체계가 안정적으로 유지됨을 설명해 주고, 생태이론은 생태적 환경의 변화에 대한 순응과 적응을 통해 지역사회가 유지 및 발전됨을 설명해 준다. 갈등이론은 지역사회 내에서 계급 간, 집단 간 힘의 불균형으로 인해 지역사회에 힘이나 자원의 불균등한 분배구조가 정착되어 있으며 이를 극복하기 위한 지역사회운동을 강조하며, 사회자본론은 지역사회변화를 집합주의적 사고하에서 연대성 강화와 구성원 및 집단과 조직 간의 신뢰구축 등을 통해 지역복지향상 및 지역주민들의 삶의 질 개선을 위해 노력하여야 함을 잘 설명해 준다. 사회건설주의이론은 지역주민들이 삶의 현실을 인식하고 새롭게 해석함으로써 안정적이고 발전적인 지역사회를 건설하는 것이 가능함을 보여 주는 이론이다.

한편, 사회교환이론과 자원동원이론, 상호조직이론과 사회네트워크이론은 지역사회복지실천을 위한 개입의 수준을 집단과 조직에 두고 점진적으로 지역사회를 변화시키는 것을 강조하는 이론들이고, 사회학습이론은 지역사회변화를 위한 노력을 개인적 수준에서 수행하기 위한 이론적 틀을 제공해 준다. 지역사회복지실천이론을 구분하여 나타내면 〈표 3-2〉와 같다.

표 3-2 지역사회복지실천이론 비교

구분	지역사회개입수준	지역사회에 대한 시각	지역사회문제에 대한 시각
정치경제론	주민, 집단, 조직을 포함한 전체 지역사회	지역사회는 사회복지정책과 경제정책이 상호 연관되어 있는 사회체제	부의 분배와 불평등
체계이론	주민, 집단, 조직을 포함한 전체 지역사회	지역사회는 여러 하위체계로 구성된 하나의 체계	지역사회를 구성하고 있는 하위체계의 오작동이나 기능장애
생태이론	주민, 집단, 조직을 포함한 전체 지역사회	지역사회는 지리적, 공간적으로 조직화된 인구집단	지역사회환경의 변화로 인하여 발생
갈등이론	주민, 집단, 조직을 포함한 전체 지역사회	지역사회는 계급 간, 계층 간 대립하는 갈등의 장	억압구조에 기인하며 사회구조적으로 발생
사회자본론	주민, 집단, 조직을 포함한 전체지역사회	지역사회는 상호혜택을 위해 협력과 집합적 행동을 촉진하게 하는 관계와 네트워크로 구성	신뢰와 참여, 공유된 신념이나 공동체인식의 부재로 발생
사회건설주의 이론	주민, 집단, 조직을 포함한 전체 지역사회	지역사회는 지역주민들이 인식하는 현실의 세계	지역주민들이 인식하고 지역사회에 내재해 있는 억압구조나 제도 또는 지배문화
사회교환 이론	지역주민, 집단, 조직	지역사회는 자원을 교환하는 교환의 장소	지역사회문제는 자원의 균형 있는 교환이 발생하지 못할 때 발생하며 필요한 자원을 교환하지 못하면 지역주민이나 집단 그리고 조직 나아가 지역사회는 지역주민들의 기본적인 삶이 보장되지 못하는 자원결핍을 나타냄.
자원동원 이론	지역주민, 집단, 조직	지역사회는 동원할 수 있는 지역자원이 내재화되어 있는 장소	필요한 자원이 유입 및 동원되지 못하게 되어 발생하는 지역자원결핍
상호조직 이론	집단, 조직	지역사회는 조직 상호 간의 지지와 상호협력이 발생하는 장소	지역사회의 비조직화와 조직 간 상호협력의 부재

사회네트워크 이론	지역주민, 집단, 조직	지역사회는 하나 이상의 관계에 의해서 연결된 행위자들이나 성원들로 구성된 사회구조	지역사회문제는 지역주민에게 도움을 줄 수 있는 다른 사람이나 조직이 존재하지 않을 때 발생
사회학습 이론	지역주민과 집단	지역사회는 지역주민이나 집단들의 행동에 영향을 주는 환경	지역사회환경에 대한 주민들의 학습과 인식부족에 의해서 나타남.

제2부

지역사회복지
실천과정

제4장

지역사회복지실천모델

1. 지역사회복지실천모델의 배경

1) 지역사회복지실천모델의 필요성

사회복지사들이 지역사회에 개입하여 지역사회복지실천을 수행하는 데 있어서 실천을 위한 모델이 필요한 이유는, 첫째, 지역사회현장에 있는 사회복지사들에게 실천모델을 통해서 지역사회변화를 위해 어느 정도까지 개입하여야 하는지 그리고 어느 정도 노력을 하여야 하는지를 알려 주기 때문이며, 둘째, 어떤 형태의 전략과 전술이 사용되어야 하는지를 알려 주고, 셋째, 지역사회변화과정에서 사회복지사가 어떠한 역할을 수행하여야 하는지를 결정하는 데 도움을 주기 때문이다(Lohmann & Lohmann, 2002; 지은구, 조성숙, 2010). Hardina(2002)는 행동과 이론을 연결시켜 주는 것이 실천모델이라고 인식하였다. 일반적으로 이론은 우리들에게 지역사회에 있는 구성원이나 집단들이 어떻게 행동하여야 하는지 그리고 지역사회변화 노력의 효과는 어떠한지를 이해할 수 있는 기본 사고를 제시해 주지만 사회복지사들이 지역사회현장에서 어떻게 행동해야 하는지에 대한 방법을 알려 주지는 않는다. Weil과 Gamble(1995)에 따르면 지역사회복지실천영역에서 실천모델들은 지역사회에 대한 개입방법들을 비교하고 특정한 상황을 위한 행동을 위해 필요한 적절한 모델을 선택하는 것을 도와준다고 한다. 일반적으로 지역사회복지실천모델들은 다음과 같은 구성요소들을 포함하고 있다(Mondros, Wilson, 1994; 지은구, 2003; 지은구, 조성숙, 2010).

- 지역사회변화의 목적(왜 지역사회는 변화하여야 하는지에 대한 근거)
- 지역사회에서 사회복지사, 지역주민 그리고 지역사회지도자들의 분명한 역할
- 지역사회문제의 원인에 대한 시각
- 지역사회 변화를 위한 변화대상의 확인
- 변화대상의 변화과정에서의 협조성이나 비협조성에 대한 조사
- 지역사회변화를 위한 전략과 전술
- 지역사회변화를 위해 필요한 자원(인적 또는 물적 자원 등)에 대한 이해
- 지역사회변화과정에서 사회조직의 역할에 대한 이해

지역사회복지실천모델은 지역사회에서 어떻게 변화가 일어나는가를 설명하며 수많은 사회복지사 또는 실천가에 의해서 지역사회변화에 영향을 미치게 하기 위해서 적용되고 활용되어 왔다.

2) 지역사회복지실천모델 분석

지역사회복지실천을 위한 개입의 실천모델로서 가장 일반적으로 활용되고 있는 모델은 Rothman(1976, 1995)이 제시하였던 지역사회개발모델, 사회기획모델 그리고 사회행동모델이다. 하지만 Rothman(2001, 2007)도 새롭게 변하는 지역사회현장을 반영하여 기존 모델을 수정하여 지역사회개발모델은 지역사회능력개발모델로, 사회기획모델은 기획/정책모델로 그리고 사회행동모델은 지역사회옹호모델로 내용을 보완하여 제시하였다. 하지만 지역사회능력개발모델과 지역사회옹호모델은 기존 모델에서 발전된 내용을 담고 있지만 기획/정책모델은 사회기획모델의 틀 안에서 내용수정이 이루어지지 않았다.

Rothman의 지역사회복지실천모델 이외에도 1995년에 Popple(2000)이 제시한 지역사회보호 등이 포함된 지역사회복지실천모델 등이 있으며, Weil과 Gamble이

Rothman의 모델을 수정하여 제시한 모델 등이 있다. 2000년대 이후 지역사회의 변화하는 환경과 이에 맞추어 등장한 새로운 지역사회복지이론을 반영한 실천개입모델들이 등장하였는데 지역사회연계모델, 주민참여모델 등이 대표적이다. 이외에도 제휴모델과 사회운동모델 등이 제시되었지만 이 두 모델은 Rothman의 모델과 지역사회연계모델의 틀 안에 대부분의 내용이 포함되어 별다른 차이점을 가지고 있지는 않다.

2. 지역사회역량개발모델

1) 지역사회역량개발모델의 특성

이전의 지역사회개발모델은 지역주민 개개인의 능력과 역량을 강화하여 지역사회 문제를 해결하도록 한다는 측면에서 용어의 부적절성이 꾸준히 지적되어 왔다. 즉, 지역사회개발이라는 용어가 지역사회건설이나 사회경제개발 등과 같은 용어들과 비슷한 측면이 있어 지역사회의 환경이나 물적 측면을 개발한다는 뉘앙스를 담고 있기 때문이다. 따라서 지역사회개발모델이 지역사회의 지역주민의 자조와 참여를 바탕으로 문제해결을 위한 역량을 강화한다는 모델의 특성과 부합하지 않는다는 지적이 제기되었다.

Delgado(2000)는 지역사회개발을 위해 역량건설(capacity building) 또는 역량향상모델(capacity enhancement model)이라고도 불리는 실천모델을 발전시켰다. Delgado에 따르면 향상은 무엇인가를 건설할 수 있는 내재적인 능력의 실체를 의미하며 지역사회개발모델에서의 개발은 지역사회에서 아직 존재하지 않은 자산을 의미하는 것으로서 개발보다는 이미 현실화되어 있는 내재적인 능력을 향상시키는 것이 지역사회발전을 위해 중요하다고 강조하였다(Long, Tice, & Morrison, 2006). 이러한 능력건설의 중요성을 반영하여 Rothman(2001, 2007)은 1976년 자신이 명명한 지역사회개발모델을 수정한 모델을 제시하고 그 이름을 지역사회역량개발(community capacity development)모델로 지칭하였다.

따라서 지역사회역량개발모델은 지역사회개발모델과 같은 개념으로 지역사회복지실천을 위해서 지역사회를 개발하는 것이 필수적인 과정으로 인식되면서 하나의 실천모델로서 자리 잡게 되었다(지은구, 2003). 지역사회개발모델과 같이 지역사회역량개발모델의 가장 큰 특징은 지역사회역량개발이 지역주민의 참여와 자조를 바탕으로 한다는 것이다. Rothman(1979, 1995) 그리고 Spergel(1987) 등은 지역사회개발모델을 수행하는 데 있어 지역주민의 참여와 자조를 강조하였다. Pantoja와 Perry(1992)는 지역사회역량개발모델을 경제적으로 의존적이고 정치적으로 소외된 지역주민들이, 첫째, 그들을 빈곤과 의존 상태로 있게 하는 힘과 과정을 스스로 이해하도록 하기 위해서, 둘째, 지역주민들이 지역의 재정자원, 지식, 기술, 정보에 기초한 행동기획을 나타내도록 그들의 내적인 힘을 조직하고 동원하기 위해서, 셋째, 지역주민들을 의존적으로 만들고 힘없게 만드는 개인적 그리고 집단적 문화를 해소하기 위해서, 넷째, 지역주민들의 안정과 번영을 보장하도록 하는 새로운 기능을 개발하고 보존하도록 함께 일하도록 하는 도구 또는 수단이라고 정의하였다. 또한 Brueggemann(2002)은 지역사회역량개발모델을 거시사회복지실천의 한 방법이며, 지역사회가 사회·경제·정치·문화적으로 그 구성원들을 지지하도록 하는 네트워크를 개발하고 자원을 발전시키도록 지역사회주민들을 돕는 모델이라고 정의하고, 지역사회역량개발모델이 시민의 권리에 대한 가치와 지역 삶으로의 시민참여를 고취시키며 교육을 통해 시민의 긍지와 의식을 고양시키고 지역사회를 공공의 이익이 삶의 추진력이 되는 장으로 바라보게끔 한다고 강조한다. 그리고 Twelvetrees(2002)는 지역사회역량개발모델이 지역사회에 살고 있는 집단이나 개인들을 자율적이고 독립적인 집단이나 개인들이 되도록 돕는 것이라고 정의하였다. Hardina(2002)에 따르면 지역사회역량개발모델의 주요한 목적은 지역주민들이 지역의 삶으로부터 배제되었다고 지역문제의 해결을 위해 할 수 있는 것이 별로 없다는 소외의식을 갖도록 하는 것이라고 강조하였다.

2) 지역사회역량개발모델의 내용

지역사회에서 어려움을 겪고 있는 지역구성원 스스로 지역문제를 해결하는 것을 강조하는 지역사회역량개발모델은 지역사회문제의 원인을 무질서나 혼란 그리고 아노미현상 또는 개인적 일탈현상이나 부적응에 의해서 나타나는 것으로 바라본다. 따라서 지역사회문제의 원인을 사회구조적인 요인보다는 개인적 요인으로 바라봄으로 이러한 문제를 해결하기 위해서는 스스로 문제를 해결하기 위한 능력을 고양시키기 위한 교육이나 각종 사업에 주민들이 스스로 참여하여야 가능하므로 참여는 지역사회개발모델에 있어 중요한 원칙이 된다. 즉, 지역사회역량개발모델은 자조와 참여를 바탕으로 지역주민들이 스스로 그들의 문제를 해결할 수 있는 역량을 강화하도록 돕는 지역사회복지실천모델이라고 볼 수 있다. 이러한 목적을 달성하기 위해 지역사회개발모델에서 주민들의 역량강화(empowerment)는 과정이자 목적이기도 하다. 따라서 지역사회개발모델에서는 지역과 지역주민들의 역량을 강화시키는 것을 강조한다.

지역사회역량개발은 지역주민들이나 조직과 집단 성원들의 자조(self-help)와 자발적인 협조와 참여가 필수적이기 때문에 지역발전을 위한 노력은 주민들, 사회복지서비스 이용자들, 클라이언트들, 집단 성원들, 또는 지역 각 부분에서 활동하고 있는 대표자들의 공동 참여에 대한 소명감(commitment)을 필요로 한다. 즉, 지역사회에 있는 각각의 성원들의 지역개발에 대한 소명감이 생성되고 그의 표현으로서 참여를 강조하는 것이다.

결국 지역사회역량개발모델의 내용과 원칙 그리고 목적을 종합하여 보면 지역사회개발모델은 지역주민 스스로 문제를 인식하고 역량개발 및 역량강화를 위한 노력을 기울여야 하므로 과업이나 결과보다는 과정을 중요시한다고 할 수 있다. 즉, 지역주민들이 공감대형성 및 소명감을 바탕으로 인식개선을 통해 지역문제를 해결하는 과정이 중요시되는 모델이라고 할 수 있다. 주민의 역량강화를 위한 각종 교육사업들은 단기간에 이루어질 수 없으며 지역주민들의 역량이 강화되는 것 역시 단기간에 결과를 얻을 수 있는 것이 아님은 주지의 사실이다.

지역사회역량개발모델	주민들의 역량강화(empowerment)를 통해 주민 스스로 지역문제를 해결하는 것을 강조한다.

3) 지역사회역량개발모델과 지역사회복지실천

지역사회역량개발모델은 지역사회개발모델과 그 내용은 일치하지만, 특히 주민들의 역량강화를 위한 노력을 강조한다는 특징이 있으며 지역주민 개개인의 역량을 강화하기 위한 총체적 노력을 통해 그들이 처한 문제나 위험을 스스로 해결할 수 있도록 한다는 측면에서 지역사회개발보다 더 적합한 용어라고 볼 수 있다. 지역사회역량개발모델의 전제는 지역주민 개개인이 직면한 문제를 이해하고 해결하기 위해 필요한 기술과 지식을 갖도록 능력과 역량이 강화된다면, 그리고 문제를 해결하기 위해 협력하여 함께 일한다면 지역사회변화는 가장 잘 성취될 수 있을 것이라는 점이다. 지역사회역량개발모델에서는 지역주민들의 참여와 자조의 분위기 조성과 같은 관계 구축을 위한 행동이 힘이 없거나 배제되고 소외받은 지역주민들의 감정을 치료하기에 충분하다고 전제된다. 따라서 가장 적합한 전술은 주민들이 스스로 참여와 자조를 인정하도록 하는 동의전술이며, 역량강화모델을 통해서 성취하려는 결과는 곧 사회적 연대성이나 공동체인식의 강화 등이 될 수 있다(Rothman, 2001, 2007).

4) 사회복지사의 역할과 지역사회역량개발모델의 한계

지역사회에 개입하여 지역주민의 문제해결능력을 고양시키고 주민 개개인의 역량을 강화시키기 위해 필요한 사회복지사의 중심적 행동은 지도력과 성실성이다. 이러한 중심 행동을 통해 사회복지사들은 지역사회역량개발모델에서 능력을 고양시키는 촉매자, 지지자, 교육자, 조정자 등의 역할을 수행한다(Kemp, 1995). 특히 사회복지사의 일차적 역할은 지도력과 성실성을 기반으로 지역주민들이나 집단들이 함께 할 수 있도록 분위기를 조성하는 것이라고 할 수 있다. 따라서 실천가는 이 역할을 수행하기 위해 지역주민들이나 집단들이 지역사회가 가지고 있는 공통의 문제와 이 문제들을 해결할 수 있는 해결책을 확인할 수 있도록 도와야 한다. 사회복지사들 스스로 문제해결을 위한 특정한 목적을 성취하는 것도 중요하지만 이보다는 지역주민들이 스스로 지역사회문제와 이 문제들을 해결할 수 있는 해결책을 확인할 수 있도록 돕는 것이 더 중요한 성취물이다. 이는 지역사회역량개발모델이 결과보다는 과정을 더 중요시하는 실천모델이라는 점에서도 확인된다.

지역주민이 지역사회에 만연한 소외나 배제현상을 스스로 인식하고 역량을 강화하여 변화한다면 지역사회도 변화한다는 지역사회역량개발모델의 한계점을 지적하면 다음과 같다.

첫째, 시간 소모적이고 추상적이며 구체적이지 못하다는 데 있다. 즉, 지역주민들이 스스로 참여하고 역량이 강화되도록 인식을 개선할 수 있다는 것은 짧은 시간에 이루어질 수 없으며 장기간의 노력을 필요로 한다. 또한 지역주민들이 스스로 인식하고 역량이 강화될 수 있다고 가정하는 것은 지역주민들의 개별적 특성을 무시하는 것이다. 즉, 지역주민들은 개별화된 특성을 가지고 있으며 개인적 특성이나 가족특성 등과 같은 환경적 요소에 의하여 영향을 받아 스스로 역량을 강화하도록 하는 참여나 자조가 불가능할 수 있다. 지역사회개발모델은 이러한 지역주민들의 특성을 무시하며 어떻게 지역주민들을 지원하고 지지하여야 하는지에 대한 구체적인 방법을 제시하지 못한다.

둘째, 지역사회의 사회구조적인 문제의 발생에 대한 거시적인 분석이 결여되어 있다는 점이다. 즉, 주민의 역량이 강화된다고 해서 지역사회에 고착되어 있는 힘의 구조를 전환시키는 것은 어려운 일이다. 사회구조적인 불평등이나 양극화현상은 개인의 자조나 역량이 강화된다고 해서 극복될 수 있다기보다는 자본주의 체제가 갖는 사회구조적인 문제로서 국가의 적극적인 대응과 주민들의 대항운동을 필요로 한다.

셋째, 정부의 책임과 의무에 대한 분석이 결여되어 있다는 점이다. 지역사회개발모델이 강조하는 지역사회문제의 원인과 해결에 있어 지역사회주민이 주체적으로 문제를 해결하는 방식은 정부의 지역사회복지정책과 각종 사회복지사업에 대한 책임성을 약화시키고 지역사회에서 발생하는 각종 문제를 개인이나 집단의 문제로 국한시킬 수 있다.

3. 사회계획모델

1) 사회계획모델의 특성

사회계획(social planning)모델은 사회문제에 대처하거나 이를 해결하기 위해 기획하는 것을 강조한다. Long, Tice 그리고 Morrison(2006)은 사회계획모델을 사회복지정책이나 프로그램의 개발과 성공적 실행을 통해서 지역사회를 강화하도록 하는 협조적 과정이라고 정의하였고, Twelvetrees(2002)는 사회계획모델이 지역주민이나 지역사회의 욕구를 해결하기 위해서 복지정책을 수정·변경한다든지 또는 사회서비스나 프로그램을 개선시키는 것을 통해서 지역사회문제를 해결해 나가는 실천모델이라고 정의하였다. 또한 Lauffer(1981)는 사회계획모델이 사회서비스와 정책의 발전, 확장, 그리고 조정을 의미하며 지역에서 발생하는 문제를 이성적으로 해결하기 위한 하나의 실천방법이라고 정의하였다. 여기에서 이성적이라는 의미는 사회문제를 기획을 통해서 해결한다는 것을 의미한다고 할 수 있다. 즉, 사회계획모델은 통제되고 기획된 변화를 이끄는 이성적 분석과정, 특히 직관이나 경험에 기초하지 않는 문제해결식 방법을 통해서 사회문제가 해결되고 통제될 수 있다고 가정한다. 결론적으로 사회계획모델은 지역주민이나 지역사회의 욕구를 해결하기 위해 정책을 개발, 수정, 또는 변경한다든지 새로운 프로그램이나 서비스를 개발하거나 또는 기존의 프로그램이나 서비스를 개선하는 것을 통해서 지역사회문제를 해결하는 것을 강조하는 모델이라고 할 수 있다.

Rothman(2001, 2007)은 지역사회개입을 위한 사회계획모델을 보다 세분화하여 기획/정책모델로 수정하였는데, 그에 따르면 기획/정책모델은 정책분석가나 기획가 또는 전문적 식견을 가진 사회복지사 등이 지역사회환경이나 지역사회문제 등에 대한 객관적인 자료를 바탕으로 통계적 방법, 컴퓨터기술(ppt나 엑셀 등) 그리고 사회지표분석이나 추정이나 추계 등을 활용하여 지역사회문제를 해결하려는 개입방법이다. 특히 기획/정책모델은 사회계획모델과 같이 전문가주의에 입각해 있다고 할 수 있는데 이는 기획가나 정책수립가가 사회문제해결을 위한 해답을 확인하고 효과적인 방법으로 해결을 위해 최선의 논리와 자료를 활용할 수 있는 경험과 지식 및 기술을 가지고 있다고 전제하기 때문이다. 이러한 Rothman의 사회계획모델에 대한 수정된 견해는 주된 사회계획모델의 특성 및 내용을 보았을 때 대체적으로 동일함을 알 수 있다.

2) 사회계획모델의 내용

지역사회복지실천의 영역에서 사회계획은 사회문제와 사회위험요소를 해결하고 수정하는 하나의 메커니즘이라고 할 수 있다(지은구, 조성숙, 2010). 지역사회문제를 해결하기 위한 사회계획과정은 일반적으로 지역사회문제 확인, 욕구사정, 목적 및 목표의 설정, 사업의 실행 그리고 평가 등을 포함한다. 사회계획모델은 사업이나 프로그램을 기획하기 위해 앞에서 제시된 다양한 과업(문제의 확인과 욕구사정 목적설정 및 평가 등의 과업)을 수행하고 사회계획모델을 통한 지역사회개입은 사회복지사업이나 프로그램이 지역사회의 문제를 해결하거나 개선할 수 있다는 전제에 기초하므로 문제해결이라는 과업을 강조하는 모델이라고 할 수 있다. 지역사회에서 지역주민들을 위한 사업이나 프로그램, 즉 독거노인을 위한 심리·상담사업, 다문화가정의 이주여성을 위한 사회적응프로그램, 게임 또는 스마트폰 중독청소년들을 위한 치료 및 예방사업 등 다양한 사회문제를 해결하거나 개선하기 위한 사업들은 모두 사회문제해결이라는 과업을 중심으로 함으로 과업중심적인 실천모델이라고 할 수 있다. 사회복지사들은 이상의 기획요소들을 수행하게 되는데 이러한 요소들을 수행해 나가는 과정이 사회문제해결과정과 비슷하다고 하여 문제해결모델이라고도 불린다. 따라서 사회계획모델을 문제해결모델로 인식하는 경우도 있다(Long, Tice, & Morrison, 2006; Hardina, 2002).

사회계획모델	• 사회복지사업이나 사회프로그램이 지역사회의 문제를 해결하거나 개선할 수 있다는 전제에 기초한다. • 기획을 통해서 지역문제를 해결하므로 과업을 강조한다.

3) 사회계획모델과 지역사회복지실천

사회계획은 전체사회를 위한 정책이나 제도 등을 위한 기획이 있을 수 있으며 보다 좁은 의미에서 지역사회의 문제를 개선하기 위한 사업이나 프로그램의 기획이 있을 수 있다. 사회계획모델은 지역사회의 문제들이 해결 가능하다고 보며, 지역사회에 존재하는 모든 지역사회문제들, 즉 실업, 빈곤, 약물중독이나 알코올중독, 학대 등과 같은 사회에 표면화되어 나타나 있는 구체적인 사회문제들을 사회정책이나 사회복지프로그램을 통해서 해결하고, 관리하고, 예방하는 것을 강조한다. 결론적으로 사회계획모델은 지역주민이나 지역 또는 사회의 욕구를 해결하기 위해 정책을 개발, 수정, 또는 변경한다든지 새로운 프로그램이나 서비스를 개발하거나 또는 기존의 프로그램이나 서비스를 개선하는 것을 통해서 지역문제를 해결하는 것을 강조하는 모델이라고 할 수 있다.

　　사회계획모델은 이성적 또는 문제해결식 방법을 통해 지역사회문제를 해결하는 데 있어 지역주민들의 의식고취와 역량강화를 통한 지역사회의 발전, 즉 지역주민들이 주체가 되는 지역사회개발보다는 전문가(사회복지사, 정책분석가, 실천가, 정부관리, 행정가 등)들이 사회적 욕구에 있는 사람들의 문제를 해결하기 위한 사업이나 프로그램을 보다 잘 기획할 수 있다는 점, 즉 사회복지사업이나 프로그램을 보다 효과적이며 체계적으로 잘 개발하고 전달할 수 있으며 효과적인 자원의 유용 및 정책결정을 수행할 수 있다는 가정을 전제로 한다. 따라서 지역주민들보다는 사회계획가를 보다 강조한다는 특징이 있으며 사회복지사는 기획가로서 문제해결과정에 대한 제안을 할 수 있는 자격을 갖춘 전문적 기술을 가지고 있는 사회계획가, 정책개발자, 또는 전문가로서 인식된다(지은구, 조성숙, 2010).

4) 사회복지사의 역할과 사회계획모델의 한계

　　사회복지사가 수행하는 모든 지역사회복지실천은 사회계획모델의 요소들을 포함하고 있다고 해도 과장이 아니다. 이는 대부분의 지역에서 사회복지사들이 지역사회의 변화를 위하여 계획을 수립하고 수립된 계획을 실행하며 실행된 계획을 평가하고 다시 계획을 수정하는 등의 반복적인 전문적 작업을 수행하기 때문이다. 따라서 사회계획은 전문가로서의 사회복지사에게 있어 가장 기본적이고 중요한 기능이라고 할 수 있다(지은구, 조성숙, 2010). 사회계획모델에서 사회복지사의 역할은 제안자, 기획가, 행정가 또는 관리자로서의 역할이 특히 강조된다. 사회계획모델에서 사회복지사는 사회문제를 해결하기 위한 수단을 처방하기 위한 자료를 모으고 분석하며 수집되고 분석된 자료 또는 정보를 바탕으로 문제해결을 위한 제안서(즉, 수단)를 작성하여야 하기 때문에 숙련된 지식과 기술을 필요로 한다. 따라서 사회계획모델에서 사회복지사들은 경험적 조사방법론을 포함한 사회조사기술, 욕구사정, 프로그램개발과 평가, 자원개발, 재정 결정 등의 지역사회분석을 위한 다양한 기술을 사용할 줄 알아야 한다는 점이 강조된다. Weil과 Gamble(1995)은 사회계획가가 갖추어야 할 기본 전문지식 또는 기술로서 조사, 욕구사정, 평가, 제안서 개발, 그리고 분석능력을 지적하였다.

　　사회계획모델은 지역사회에 개입하여 지역복지실천 활동을 행하게 되는 대부분의 사회복지사에게 친숙한 분야임에는 틀림없지만 또한 문제점도 내포하고 있다. 전문가주의를 강조하는 사회계획모델의 가장 큰 장점은 이 모델이 사회복지사들의 지역사회로의 실천개입의 방법과 구체적인 행동과정에 대한 기획을 구체적으로 제시하여줌으로써 지역사회복지실천의 내용과 방법을 체계화하였다는 점이라고 할 수 있다. 하지만 사회계획모델은 장점에도 불구하고 다음과 같은 한계점들이 지적되고 있다.

첫째, 소수의 사회계획가 또는 사회복지사가 지역사회문제를 해결할 수 있는 프로그램을 개발하고 수정 및 변경하는 데 있어 시간과 자원을 충분히 가지고 있다고 전제한다는 점이다. 사회복지사의 프로그램 개발이나 수정을 위한 노력은 활용할 수 있는 충분한 시간과 자원에 크게 의존한다. 충분한 시간과 가용할 수 있는 자원에 대한 고려 없이 프로그램을 개발하는 것은 미숙한 사회프로그램의 개발이나 잘못 수정된 프로그램을 초래할 수 있다.

둘째, 사회계획가나 사회복지사가 이성적으로 가장 합리적인 프로그램을 개발하고 수정할 수 있는 전문가 또는 결정자라고 전제한다는 점이다. 사회복지사 역시 인간이므로 프로그램 개발과정에서 또는 여러 수정과정에서 실수를 할 수 있다. 지역사회문제해결을 위한 사회계획과정에서 사회복지사의 판단력이나 전문적 능력에만 의존하는 것은 지역사회문제를 해결하는 최우선적인 방안은 아니라고 할 수 있다.

셋째, 지역사회문제해결을 위한 사회프로그램을 개발하는 기획과정에서 주민들의 참여가 제한적이거나 또는 고려되지 않는다는 점이다. 사회계획모델은 지역사회문제를 전문가주의에 입각하여 해결하므로 지역주민들이 문제해결을 위한 기획과정에서 참여가 제한적으로 이루어질 수 있다. 지역사회에서 지역주민들이 원하는 것을 가장 잘 아는 사람은 바로 그 지역주민들 당사자이기 때문에 지역주민들이 참여하지 않는 프로그램의 효과성은 낮아질 수 있다.

4. 사회행동모델

1) 사회행동모델의 특성

사회행동(social action)모델은 지역사회복지의 실천을 위해 가장 광범위하게 알려져 있지만 사회복지사들에게 가장 적게 이해되고 가장 적게 활용되는 모델이다 (Hardina, 2002). 사회행동모델은 지역사회에서 개인이나 집단들이 인종, 성, 계급, 능력, 나이 등에 의해서 억압을 경험하고 있다는 것을 전제한다. 또한 사회행동모델은 지역사회에는 많은 수의 억압받고 소외된 사람들이 있으며 이들은 이러한 사회에 만연한 차별과 억압구조를 극복하기 위해 집단이나 조직에 참여할 수 있는 기회를 필요로 함을 가정한다. 사회행동모델은 소외된 사람들이 조직에 참여함으로써 결과적으로 그들은 지역사회 안에서 그들의 요구가 정당한 대접을 받을 수 있고, 정책결정과정으로의 진입을 가능하게 하며 자원에 대한 증가된 분배 몫을 할당받을 수 있다고 믿는다. 안정적인 일자리, 최소한의 소득보장, 건강 및 교육, 그리고 정치적 의사결정과정에 접근하기 위해서는 이 억압받고 있는 집단들을 조직화해야 한다는 것이 무엇보다 중요하다고 사회행동모델은 강조한다. 따라서 사회행동모델은 자원, 힘 그리고 결정수립을 재분배하기 위해 시도하는 실천모델이라고 볼 수 있다.

결국 사회행동모델은 결정과정에 소외되어 있거나 불공평과 불평등을 경험하는 개인이나 집단, 나아가 사회적으로 차별받거나 배제되어 있는 집단에게 혜택을 주기 위하여 지역사회에 구조화되어 있는 힘의 관계에 대항하는 대항전략을 강조한다.

2) 사회행동모델의 내용

사회행동모델은 지역사회에는 갈등이 만연해 있는데 이를 해결하는 유일한 방법은 사회행동이라는 점이 강조되며 지역사회문제는 자원과 힘의 불평등구조에 기인한다고 바라본다. 사회행동모델의 기본 목적은 지역사회복지실천영역에서 기존 구조(정책결정구조, 힘이나 자원의 분배구조 등)에 근본적인 변화가 일어나도록 하는 것이라고 할 수 있다. 즉, 자원이나 힘을 가지고 있는 집단에게 조직적 대항을 통해 힘의 균형상태를 유지함으로써 의사결정구조나 자원의 분배구조에서 배제되어 있던 소외된 사람들이 미래의 결정에서 역할을 담당하도록 하는 것이다.

사회행동모델은 지역사회가 갈등, 힘, 특권을 통해서 구조화된 것으로 바라보며 결정수립과 자원의 통제는 정치적 그리고 경제적 힘을 가지고 있는 소수의 (엘리트) 집단에 의해서 지배되고 있다고 간주한다. 사회행동모델은 정치적, 경제적 그리고 사회적 체계에 영향을 미치는 의사결정을 할 수 있는 사람들을 적이나 변화되어야 하는 대상 또는 변화를 위한 표적으로 간주한다. 지역주민들을 차별하고 억압하며 배제하는 기존의 힘의 구조는 변화되어야 하는 대상이자 행동의 표적이며, 또한 기존의 힘의 구조는 지역주민이나 클라이언트들에게 직접적 영향을 끼치는 지역사회의 시설, 조직, 제도나 법안 그리고 각종 사업 등에 대한 막강한 영향력을 가지고 있는 것으로 간주된다(Jacobson & Heitkamp, 1995). 따라서 힘의 구조가 사회행동에 의해 전복되고 지배됨으로써 지역사회 주민들의 이익이 반영되며 궁극적으로 삶의 질은 개선된다.

사회행동모델	사회행동을 통해 지역사회에 내재해 있는 자원과 힘의 불평등구조를 개선하는 것을 강조한다.

3) 사회행동모델과 지역사회복지실천

사회행동모델은 지역사회의 근본적인 변화는 사회복지사의 옹호활동으로부터 오는 것이 아니라 주민들과 사회복지사나 행동가들의 직접적인 사회행동으로부터 옴을 강조하며, 옹호는 지역사회를 근본적으로 변화시키지 못하고 지역사회의 사회구조적인 상황을 그대로 둔 채 지역주민들이 지역사회문제를 직접 제기하지 않고 스스로를 위한 행동을 하도록 유도하지 못하는 한계를 지닌 사회복지사들이 사용하는 하나의 기술이라고 강조한다(Mullay, 1997).

사회행동모델의 기본전략은 지역주민이나 서비스이용자 또는 클라이언트들을 불러모으고 그들이 힘을 가지고 있는 집단에 대항해서 직접적인 행동을 취할 수 있도록 조직화하는 것에 초점을 둔다(Jacobson & Heitkamp, 1995). 따라서 사회행동모델은 지역주민조직화를 무엇보다도 중요시한다. Rubin과 Rubin(2001)에 따르면 지역주민조직화는 지역주민 개개인들을 위해 그리고 그들이 살고 있는 지역을 위해 사회적 힘을 찾는 것이라고 강조하였으며 지역주민조직화는 공동된 문제를 해결하기 위해 사람들이 함께 일하도록 결집하는 것을 포함하는 것이라고 한다.

사회행동모델에서는 지역사회복지실천모델의 두 기본목적인 과정목적과 과업목적이 다 활용된다. 즉, 행동은 일련의 과정이 필요하고 과정에 따라 세부적인 과업이 성취될 수 있기 때문이다. 따라서 사회행동모델에서는 개입목적에 따라 사회복지사

들의 행동이 구별될 수 있다(Jacobson & Heitkamp, 1995). 예를 들어, 사회행동을 위해
조직건설과정을 거쳐 조직원이나 지역주민 또는 대중을 동원하고 동원된 조직원이나
주민들의 대항전략을 통해 성취하려는 목적을 달성할 수 있으므로 과정과 과업이 모
두 중요시되는 모델이라고 할 수 있다.

4) 사회복지사의 역할과 사회행동모델의 한계

사회행동모델에서 사회복지사들은 조직가와 행동가로서 역할을 담당하게 된다.
조직가로서 사회복지사들은 조직 내적으로 의사결정을 위한 기술을 터득할 수 있는
능력개발을 건설하는 데 개입하며 조직 외적으로는 직접적 행동이나 대중들이나 언
론매체와의 관계 그리고 조사를 수행하는 능력을 개발하는 데 개입하게 된다. 또한
조직가로서 사회복지사들은 직접적으로 지역주민들을 지지하기도 하지만 더욱 중요
하게는 조직원들 스스로가 지지자가 되도록 돕는 역할도 수행한다. 따라서 지역주민
들을 조직화하여 결과적으로 그들의 이익을 보호하고 독립적으로 이익을 추구할 수
있도록 돕는 것이 사회복지사들의 중요한 역할이 된다. 지역사회복지실천영역에서
사회행동이라는 용어는 사회복지정책이나 사회복지관련 법률적 변화에 영향을 미치
는 넓은 의미의 과업을 의미하는 데도 사용된다. 이러한 과업들은 또한 조직적 대항,
입법을 위한 로비, 주민조직개발, 정치운동으로의 개입 등을 포함한다. 이러한 지역
주민들의 행동들을 묶어 주는 공통 결속력은 사회경제적 불평등이나 불공평의 개선
또는 지역주민의 욕구를 해결할 수 있는 재화와 서비스 그리고 의사결정을 위한 힘
또는 권력을 획득하는 것이다(Hardina, 2002).

사회행동모델은 힘을 획득하기 위한 투쟁을 포함하여 저항이나 대항전략을 활용하
여 의사결정구조, 자원분배구조, 그리고 정부정책 등을 변화시킴으로써 지역사회에
실재하는 힘이나 자원 등의 불균형을 개선하여 지역주민의 삶의 질을 개선시키려는
지역사회복지실천모델로서, 지역문제해결을 위한 장기간의 시간이 부족하거나 위험
이나 위기에 대한 대응시간이 부족한 경우 또는 지역주민들의 사회문제에 대한 인식
의 정도나 집단동질성이 강한 경우 활용할 수 있는 실천모델이지만 다음과 같은 한계
점도 동시에 내포하고 있다.

첫째, 사회행동모델은 너무 많은 에너지를 필요로 하며 시간 소모적이고 때때로 과업에 너무 치중하여 과정을 등한시하는 경우도 있을 수 있다(Netting, Kettner, & McMurtry, 1998, 2004).

둘째, 지역사회에서 일어나는 모든 상황이나 문제를 해결하기 위해 저항 또는 대항전략과 전술만을 사용한다는 점이다. 저항이나 대항전략은 협조나 캠페인전략과 전술 등을 모두 사용하여도 문제의 해결 기미가 보이지 않는 경우에 사용하는 것이 바람직하다. 대항전략은 조직들이나 집단들을 양극화함으로써 기대하는 결과를 얻는 데 어려움을 초래하기도 한다.

셋째, 사회복지사, 조직가 또는 지역사회주민들은 대항을 포함하고 있는 전략에 편안함을 갖고 있지 못한 경우도 있다. 대항전술은 너무 파괴적일 수 있으며 급속한 변화는 지역이 감당할 수 없을 수도 있다는 점이 지적된다.

넷째, 사회행동모델은 사회복지의 윤리적 논쟁을 불러일으킬 수 있다는 점이다. 대항전략이 지역사회주민들이나 조직가들을 위험에 빠트리게 할 수 있으며 또한 변화를 위한 표적물이 반드시 극복되어야 하기 때문에 표적물을 비하할 수도 있다. 그리고 어떤 대항 전술들은 법에 어긋나는 것들도 있으며 어떤 전술은 긴박한 상황에서만 사용해야 하는 것들도 있기 때문에 사회행동모델을 사용하는 경우 나타날 수 있는 모든 위험에 대해 완전히 인식하고 있어야 한다는 점이 중요하다고 볼 수 있다.

5) 지역사회능력개발모델, 사회계획모델 그리고 사회행동모델 종합

Rothman이 지역사회복지실천을 위해 제시하였던 3개 유형의 실천모델을 표로 정리하면 〈표 4-1〉과 같다.

표 4-1 지역사회역량개발모델, 사회계획모델, 사회행동 모델에 대한 Rothman의 분류

구분	변화를 위한 목적	사회복지사의 역할	지역주민	변화되어야 하는 대상(표적)	변화를 위한 전략
지역사회역량 개발모델	지역의 통합과 주민능력을 증진시키는 것	교육자, 조정자, 촉매자, 기회부여자	시민, 참여자	지역주민	다양한 지역조직들 사이에서 동의나 합의를 발전시키는 전략
사회계획모델	기존 사회정책이나 사회프로그램의 변화나 수정	전문가, 기획가, 자료분석가, 문제해결사, 고용인	서비스의 소비자	사회서비스전달체계나 프로그램	자료를 수집하고 임무수행을 위해 가장 최선의 계획을 수립하고 선택하는 전략
사회행동모델	힘의 역동성과 자원을 변화시키는 것	조직가, 행동가, 지지자	억압의 피해자, 조직구성원	힘의 구조, 기존 결정구조나 정치체계	힘이나 자원을 가지고 있는 집단에 대항해서 행동을 취하기 위해 주민이나 조직성원들을 동원하는 전략

출처: Hardina(2002), p. 68에서 재수정.

Rothman은 자신의 실천모델을 12개의 변수를 적용하여 〈표 4-2〉와 같이 분류하였다.

표 4-2 12개 실천변수에 따른 Rothman 모델의 분류

실천변수	지역사회능력개발	사회계획	사회행동
1. 지역사회행동의 목적	주민들의 자조를 강조하며 주민들의 능력과 지역능력과의 통합을 중시(과정 중심)	지역이 가지고 있는 근본적 문제들을 해결하는 것을 중시하여 지역이 문제를 해결할 수 있는 능력을 강조(과업중심)	• 힘의 관계나 자원을 변화시키는 것을 중시; 제도적 변화를 추구 • 권력 또는 힘이나 자원의 배분을 강조 • (과업과 과정 중심)
2. 지역사회문제와 지역사회구조를 바라보는 시각	지역 퇴보, 아노미; 관계의 부족; 민주적 문제해결능력의 부재가 지역사회문제의 핵심이라고 인식	정신적·육체적 건강, 주택문제 등이 기본적으로 지역주민이 가지고 있는 지역사회문제라고 인식	소외받고 있는 사람들, 사회부정의, 박탈, 불평등이 지역사회문제라고 인식

3. 기초 변화전략	지역주민들이 그들의 문제를 스스로 인식하고 해결하기 위한 전략을 수립하는 것을 강조	이성적 또는 합리적인 행동경로의 결정과 문제해결을 위해 문제에 대한 사실들을 취합하는 전략수립을 강조	표적에 대항하는 행동을 취하기 위해 사람들을 조직화하고 이슈들을 구체화하는 전략을 강조
4. 전술의 특징	지역집단들과 이해집단들 사이에서의 의견일치(동의)를 위한 대화 강조	동의에 바탕을 둔 또는 갈등해결을 위한 구체적인 계획안 강조	갈등 또는 협상을 위한 직접적 행동 강조
5. 사회복지사나 실천가의 역할	촉매자, 조정가, 교육자	사실취합가, 프로그램 개발 및 수행가, 기획가	선동가, 행동가, 조직가, 중개자
6. 변화의 매개체	지역주민이나 집단을 통한 처리	공식적 조직과 자료를 통한 처리	대중조직과 정치적 행동과정을 통한 처리
7. 권력구조에 대한 시각	권력구조에 있는 구성원들을 공통의 구조 안에서의 협조자로 인식	고용인과 자금제공자로 권력구조가 형성	행동을 수행하기 위한 외적 표적으로서 권력구조를 바라봄. 권력구조는 극복되어야 하는 억압자라고 인식
8. 지역사회에 대한 시각	총체적인 지리적 지역사회	전체 지역사회 또는 분절된 지역사회	분절된 지역사회
9. 관심이나 이익과 관련한 가정(전제)	지역주민들은 공통의 관심을 인지하고 차이를 극복할 수 있다고 전제	집단이나 조직 그리고 지역사회구성원들의 이익이나 관심에는 갈등이 존재할 수 있으며 갈등은 해결될 수 있다고 전제	집단이나 조직 그리고 지역사회구성원들에게는 쉽게 화해할 수 없는 갈등이 존재한다고 전제
10. 지역사회주민에 대한 시각	시민 또는 주민	소비자 또는 수혜자	피해자
11. 주민의 역할	상호행동적인 문제해결과정으로의 참여자	프로그램으로부터 혜택을 받는 소비자 또는 수혜자	지역조직의 구성원
12. 임파워먼트의 활용	고지된 결정과 협력을 수행할 수 있도록 지역사회의 능력을 건설; 주민이 개인적으로 숙달되었다는 인식의 증진	서비스를 위해 소비자들로부터 욕구 파악; 서비스선택권을 소비자들에게 고지	지역사회의 결정에 영향을 미치는 수단이나 권리와 같은 객관적인 힘의 성취; 참여자들이 숙달되었다는 인식의 증진

출처: Rothman(2001), p. 45에서 재인용.

5. Taylor와 Roberts의 지역사회연계모델

지역사회연계(community liaison)모델은 Rothman의 3대 실천모델과 함께 지역사회복지실천의 영역에서 매우 중요한 실천모델로서 1980년대 이후 등장하였다. Taylor와 Roberts(1985)는 5개의 실천모델을 제시하였는데 그들이 제시한 모델들은 다음과 같다.

- 지역사회개발모델
- 프로그램개발과 서비스조정모델
- 사회계획모델
- 정치행동모델
- 지역사회연계모델

이 5개의 모델 중에서 지역사회개발모델, 사회계획모델, 그리고 정치행동모델 (Rothman의 사회행동모델과 내용은 동일함)은 Rothman의 모델과 같으며 프로그램과 서비스조정모델은 사회프로그램의 수정 및 개발을 통한 지역사회문제해결을 강조하므로 사회계획모델에 포함될 수 있는 내용이기 때문에 결국 새롭게 제시한 모델은 지역사회연계모델뿐이다. Kemp도 지역사회복지실천모델을 구분하면서 지역사회연계모델을 추가하여 사회계획, 사회행동, 그리고 지역사회개발모델과 더불어 4대 실천 모델을 제시하였다(Kemp, 1995). Weil과 Gamble(1995)도 자신들이 제시했던 지역사회복지실천모델에서 지역연계를 프로그램개발과 지역사회연계모델이라고 불렀다.

1) 지역사회연계모델의 특성

지역사회연계모델은 이론적으로 사회네트워크이론과 상호조직이론, 사회교환이론 등의 영향을 받은 지역사회복지실천모델이라고 할 수 있다. 사회복지사 또는 실천가들은 통합적이고 효과적인 지역사회문제의 해결을 위해 대부분 서비스조정, 조직 상호 간의 협력연결망, 파트너십 등에 관심을 가지고 있다. 어떤 한 조직도 지역사회의 문제를 완벽하게 해결할 수 없으며 전체 지역주민들의 욕구를 해결할 수 있는 다양한 서비스를 제공할 수 있는 자원을 가지고 있지 못하다는 것이 지역연계이론의 기본 가정이다. 다양한 유형의 사회복지기관들은 자원을 주고받는 사회교환의 계속 적인 과정에 관여되어 있으며 지역주민들의 욕구를 해결할 수 있는 자원을 제공하기 위해 여러 사회기관은 연결망구축, 파트너십 구성 또는 상호행동을 추구한다(Long, Tice, & Morrison, 2006). 따라서 지역사회연계모델은 지역주민들의 욕구를 해결하기 위하여 지역 조직 간의 협력과 협의나 조정 등을 통하여 제한된 지역자원을 보다 효 과적으로 활용함으로써 지역주민들의 욕구를 해결하는 것을 강조하는 모델이라고 할 수 있다.

2) 지역사회연계모델의 내용

지역사회연계모델은 지역사회의 기관들이 협력, 연계, 그리고 조정을 통해서 지역 주민들에게 효과적이고 효율적인 서비스를 제공할 수 있다는 것을 전제한다. 따라서 지역사회연계모델은 지역에 있는 사회시설이나 기관들의 활동(개입행동)을 강조하는 모델이다. 즉, 이 모델은 지역사회복지기관들의 지역사회활동의 확대(새로운 욕구평가 에 따른 서비스의 도입이나 정책 또는 프로그램의 개발 또는 확장)를 위한 조직 간의 상호 협력과 조정 그리고 연계 등을 통해 지역사회문제를 해결하는 것을 강조한다.

Taylor(1985)에 따르면 지역사회연계모델에서 의미하는 지역사회활동이란 사회복 지사들이 사례관리를 포함하여 직접적 서비스를 책임지는 활동들을 의미하며, 사회 복지사들의 직접적 서비스 활동들은 지역사회자원을 평가하고, 조종하고, 감시하는 것 등을 포함한다. 지역사회활동들은 직접적으로 서비스를 제공하는 기관들의 목적 과 서비스와 연관을 맺고 있다. 지역연계를 위한 주요 기능은 지역 조직들 간의 상호 관계 구축, 지역원조의 동원, 그리고 환경의 변화에 부응하는 기관들의 목적과 프로 그램 및 기능의 재조정 등을 들 수 있다(Kemp, 1995). 사회복지기관이 행하게 되는 행 정적 활동들로는 조정을 위한 활동, 지역관계를 위한 활동, 지역사회 환경에 대한 조 사와 기부금조성 등의 활동이 있을 수 있다. 그리고 사회복지사들의 활동은 사례관 리, 지역연계사업, 연결망참여, 욕구확인 및 사정, 프로그램개발, 지역주민이나 클라 이언트에 대한 직접적 지원 등이 있을 수 있다. 제한되고 부족한 정보나 서비스의 한계에서 벗어나 종합적인 정보 및 적절한 서비스를 제공하기 위해 사회복지사들은 지역자원에 대한 완전한 이해와 정보를 필요로 하며, 주역주민의 다양한 욕구를 해결하기 위한 자원협력을 필요로 하고, 이러한 종합적인 지원활동은 바로 사례관리라는 구체적인 실천방법을 필요로 하기 때문에 사례관리는 지역사회연계모델에서 활용하는 대표적인 실천방법이라고 할 수 있다.

특히 Weil과 Gamble(1995)은 지역사회연계모델이 프로그램개발에 있어 중요한 측면이라는 것을 강조하였다. 그들에 따르면 지역사회연계모델의 중요한 목적과 기대되는 결과는 지역주민들에 의해서 필요하다고 평가된 새로운 또는 개선된 서비스를 설계하는 것이다. 따라서 이 모델은 지역서비스의 효율성을 증진시키기 위해 기관의 프로그램들을 재조정하고 확대하는 것을 포함한다. 지역사회연계모델에 따르면 변화를 위한 표적(target)은 새롭게 설계되거나 확대된 서비스를 이용하는 잠재적 소비자나 수혜자들일 것이며 프로그램기획가나 설계자 그리고 직원들은 지역성원들과 협력연결망이나 상호 연계 계획을 위한 전략을 개발할 수 있을 때 변화를 경험할 수 있다. 변화를 위한 과정에서 지역사회연계모델을 위한 일차적인 지지자 또는 후원자들은 조직의 방향을 결정할 책임을 가지고 있는 집단으로서 조직의 이사회와 프로그램 개발과정과 계획된 변화에 개입되어 있는 지역 대표자들이다.

Long, Tice, 그리고 Morrison(2006)은 지역사회연계모델을 통하여 지역사회문제를 효과적으로 해결하기 위해서 다음과 같은 점들이 확인되어야 한다고 강조하였다.

- 지역사회복지기관, 지역주민, 사회서비스이용자들을 위한 연계의 잠재적 비용과 혜택을 사정해야 한다.
- 어떤 기관이 연계노력에서 가장 결정적인 역할을 수행할 것인지를 조사해야 한다.
- 잠재적 협력파트너의 능력뿐만 아니라 협력의도와 협력의 수준을 확인해야 한다.
- 조직과 조직 사이에 무엇을 교환할 것인지를 명확히 해야 한다.
- 개별 조직들에서 높은 지위에 있는 직원으로부터 승인과 지원을 보장받아야 한다.
- 주도자가 회합을 주선하고 회합의 내용을 기록하며 회합에서 다른 참여자들과

의 의사소통을 유지하며 생각을 정리하는 것을 인정해야 한다.
- 협약서를 작성해야 한다.
- 정직, 열린 의사소통, 그리고 조직에 대한 인식을 촉진해야 한다.

3) 사회복지사의 역할

지역사회연계모델의 일차적 관심영역은 특정한 인구나 지리적 영역을 위해 서비스 또는 프로그램을 개발하는 것이다. 즉, 서비스개발이 가장 주된 관심의 범위가 되는 것이다. 사회복지사는 지역사회연계모델에서 조정가, 계획가, 제안서 작성가, 촉진가, 중개자, 연결망참여자 등의 역할을 담당하게 된다. 일단 협력과 조정을 통해 새로운 프로그램이 개발되어 시행되면 사회복지사는, 첫째, 프로그램이 안정적으로 운영되는 것을 확인하기 위해서, 둘째, 변화와 서비스를 위한 프로그램의 목적을 달성하기 위해서, 그리고 셋째, 지역과 변화하는 환경에 응답하기 위해서 감독가, 관리자, 평가자 등의 역할을 수행한다. McCroskey와 Meezan(1992)은 특히 지역사회연계모델에서 새로운 프로그램의 결과를 평가하기 위한 강력한 결과평가수단을 강조하였다.

6. Weil과 Gamble의 실천모델

Weil과 Gamble은 1996년도에 발간된 『사회복지백과사전』에서 지역사회복지실천모델로서 8개의 실천모델들을 처음 소개하였고 이후 2008년에 모델의 명칭을 일부 수정하였다. 그들이 제시하였던 모델들은 대부분 Rothman, Kemp, Talyor 등이 제시하였던 모델들을 다시 세분화한 것에 지나지 않지만, 지역조직화를 지역사회복지실천모델 중에 하나로서 다루었다는 점과 지역조직화에 있어 지리적 지역과 기능적 지역에 대한 조직화를 다르게 처리하였다는 특징을 가지고 있다. 따라서 다른 모델들과 비교해서 지역조직이 지역사회복지실천을 위한 모델들 중 하나인 것으로 인식하는데 있어 도움을 준다. Weil과 Gamble(2008)이 수정 제시한 모델들을 간략히 소개하면 다음과 같다.

① 근린지역사회조직화(neighborhood and community organizing)모델

이 모델은 지리적·공간적 지역사회의 정의에 기초한다. 지리적·공간적으로 구분하는 지역사회와 근린지역 또는 동네에서의 조직화 작업을 의미한다. 지역사회 전체의 정치적·사회적 문제나 환경문제 등을 다룬다.

② 기능적 지역사회조직화(organizing functional communities)모델

이 모델은 공동의 이익이나 관심을 가진 사람들의 집합체라는 지역사회정의에 기초한다. 지역적으로는 떨어져 있지만 공통된 관심이나 이해관계 등에 의한 조직화 작업을 의미한다. 사람들은 공통의 관심과 공통의 이슈를 가진다.

③ 사회·경제적 지속가능 발전모델

이 모델은 지역개발의 성공을 위해 사회적·경제적 발전이 동시에 진행되어야 한다는 점과 경제적 발전의 중요성을 강조한다. 사회·경제적 지속가능 발전모델은 국가적 차원의 거시적 제도나 정책하에서 이루어지는 모델이고 경제적 개발을 특히 강조하기 때문에 Rothman이 제시한 지역사회능력개발모델과 내용이나 범위에 있어 분명한 차이가 존재한다.

④ 사회계획모델

이 모델은 사회서비스와 정책의 개발, 확장, 조정을 강조한다. 사회계획모델은 개별기관의 수준에서 또는 지역 사회복지서비스 기관들의 연합체의 수준에서 제공될 수 있으며 Weil과 Gamble은 사회계획모델이 사회서비스와 정책의 개발, 확장, 조정을 가리키는 것이라는 Lauffer(1981)의 주장을 따른다. 따라서 Weil과 Gamble의 사회계획모델은 앞에서 설명했던 큰 틀의 사회계획모델과 같은 내용을 담고 있다.

사회계획모델에서 기획가가 수행하는 중심적 과업은 서비스를 통합하려는 노력, 사회적 기획의 수행, 그리고 인간서비스에 이성 또는 합리성을 가지고 오는 것이라고 한다. 이 모델에 의하면 계획가는 역사적으로 과거에서 현재에 이르기까지 더욱 효율적인 자원의 사용을 추구해 왔으며, 욕구를 가진 사람들에게 좀 더 효율적인 서비스를 제공하기 위해 어떠한 자원이 필요한지를 결정해 왔다고 한다. 계획가들은 서비스와 개발의 방향에 대해서 일반 대중을 상대로 교육을 행하기도 하지만 그들은 주로 특정 프로그램을 변화시키고, 통합하고, 평가하고, 재정지원하고, 개발하기 위해 지역지도자들이나 기관관리자들에게 영향을 끼치는 것을 추구한다.

⑤ 포함적 프로그램개발모델

Kurzman(1985)의 프로그램개발과 서비스조정모델과 Tayolr(1985)의 지역사회연계모델로부터 영향을 받아 등장한 모델로서 프로그램의 개발에서 평가에 이르기까지 전 단계에서 지역사회의 모든 이해관련당사자들이 개입하도록 하는 실천모델이다.

⑥ 정치적 그리고 사회적 행동모델

이 모델은 정책과 정책 결정자들 또는 소득이 낮은 집단들에게 나쁘게 조성되어 있는 환경 등을 바꾸기 위한 행동 등 사회, 정치, 경제적 정의에 초점을 맞추는 행동을 의미한다. 따라서 앞에서 설명하였던 사회행동모델과 동일한 내용을 포함하고 있다. 정치적 사회행동모델은 기회를 제한하는 불평등과 지역의 욕구를 무시하고 불평등한 결정을 하는 정책결정가에 대항하는, 지역주민들 스스로 불평등한 조건을 변화시킬 수 있는 기술을 개발하고 그들의 신념을 강화시키는 것을 통해서 주민들의 역량이 강화되도록 돕는 노력들을 포함한다(Rubin & Rubin, 1992; Staples, 1990).

⑦ 제휴모델

지역사회연계모델과 내용이 비슷하지만 Weil과 Gamble이 새롭게 제시한 모델로서 집합적 사회변화를 위해 개별 집단들이 함께 일하는 것을 강조하는 모델이다.

⑧ 진보적 변화운동모델

사회복지사들이 사회운동과 동맹하여 민주주의와 인권, 인종 문제 등 인간발전과 자유를 위한 목적을 지지하는 것을 추구하는 것을 강조하는 모델이다.

제휴모델과 진보적 변화운동모델을 제외하고는 대부분 기존의 지역사회복지실천모델들과 내용이 중복되므로 여기서는 제휴모델과 진보적 변화운동모델을 중심으로 살펴보기로 한다.

1) 제휴모델

제휴(coalitions)모델은 지역사회연계모델에서 발전된 실천모델이다. 제휴모델은 연합모델이라고도 불리며 사회적 변화를 위해 개별적인 그룹이나 조직들이 함께 일하는 것(제휴하는 것)을 통해 지역사회문제를 해결하는 것을 강조한다. 제휴는 집합적 사회변화를 위해 분산되어 있는 집단 또는 조직들이 함께 일할 수 있도록 해 준다. Mizrahi와 Rosenthal(1993)은 조직의 정당성을 유지하는 동안에 그들 조직의 지역 내에 영향을 미치는 하나 혹은 그 이상의 문제들에 대한 외적 제도에 영향을 미치기 위해서 다양한 조직의 대표들이 연합하는 것을 지역사회변화를 위한 제휴라고 정의하였다.

제휴모델의 목적과 기대되는 결과는 제휴를 위한 공동의 관심에 대응하기 위해 사회적 프로그램의 방향에 영향을 줄 수 있을 만큼 큰 다중조직적 권력기반(multi-organizational power base)을 건설하는 것에 있다. 변화를 위한 표적은 새로운 정책이나 제도를 승인할 수 있고 새로운 사회프로그램을 확장하거나 재정자원을 고취시킬 수 있는 재단에서 일하는 고위관리 그리고 정부의 부처에서 일하고 있는 선출된 시의원이나 국회의원들이다. 사회변화를 위한 제휴의 관심범위는 제휴를 결성한 조직구성원들이 지지하기로 동의할 수 있는 어떤 특정한 논쟁이나 문제이다.

제휴모델을 시행하는 데 있어 사회복지사의 역할은 지도자 또는 제휴조직의 대변인 등이다. 제휴조직의 힘을 분산시키지 않고 긴장을 균형 있게 유지할 수 있는 중개나 협상기술 또한 사회복지사들이 가지고 있어야 하는 중요한 기술이다.

2) 진보적 변화운동모델

진보적 변화운동은 사회운동을 의미하며 집합적 행동과 깊은 연관이 있다. Harper(1998)는 사회운동을 변화를 만들어 내고 변화를 예방하는 집합적 행동이라고 정의하였다. Wood와 Jackson(1982)은 사회운동을 다양한 수준의 공식적 조직들이 급진적이고 개혁적인 형태의 변화를 창출 또는 방어하는 것이라고 정의하였다. 또한 사회운동은 사회조직들이 사회적 그리고 문화적 변화를 만들어 내는 중요한 과정이라고도 할 수 있다. 즉, 한 지역사회에서 일어나는 사회변화는 집합적 행동의 진보적 변화를 위한 사회운동을 통해서 달성된다고 할 수 있다(Harper, 1998). 결국 진보적 변화운동은 지역사회의 변화를 추구하기 위하여 지역에 기반을 둔 조직들의 집합적 행동에 의해서 이루어진다고 할 수 있다.

진보적 변화운동모델은 사회행동모델의 발전된 유형이다. 일반적으로 사회복지실천은 사회운동을 유발시키기도 하며 또한 사회복지사들은 진행되고 있는 사회운동에 영향을 많이 받기도 한다. 진보적 변화운동모델은 사회복지사들이 사회운동조직과 동맹하여 민주주의와 인권, 인종 문제 등 인간발전과 자유를 위한 목적을 지지하는 것을 추구한다. 진보적 변화운동은 역사적으로 수없이 그리고 수많은 장소에서 있어 왔다. 역사적으로 지역사회복지실천의 영역에서 이루어지는 수많은 노력은 진보운동으로부터 많은 영향을 받아왔고 그리고 사회복지실천가들 역시 많은 영향을 받아 왔다. 사회복지사들은 실천을 행하는 데 있어 추구하는 사회복지의 직업적 가치를 유지하기 위해 인권존중과 사회정의를 위한 민주주의 운동이나 인권운동을 포함하는 진보적 변화를 추구하는 사회운동조직과 동맹을 맺기도 하였다.

진보적 변화운동모델의 목적과 기대된 결과는 지역사회나 조직이 특정한 인구집단이나 사회문제, 이슈에 대응하는 새로운 패러다임을 제공할 수 있는 사회변화를 위한 행동을 조장하는 것에 있다. 변화를 위한 표적은 일반대중과 정치체계이다. 미국에서는 1960년대의 시민운동과 인권운동이, 우리나라에서는 1987년 민주화운동 등이 여기에 포함될 수 있다. 이 모델에서 사회복지사의 역할은 지지자 또는 촉진가 등이다. 사회복지사들은 진보를 위한 변화운동의 과정에서 자원봉사자나 진보적 변화운동조직의 일원으로 참여할 수 있다. 〈표 4-3〉은 Weil과 Gamble의 지역사회복지실천모델의 모델별 특성을 나타내 준다.

표 4-3 Weil과 Gamble의 **지역사회복지실천모델** 비교

구분	관심 영역	사회복지사 또는 실천가의 역할	1차적으로 후원받아야 하는 사람 또는 조직	변화시켜야 하는 표적	기대하는 결과
근린 지역사회 조직화모델	• 지리적 영역에서의 주민들의 삶의 질 • 지역지도자의 증진된 능력 • 지역사회의 사회경제적 환경적 조건을 개선하기 위한 조직들	• 조직가 • 교육자 • 촉진가 • 트레이너 • 코치	• 지역주민 • 마을이나 지역사회	• 지방정부 • 외부개발자 • 지역리더십	• 지역주민들의 조직화 역량을 발전시킨다. • 외부개발자와 지역기획의 영향력을 지도하고 조정한다.
기능적 지역사회 조직화모델	공동의 관심이나 특정 이슈 그리고 특정 인구집단에 대한 옹호 또는 지지	• 조직가 • 옹호자 • 촉진가 • 작가나 대중 연설가	같은 생각을 가지고 있는 지리적 지역에 얽매이지 않는 사람	• 지방정부 • 일반대중 • 시설	행동과 태도변화, 옹호 그리고 서비스제공에 초점을 맞추는 사회정의를 위한 행동
사회경제적 지속가능 발전모델	사회·경제 및 환경적 번영의 개선; 인간 행동을 이끄는 책임성, 기회 그리고 평등성의 이용	• 협상가 • 촉진가 • 교육자 • 기획가 • 관리자 • 조사자	낮은 소득이나 소외받고 지역사회에서 억압받는 인구집단	• 은행 • 재단 • 외부개발가 • 부의 창출에 관한 법률	생계를 꾸려나가는 기회를 열어 주기, 풀뿌리 계획을 촉진하기, 환경피해 없이 사회·경제적 자원을 활용할 수 있도록 주민들을 준비시키기
사회계획 모델	근린지역사회 수준의 기획, 사회경제적·환경적 욕구의 공공기획영역으로의 통합, 휴먼서비스 조정	• 조사자 • 프로포절 작성가 • 관리자 • 평가자 • 기획가	• 선출된 지역지도자 • 사회기관 • 근린지역기획집단	• 선출된 지역지도자 • 사회복지기관지도자 • 근린지역기획집단의 인식	근린지역집단, 선출된 조직, 기획위원회 등의 행동을 위한 프로포절
포함적 프로그램개발 모델	특정 집단이나 사람들을 위한 서비스의 개발	• 대변인 • 기획가 • 관리자 • 프로포절 작성가 • 감독 및 훈련가	• 기관이사회 • 행정가 • 지역사회대표	• 프로그램 재정 지원자와 자원봉사자 • 서비스수혜자	참여개입방법을 사용하여 서비스효과성을 증진시키키 위해 프로그램을 개발, 수정 및 확대

정치적 그리고 사회적 행동 모델	선거가 정당하고 부에 의해 지배당하지 않도록 정치참여수준을 향상시키기	• 옹호자 • 조직가 • 조사자 • 후보자 • 지도자	특정 정치관할권이 있는 시민	• 투표자 • 선출된 관리 • 선거나 대중 토론에서의 비활동적 · 잠재적 참여자	정책가 및 정책을 변화시키는 것에 초점을 두는 사회정의를 위한 행동
제휴모델	사회 · 경제 · 환경적 변화와 인권을 개선하기 위해 협력관계에 들어와 있는 조직 파트너	• 중재자 • 협상자 • 대변인 • 조직가 • 지도자	특정 이슈와 관련이 있는 시민들과 조직들	• 선출된 관리, 정부정책 • 재단 • 서비스제공 조직	프로그램이나 기준을 옹호하고 자원을 개발하고 프로그램에 영향을 미치기 위한 다중조직의 힘 건설
진보적 변화운동모델	사회에서의 사회적 · 경제적 · 환경적 정의 (예를 들어, 인간의 기본적 욕구와 인권)	• 지지자 • 촉진가 • 옹호자	• 지도자 • 시민 • 새로운 비전과 사회구조를 창출해 낼 수 있는 조직	• 대중 • 억압적이고 파괴적인 사회 · 경제 · 정치체계	지구환경과 사람들의 건강한 발전을 위해 새로운 패러다임을 제공하는 사회 · 경제 · 환경의 정의를 위한 행동

출처: Weil & Gamble(2010), p. 26에서 재인용.

7. Popple의 실천모델

Popple(1995, 2000)은 영국의 지역사회환경에 맞는 실천모델을 제시하였는데 그가 제시한 모델 역시 Rothman의 모델과 중복되는 모델이 있으며 새롭게 제시된 모델도 존재한다. Popple이 제시한 지역사회복지실천모델은 지역사회보호모델, 지역사회조직모델, 지역사회개발모델, 지역사회계획모델, 지역사회행동모델, 지역사회교육모델, 여권주의 지역사회실천모델 그리고 인종차별철폐 지역사회실천모델 등이다. 이 중 지역사회개발, 지역사회계획 그리고 지역사회행동모델은 Rothman의 모델과 유사하며 Weil과 Gambel의 모델과 비슷한 지역사회조직모델을 제외하고는 새롭게 제시된 모델들이다.

1) 지역사회보호모델

지역사회보호모델은 지역사회 돌봄의 대상자인 5세 이하의 영유아, 노인, 장애인 등을 대상으로 자발적 서비스나 사회네트워크를 개발하는 것을 목적으로 하는 실천모델이다. 지역사회보호의 핵심적인 철학은 탈시설화이므로 지역사회보호모델은 돌봄대상자들의 사회복지욕구를 해결하기 위해 자조개념을 발전시키는 것에 초점을 맞추며 사회복지사들은 사람들이 돌봄을 제공하도록 고취시키고 자원봉사를 수행할 수 있도록 격려하는 활동을 하게 된다.

2) 지역사회조직모델

지역사회조직모델은 다양한 사회복지조직 간에 협력을 개선하는 수단으로 발전하였다. 따라서 지역사회조직모델은 자원의 결핍 및 자원의 부족 그리고 서비스중복 등의 문제를 해결하고 복지서비스를 보다 효율적이고 효과적으로 전달하기 위해 제시된 실천모델이라고 할 수 있다.

3) 지역사회개발모델

지역사회개발모델은 지역사회구성원들의 삶의 질을 개선하기 위하여 그들에게 자신감 및 기술을 획득할 수 있도록 지원하는 실천모델이다. 따라서 지역사회개발모델은 교육을 수단으로 하여 자조를 증진시키는 것을 강조한다. Weil과 Gambel의 지역사회능력개발모델과 내용이 유사하다.

4) 지역사회계획모델

지역사회계획모델은 지역사회의 조건, 사회정책 및 제공되는 서비스를 분석하고, 목적과 우선순위를 설정하며, 프로그램을 설계하고, 적절한 자원을 동원하여 서비스와 프로그램을 실행하고 평가를 수행하여 지역사회복지를 증진시키려는 것을 강조한다. 통상적으로 사회복지사들이 가장 많이 활용하는 모델이며 Weil과 Gambel의 사회계획모델과 동일한 내용을 포함한다.

5) 지역사회행동모델

지역사회행동모델은 지역사회의 힘이 없는 집단들의 효과성을 증진시키기 위한 대응방안으로 등장한 모델이며 Weil과 Gambel의 사회행동모델과 동일한 내용을 포함한다. 전통적으로 사회행동모델은 계급에 기반하며 갈등과 직접적 행동을 강조한다. 지역사회에서 발생하는 주민중심의 복지요구투쟁이나 복지권리운동 등은 지역사회행동모델의 대표적인 예이다.

6) 지역사회교육모델

지역사회교육모델은 지역사회의 교육정책 및 실천을 재수정하는 중요한 시도로서 나타난다. 즉, 지역주민들에게 더 가깝고 더 평등한 교육정책 및 교육실천방안을 지역사회에서 도입하여 활용하게 함으로써 지역복지의 증진을 도모한다. 지역사회개발(지역사회능력개발)모델 역시 지역주민들의 역량을 강화하기 위한 교육을 강조하지만 지역사회교육모델은 교육복지정책을 실천의 가장 우선순위에 놓았다는 특징이 있다. 교육은 주민들이 스스로 지역사회의 억압구조를 확인하고 극복하기 위한 행동 및 변화를 시도하도록 하는 씨앗으로 작동할 수 있다.

7) 여권주의 지역사회실천모델

여권주의 지역사회실천모델은 여권주의이론(feminist theory)에 영향을 받아 1960년대 이후 등장한 실천모델이다. 이 모델의 주요 초점은 여성의 불평등을 결정하는 요소들에 대해 집단적으로 도전하여 지역사회에서 여성의 복지수준을 개선 및 향상시키는 것을 강조하는 것이다.

8) 인종차별철폐 지역사회실천모델

인종차별철폐 지역사회실천모델은 전통적인 지역사회복지실천모델들이 흑인사회와 같은 특정 소수지역사회만의 욕구를 해결하는 데 실패하였으며 또한 인종차별을 극복하는 제도적·실천적 대안을 제시하지 못하였다는 한계에서 등장하였다.

Popple이 제시한 지역사회복지실천모델의 특성을 구분하여 제시하면 〈표 4-4〉와 같다.

표 4-4   Popple의 지역사회복지실천모델 특성

모델	실천전략	사회복지사의 역할
지역사회보호모델	• 사회네트워크와 자발적 서비스의 개발 • 자조개념의 발전	조직가, 자원봉사자
지역사회조직모델	• 사회복지기관들 사이의 협력 개선	조직가, 촉매자, 관리자
지역사회개발모델	• 삶의 질을 개선하기 위해 자신감과 기술을 확보할 수 있도록 집단을 원조 • 활동적인 참여	지역사회실천가, 촉진자, 조력자
지역사회계획모델	• 사회적 조건 분석, 목적과 우선순위설정, 서비스와 프로그램의 실행 및 평가	촉진자, 조력자
지역사회행동모델	• 계급에 기초하고 갈등에 초점을 맞추는 지역수준에서의 직접적인 행동	행동가
지역사회교육모델	• 더 가깝고 더 평등한 교육정책 및 교육 실천방안을 지역사회에서 도입	교육자, 조력자
여권주의 지역사회 실천모델	• 여성복지증진 • 여성불평등을 뿌리뽑고 이에 대응하기 위해 집단적으로 작업하기	행동가, 촉진자, 조력자
인종차별철폐 지역사회 실천모델	• 소수인종의 욕구를 지원하기 위해 집단설정 • 인종차별에 대한 도전	행동가, 자원봉사자

출처: Popple(2000), p. 56에서 재인용.

제5장

지역사회복지실천의 전략과 전술[1]

전략과 전술의 사용

사회복지사들은 실천을 직업윤리의 핵심으로 삼고 사회변화를 추구하는 사회양심 집단이라고 규정할 수 있다. 지역사회복지실천을 위해 나아가 지역사회의 변화를 추구하기 위해 사회복지사들은 지역사회의 이슈나 문제를 파악하고 그 문제를 해결해 나가기 위하여 구체적인 실천모델을 사용하여 지역사회에 개입하게 된다. 사회복지사들은 개입을 진행하고 개입을 위한 구체적인 계획을 기획하는 과정에서 전략과 전술이 필요하게 된다. 즉, 어떻게 개입할 것인가, 개입을 위한 구체적 절차나 방법은 무엇인가 등에 대한 대답은 개입을 위한 전략과 전술을 구체화시키고 실천해 나가는 과정이라고 볼 수 있다. 구체적인 전략과 전술은 지역사회변화를 촉진시키며 성공적으로 개입을 계획하고 성취하기 위한 가장 중요한 구성요소가 된다. 즉, 개입을 위한 계획은 전략 전술을 정의하고 지역사회복지실천영역에서 행동체계(변화를 이루기 위해 행동하는 주체)와 표적체계(변화의 대상)의 역할을 검토하는 과정을 일컫는다고 볼 수 있다. 지역사회개입은 다음과 같은 내용을 포함하게 된다.

---

1) 이 장은 지은구(2003)의 제3부 제4장을 참고하였음.

그림 5-1　지역사회개입의 검토과정

출처: 지은구, 조성숙(2010), p. 158에서 재인용.

집단과 개개인들의 상호행동의 정황에서 전략과 전술의 수행이 발생한다. 사회복지실천가들에게 있어 실천모델을 사용하는 것, 분석적 틀을 사용하는 것, 그리고 사회변화를 촉진시킬 수 있는 전략과 전술을 상황에 맞게 선택하기 위한 조사 자료를 사용하는 것 등은 매우 결정적이라고 할 수 있다. 이를 위해 이 장에서는 개입을 위한 계획, 즉 개입을 위한 전략과 전술을 정의하고 행동체계와 목표물체계의 역할이 조사되고 실천모델에 전략과 전술을 연결시키는 방법을 설명할 것이며, 전력과 전술을 사용하는 데 있어 나타날 수 있는 윤리적 측면 등을 살펴볼 것이다.

1) 제휴, 캠페인 및 대항 전략 · 전술

지역사회복지실천은 사회복지사들이 사회변화에 영향을 미치는 실천모델과 연관이 있는 전략과 전술을 사용하는 것을 필요로 한다. 전략이란 장기적 행동계획으로서 특정한 사회문제를 해결하는 것을 의미한다. Mondros와 Wilson(1994)은 전략을 게임계획이라고 정의하기도 한다. 전략은 목적을 성취하기 위해 시도될 때 공격적이 되며 동맹이나 적의 인식(perceptions)에 의해서 영향을 받는다는 점에서 수세적이기도 하다.

Warren(1971)은 변화를 위한 세 가지의 전략을 소개하는데 그에 따르면 제휴(collaboration), 캠페인(campaign), 그리고 대항(confrontation)이 그것들이다. 제휴전략은 집단이 목적을 성취하기 위해 연합행동을 하는 것에 동의할 때 사용되며, 캠페인전략은 상대방이 어떤 것을 하게끔 또는 상대편을 협상테이블로 나오도록 설득하는 데 사용된다. 그리고 대항전략은 정책을 수용하도록 상대방에게 압력을 가할 때 사용한다. 제휴전략은 대체적으로 지역사회개발모델과 연관이 있으며 캠페인전략은 사회계획모델과 지역사회개발모델, 그리고 사회행동모델 모두와 연관이 있다. 그리고 대항전략은 사회행동모델과 연관이 있다(Warren, 1971).

전술은 변화를 추구하는 전략의 부분으로서 취해지는 단기행동들이다. 전술은 참여와 역량강화, 협상과 협력, 교섭, 대중교육, 설득, 대중매체활용, 로비활동, 대중호소, 시위, 보이콧, 파업, 그리고 시민 불복종 등을 포함한다(Warren, 1971). 제휴전술은 연합계획의 창출, 당면한 문제를 해결하기 위한 협조노력, 그리고 공유한 자원이나 공통의 이익 그리고 관심의 확인을 통하여 개인 간 집단 간의 차이를 줄여 나가는 데 사용된다. 제휴전술은 연합행동에 대한 합의나 동의가 있어야 사용될 수 있다. 제휴를 위해서는 각 집단이나 조직들의 개별적 능력이 요구되기 때문에 제휴전술로는 능력건설을 위한 참여와 역량강화가 강조되기도 하며 문제해결을 위한 실행 등을 포함한다(Brager, Specht, & Torczyner, 1987; Netting, Kettner, & McMurtry, 2004; Warren, 1971).

캠페인전술은 반대하는 사람 또는 집단으로부터 동의를 확보하기 위해 그리고 집단들 사이의 차이를 최소화하기 위해서 사용된다(Rothman, 1995; Brager, Specht, & Torczyner, 1987; Warren, 1971). 지역주민들이 어떤 안건에 대해 처음부터 모두 동의하기를 기대하기는 어렵지만 이들이 가지고 있는 생각의 차이를 줄이도록 하는 것은 가능하다. 캠페인전술은 종종 계약의 규칙을 결정하기 위해서 사용되기도 하고 반대하는 집단들이 서로 협상하는 방식으로 사용되기도 한다(Kahn, 1991). 캠페인전술에서 각각의 집단들은 그들의 차이점에 대해서 상세한 설명을 하며 이를 통해 공통의 이익들이 확인되기도 한다. 캠페인전술의 일차적 목적은 다음과 같다.

첫째, 상대방을 문제나 이슈에 대한 대화에 참여하도록 하기 위한 것이다.
둘째, 양 집단들이 동의에 이르게 하는 상황을 만들기 위한 것이다.
셋째, 명백한 결과를 산출하기 위한 결정과정에 양 집단을 포함시키기 위한 것이다.

캠페인전술은 대중매체활용(예를 들어, 신문광고), 로비, 설득, 교육 등을 포함한다. 때때로 캠페인은 조직적 목적을 달성하기 위해 수행되기도 하는데, 예를 들어, 반(反)이민법 캠페인을 조직적 차원에서 전개한다든지 성적소수자 권리옹호 캠페인을 전개하는 것 등이 이에 포함된다.

대항전술은 대부분 사회행동과 연관이 있다. 대항전술은 반대자와의 대면 인터뷰, 어떤 결정과정에서 반대편을 배제하기, 부정적인 측면으로 반대편을 묘사하기, 그리고 토론을 거절하든지 또는 제한하는 행동들이 포함된다(Hardina, 1997, 2000). 협상, 교섭, 그리고 시위, 파업, 시민불복종, 보이콧, 피케팅 또한 반대집단에 대항하기 위해 자주 사용되는 대항전술들이다(Netting et al., 2004; Bobo, Kendall, & Max, 1991). Kahn(1991)에 따르면 대항전술은 사람들에게 그들의 분노를 터트릴 수 있는 기회를 제공하며, 대항전술을 통해서 사람들은 맞서 싸울 수 있고 정정당당하게 서 있을 수 있는 그들 자신들의 능력을 인식할 수 있다고 한다. 대항전술은 과격한 행동을 포함하기 때문에 어떤 조직들에게는 전술로 채택하는 데 있어 문제가 될 수도 있다. 전술이 효과적이기 위해서는 전술을 사용하는 지역주민들이 취해진 행동에 편안함을 느껴야 한다(Bobo, Kendall, & Max, 1991). 사용되는 전술은 또한 참여자의 경험이나 가치의 범주 안에서 이루어져야 한다. 체계 안에서 일하는 것에 가치를 두는 참가자들은 대항전술을 사용하는 것을 꺼릴 수 있다(Kahn, 1991). 전략과 전술을 정리하면 〈표 5-1〉과 같다.

표 5-1 지역으로의 개입을 위한 전략과 전술

	제휴전략	캠페인전략	대항전략
전술	• 능력 건설을 위한 참여와 역량강화 • 합의 건설 • 연합계획/행동 • 실행(문제해결)	• 설득 • 로비 • 교육 • 대중매체활용	• 교섭, 협상, 보이콧 • 시민불복종, 시위(대중시위 또는 1인 시위) • 단식투쟁 • 청원 • 피케팅 • 연좌농성 • 파업 • 소송
행동체계	지역주민: 주요 지역 조직들의 대표	지지자: 수혜자, 계획을 진행하고 있는 기관, 협조적 파트너	지지자: 억압받은 집단의 성원들
표적체계	파트너, 조력자, 협력자	역기능적인 지역사회 그리고 경제체계: 체계를 변화시키는 데 있어 영향을 받게 되는 정책결정가	억압하는 시설이나 조직의 대표자: 정부정책 결정가, 기업책임자, 사회, 정치 경제적 엘리트집단의 구성원

출처: Hardina(2002), p. 238 참조.

2) 행동체계와 표적체계

행동체계와 표적체계라는 용어는 지역사회복지실천가들이 지역사회의 변화과정에 참여해 있는 참여자들을 묘사하는 데 사용된다. 행동체계는 사회변화를 추구하는 집단의 구성원을 언급하는 용어이다. 실천가, 조직가, 지역주민들, 지역조직구성원, 그리고 다른 변화의 수혜자들이 행동체계의 구성원들이다. 표적체계는 정책에 영향을 미치는 개개인들, 선출된 관리, 정부관리, 그리고 지역기관의 대표 등으로 구성되며, 간단하게 말해 변화가 이루어져야 하는 대상을 말한다(Mondros & Wilson, 1994). 사회행동을 강조하는 지역사회복지실천가 또는 조직가들은 때때로 표적체계를 적이라고 표현하기도 한다. 캠페인전략에서 표적은 주요 정책결정가 그리고 일반대중(지역주민)이 포함될 수 있다. 제휴전략에서는 모든 정파나 집단들이 변화를 산출하기 위해 협조를 추진할 수 있기 때문에 표적체계가 행동체계 안에 위치할 수 있다.

결론적으로 말해서, 행동체계와 표적체계 사이의 관계는 전략과 전술을 선택하는 데 있어 일차적인 주요관심사이다. 만약 행동체계와 표적체계가 일치한다면 제휴전략을 사용하여야 하며, 행동체계와 표적체계가 중복되는 부분이 있다면 캠페인전략을 사용하여야 한다. 그리고 마지막으로 행동체계와 표적체계가 서로 분명히 차이가 있고, 두 체계 사이에 합의가 일어날 수 없고 대화가 거의 없으며, 두 집단 사이에 힘

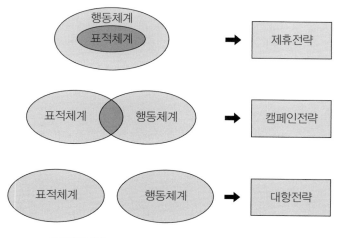

그림 5-2 행동체계/표적체계와 전략과의 관계

출처: 지은구(2003), p. 321에서 재인용.

의 차이가 크게 난다면 대항전략을 사용해야 할 것이다(Kahn, 1991; Brager et al., 1987; Warren, 1971).

3) 개입을 위한 계획에 전략과 전술의 적용

Netting, Kettner 그리고 McMurtry(1993, 2004)에 따르면 전략과 전술은 목적을 성취하기 위해 요구되는 특정한 단계들이라고 한다. 전략과 전술의 효과적 사용은 실천가가 지역으로의 개입을 위한 계획(개입계획, intervention plan)을 만드는 것을 필요로 한다. 개입계획은 지역사회복지실천모델과 전략과 전술 그리고 지역개입을 통해서 성취하려고 하는 목적을 연결하는 것을 의미한다. 즉, 개입계획은 지역사회복지실천모델, 전략과 전술, 지역사회개입을 통해 성취하려는 목적(또는 목표)으로 구성된다.

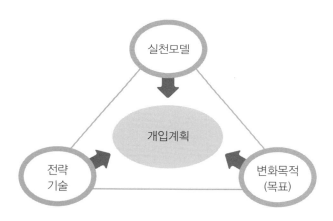

그림 5-3 개입계획의 내용

출처: 지은구, 조성숙(2010), p. 162에서 재인용.

사회복지사들의 실천모델 선택은 이상적으로는 특수한 상황, 행동의 표적, 활용 가능한 자원, 직면한 이슈의 심각성, 시간제약에 의존한다(Hardina, 2000; Rothman, 1995; Mondros & Wilson, 1994). 개입계획은 장·단기 목적과 목표를 포함하게 되는데 일반적으로 장기적 목적은 사회문제의 경감 그리고 이상적인 상태의 성취를 강조하며, 단기적인 목표는 장기적인 목적을 수행하기 위해 필요한 단계들을 의미한다(Mondros & Wilson, 1994). 그리고 개입과 관련된 목표는 특정한 결과를 산출하는 것을 강조하는 과업중심일 수 있으며 행동과 수단을 강조하는 과정중심일 수도 있다. 예를 들어, 과업중심은 지역 안에서 65세 이상의 중중장애 노인 50명에게 무료 점심을 배달하는 프로그램의 확보를 중요시할 수 있으며 과정중심이라면 어떻게 이 프로그램을 수행할 것인지가 중요시될 수 있는 것이다. Mondros와 Wilson(1994)에 따르면 지역사회복지 실천에서 과정목표는 일반적으로 네 가지 유형의 행동을 포함한다고 하는데 이것들은 회원 늘리기, 지도자 교육하기, 조직의 힘 강화하기 그리고 이슈에 대한 주민들의 인지도라고 한다.

개입계획은 상대방이 사용할 전략과 전술을 예상해야 하며 따라서 실천가들은 어떻게 상대방이 행동체계의 전략과 전술에 응할 것인지를 결정할 수 있는 기초조사를 수행해야 한다(Bobo et al., 1991). 기초조사는 상대방의 힘 구조, 그들의 일차적 관심, 다른 힘이 있는 사람이나 조직과의 관계 등을 결정하기 위해서도 필요하다. 따라서 실천가들이 지역으로의 개입을 위한 계획을 수행하기 전에 이러한 기초조사를 행하는 것은 중요하다고 볼 수 있다. 지역프로파일이나 이슈프로파일 등이 지역사회개입 계획을 위한 기초조사를 위해 적극 활용될 수 있다. Khan(1991)에 따르면 상대방에게 어떤 전략을 사용할 것인지를 알려 주는 것도 성공적인 캠페인 전략을 위해서는 필요하다고 한다. 이러한 행동은 협상을 위한 노력을 자극할 수 있기 때문이다.

전략은 수행하기에 앞서 계획되어 있어야 하며, 참여자의 문화와 경험에 기초해야 하고, 지역주민들에게 지역사회의 이슈, 지역사회를 지배하는 힘의 구조, 그리고 힘을 획득할 수 있는 방법에 대해서 공부할 기회를 제공해 주어야 한다(Mondros & Wilson, 1994). 그리고 Kahn(1991)에 따르면 전략은 행동을 위한 요구나 상황의 요구에 따라 변경할 수 있는 융통성이 있어야 하며 또한 계획은 과업성취를 위해서 분명한 시간스케줄을 포함한다고 한다. Mondros와 Wilson(1994)에 따르면 좋은 전술들은 간단하고, 사람을 묶을 수 있고, 승리할 수 있으며, 조직을 건설하는 것을 도울 수 있는 것들이라고 한다. 또한 Bobo 등(1991)에 따르면 좋은 전술은 사람들이 쉽게 사용하고, 다른 지지자들을 사회화할 수 있는 기회를 제공하며, 즐거운 것이라고 한다. [그림 5-4]는 지역사회에 개입하여 성취하려는 목적과 실천모델, 전략과 전술의 관계를 그림으로 나타낸 것이다.

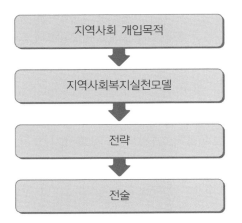

그림 5-4　지역사회 개입목적과 실천모델, 전략과 전술의 관계

4) 지역사회복지실천모델과 전략과 전술의 일치

　때때로 실천가들은 지역사회복지실천모델과 전략과 전술을 일치시키는 것에 어려움을 느끼기도 한다. Hardina(2000)의 조사에 따르면 일반적으로 실천가들이 지역사회에 개입할 때 사용하는 실천모델 중에서 가장 선호하는 실천모델은 사회행동모델이라고 한다. 그러나 이 조사에 응답한 대부분의 실천가가 제휴전략 사용을 가장 선호한다고 대답하여 실천모델과 선호하는 전략 사이에 불일치가 있음을 나타내었다. 실천가들이 사회행동모델에 따른 대항전략을 사용하는 것을 꺼려하는 이유로서 Burghardt(1979)는 조직적으로 갈등상황을 오랜 기간 동안 유지하는 것이 현실적으로 어렵기 때문이라고 강조한다.

　Mondros와 Wilson(1994)에 따르면 실천가들은 대부분 그들의 가치와 개인적인 편안감 등으로 실천모델을 결정한다고 한다. 그리고 일부 실천가들은 한번 사용한 전략과 전술을 계속해서 사용한다고 한다. 결국 실천가들은 그들에게 유용한 자원이나 상황에 따라서 전략과 전술 또는 실천모델을 선택하는 것이 아니라 개인적인 선호에 의해서 이 방법들을 선택함으로써 힘의 구조에 대항하고 사회변화를 추구하는 데 있어어려움을 겪게 되는 경우가 생기게 된다(Hardina, 1997). 전술의 선택은 때때로 사회복지사들에게 윤리적 행동강령과의 갈등을 가져다주기도 한다. 대항전략에 다른 전술들은 과격하게 인식되어 일부 사회복지사들은 문제해결의 마지막 단계에서 대항전술을 사용하는 것을 고려할 수도 있으며, 또 어떤 사회복지사들은 사회적 변화를 창출하는 것이 사회복지사의 윤리적 책무라고 여겨서 대항전술을 사용하는 데 있어 적극적일 수도 있다. 이러한 윤리적 사명감은 다양한 전술의 사용과 사회운동에의 참여를 포함하기도 한다(Burghardt & Fabricant, 1987).

Warren(1971)과 Brager 등(1987)은 사회복지사들이 전술을 선택하는 데 있어 다음의 세 가지 요소들을 고려할 필요가 있다고 강조하였다.

- 지역사회변화노력의 궁극적 목적에 개입되어 있는 집단 사이의 동의 정도
- 표적체계에 대한 행동체계의 관계
- 실재하는 권력(힘)구조 안에서 목적이 성취될 수 있는지 없는지에 대한 판단

개입에 의해 나타나는 결과에 모든 관련 조직들이나 개인들이 동의할 때 그리고 개입되어 있는 모든 집단들이 같은 체계의 구성원일 때(즉, 표적체계와 행동체계가 일치할 때) 제휴전략과 전술이 사용될 수 있다. 해결하여야 하는 문제에 대해서 집단들이 서로 다른 인식을 하고 집단 사이에 대화가 거의 없을 때는 대항전략과 전술을 사용할 수 있다. 그리고 표적체계와 행동체계가 일부 겹치고 두 집단 간의 대화가 가능하다면 캠페인 전략과 전술이 고려될 수 있다.

Brager 등(1987)은 이상의 결정을 위한 요소에 추가해서 전술을 선택하는 데 이용할 수 있는 다음의 기준을 제시하고 있다.

- 이슈의 심각성(해결되지 않으면 사람들이 해를 입을 것인가?)
- 정책결정가 또는 실천가가 얼마만큼의 정당성을 가지고 있는가에 대한 시민들의 인식
- 변화추진세력이 사용할 수 있는 유용한 자원

Hardina(2002)에 따르면 이 요소들에 덧붙여서 전술을 선택하는 데 있어서 실천가들이 문제를 처리할 수 있는 유용한 시간의 양도 중요하다고 본다. 예를 들어, 대항전술은 실천가들이 문제를 극복할 수 있는 충분한 시간을 가지고 있지 않거나 지역사회 문제가 개개인에게 해를 끼친다고 판단했을 때 사용될 수 있다. Pilisuk, McAllister,

그리고 Rothman(1999)은 실천과정에서 승리자와 패배자라는 이슈를 제기하였는데 그들에 따르면 지역사회복지실천과정에서 어떤 한 계획이 억압받고 있는 어떤 한 집단에게는 혜택이 될 수 있지만 또 다른 집단에게는 위험을 제공할 수 있기 때문에 승리자와 패배자가 의도하지 않게 나타날 수 있다고 하였다. Brager 등(1987)은 전술의 단계별 사용에 대해서 〈표 5-2〉와 같이 설명하고 있다.

표 5-2 전술 사용의 단계

목적	대응	개입양식
상호조정 또는 자원의 재조정	동의	제휴전술
자원의 재분배	차이	캠페인전술
사회적, 정치적, 경제적, 문화적 지위나 힘의 변화	불일치	대항전술
새로운 구조나 체계의 건설	폭동	대항전술: 비폭력, 시민불복종, 폭력

출처: 지은구, 조성숙(2010), p. 166에서 재인용.

위의 표에 따르면 행동의 목적이 상호조정인 경우에는 동의가 필요하고, 대응전술로는 제휴전술이 사용될 수 있으며, 목적이 한쪽에서 다른 쪽으로의 자원의 할당이고 집단 간에 의견의 차이가 있다고 한다면 캠페인전술이 필요하게 될 것이다. 한편 행동의 목적이 사회에서 억압받은 사람들의 지위를 바꾸는 것(예를 들어, 투표권 획득, 교육의 개선 또는 경제적 지위 변경)에 있다고 한다면 대항전술이 필요하다. 그리고 변화의 목적이 전 체계를 새롭게 재건설하는 것에 있다고 한다면 폭동이나 봉기 등(대중불복종이나 폭력을 포함하는)을 필요로 하며 전술로서는 폭력과 비폭력을 모두 담고 있는 대항전술이 사용될 수 있다.

5) 의사결정과정으로의 주민 참여

지역주민들이나 사회서비스의 이용자들은 기본적으로 지역사회로의 개입을 위한 기획과정에 포함되어야 한다(Netting et al., 1993). 이는 기본적으로 사회복지사가 지역사회복지의 주체가 아니고 지역주민들이 바로 지역사회복지의 주체이기 때문이다. 이는 또한 사회복지사들이 개입을 위한 전략과 전술을 사용하는 데 있어 자신들의 선호나 가치에 근거해서 어떤 전략과 전술을 사용할 것인지를 결정할 수 있기 때문에 이를 극복하기 위해서 지역주민들의 직접적인 의사결정으로의 참여는 지역사회의 문제에 대해 지역주민들의 개별성과 문화적 다양성 그리고 그들만의 특수한 상황 등을 이해할 수 있는 전략과 전술을 사용해야 한다는 원칙에도 부합하게 된다. 이는 성공적인 개입을 위해서도 중요하다고 할 수 있다(Mondros & Wilson, 1994).

또한 전술을 결정하는 과정으로의 개입을 통해서 지역주민들이나 조직의 구성원들은 특정한 행동에 관한 그들의 공포나 걱정 등을 토론할 수 있는 기회를 갖게 된다. 개입계획을 작성하는 과정에 참여하는 것은 결국 참여자들이 훨씬 큰 소속감과 참여의식을 갖게 한다. 물론 모든 주민을 결정과정에 참여시킬 수는 없겠지만 지역에서 소외받고 있는 집단의 성원들이나 사람들을 배제하지 말아야 하며 기본적으로 의사결정에 참여하는 참여자들에게는 다음의 요소들이 제공되어야 한다고 Beresford와 Croft(1993)는 강조하였다.

- 자원(만나는 장소, 교통비, 기록원 등)
- 직면한 문제의 범위에 대한 정보, 치료를 위해 사용할 수 있는 자원에 관한 정보, 그리고 가능한 해결책에 관한 정보
- 참여과정에서의 훈련
- 참여를 하기 위한 동등한 기회와 서비스를 향한 동등한 접근
- 개입을 고양시킬 수 있는 적당한 구조
- 모든 참여자가 사용할 수 있는 용어와 언어
- 참여자들이 조사 설계, 자료수집, 그리고 분석에 참여할 수 있는 기회를 포함하는 평가방법

개입계획을 작성하는 과정으로의 참여를 고취시키기 위해서 사회복지사들은 적절한 대인관계기술과 집단사회사업기술들이 필요하다. 이러한 기술들은 지도력개발, 그룹촉진, 그룹응집력 개발, 과업할당, 자원봉사활동을 위한 동기부여, 그리고 집단결과를 평가하고 성취하고 확인할 수 있도록 주민들과 일할 수 있는 능력 등을 포함한다(Burghardt, 1979; Zachary, 2000). 집단과 일하는 방식은 결과를 성취하기 위해서 사용하는 전략에 따라 다를 수 있는데 지역사회개발모델은 능력의 건설, 집단응집력

강화나 역량강화 그리고 과정을 강조하는 제휴전략을 사용할 수 있고, 사회행동모델
은 성원들에 의해서 성취될 수 있는 구체적인 과업뿐만 아니라 결과를 훨씬 강조하는
전략을 사용할 수 있다(Hardina, 2002).

6) 실천모델의 혼합

사회복지사들이 지역사회에 개입하여 지역사회가 해결하여야 하는 다양한 지역사
회문제들을 해결하는 과정에서 다양한 실천모델에 따른 전략과 전술을 사용하게 된
다. 앞에서 설명하였듯이 사회복지사들이 사용할 수 있는 다양한 실천모델들은 직면
한 지역사회문제를 해결하기 위하여 그 지역의 상황에 맞게끔 변화를 줄 수 있는데,
이는 실천모델들 간의 혼합과 이에 따른 전략과 전술의 혼합에 의해서 지역사회복지
실천의 효과를 증대 또는 증폭시킬 수 있다는 전제에 근거한다.

지역사회개발모델에 기초한 제휴전략과 Alinsky가 강조했던 사회행동모델에 기초
하는 대항전략의 혼합 또는 기획을 통한 사회문제해결을 강조하는 사회계획모델과
제휴전략 또는 대항전략과의 혼합 등 다양한 혼합모델이 가능하며, 이는 지역사회가
직면한 문제를 해결하는 데 있어 그 지역사회의 상황에 맞는 전략과 전술의 폭을 확
대 또는 증대시켜 선택의 폭을 넓히는 역할을 담당하게 된다. Rothman(1996)에 따르
면 다음의 세 가지 혼합형 실천모델이 가능하다고 한다.

(1) 사회행동모델과 사회계획모델을 혼합하는 모델

이것은 어떤 지역문제에 대한 심각성을 대중에게 알리는 것을 주도하고, 그 문제에
대한 조사와 문제를 해결하기 위해 사용될 수 있는 세부적인 계획들을 수행하기 위해
사용되는 모델이다. 주로 환경단체나 소비자지지단체들이 사용할 수 있는 모델이다.
이 모델은 사회행동모델에서 강조되는 힘의 균형을 강조함과 동시에 힘을 바탕으로
문제나 이슈들을 해결할 수 있는 계획들을 실행에 옮길 수 있는 구체적인 계획을 조
사하고 수립하여 실행한다는 것을 강조한다.

(2) 지역사회개발모델과 사회행동모델을 혼합하는 모델

지역사회로의 개입을 위한 실천이 특정 인구집단(에이즈집단, 동성연애자집단, 여권

주의자집단 등)과 특정 지역(특히 빈곤지역) 안에서 그 지역사회구성원들이 함께 일할 수 있는 동기를 유발하고 구성원들의 역량을 강화시키는 것을 목적으로 이 모델은 사용될 수 있다. 구성원들 또는 특정 지역주민들이 그들의 공통 문제를 인식하고 그 문제를 자신들의 문제라고 동일시할 때 성원들은 그 문제를 만들어 낸 억압적인 제도나 구조에 대항해서 행동을 취할 수 있는 동기를 부여받게 된다.

(3) 사회계획모델과 지역사회개발모델을 혼합하는 모델

지역주민들이 경제적 개발, 사회복지서비스, 건강 및 보건서비스 등을 위한 포괄적인 계획들을 개발하는 데 포함되도록 하는 목적을 가진 모델이다. 지역사회개발모델에서와 같이 정책입안가나 분석가, 관리들이나 행정가들만이 계획에 참여하는 것이 아니라 지역주민들도 계획과정에 참여시키고 그들이 계획을 수행하거나 분석하고 해석할 수 있는 능력을 갖도록 하는 것이 이 모델의 특징이다. 이 모델에서는 계획을 작성하는 데 참여하도록 개개인들을 모집하는 것이 지역집단들이 행해야 하는 일차적 기능으로 자리 잡게 된다. 또한 지역조직들은 지역이 안고 있는 문제에 대한 상세한 정보를 조직에 참여하는 지역주민 개개인들에게 제공해야 하며 그들이 문제와 관련된 보고서들이나 제안된 해결책들을 해석할 수 있는 능력을 갖도록 교육시켜야 하는 책임을 갖는다.

현실의 지역사회에서는 복잡한 문제들이 많이 일어나며, 이는 그 문제들을 해결하기 위해서 다양한 전략과 전술이 사용되어야 함을 의미한다. Rothman(1995, 1996)이 강조하였던 것과 같이 상이한 실천모델에 근거하는 다양한 전략과 전술들이 특정 문제를 해결하기 위해 반드시 고려되어야 한다. 예를 들어, 지역주민들이 해결해야 하는 가장 큰 문제로서 또는 지역주민들이 가지고 있는 욕구로서 범죄의 감소를 원한다고 했을 때 다음과 같은 단계를 거쳐 범죄문제가 해결될 수 있다.

① 첫 번째 단계: 먼저 지역사회개발실천모델에 따라 이 모델에 관련된 제휴전략을 사용해서 지역주민들과 주요정보제공자(경찰관, 지역기업인, 지역실천가, 종교지도자들 등)들이 범죄가 지역이 해결해야 하는 가장 중요한 문제라는 것에 동의하고 문제해결을 위해 같이 제휴할 수 있도록 하는 전술들을 사용할 수 있다.

② 두 번째 단계: 범죄율을 줄이기 위하여 사회계획모델과 관련된 전략으로서 문제해결전략을 사용할 수 있다. 제휴, 캠페인 그리고 대항전략과 달리 사회계획모델은 사회정책이나 제도, 프로그램의 개발 및 수정 등을 통한 문제해결을 강조하므로 전략은 범죄와 관련된 주요정보 및 자료획득과 문제확인 등의 문제해결전략을 사용하게 된다. 따라서 사회계획모델의 실천전략은 지역사회문제에 대한 조사를 실시하고 이 문제를 처리할 수 있는 구체적인 계획을 만드는 것이 된다. 예를 들어, 조사결과 범죄에 대한 경찰의 대응시간이 문제로 밝혀진다면 이 문제를 해결하기 위해 구체적인 계획을 만드는 것이 주요 전략이 된다.

③ 세 번째 단계: 범죄율을 줄이기 위하여 사회행동모델과 관련된 대항전략이나 또는 캠페인전략 등을 사용할 수 있다. 따라서 계획을 지지하도록 정치가들을 대상으로 로비 및 설득하고 계획을 수행하기에 필요한 자원을 획득하기 위해서 대항과 캠페인전략을 사용하는 것을 의미한다. 예를 들어, 지역주민들은 범죄율을 줄이기 위한 프로그램을 실행하기 위하여 추가적인 자금을 제공하도록 정부기관이나 정치가들을 설득할 필요가 제기되기도 하며 지역정치가들이 이 문제를 해결하는 데 앞장설 수 있도록 압력을 행사할 수도 있다. 또한 대항전략으로서 지역주민들이 범죄율을 줄이기 위해 불법유흥업소의 이전이나 폐쇄를 위한 서명이나 피케팅 또는 시위 등을 실행할 수 있다.

〈표 5-3〉은 지역사회에서 해결하여야 하는 문제인 범죄를 줄이기 위해 사용할 수 있는 실천모델과 이에 따른 전략과 전술의 관계를 예로 들어 나타낸 것이다.

〈표 5-3〉에서 보는 바와 같이 지역사회문제가 확인되고 이를 해결하기 위한 목적과 목표가 설정되면 이를 해결하기 위한 구체적인 지역사회복지실천개입모델을 적용하고 이에 적합한 실천 전략과 전술을 활용할 수 있으며 모든 실천개입의 전략과 전술은 혼합되어 활용될 수 있다.

Netting 등(1998)에 따르면 실천가들은 전략과 전술이 갖고 있는 강도에 따라서 전략과 전술을 단계적으로 사용하는 것이 바람직하다고 한다. 예를 들어, 제휴전략은 낮은 강도의 행동으로 인식되는데, 이는 역량강화나 참여 등의 제휴전술은 제휴의 대상이 되는 모든 집단이 변화에 대한 소명감이 있으며 변화의 목적에 동의하므로 행동의 강도가 낮다는 것을 의미한다. 그리고 만약 제휴전략이 실패한다면 실천가들은 좀

표 5-3 ○○지역 범죄를 줄이기 위한 지역사회개입계획의 예

실천 모델	목적	목표	필요한 자원	행동체계	표적 체계	전략	전술	평가기준
지역사회 개발	범죄율 감소			지역사회실천가 지역종교지도자 사업체업주 경찰, 주민들		제휴, 캠페인	협조, 협상, 동의	범죄율 감소 보고서
지역사회 개발		관망하고 있는 주민들을 조직화하여 시민개입을 증가시킴	조직가, 자금, 홍보	조직가, 실천가	지역주민	캠페인	문제해결, 협조	주민조직화 여부
지역사회 개발		정규적인 만남을 통해 경찰과의 관계개선	만남장소, 홍보, 관료들과의 관계	경찰, 지역주민	경찰수행 능력, 지역주민, 관료	제휴, 캠페인	관리들에 대한 로비, 제휴, 협상	관계개선을 위한 구조의 존재여부
사회 기획		범죄신고 시 경찰 출동 시간의 단축	경찰, 언론매체	경찰	경찰수행 능력	제휴, 캠페인	문제해결, 대중매체 의 지지	대응에 걸리는 시간
사회 행동		청소년 유해업소의 폐쇄	시민참여	경찰, 지역주민	유해업소 주인들	대항	대항, 주민들의 압력	폐쇄된 유해 업소의 수

출처: 지은구, 조성숙(2010), p. 171을 재수정.

더 강도가 높은 전략과 전술을 사용하게 되는데 이 경우는 먼저 캠페인 전략에 따른 설득, 교육, 로비, 대중매체 활용 등이 사용될 수 있다. 만약 캠페인전술이 실패로 끝난다면 실천가나 주민들은 대항전략에 따른 전술을 사용하게 된다.

그림 5-5 전략의 강도

출처: 지은구, 조성숙(2010), p. 171에서 재인용.

제6장

지역사회복지실천과정

1. 지역사회사정

1) 지역사회사정의 개념 및 필요성

지역사회사정(community assessment)은 지역사회를 이해하고 나아가 지역사회에 대해 학습하는 과정을 나타내는 전문적 지역사회복지실천을 위한 활동이다. 지역사회복지실천가들은 지역사회에 개입하게 되면 가장 우선적으로 지역사회를 알아야 한다. 예를 들어, 우리 지역사회의 인구는 몇 명이고 그중 노인인구는 몇 명이며 노인 중에서 장애를 가진 노인들은 얼마나 되는지 등 인구·통계적 특성뿐만 아니라 우리 지역사회의 역사와 우리 지역사회에서 가장 시급하게 해결하여야 하는 문제나 이슈 그리고 지역사회 환경이나 조건 등에 대해 지역사회개입실천가인 사회복지사들은 가장 우선적으로 정보와 지식을 갖추고 있어야 한다.

사정(assessment)은 질문에 대해 대답하는 것을 나타내므로 조사나 평가와 비슷한 의미를 가지고 있다. 사정은 학습, 조사, 평가와 같은 하나의 과정이고 실천을 위해 중요한 이성적 기술이다. 이성적 기술이라 함은 사정을 위해서는 다양한 기술과 지식을 동원하고 활용하여야 함을 의미한다. Lauffer(1984)에 따르면 사정은 무엇인가, 무엇일 것 같은가 또는 무엇이어야 하는가를 조사하는 것을 의미한다고 하였다. Netting, Kettner와 McMurtry(2008)는 사정을 집합적 지역의 욕구와 적절한 대응계획을 포함하는 참여과정이라고 제시하였다. 또한 그들은 지역사회사정이, 첫째, 주민과 환경과의 관계를 이해하기 위해 필요하며, 둘째, 사회복지실천가들은 지역사회의 변화를 이해하기 위한 틀이 요구되기 때문에 필요하고, 셋째, 지역사회의 거시적 변화는 지역사회에 대한 역사와 지역사회 발전과정 그리고 현재 지역사회의 상황에 대해 이해하는 것을 요구하기 때문에 필요하다고 강조하였다. 또한 Figueria-McDonough(2001)는 지역사회사정이 지역사회복지실천의 한 부분으로서 주민들의 삶의 질을 개선하고 그들의 사회·정치적 힘을 개발하며 지역사회자원개발을 돕는 역할을 담당할 수 있다고 강조하였다.

사정은 미시사회복지실천의 영역, 즉 임상사회복지분야에서는 개인이나 집단에 대한 진단이나 판단, 이해 그리고 평가로 바라보는 좁은 시각을 나타내지만, 거시사회복지실천의 영역, 즉 지역사회복지분야에서는 매우 복잡하고 다양한 측면을 내포하며 개인과 집단, 조직 그리고 지역과 그 지역을 둘러싼 환경적 요소들(정치, 경제, 사회를 포함하는)을 모두 포함하는 지역사회의 구성요소들을 이해하고, 생각하며, 학습하는 과정이라고 볼 수 있다. 따라서 지역사회복지실천의 분야에서 사정은 지역사회에 개입하고, 지역사회주민과 관계를 개선하고, 신뢰를 구축하며, 지역주민들의 사회문제를 해결하는 것과 같은 복잡한 일련의 준비행동들 중의 하나라고 볼 수 있다.

지역사회복지실천가들은 지역에 개입하여 실천활동을 수행함에 앞서 지역사회에 대해 잘 알아야 한다. 지역사정은 지역사회에 개입해서 지역사회와 관계를 설정하기 위한 첫 번째 단계이다. 사회복지사들에게 있어 지역사정은, 첫째, 조사나 계획을 위한 수단으로, 둘째, 정보교환을 위한 도구로, 셋째, 공식적 문제해결을 위한 부분으로 그리고 넷째, 누구를 위해 서비스가 필요한지를 결정하는 방법으로 활용된다. 지역사정은 또한 지역주민들이나 클라이언트들을 돕고 프로그램을 개발하기 위한 것이며, 지역사회에 기초한 서비스를 준비하는 안내역할을 담당할 수 있다(Hardcastle, Powers, & Wenocur, 2011).

지역사정은 하나의 과정으로서 지역사회에 개입되어 있는 개인과 지역사회환경의 관계, 즉 지역사회를 둘러싼 정치·경제·사회·문화적 요소들의 상호행동을 살피는 것이라고 규정할 수 있다. 그리고 지역사정은 사람, 상황, 그리고 환경(정치, 경제, 사회, 문화적 요소들을 포함하는)의 계속적인 감시와 즉각적인 분석을 포함한다. 사정은 또한 특정 지역주민이나 클라이언트, 지역상황, 지역문제를 이해하기 위해 사용되는 인지적 과정이기도 하다. 따라서 지역을 사정하는 것은 사회복지사들이 지역사회에서 일어나고 있는 문제를 해결하기 위해서 그리고 지역사회에서 주민들 또는 클라이언트들을 향해 중요한 행동들에 개입하고 그들과의 작업을 구체화 또는 조직화하는 것을 돕는다는 측면에서 지역사회복지실천개입을 위한 가장 기초적인 과정이라고 볼 수 있다.

　　지역사회를 사정하기 위해서 사정과 관련 있는 다양한 변수를 확인하는 것이 무엇보다도 중요하다. Hepworth와 Larsen(1993)에 따르면 지역사회사정과 관련된 변수들로서 다음이 포함되어 있다고 한다.

- 드러난 지역사회문제의 본질
- 문제에 개입된 사람들의 대처 능력
- 문제에 개입되어 있는 관련 체계들
- 문제해결을 위해 유용한 또는 필요한 자원
- 문제를 해결하려고 하는 동기

　　이상의 견해를 보면 지역사회사정은 곧 지역사회문제의 본질을 확인하고 이해하는 과정이라고 할 수 있다. 지역사회사정의 견해를 종합하면 다음과 같다.

지역사회사정	• 지역사회에 개입되어 있는 개인과 지역사회환경의 관계, 즉 지역사회를 둘러싼 정치 · 경제 · 사회 · 문화적 요소들의 상호행동을 살피는 것 • 지역주민이나 클라이언트, 지역상황, 또는 지역문제를 이해하기 위해 사용되는 인지적 과정 • 지역사회문제의 본질을 확인하고 이해하는 과정

　　지역사회사정을 위해서 필요한 기술은, 첫째, 자료수집에 집중하고 수집된 자료를 간결히 하는 것, 둘째, 인구 · 통계적 변화나 지리적 · 공간적 변화 등을 포함하는 지역사회의 역사적 경향을 분석하는 것, 셋째, 지역주민들의 경험과 상호행동 그리고 관계들을 나타내 주는 질적 요소들에 대해 이해하는 것이라고 할 수 있다.

2) 지역사회사정의 유형

지역사회를 사정하는 데 사용될 수 있는 다양한 사정방법이 존재한다. 대체적으로 지역사회사정은 다음에서 제시되는 포괄적 사정을 중심으로 이루어지지만 이들을 간략하게 소개하면 다음과 같다(Spradley, 1990; Hardcastle et al., 2011).

- 포괄적 지역사정
- 익숙한 사정
- 문제중심 사정
- 하위체계 지역사정
- 지역사회 자원사정
- 협조사정

(1) 포괄적 지역사정

포괄적이라는 것은 전체지역을 포괄한다는 의미로서 지역에 대한 포괄적 사정은 전체지역을 포괄하는 방식으로 이루어지는 사정을 의미한다. Martinez-Brawley (1995)에 따르면 포괄적 사정은, 예를 들어 지역구성원들의 독립성이나 친밀함이나 응집력 등은 어떻게 평가할 수 있는가 같은 추상적인 질문들로부터 시작하며 대답은 깊이 있는 조사를 필요로 한다고 하였다.

(2) 익숙한 사정

익숙한 사정은 활용할 수 있는 유용한 자료나 손에 가지고 있는 직접적 자료를 중심으로 사정하는 것을 의미한다.

(3) 문제중심 사정

문제가 중심이 되는 사정은 전체지역을 사정하는 것을 포함하기는 하지만, 특히 지역이 안고 있는 지역사회문제(예를 들어, 아동학대, 여성학대, 알코올중독이나 약물중독 등)를 중심으로 사정하는 것을 의미한다. 지역사회문제는 지역에 대해서 더 많이 알 수 있는, 그리고 문제를 향한 지역의 대응에 대해서 그리고 상이한 체계들의 상호관계들에 대해서 더 많이 알 수 있는 하나의 출발점이다. 사회복지사들은 문제를 중심으로 하는 지역사정을 통해서 지역사회의 문제와 그에 대한 대응들을 조사할 수 있다.

(4) 하위체계 지역사정

하위체계 지역사정은 전체지역을 사정하는 것이 아니라 지역사회에 실재하는 특정 체계(예를 들어, 학교나 기업체 등)를 사정하는 것을 의미한다(Spradley, 1990). 하위체계는 교육, 사회복지서비스, 주택분야 등과 같이 한계가 정해져 있는 하나의 구조이다.

(5) 지역사회 자원사정

지역사회의 자원을 사정하는 것 역시 지역사회를 이해하기 위해 필요하다. 따라서 사회복지사는 지역사회를 사정하기 위해서 지역사회의 자원을 중심으로 사정을 시행할 수도 있다. 지역사회의 자원은 크게 힘, 전문적 기술, 자금, 그리고 서비스(Whitworth, Lanier, & Haase, 1988) 등으로 구분될 수 있다. 자원사정에 있어 대부분의 실천가(또는 사회복지사)는 중개인 또는 연결자로서 역할을 담당한다. 즉, 지역의 자원을 적절한 곳으로 할당하고 자원을 필요로 하는 수혜자들에게 연결시켜 주고, 수혜자들의 욕구와 관련해서 자원의 효율성을 평가한다(Anderson, 1981).

(6) 협조사정

협조사정은 전문가뿐만 아니라 지역주민들을 포함하는 이해관련당사자들이 함께 사정하는 것을 의미한다. 대부분의 지역사정이 전문가 집단(사회복지사와 같은)들에 의해서 이루어지는 사정이지만 지역주민들 단독으로 그리고 지역주민들과 서비스 제공자(사회복지사를 포함해서)들과 공동으로 이루어지는 경우도 존재한다. 따라서 지역에 의해서 수행되는 사정으로서 협조사정을 위해 지역 참여자(지역주민들을 포함하는)들은 완전한 참여자로서 사정에 참여하게 된다.

3) 지역사회사정의 단계

지역사회사정을 위해서는 사정의 과정을 이끌 수 있는 틀이 필요하다. Warren (1978)은 지역사정을 위해서는 적합한 지역사회에 대한 변수들을 선택하고 선택된 지역사회변수들에 대한 이해가 반드시 필요하며 지역사회의 특성을 나타내 주는 변수들은 다양한 지역사회를 구별하게 해 주기 때문에 지역사정에 있어 매우 중요하다는 점을 강조하였다. Netting, Kettner 그리고 McMurtry(2011)는 지역사회사정을 위한 과업을 네 단계로 구분하였는데, 그 첫 단계는 지역사회에 거주하는 인구집단을 확인하는 단계로서, 특히 욕구해결을 필요로 하는 표적인구집단의 욕구와 지역사회자원 그리고 자산 및 지역사회의 문제해결능력 등을 사정하는 단계이다. 두 번째 단계는 지역사회의 특성을 확인하는 단계로서 지역사회의 공간적 경계 및 인종집단, 지역사회문제, 지역사회의 집단적 가치 등을 이해하는 단계이며, 세 번째 단계는 지역사회의 차이점을 인식하는 단계로서 소외집단이나 배제집단에 대한 억압이나 차별의 비공식적 또는 공식적 구조나 메커니즘을 확인하는 단계이다. 마지막으로 지역사회구조와 조직 그리고 시설 등을 확인하는 단계에서는 유용 가능한 공식적·비공식적 원조자원을 찾고, 사회서비스전달과 자원의 할당 및 지역사회자원을 통제하는 유형을 확인하며, 지역사회 힘의 구조를 조장할 수 있는 지역사회의 시설이나 조직 그리고 지역구조 등을 확인하는 단계이다. 지역사회사정의 단계는 다양한 행동으로 구성되어 있다.

지역사회사정 단계와 단계별 행동들을 표로 나타내면 〈표 6-1〉과 같다.

표 6-1 지역사회사정 단계

단계	변수	행동
1단계 인구집단확인	사람	1. 인구집단이나 하위집단을 확인한다.
	특성	2. 인구집단의 특성을 이해한다.
	욕구	3. 구성원들에 대한 정보와 자료를 확보한다.
2단계 지역사회 특성 확인	공간	4. 변화를 위한 개입노력이 집중되어야 할 지역사회의 지리적 경계를 확인한다.
	지역사회문제	5. 지역사회구성원들에게 영향을 주는 문제에 대한 프로파일을 만든다.
	가치	6. 지역사회구성원들에게 영향을 주는 지배적인 가치를 이해하고 관찰한다.
3단계 지역사회 차이점 인식	억압	7. 지역주민들이 힘 있는 기관이나 사람들에 의해서 제한받은 방식을 인지한다.
	차별	8. 지역사회주민들이 차별받은 예들을 확인한다.

4단계 지역사회 구조, 조직, 시설 확인	힘이나 자원 유용성	9. 지역주민들의 욕구를 해결하기 위해서 지역자원이나 힘이 어디에 있는지 그리고 이해관련당사자들이 누구인지를 확인한다.
	서비스전달조직	10. 지역주민에게 서비스를 전달하는 공식적 · 비공식적 조직을 확인한다.
	자원통제유형이나 서비스전달유형	11. 지역사회주민들에 대한 자원전달을 누가 통제하고 누가 제공하는지를 확인한다.
	조직 간의 연계	12. 욕구를 가진 지역주민들에게 서비스를 제공하기 위하여 필요한 연계조직을 확인한다.

출처: Netting, Kettner, & McMurtry(2011), p. 170에서 재인용.

일반적으로 지역사회사정을 위해서는 양적 방법과 질적 방법을 혼합하여 사용한다. Hardcastle과 동료들(2011)은 지역사회사정을 위해 활용할 수 있는 방법을 다음과 같이 제시하였다.

현장조사	공식적 또는 비공식적 인터뷰나 관찰과 같은 질적 조사방법을 활용하여 지역사회의 지리적 · 공간적 특성이나 문화, 주민 간 조직 간 네트워크와 관계 등에 대한 조사
지역사회의 힘 구조 분석	지역사회에서 힘(포괄적 의미에서 자원이나 결정구조 등)이 누구에게 있는지 등 지역사회의 힘의 구조에 대한 조사
지역사회분석	2차자료인 사회지표와 질적 조사방법인 공식적 · 비공식적 인터뷰나 관찰 등의 기법을 활용한 지역사회조사
지역사회문제 및 서비스조사	지역주민이나 이용자들을 대상으로 하는 설문조사와 2차자료인 사회지표 그리고 서비스제공자와의 회의나 상호행동으로부터 각종 질적 · 양적 자료를 통한 조사

2. 지역사회프로파일

지역사회사정을 성공적으로 수행하는 것이 지역사회복지실천을 수행하는 데 있어 가장 중심적인 기초, 즉 기초조사라고 본다면 지역사회사정의 성공을 위해서, 지역사회사정을 위한 기초조사로서 그리고 성공적인 지역사회사정을 수행하기 위해서 사회복지사가 준비해야 하는 것으로 지역사회프로파일을 들 수 있다.

1) 지역사회프로파일의 필요성

지역사회프로파일(community profile)은 지역사회를 이해하기 위해 필요한 지역사회의 각종 자료를 담은 기본 목록이다. Twelvetrees(2002)는 지역사회프로파일이 필요한 이유를 다음과 같이 지적하였다.

- 지역사회에서 필요한 욕구에 관한 정보를 모으기 위해서
- 지역사회개입을 위한 행동을 분석하기 위한 기초를 제공하기 위해서

실제적으로 사회복지사들은 지역사회에서 다양한 정보를 수집하기 위해 많은 사람과 접촉하게 되고 이러한 접촉들은 지역사회개입행동을 위한 첫 번째 단계로서 인식될 수 있다. 이러한 접촉들을 통해서 사회복지사들이 지역주민들이 필요로 하는 것들과 관심이 있는 것들을 알 수 있게 된다. 결국 정보가 체계적으로 정리되어 있는 지역사회프로파일이 개입행동을 위한 가장 기초적인 단계라고 할 수 있다. 우리가 지역사회프로파일을 만들기 위해 모을 수 있는 정보는 일반적으로 크게 두 가지로 나뉘는데, 첫 번째는 실업률이나 자살률과 같은 수량화된 강성정보(hard information)이고 두 번째는 문장이나 단어들과 같은 연성정보(soft information)이다.

강성정보는 통계자료를 나타내며 정부기관이나 각종 포털사이트를 통해서 얻을 수 있으며 일반적으로 양적 자료, 즉 수(number)로 구성된다. 연성정보는 좀 더 주관적인 정보를 의미하며 대체적으로 사람들의 의사나 견해 등을 나타내고 주로 문장이나 단어들로 구성된다. 강성정보는 통계적 조사를 포함하는 양적 조사방법을 통해 수집할 수 있으며 연성정보는 대화나 인터뷰 등과 같은 질적 조사방법을 통해 수집할 수 있다.

2) 지역사회프로파일 작성을 위한 정보

지역사회프로파일을 작성하기 위해 다양한 정보가 필요한데 이를 위한 정보의 원천으로서 다음의 것들이 있다(Twelvetrees, 2002; 지은구, 2003).

(1) 사회복지사가 소속되어 있는 기관으로부터의 정보

지역사회프로파일을 작성하기 위해 사회복지사들은 자신들이 소속되어 있는 기관으로부터 많은 정보를 확보할 수 있다. 이전까지 이루어졌고 현재 제공되고 있는 프로그램이나 서비스 등에 대한 각종 정보와 사회복지사들을 포함한 모든 직원이 수행하고 있는 업무성향 그리고 관련 단체들과의 관계를 파악할 수 있는 자료가 있을 수 있으며, 지역주민들의 인적구성이나 가족구성에 대한 기초자료들도 쉽게 구할 수 있다. 사회복지기관의 정보로부터 현재 지역의 힘의 구조가 어떻게 구성되어 있는가, 그리고 주민들은 현 기관에 대해 어떠한 생각을 하고 있는가 등에 관한 정보를 얻을 수 있다면 지역사회를 이해하는 데 많은 도움이 될 수 있을 것이다(지은구, 2003).

(2) 통계정보

숫자 등으로 표시되는 통계적 정보가 주종을 이루는 강성정보는 지역사회를 지리적·공간적 의미에서 이해하는 데 많은 도움을 준다. 인구의 구조나 나이분포, 주거성향(전세, 자가, 임대 등)이나 직업분포 등에 대한 유용한 정보들은 대부분 통계적 수치로 통계청이나 각종 검색사이트 그리고 정기적 보고서 또는 간행물 등으로 인터넷이나 도서관 등에서 손쉽게 구할 수 있다. 강성정보는 특히 새로운 프로그램이나 서비스의 제안서(proposal)를 작성하기 위해서도 반드시 필요하며, 특히 지역의 경제적 구조를 알 수 있는 실업률이나 빈곤률 등의 자료는 지역사회의 문제나 욕구들을 분석하는 데 있어 기초자료로 활용될 수 있는 중요한 자료들이다.

(3) 주민들로부터 오는 정보

사회복지사가 특정 지역사회에 처음 개입하여 지역사회복지실천을 수행하고자 할 때 가장 필요하고 중요한 정보로 선임자들로부터 지역의 주요 인물들에 대한 정보를 들을 수 있다. 지역사회에서 어느 정도 영향력을 가지고 있는 중요인물들을 확인하고 그들에게 자신을 소개하여 좋은 관계를 유지하는 것도 그들로부터 지역에 관한 중요한 정보를 획득할 수 있다는 측면에서 중요하다고 볼 수 있다. 또한 지역주민들 전체의 종합적 견해를 획득하기 위한 방법으로 설문조사 등도 고려할 수 있으며 지역포럼이나 명목집단 또는 초점집단기법 등도 사용될 수 있다.

(4) 지역사회를 직접 관찰하고 얻는 정보

지역사회를 직접 관찰하고 얻는 정보는 주로 지역사회를 생태적 관점으로 이해하는 데 많은 도움을 준다. 지역주민들이 거주하는 공간으로 지역사회의 생태적 특성을 이해하는 것은 지역사회와 지역주민과의 관계를 이해하는 데 도움을 준다. 지역사회의 공공시설(병원, 학교, 복지기관 등)들이 잘 나타나 있는 지도나 버스나 지하철 노선 안내표 등도 지역주민들의 생활을 이해하는 데 많은 도움을 줄 수 있다. 사회복지사들이 지역에 처음 개입하였을 때 그 지역의 지리적 특성이나 물리적 성향(각종 시설이나 건물의 위치 등)을 확인하기 위해 버스나 도보로 지역을 살펴보고 관찰하는 것도 정보를 획득하는 데 있어 중요하다(지은구, 2003).

다음은 지역사회프로파일의 내용에 포함될 수 있는 것을 나타낸 것이다. 지역사회프로파일은 다음과 같은 내용들로 구성될 수 있다(지은구, 2003).

- 지역사회의 인구통계(인구수, 가족구성원의 수, 성별, 연령별 인구수, 주민들의 수입 정도, 교육수준 등) 서술
- 지역사회를 끝에서 끝까지 둘러보고 느낀(지역이 가지고 있는 지형적 특징, 건물의 상태와 용도, 공간 활용도 등에 대한) 점에 대한 서술
- 지역사회에 있는 각종 복지시설이나 기관들의 위치와 역할과 기능에 대한 서술
- 지역사회에 있는 관공서, 학교, 병원, 버스정류장, 지하철역, 시장 등 생활편의시설의 위치와 기능 등에 관한 서술

3) 이슈프로파일

지역사회프로파일과 함께 사회복지사가 만들 수 있는 또 하나의 정보목록으로서 이슈프로파일을 들 수 있다. 지역프로파일이 지리적·공간적 지역사회로서 지역사회를 이해하고, 따라서 물리적 자료들을 중심으로 목록을 만드는 것이라고 한다면 이슈프로파일은 지역사회를 공동의 이익이나 관심을 가진 사람들의 공동체로 바라보고 기능적 지역사회와 관련된 정보를 모은 목록이라고 간단히 구분할 수 있다. 지역사회프로파일은 지역사회에 관한 지리적 영역의 넓은 시각을 포함하는 정보목록이라고 할 수 있으며, 이슈프로파일은 좁은 시각의 정보목록으로서 지역사회주민들의 특정 욕

구나 관심에 관한 정보목록이라고 할 수 있다. 이슈프로파일은 지역프로파일과 마찬가지로 강성정보와 연성정보를 모두 포함하며, 기관으로부터 그리고 개인적 접촉으로부터 오는 정보들을 포함한다. 이슈프로파일은 다음과 같은 내용들로 구성될 수 있다(지은구, 2003).

- 지역주민들이 지역에 대해서 자랑스럽게 생각하는 것들
- 지역주민들이 지역에 대해서 불만스럽게 생각하는 것들
- 최근 제기되고 있는 지역 현안이나 이슈 또는 문제
- 지역복지시설이나 기관 그리고 제공되는 서비스에 대한 지역주민들의 생각

3. 지역사회문제의 확인

1) 지역사회문제의 정의

Horton과 Leslie(1970)는 사회문제란 바람직하지 않은 방식으로 많은 사람에게 영향을 주는 조건 그리고 집합적 사회행동을 통해 해결되어야 한다고 느끼는 것이라고 정의한다. 이는 사회문제와 사회운동을 연결하는 시각으로 보인다. Maris(1988)는 사회문제란 많은 사람들, 힘 있는 사람들, 카리스마가 있는 사람들에 의해서 사회에 위협이 있는 것으로 간주되고 해결되고 치료될 수 있는 인간행동 또는 사회적 조건들의 일반적 유형이라고 한다. Barker(1991)에 따르면 사회문제는 사람들의 가치와 규범을 침범하여서 사람들을 사회적 대응으로 이끌고 사람들을 감정적·경제적 어려움으로 이끄는 조건이라고 정의하였다. 그리고 Ginsberg(1994)는 문제란 지역에 또는 더 큰 사회에 심각한 위협을 나타내고 사람들이 그것을 위해 무엇인가를 해야 할 의지를 제공하는 공유된 신념이라고 정의하였다. 따라서 사회문제란 많은 사람에게 영향을 미치고 사회를 위협하며 사회적 대응을 일으키는 것이라고 종합해서 정의할 수 있다. 그리고 지역문제를 사회문제와 그 정의에 있어서 같은 범주에 있다고 이해한다면 "지역사회문제란 지역사회에 있는 많은 사람에게 심각한 위협을 제공하여 지역주민들로부터 대응을 불러일으키는 조건이나 상황"이라고 정의될 수 있다.

지역사회문제	지역사회에 있는 많은 사람에게 심각한 위협을 제공하여 지역 주민들로부터 대응을 불러일으키는 조건이나 상황

2) 지역사회문제의 본질

사회문제란 많은 수의 사람에게 해를 주고 사회에 위협이 되며 사회적 대응을 불러일으키는 사회현상이나 이슈 또는 조건 등을 일컫는 용어이다(지은구 외, 2015). 이러한 사회문제의 정의를 적용하면 지역사회문제는 특정 지역사회를 구성하는 많은 수의 개인이나 집단에게 해를 주고 지역사회 전체가 위협을 받으며 지역사회가 이를 해결하기 위해 대응하여야 하는 지역사회의 이슈나 조건 등을 의미한다. 일반적으로 지역사회문제는 지역사회가 공동으로 가지고 있는 문제가 있을 수 있으며 특정 지역사회만 가지고 있는 문제가 있을 수 있다. 예를 들어, 우리나라의 저출산 문제는 한국이라는 특정 사회의 문제라고 할 수 있지만, 다른 모든 사회의 문제라고 할 수 없고 실업문제는 특정 지역사회구성원 개인의 문제이기도 하면서 동시에 지역사회 전체의 문제이기도 한다. 지역사회문제는 또한 지역사회에 살고 있는 개인들의 문제가 지역사회일 수 있지만 지역사회에 소속된 특정 개인의 문제가 곧 지역사회문제가 되는 것은 아니라는 점은 주지의 사실이다. 사회복지사들은 지역에 개입하여 지역사회복지환경 개선을 위한 실천활동을 수행함에 있어 지역주민 개개인들에게 부정적인 영향을 주는 지역사회문제를 해결하기 위해 노력하여야 하며, 또한 전체 지역사회가 당면한 공동의 지역사회문제를 해결하기 위해 노력하여야 한다.

일반적으로 지역사회에는 그 지역사회만이 가지고 있는 특정 문제가 있다. 따라서 지역사회복지실천가들은 어떻게 지역사회가 그 지역이 안고 있는 문제를 해결하거나 다루는지 그리고 작은 조건이나 이슈가 어떻게 지역사회문제로 발전하게 되었는지 등에 대해 조사해야만 한다. 이를 위해 사회복지사가 가장 먼저 해야 할 과업은 누가 지역사회문제를 규정 또는 정의하는지 그리고 어떻게 지역사회문제가 규정 또는 정의되는지를 파악하는 것이다. 사회복지사들이 지역에 개입하기 위해 그 지역이 안고 있는 사회문제를 인식하고 이해해야 한다는 것은 가장 기초적인 지역사회복지실천을 위한 과업이라고 볼 수 있다. 지역사회문제에 대한 이해와 해결책을 수립하는 것에는 가장 기본적으로 지역사회에 대한 이해와 그 지역사회를 둘러싸고 있는 정치, 사회,

경제적 환경 그리고 그 지역의 가치와 문화, 풍습, 나아가 지역주민들, 즉 개별 인간의 다양성에 대한 심사숙고가 반드시 필요하다.

지역사회문제와 관련하여 사회복지사들은, 첫째, 지역사회문제는 무엇인지, 둘째, 누가 문제에 영향을 받고 있는지(문제에 영향을 받고 있는 인구집단), 셋째, 지역사회의 어떤 영역에서 문제가 발생하고 있는지를 파악하여야 한다. 모든 지역사회가 문제에 영향을 받을 수도 있지만 지역사회의 특정 영역의 집단만이 문제에 영향을 받을 수 있으며 모든 지역주민이 문제에 영향을 받을 수도 있고 특정 인구집단만이 문제에 영향을 받을 수도 있다. 지역사회문제와 인구집단 그리고 영역의 관계를 그림으로 나타내면 [그림 6-1]과 같다.

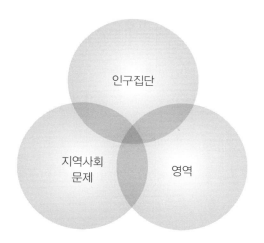

그림 6-1 지역사회문제와 인구집단 그리고 문제가 발생하는 영역의 관계

출처: Netting, et al.(2008), p. 8에서 재인용.

지역사회문제, 문제에 영향을 받은 인구집단 그리고 문제를 가지고 있는 특정 영역(문제가 발생하는 영역)을 포괄하는 세 영역에서 지역사회문제를 해결하기 위해 사회복지사는 다음과 같은 행동들이 필요하다(Netting et al., 2008, 2017).

■ 지역사회문제
 - 지역사회문제의 정의 및 개념화
 - 지역사회문제의 원인과 결과의 관계를 이해할 수 있는 연관된 이론

- 지역사회문제에 영향을 받은 사람들에 대한 다양한 질적 · 양적 정보 및 자료의 수집
- 문제의 역사적 배경에 대한 이해
- 사회문제해결을 위한 주요 참여자와 체계에 대한 확인

■ 인구집단
- 지역사회문제에 영향을 받은 인구집단에 대해 가능한 한 많이 아는 것
- 인구집단의 인종적 문화적 특성을 이해하는 것
- 인구집단의 성적 이슈(gender issue)들에 대한 이해

⇒ 문제에 영향을 받은 사람들과의 면담을 통해서 사회복지사는
- 문제에 대한 개인적 생각을 확인
- 문제와 문제를 해결하려고 했던 시도들과 연관된 개인적 경험에 대한 이해
- 지역사회에 있는 다양한 집단은 문제를 어떻게 인지하고 있는지에 대한 이해

■ 지역사회문제가 발생하는 영역
- 지역사회문제에 영향을 받은 지역이나 조직에 대한 인구통계적 자료수집
- 지역지도 그리기
- 지역이나 조직에서 문제가 어떻게 나타났는지에 대한 자료수집

⇒ 문제에 영향을 받은 사람들과의 면담을 통해서 사회복지사는
- 지역이나 조직의 과거경험을 확인
- 문제해결을 위한 경계설정
- 중요 정책결정가와 기금출처 확인
- 문제의 원인에 대한 다양한 관점의 이해

결국, 지역사회문제를 이해하기 위해서 사회복지사는 지역문제, 영향을 받은 인구집단 그리고 영향을 받은 영역과 함께, 첫째, 어떤 현상이나 조건이 문제가 되었는지, 둘째, 왜 지역주민집단들은 문제에 영향을 받았는지, 셋째, 지역사회개입을 위한 가

능성 등도 함께 파악하여야 한다. 또한 지역사회문제를 정의하고 결정하는 데 있어 누구의 힘이 일정 정도 역할을 하였는지 그리고 누구의 입장에서 문제가 제기되었는지, 누구의 세계관 또는 가치관이 문제를 정의하는 데 수용되었는지 등이 명확히 분석되어야 하며, 문제에 대한 대책이 지역을 하나로 묶기 위해 사용되는지 등도 명확히 제시되어야 한다.

4. 지역사회사정기법

여기에서는 지역사회를 사정하기 위해 활용하는 기법, 즉 지역사회사정기법에 대해 학습한다. 지역사회복지실천이 지역주민들이나 집단 또는 지역사회가 가지고 있는 문제나 욕구를 해결해 나가는 과정이라고 볼 때 지역사회복지실천의 현장에서 실천가들은 지역주민들이 가지고 있는 지역사회문제나 욕구를 확인하고 그 문제나 지역주민들의 욕구의 근본원인에 접근하는 것이 무엇보다도 중요하다. 따라서 지역사회사정은 지역사회문제해결을 위해 가장 기본적으로 중요한 요소이다. 지역사회복지실천가들에게 있어 그들이 개입하고 있는 지역사회를 사정하는 것, 즉 지역사회사정의 핵심인 지역사회의 문제와 주민들의 욕구를 사정하는 것은 복잡하고 다양한 기술들을 필요로 한다. 사회복지사들은 지역사회사정과정에서 지역집단이나 지역주민들 또는 지역지도자들을 포함시키기 위해 다양한 조사기법을 사용하게 된다. 사회복지사들은 질적 또는 양적 조사방법을 사용하여 지역주민들 개개인과 지역집단의 문제, 관점 그리고 문화를 이해하기 위하여 노력하게 된다.

지역사회를 사정하기 위해 사용되는 조사방법은 일반적으로 앞에서도 설명한 바와 같이 양적 방법과 질적 방법으로 이원화되며 통상 질적 방법으로는 현장조사(field study)[1]를 통해 지역사회에 대한 정보를 취합한다(Hardcastle et al., 2011). 현장조사의 사전적 정의는 '일을 실제 진행하거나 작업하는 곳에 가서 자세히 살펴보거나 찾는 것'을 의미하며 주로 실험실 밖이나 현장에서 정보를 수집하는 조사방법이며 일반적으로 질적 조사방법에 속하지만 수집되는 자료는 질적자료와 양적자료가 모두 수집

---

1) 현장조사는 field study, fieldwork 또는 field research라고도 불린다.

될 수 있다. 통상적으로 사회과학영역에서는 현장조사를 활용하여 사람들의 문화와 사회구조 그리고 그들의 언어를 이해하고 배우기 위하여 그들이 생활하는 자연적인 환경에서 관찰하고 면담하는 방법들을 활용하는 조사방법이라고 알려져 있으며 문화인류학에서 발전한 조사방법으로 인류학과 민속학 그리고 생물학이나 동물학 등에서 발전하여 지금은 사회과학 전반에서 활용되고 있다. 현장조사가 지역사회현장에서 지역사회에 개입하여 구체적으로는 구성원들의 삶 속에서 그들의 생활과 관련된 다양한 측면을 조사하므로 지역사회사정을 위한 기본적인 조사방법으로 활용도가 높다고 할 수 있다. 현장조사는 주로 직접적인 관찰, 인터뷰, 참여, 대화, 인생경험이나 개인적 자료분석의 방법을 활용하므로 인터뷰와 관찰을 강조하는 민속학적 조사방법도 현장조사에서 활용하는 조사방법이다.

지역사회에 거주하는 지역주민들로부터 정보를 얻기 위해 사용할 수 있는 지역사회사정을 위한 조사방법은 지역사회문제와 주민욕구에 대한 느낌을 구체화하기 위한 정보를 얻는 것을 강조한다. Hardina(2002)에 따르면 지역사회복지실천가들은 현장조사와 같은 질적 방법에 기초하는 기법들을 사용할 때 기본적으로 지역주민들의 관점에서 문제 및 욕구를 파악하는 것과 지역사회가 가지고 있는 특징적인 문화나 규범을 이해하는 것이 중요하다고 하였다. 지역주민들로부터 직접 정보를 구하기 위해 사용하는 지역사회사정을 위한 방법은 앞에서 설명한 현장조사가 대표적이며 현장조사자인 사회복지사들은 현장조사를 통해 질적자료와 양적자료가 포함된 다양한 정보를 취합하게 된다. 현장조사는 질적 조사방법인 민속학적 접근방법을 활용한 심층면접(공식적 · 비공식적 면접)과 관찰을 통해서 자료를 취합하는 것이 대표적이며 질적조사방법을 통해서 수집된 질적자료는 또한 양적 조사방법을 통해서도 수집되어 보완된다. 양적자료는 양적 조사방법인 설문조사와 사회지표분석을 통해 자료를 수집하는 것이 대표적이며 공공기관이나 사회복지기관 등에서 제공된 프로그램의 관리를 위해 기록된 각종 자료를 분석하는 프로그램 자료점검 등도 대표적으로 활용하는 양적 조사방법에 속한다.

결론적으로 지역사회사정을 위한 조사방법은 지역사회에 직접 개입하여 현장조사를 통해 이루어지는 것이 일반적이며 민속학적 조사방법을 활용한다. 현장조사를 통해 수집된 질적자료를 보완하기 위해 양적 조사방법 역시 동시에 활용되며 가장 대표적인 양적 조사방법은 설문조사와 사회지표분석 그리고 프로그램 자료점검 등이 있다.

　사회복지사가 현장조사를 통해서 지역사회사정을 하는 이유는, 첫째, 현장조사가 지역사회문제 중심의 사정을 수행하는 데 있어 "어떻게"와 "왜"의 문제를 절적하게 다루기 위해, 둘째, 조사자가 지역사회에서 발생하는 사건이나 현상에 대해 직접적인 통제를 가할 수 없기 때문에, 셋째, 실제 지역사회에서 발생하는 현실적인 사건이나 이슈에 집중할 수 있기 때문이다.

1) 지역사회사정을 위한 질적 방법

(1) 민속학적 접근방법

　실천가들은 지역주민들이 그들의 지역사회문제를 어떻게 인식하고 있는지 그리고 그 문제들에 대한 적절한 대응책은 그들 나름대로 무엇이라고 보는지 등에 관련된 조사를 할 필요성을 느끼게 된다. 현장조사는 질적 조사방법인 민속학적 조사방법을 포함하는데 민속학적 방법(ethnographic methodology)은 관찰과 심층인터뷰(in-depth interview)가 함께 사용된다. 조사자는 집단성원들이 행하는 어떤 행동의 이면에 숨어 있는 의미와 그들의 행동이 일어나는 사회적 정황을 살펴봐야 하며 집단 내에서 일어나는 성원들의 상호행동들을 연구해야 한다. 민속학적 조사의 목적은 집단의 신념이나 삶에 대한 이해를 얻는 것에 있으며 일반적으로 빈곤지역에서의 경제적 생존유형, 사회적 상호행동 등을 조사하는 데 성공적으로 사용되어 왔다(Decker & Van Winkle, 1996; Menjivar, 1995; Wagner, 1994; Anderson, 1990). 민속학적 조사를 사용하기 위해 사용하는 지역사회에 대한 관점으로서 실천가 또는 사회복지사들은 지역을 지리적·공간적 개념보다는 공통의 이해나 관심을 가지고 있는 것으로 인식하는 것이 필요하다. 따라서 공통의 이익이나 관심을 가지고 있는 지역주민들 또는 집단에 접근하기 위해서 실천가들은 개입을 목표로 한 집단이나 지역성원들의 협조를 통해서 또는 사회적 지지망을 이용해서 지역에 접근할 수 있다. 조사자들은 지역집단 성원들과의 공식적 또는 비공식적 인터뷰를 사용할 수 있으며, 지역행사나 회의 등에 참여할 수 있다. 조사는 드러내놓고 할 수도 있으며 암암리에 비공개적으로 행할 수도 있다. 만약 조사를 비공개로 진행하다가 조사자가 발각되는 경우 지역성원들은 배신감을 가질 수 있다는 점을 깊이 인식해야 한다.

　민속학적 조사를 통해 취합한 자료들은 조사자의 관찰이나 인터뷰에 대한 철저한 내용들이다. 이러한 자료들에 대한 분석은 조사자의 관찰이나 인터뷰를 통해 조사자가 발견한 것들에 대한 서술적 형태의 묘사일 것이며 이 묘사는 지역주민들이 가지고 있는 공통된 행동의 유형이나 문화적 규범, 그리고 공통의 논지의 확인에 한정되기도 하지만 관찰된 사건에 대한 사진, 참가한 사람들, 그 당시에 적용된 규칙이나 규정 그리고 사회적 정황들을 포함하기도 한다(Berg, 1998). 민속학적 조사가 다른 접근방법과 차이가 있는 것은 민속학적 조사는 조사자의 개인적 감정이나 관점이 관련 자료로서 이용될 수 있다는 점이다. 예를 들어, 조사자가 목표지역에서 일어난 사건이나 조사자의 반응들을 포함하는 내용들을 매일 일기 형식으로 적어놓는 것 등이 자료로서 유용하게 사용되기도 한다. 결과적으로 조사자의 가치나 신념 등이 민족학적 조사에서 이루어지는 서술적 묘사와 깊은 연관이 있음을 알 수 있다. 민속학적 조사에서 활용하는 심층인터뷰는 공식적 또는 비공식적으로도 수행될 수 있지만 일반적으로는 공식적 인터뷰가 활용된다.

① 비공식적 인터뷰

지역사회복지실천을 위한 노력들 중에서 실천가는 가장 먼저 지역과 그 주민들에 대한 느낌이나 인상을 구체화시키는 것이 필요하다. 지역과 그 주민들에 대한 느낌이나 인상을 구체화시키기 위해 실천가 또는 사회복지사들은 비공식적 인터뷰를 행할 수 있다. Rubin과 Babbie(1997)에 따르면 비공식적 인터뷰는 지역관찰의 과정에서 일어날 수 있는, 계획되지 않은, 그리고 기대하지 않은 인터뷰하는 사람과 응답자 간의 비공식적 대화형태의 인터뷰라고 한다. 따라서 비공식적 인터뷰는 구체적인 사항이나 문제에 대응하기 위해 이루어지는 공식적 형태의 조사나 인터뷰와는 그 성격이 다르다. 물론 비공식적 인터뷰에서 사회복지사 또는 실천가들은 그들이 알기 원하는 주제를 가지고 있을 수 있지만 어떤 질문들도 사전에 준비되지는 않는다. 각각의 질문은 자연스럽게 응답자가 이전에 행한 응답에 따라서 또는 질문자의 욕구에 따라서 이루어진다. 응답자는 심지어 자신이 인터뷰하고 있다는 사실도 인지할 수 없을 수 있는데 이는 단순하고 간단하게 응답자가 조사자와의 대화에 참여하게 되기 때문이다.

비공식적 인터뷰는 지역사회복지실천영역에서 정보를 얻기 위한 도구로서 그리고 지역주민들이 가지고 있는 문제를 해결하기 위한 구체적인 출발점을 위한 도구로서 활용된다. 실천가들은 비공식적 인터뷰를 통해서 응답자들로부터 공통적인 유형의 논쟁이나 문제를 발견할 때 그 문제에 훨씬 용이하게 초점을 맞출 수 있게 된다. 일단 공통의 논쟁점들이 확인되면 실천가들은 지역주민들을 하나로 묶을 수 있는 기회를 가질 수 있게 된다(Meenaghan et al., 1982).

② 공식적 인터뷰

실천가나 조사자들은 지역조건이나 문제에 관해 전문적 지식이나 풍부한 견해를 가지고 있는 주요 정보제공자(key informants)들과 공식적인 회합을 가질 수 있다. 주요 정보제공자는 기업가, 정치가, 사회복지 또는 보건관련 전문가 또는 주민센터 소장이나 이장 등과 같은 그 지역의 지도자들이 포함되며 인터뷰는 전화를 통해서나 또는 직접 만나서 이루어질 수 있다. 공식적 인터뷰는 응답자가 풍부하고 자세한 설명을 할 수 있도록 열린 형태의 질문(open-ended questions)들로 구성되어 있으며, 질문자 또는 조사자는 인터뷰 동안에 제시할 질문에 대한 일반적 윤곽을 포함하는 인터뷰 지침서를 사용해서 인터뷰를 하게 된다. 질문의 순서나 말씨에 대한 어떠한 제한이나 규제는 없지만 질문자는 일반적으로 똑같은 용어나 말씨 등을 사용하게 되는데 이는 자료수집과정에서의 신뢰도와 일관성을 유지하기 위해서 필요하다. 조사자는 응답자의 허가 아래 인터뷰 과정을 녹음하기도 하지만 만일의 경우를 대비해서 인터뷰 진행 중에 조사자는 대답을 자세하게 받아 적어야 하는 것이 중요하다. 인터뷰를 통해서 얻어진 자료의 분석은 응답자가 인터뷰 동안에 유지했던 대답의 유형이나 논지를 통해서 이루어진다(Strauss & Corbin, 1990).

공식적 인터뷰를 할 대상을 선택하는 것은 일반적으로 비공식적 또는 비확률 샘플 기법(예를 들어, 목표가 되는 지역집단의 모든 구성원들이나 모든 지역주민들)이 사용된다. 하지만 조사자가 인터뷰할 대상을 나이나 성 또는 집단을 대표하는 사람으로 선별해서 선택할 수 있는데 이 경우에는 조사자가 인터뷰 응답자를 인원할당(quota) 또는 스노우볼(snow ball) 샘플링을 사용해서 선별할 수 있다.

인원할당(quota) 샘플링은 주로 서로 다른 집단의 사람들을 인터뷰할 때 사용되는 기법으로 인터뷰할 대상자들의 목록을 확보한 후 각각의 대표하는 집단의 인구통계자료에서 차지하는 비율을 가지고 모집단에서 같은 비율에 해당되는 만큼을 응답자로 선출하는 방식이다. 예를 들어, 서울의 노인인구가 65세에서 70세 이하가 20%, 75세 이하가 30%, 80세 이하가 20%, 85세 이하가 10% 그리고 85세 이상이 20%로 구성되어 있고 인터뷰를 위한 응답자가 총 200명이라고 한다면 인터뷰 응답자 비율을 65세에서 70세 이하 20%, 75세 이하 30%, 80세 이하 20%, 85세 이하 10% 그리고 85세 이상 20%에 맞춰서 65세에서 70세 이하 노인 40명, 75세 이하 노인 60명, 80세 이하 노인 40명, 85세 이하 노인 20명 그리고 85세 이상 노인 40명을 샘플로 하여 총 200명을 인터뷰하는 방식이다.

스노우볼 샘플링은 일단 조사자가 지역사회문제에 대해 특정한 지식을 가지고 있는 집단이나 전문가 집단의 성원들을 먼저 인터뷰한 다음, 그들에게 다음 인터뷰할 사람들을 추천받아서 인터뷰하는 방식을 말한다.

③ 참여관찰

참여관찰은 대표적인 질적 조사기법으로서 지역사회에 직접 참여하여 지역사회의 관심문제들에 대해 대답을 얻기 위하여 활용된다. 참여관찰의 목적은 지역사회의 현실을 포함하여 지역사회인구집단에 대한 철저한 지식을 확보하는 것이다. 따라서 참여관찰은 지역사회의 현실을 이해하는 데 가장 적합한 기법이라고 할 수 있지만 지역사회에서 발생하는 현상이나 현실에 대해 참여자의 주관적 판단이 개입되게 되면 자료의 객관성과 신뢰성에 오류가 발생할 있다는 단점도 내포한다(Hardcastle et al., 2011).

2) 지역사회사정을 위한 양적 방법

지역사회복지실천가들은 지역사회문제의 범위와 깊이를 설명하기 위해 지역에 관한 표준화된 정보를 모을 수 있는 다양한 접근방법을 사용하기도 한다. 실천가들은 이러한 표준화된 정보를 이용해서 어떻게 문제가 지역에 영향을 미칠 것인가를 예측하기도 하고 수년 동안의 경향을 조사하기도 하며 인구통계에서 나타나 있는 표준화된 자료와 실제 지역의 현실을 비교하는 데 사용하기도 한다. 지역사회사정을 위해 사용되는 가장 대표적인 양적 방법으로는 설문조사와 사회지표조사가 있다. 설문조사는 직접적으로 지역주민들로부터 지역사회문제나 욕구를 사정하기 위해 가장 많이 사용되는 양적 방법이며 사회지표조사는 표준화된 자료(예를 들어, 정부통계자료 등)를 가지고 간접적으로 지역사회를 사정하는 양적 방법이다.

(1) 설문조사

지역사회복지실천가들은 구조화된 질문들로 구성되어 있는 조사연구를 행하기도 한다. 구조화된 질문은 위에서 설명했던 공식적 인터뷰에서 사용했던 열린 형태의 질문들로 구성되어 있지 않고 대답도 심층적인 대답이나 진술을 요구하지 않는 형식으로 구성되어 있어 녹음도 필요 없게 된다. 즉, 조사참여자는 질문지에 있는 대답의 목록에서 자신이 원하는 대답을 선택하는 방식으로 구성되어 있다. 질문과 이에 대한 대답목록으로 구성되어 있는 설문조사지가 대표적인 설문조사에서 사용하는 질문지이다.

조사자는 별도로 자료분석을 위해 응답자들로부터 공통적으로 지적된 공통의 주제나 생각을 확인할 필요가 없으며 응답자의 대답도 깊고 다양하지 않으며 선택할 수 있는 몇 개의 대답들로 구성되어 있어 표준화된 수치로 나타내기가 쉽게 되어 있다 (Rubin & Babbie, 1997). 설문조사는 다양한 지역주민에 의해서 나타난 대답을 쉽게 비교할 수 있게 해 주며 상이한 인구통계적 집단들(예를 들어, 나이에 의한 분류집단, 성에 의한 분류집단, 인종에 의한 분류집단 등)에 의해 나타난 대답도 쉽게 비교할 수 있다는 특징이 있다.

조사자는 설문조사를 수행하기 위해 표본(sample)을 선정하는 데 있어 다양한 방법을 사용할 수 있다. 공식적 인터뷰 때와 마찬가지로, 비확률적 표본추출방식을 욕구평가를 조사하는 데 있어 사용할 수 있다. 하지만 때때로 표본이 지역사회를 대표하는지 확인하고 싶어 하는 사람들을 위해 조사자는 확률표본추출방식을 사용할 수 있다. 확률표본추출방식으로는 무작위 표본추출과 체계적 표본추출 그리고 집단표본추출 등이 있다. 무작위 표본추출은 모집단으로부터 무작위로 표본을 추출하는 방식이고, 체계적 표본추출은 목록에서 매 n번째 사람을 선택하는 방식이며, 그리고 집단표본추출 (cluster sampling)방식은 조사에서 대표성을 높이기 위해 무작위로 이미 존재하는 집단들을 선별해서 뽑은 다음 그 집단들 안에 있는 성원들을 무작위로 선택해서 표본을 추출하는 방식이다. 질문에 대한 답들이 표준화된 수치로 나타나기 때문에 손쉽게 응답빈도를 계산해서 나타낼 수 있으며, 퍼센트(%)가 일반적으로 비교할 때 가장 많이 사용되는 수단이다.

(2) 사회지표조사

사회지표(social indicator)조사는 조사자가 정부기관 또는 민간 건강이나 사회서비스분야의 조직에 의해서 집계된 자료에 의존하는 조사분석을 말한다(Royse & Thyer, 1996). 일반적으로 사회지표조사를 위해 가장 많이 사용되는 자료는 통계청자료(국가통계포털, e-나라지표)나 또는 인구센서스자료이다. 인구센서스자료는 일반적으로 나이, 성, 거주자의 인종, 주택의 형태와 질, 성인들의 직업과 소득 등의 수많은 중요한 지역사회주민들의 자료가 포함된다. 따라서 인구밀도나 빈곤과 관련된 특정욕구를 확인하기 위해 사용된다. 이 자료 외에도 중앙정부나 시·도 등 지방정부들은 자살률, 빈곤율, 범죄율, 안전, 실업률, 건강 등의 자료들을 가지고 있으며 대부분의 자료는 일반주민들에게 공개되고 있다. 따라서 주민들은 원하는 자료를 인터넷이나 보고서를 통해서 그리고 개인적 요청에 의해서 열람할 수 있으며 이렇게 공개된 자료는 지역을 분석하기 위해서 사용할 수 있는 것이다.

이러한 자료를 사용하는 데에는 다음과 같은 몇 가지 제한점이 있다고 한다.

첫째, 사회지표는 통상 주기적으로 개정·보완되기 때문에 2010년 자료는 2020년에는 낡은 자료가 될 가능성이 있다.

둘째, 수량화된 통계자료만을 가지고 빈민들의 실제 삶을 기록하는 것은 부적절하다. 통계자료에는 일반적으로 실업률이나 빈곤율 등이 현실보다 낮게 나타나기 때문에 가난한 또는 소외당하는 사람들의 현실적 조건을 나타내지 못하는 한계를 지닌다. 예를 들어, 실업률 통계에는 정규직을 원하는 비정규직 임시 노동자들이나 일자리 찾기를 포기한 실업자들은 자료에 누락된다. 빈곤지표 역시 민간단체 특히 노동조합연맹 등의 자료와 정부의 자료 등은 어떤 빈곤측정도구를 사용하느냐에 따라 그리고 조사대상을 어떻게 잡느냐에 따라 상당한 격차가 벌어진다.

셋째, 대부분의 통계자료가 정부의 기관들에 의해서 발표되기 때문에 정부의 업적을 과대선전하기 위한 자료나 정부정책에 불리한 자료는 의도적으로 확대/과장 내지는 축소/은폐할 수 있다는 의혹이 제기될 수 있다.

(3) 프로그램자료점검(program monitoring)

프로그램자료점검(모니터링)은 지역주민들이나 클라이언트들의 욕구를 사정하는 양적 접근방법의 하나로 사용될 수 있다. 지역기관들이나 사회복지조직들이 가지고 있는 제공된 서비스와 서비스를 이용한 이용자들에 대한 양적자료에 기초한 기록(이용자의 수, 대기자의 수, 제공된 서비스의 수 등 주로 수량화되어 있는 자료가 주종을 이룬다)들은 지역주민에 대한 많은 정보를 제공해 주기도 한다. 이미 운영되고 있는 기관이나 시설들로부터 이미 확보된 자료를 분석하는 것은 지역사회욕구를 평가하는 데 있어 빠르고 간편한 방법일 수 있다.

기존의 프로그램에 대한 기록들이나 자료를 통한 분석은 기본적으로 다음과 같은 질문들을 통해서 수행된다.

첫째, 지역주민들이 모든 프로그램의 서비스들을 사용하는가?

둘째, 서비스를 받을 자격이 있는 주민들이나 서비스를 요청한 모든 주민들이 서비스를 받고 있는가?

셋째, 지역주민들이 요청한 서비스 중에 기관에 의해서 제공되지 않고 있는 서비스는 없는가?

조사자로서 사회복지사들은 서비스가 목표로 하는 표적 집단들의 성원들이 서비스를 받고 있는지 아닌지를 결정하기 위해서 기관의 기록들을 살펴보게 되는데 이러한 과정을 프로그램 적용범위 분석이라고 한다. 그리고 특정한 집단의 성원들만이 서비스에 접근할 수 있는지 아닌지를 살펴보는 것을 프로그램 편향이라고 한다(Rossi & Freeman, 1982). 욕구사정에서 사용되는 서비스를 향한 욕구의 지표로서 수요가 있다(Burch, 1996). 서비스를 위한 수요분석은 서비스를 실제 요청한 사람들의 숫자를 측정하는 것이다. 만약 공급이 적다면 다시 말해 서비스를 받을 수 있는 수의 제한이 있다면 수요자들은 자격이 없는 것으로 그리고 다른 곳으로 소개되기도 하고 또한 서비스 제공이 거절되기도 한다. 종종 실업자를 위한 직업프로그램이나 노숙자를 위한 쉼터, 무료급식소 그리고 임대주택 등은 수요의 측면에서 표현되기도 한다. 즉, 얼마만큼의 사람들이 원하고 있는데 공급은 얼마만큼이 이루어지고 있어 부족하다는 식으로 표현된다.

욕구에 있는 사람들에게 접근해서 프로그램의 효과를 측정할 수 있는 또 다른 지표로서 프로그램이 시작할 때 참여한 사람과 끝나기 전에 중도에 포기한 사람들을 퍼센트로 나타내는 방법이 있다. 만약 높은 중도 포기비율이 기록되었다면 이 지표는 다음과 같은 점을 우리에게 나타내 준다.

첫째, 프로그램은 참석자들의 욕구를 충족시키는 데 효과적이지 못하다.
둘째, 프로그램에 지속적으로 참석하는 데 있어 기대하지 않은 장벽이 있을 수 있다(예를 들어, 운송, 육아 돌보기, 프로그램운 영시간 등).
셋째, 프로그램은 서비스를 받고 있는 집단들의 문화적 가치나 규범에 적절하게 응답하지 못했을 수도 있다.

3) 지역주민을 집단으로 구분하여 지역사회정보를 확보하고 사정하기 위한 기법

사회복지사 또는 지역사회복지실천가들은 제기된 문제가 무엇인지를 확인해야 하는데 이를 결정하기 위한 가장 최선의 방법은 제기된 문제에 영향을 받고 있는 지역주민들이나 집단성원들에게 직접 물어보는 것이다. 그러나 이 경우 사람들은 저마다 상이한 문제나 욕구 등 서로 상이한 서술을 할 수 있기 때문에 실천가들은 중요한 문제들에 관한 하나의 공통된 관점을 이끌어 내기 위하여 설계된 기법들을 사용하게 된다. 지역주민을 집단화하여 그들로부터 오는 정보를 취합하고 종합하는 데 사용하기 위해 자문집단기법, 명목집단기법, 델파이집단기법, 그리고 초점집단기법 등을 활용한다(Hardcastle et al., 2011).

(1) 자문집단기법

자문집단(advisory group)은 지역사회대표자들로 구성되며 지역사회의 특정 주제에 대한 다양한 정보를 제공할 수 있는 장점을 가진다. 자문집단은 취합하기 원하는 지역사회정보나 정치적 고려 그리고 인물에 대한 접근가능성에 따라 다르게 구성될 수 있으며 지역사회의 관심이나 지역사회문제에 대해 조언을 하는 역할을 담당한다. 따라서 자문집단기법을 활용하여 사회복지사는 지역사회에 대한 다양한 정보를 지역사회대표들로부터 취합할 수 있다.

(2) 명목집단기법

명목집단(nominal group)은 지역사회에서 상이한 관심이나 이익 또는 능력이나 정보를 가진 개인들로 구성된다. 따라서 서비스제공자, 이용자, 잠재적 이용자나 클라이언트, 자금제공자 등 지역사회에서 상이한 부분에 위치해 있는 사람들을 집단으로 구성하여 지역사회사정을 위한 정보를 수집한다. 명목집단기법은 지역사회에 영향을 미치는 문제에 대한 공유된 이해를 형성 또는 조장하기 위해 사용되는 기법이며 또한 행동계획을 개발하고 목적을 밝히기 위해 사용되기도 한다.

사회복지사 또는 실천가들은 먼저 상이한 관심을 가진 지역주민들을 한자리에 모이게 한 후 지역주민들에게 지역에 영향을 미치는 문제에 관한 목록을 만들어 줄 것을 요청한다. 그리고 개개인들이 제시한 문제들을 실천가는 칠판에 모두 적는다. 여러 사람에 의해서 중복된 문제는 한 번만 적으며, 실천가는 제기된 문제들이 가지고 있는 공통적인 문제의 본질이나 주제에 대해서 해설을 할 수 있다. 일단 제기된 문제에 대한 목록이 모두 칠판에 만들어지면 지역주민들은 토론할 시간을 갖게 되고, 토론을 진행하면서 제기된 문제들에 대해 명목집단에 참여한 주민들은 더 깊고 폭넓은 이해를 할 수 있게 된다. 토론의 마무리 시간에 구성원들은 각각 제기된 문제들에 대해서 순위를 매기는데, 1은 가장 중요하다고 생각하는 것을, 2는 두 번째로 중요하다고 생각하는 것을, 그다음에는 3과 4를, 그리고 나머지를 순서에 의해서 정한다. 사회복지사는 각각의 개인이 매긴 순서의 순위를 칠판에 적는다.

명목집단기법은 지역주민들이 인식하는 가장 중요한 지역사회문제를 확인하기 위해 주로 사용되는 기법이다. 순위의 결과가 동률인 경우 실천가는 각각의 제기된 문제의 숫자에 대해 평균을 구해서 순위를 매길 수 있게 된다. 가장 중요하다고 생각하는 문제가 너무 많아 주민 간에 동의나 합의가 이루어지지 않으면 높은 순위에 기록된 문제들 몇 개만 가지고 다시 처음부터 이 방법을 사용해서 순위를 정하기도 하며, 실천가는 주민들 간의 명백한 합의나 분명한 동의가 이루어질 때까지 몇 번이고 이 과정을 반복할 수 있다.

표 6-2 명목집단기법을 사용한 지역사회문제의 순위

제기된 지역사회문제	순위					평균 점수	최종 순위
	주민 A	주민 B	주민 C	주민 D	주민 E		
청년실업	4	1	3	5	3	3.2	3
범죄	1	3	2	2	1	1.8	1
아동학대	3	2	1	4	5	3.0	2
유흥업소	2	4	4	3	4	3.6	5
노숙자문제	5	5	5	1	2	3.4	4

(3) 델파이집단기법

델파이(Delphi)집단은 명목집단의 특수화된 유형으로서 익명으로부터 지역사회에 대한 정보를 수집하므로 익명으로 구성된 집단이라고 할 수 있다. 델파이집단 참가 자들은 익명으로 질문에 대한 그들의 의견과 그들의 입장을 방어하는 논리들을 제공 한다. 특히 델파이집단기법은 우편이나 컴퓨터 또는 이메일을 통해서 수행될 수 있는 기법으로서 전문적인 지식을 가지고 있는 주요 정보제공자들을 활용하는 방법이기도 하다. 주요 정보제공자는 학자, 고위관리직 사회복지사, 기업인, 지역지도자, 보건의 료관련 종사자 등 지역사회문제에 대해 특정 지식이나 정보를 가지고 있는 사람들을 포함한다. 예를 들어, 영유아 사망률이 일차적으로 지역사회가 해결해야 하는 관심으 로 떠올랐다면 주요 정보제공자는 의사, 간호사, 보건당국 관리, 사회복지사, 임산모 등이 될 수 있다.

지역사회복지실천가 또는 조사자는 일단 지역에서 관심이 일고 있는 조사할 이슈 에 대해 관련된 전문지식을 갖고 있을 주요 정보제공자들에게 익명으로 열린 형태의 질문들로 구성되어 있는 조사지를 발송한다. 주요 정보제공자들은 주어진 이슈에 대 한 그들의 관점에 대해 심층적인 대답을 익명으로 보내줄 것을 요청받게 된다. 일단 조사지가 회수되면 조사자는 회수된 정보를 종합하고 간략화하고 극단적인 대답은 제거한 후 간략하게 만든 정보를 다시 위원단 성원들에게 보낸다. 조사자는 수정을 거친 후 돌아온 정보를 다시 간략하게 정리한 후 다시 위원단 성원들에게 보내는데, 이 과정을 위원단 성원들이 내용에 대해 동의할 때까지 반복한다. 이러한 과정을 거 치면서 위원단 성원들이 가지고 있었던 지역사회의 이슈에 대한 극단적인 견해들은

조정되거나 제거된다. 결과적으로 조사자는 지역이슈에 대해서 위원단 구성원들 사이의 공통적인 인식에 대한 동의를 확보할 수 있게 됨으로써 지역사회문제를 해결하기 위한 대책에 한발 다가서게 된다(Chambers et al., 1992).

(4) 초점집단면접

초점집단(focus group)은 특정질문이나 이슈에 대해 정보를 줄 수 있는 동질적인 구성원들로 구성된 집단을 의미한다. Krueger(1988)는 초점집단이 특정 영역에서 정보를 얻기 위해 설계된 계획된 토론집단이라고 정의하였으며 통상 7명에서 10명으로 구성된다. 집단구성원들은 토론에서 상대방의 의견을 경청하고 자신의 의견을 제시하면서 집단 상호 간에 영향을 주고받는다.

초점집단면접(Focus Group Interview: FGI)은 사회복지사 또는 실천가들이 지역사회가 가지고 있는 문제를 확인하기 위해 사용하는 기법으로 먼저 사회복지사는 지역사회를 잘 알며 지역주민들을 대신해서 그들의 문제나 관심 또는 이익을 가장 잘 나타낼 수 있는 대표들(예를 들어, 지역사회에 대해 많은 정보를 가지고 있는 종합복지관 관장, 주민센터 소장, 부녀회 회장 등)을 7~10명 선출한다(Royse & Thyer, 1996). 이 선출된 성원들은 하나의 초점집단을 형성하게 되며 이 초점집단의 성원들을 중심으로 논의가 진행된다. 편안한 분위기에서 개별적으로 진행되는 논의는 주어진 답을 고르는 형식이 아니고 열린 형태의 토론(open-ended discussion)으로 구성되어 있다. 사회복지사(사회자)는 각각의 논의에 대한 질문에 대답하기 위한 시간을 참석자들에게 허락한다. 그리고 응답은 일반적으로 집단성원들의 동의하에 녹음된다. 사회자는 집단을 대표하거나 집단을 이끄는 사람이 아니며 적절하게 논의가 잘 이루어지도록 관리하는 사람이다. 또한 질문은 사전에 정해져 있으며 초점집단의 참여자 역시 미리 선정되는 것이 일반적이다.

초점집단면접기법을 사용하면 지역사회에 퍼져 있는 다양한 관점이나 문제들을 조정하고 구성원들 사이의 갈등을 최소화시킬 수 있다. 초점집단기법은 또한 초점집단에 참석한 대표자들이 단순하게 지역사회에서 일어나고 있는 문제에 대한 진술에서 벗어나 어떻게 그 일이 벌어졌고 왜 벌어지게 되었는지에 대해 상세하게 진술할 때 가장 큰 효과를 발휘한다. 일반적으로 초점집단기법은 명목집단기법이나 델파이집단기법과는 성격이 다르다고 할 수 있는데 이는 초점집단이 논의를 통일하거나 어떠한 결정을 내리기 위해 시행하는 것이 아니라 정보를 수집하는 것에 있기 때문이다.

(5) 지역포럼

실천가들은 지역주민들이 해결하려고 하는 욕구사정을 포함한 지역사회사정기법을 지역을 둘러싸고 있는 문제에 대한 정보를 모으기 위해서 행하기도 하지만 또 한편으로는 지역주민들이 문제의 해결이나 대책 또는 문제의 본질에 대한 공통의 인식을 갖게 하기 위해 사용하기도 한다. 지역주민들이 문제의 해결이나 대책 또는 문제의 본질에 대한 공통의 인식을 갖게 하기 위해 사용할 수 있는 손쉽고 편리한 방법이 지역포럼(Community Forum)기법이다(Hardina, 2002). 지역포럼기법은 일반적으로 전체 지역사회주민들을 대상으로 하지만 포럼에 참여한 지역주민들로부터 정보를 수집하는 기법이므로 넓게 보면 지역주민을 집단화하여 정보를 취합하는 기법에 포함된다. 따라서 지역포럼을 통해서 특정한 시간과 장소에 지역주민들이 초대되어 그들이 가지고 있는 지역문제들에 대한 자신들의 견해를 밝힐 수 있게 된다. 지역포럼기법은 지역포럼에 참여한 주민들로부터 정보를 얻을 수 있고 또 한편으로는 그들에게 유용한 정보를 제공할 수 있다는 점에서 유익한 기법이기도하다.

지역사회복지실천가들은 지역포럼을 통해서 지역주민의 욕구나 문제에 대한 그들의 인식을 알 수 있다. 지역포럼은 모든 대중에게 공개되어 있기도 하고 또한 지역을 대표한다고 생각되는 사람이나 집단의 대표들이 초청받기도 한다. 참석자들은 특정한 지역문제에 대해 설명을 듣고 그들 나름대로의 의견이나 피드백을 제공하기를 요청받기도 한다. 결국 지역포럼에서 참석자들은 지역문제를 확인하고 그 문제를 해결할 수 있는 제안들을 제시할 수 있다.

결국 지역포럼기법이 지역주민들이 원하는 문제해결이나 대책 또는 문제의 본질에 대한 인식을 갖게 하는 손쉬운 방법이라고 볼 수 있지만 공청회와 마찬가지로 다음과 같은 문제점들이 지적될 수 있다.

첫째, 다양한 사람에 의한 다양한 의견이 제시되어 지역사회문제의 본질이나 주민욕구의 파악이 어려울 수 있다.

둘째, 포럼은 구조적으로 기획되어 있지 않으면 공청회와 마찬가지로 통제하기가 매우 어렵다.

셋째, 어떤 특정 인물이나 집단이 포럼을 주도적으로 진행하는 경우 참여한 다른 사람들의 의견이 무시되거나 제한받을 수 있다.

4) 공간분석

지역사회를 둘러싸고 있는 공간적·물리적 조건들이 때때로 지역사회의 특성을 이해하고 그 지역사회가 가지고 있는 문제를 해결하는 데 필요한 유용한 자원으로 종종 사용된다. 사회복지사들에게 어떻게 건물들이 지역에서 사용되고 있는지, 공원이 주민들의 여가를 위해 사용되고 있는지, 어떤 공간이 주민들을 위해 필요한지 그리고 혹시 지리적 경계들이 지역에 진입하고 진출하는 것을 방해하는 것은 아닌지 등을 파악하는 것이 특정 지역이 안고 있는 문제를 이해하는 데 도움을 주기도 한다. 따라서 실천가들은 어떻게 지리적·물리적 공간이 지역사회문제에 영향을 미치는지를 알기 위하여 다양한 기법을 사용하게 되는데 대표적인 기법이 지역지도그리기이다.

■ 지역지도그리기

지역지도그리기(community mapping)는 지역 근린시설이나, 공원, 건물의 위치 등 특정 지역의 공간의 활용을 파악하기 위하여 지도를 이용하는 것이다. 지도를 그리는 것은 지역사회의 자원 접근과 관련해서 문제를 확인할 수 있는 중요한 수단이다. 또한 지도를 그림으로써 지역사회 안에서 문제가 되고 있는 위치를 손쉽게 파악할 수 있다. 색(color)이나 핀을 사용해서 지역의 특징을 구분할 수 있는데 이러한 도구들은 지역사회의 공간적 특징을 보다 정확하게 구분하고 확인하는 데도 유용하게 사용될 수 있다(지은구, 2003; Delgado, 2000). 예를 들어, 지역지도그리기를 통해서 범죄가 자주 일어나는 지역의 근린상황을 쉽게 알 수 있으며 주변의 시설 등을 확인할 수 있다.

지역주민들은 지역지도그리기에 참여할 수 있으며 참여를 통해 주민들은 지역의 번영과 경제적 발전을 위해 사용할 수 있는 열려 있는 공간이나 존재하는 시설이나 공간의 활용 등을 확인할 수 있다. Delgado(1996)은 지역지도그리기가 지역에 필요한 다양한 시설을 확보할 수 있는 공간을 찾는 데 도움이 된다고 한다. 또한 지역지도그리기는 지역에서 이루어지고 있는 다양한 서비스나 프로그램들 또는 시설들이 욕구를 가지고 있는 집단이 거주하는 공간을 중심으로 설립되어 있어 적절하게 서비스가 전달되고 있는지, 그리고 접근성은 어떠한지 등을 확인할 수 있는 지역복지자산평가를 수행하는 데 도움이 된다. 지역지도를 통해서 특정 인구집단은 어디에 주로 거주하고 있고 그 거주지역은 어떠한 공간적 특징을 가지고 있는지 그리고 그 거주지역에 어떠한 시설들이 있는지 등을 확인하여 거주지역의 인구집단구성원들이 가질 수 있는 욕구를 간접적으로 사정하는 데도 도움을 받을 수 있다.

특히, 지역지도를 그리는 과정을 통해서 사회복지사들은 지역사회자원 확인 및 자원의 접근성에 관련된 이슈들을 살펴볼 수 있다. 예를 들어, 지역사회 안에서 주민들의 다면적인 욕구해결이 가능한가? 또는 지역주민들이 지역 안에서 시설 또는 서비스에 접근이 가능한가? 등을 확인할 수 있다. 접근성과 관련하여 근처 복지관이나 어린이집을 방문하는 것이 얼마나 쉽게 이루어질 수 있는가? 대중교통을 사용할 수 있는가? 대중교통을 이용해서 공공시설에 접근하기가 용이한가? 또는 지역주민들이 걸어서 필요한 서비스를 받으러 가기가 용이한가? 학교는 어디에 위치하고 있는가? 학교근처에서 대중교통을 이용하기가 용이한가? 학교근처에 복잡한 시설들이 있는가? 학생들이 안전하게 학교에 도달할 수 있겠는가? 등을 확인할 수 있다. 그리고 지역주민들은 지역지도를 통해서 또는 지역지도를 그리는 과정에 참여함으로써 그들의 삶에 영향을 끼치는 장벽들이나 문제가 발생할 수 있는 잠재적 위험지역 등을 확인할 수 있다. Kretzmann과 McKnight(1993)는 건물이나 공간의 사용을 조사하기 위해서 사용하는 지역지도그리기를 다른 의미로 바라본다. 그들은 사회복지실천가가 기술, 시설, 제도들의 목록, 지역주민들 사이의 관계, 지역주민과 제도와의 관계에 관한 목록, 그리고 잠재적 외부투자가들에 대한 목록을 만들어야 하는데 지역지도를 포함하는 공간분석은 이러한 내용들을 포함하고 있지 않다고 한다. 하지만 지역지도는 지역문제를 조사하고 조사과정으로 지역주민들을 포함하기 쉽게 하는 하나의 기술 방법인 것만은 확실하다.

다음 [그림 6-2]는 지역지도로의 예로서 대구광역시 중구의 복지자원에 대한 지도를 나타내 준다.

그림 6-2 X지역 사회복지지도의 예

출처: 2018 대구광역시 사회복지사설주소록(대구시사회복지협의회), p. 24에서 재인용

5) 관계분석: 사회네트워크분석

관계분석(relationship analysis)은 사회복지사 또는 실천가들에게 어떻게 지역의 시설(조직)과 개개인들 사이의 관계가 지역사회문제에 영향을 미치는지를 알 수 있게 도와주는 분석방법이다. 관계분석의 대표적 기법으로는 사회네트워크분석이 있다. Murty(1998)는 사회네트워크(social network)를 관계들의 특정한 세트와 연관이 있는 행동들의 세트라고 정의한다. 사회네트워크분석은 개개인들과 조직을 분석의 단위로 사용해서 분석한다. 조사자는 사회네트워크분석에서 3개의 상이한 관계를 조사할 수 있다(Hardina, 2002).

- 개인, 가족, 동료집단, 또는 다른 작은 단위들과의 관계
- 조직 사이의 관계
- 조직과 개개인 또는 다른 작은 단위들과의 관계

사회네트워크분석은 위의 관계들이 사회적지지(원조), 재화와 서비스, 그리고 개개인의 번영(또는 복지)을 증진시키고 또는 다른 조직의 생존을 돕는 어떤 감지할 수 없는 자원들을 제공한다고 전제한다. 사회네트워크분석을 위한 첫 번째 단계로서 조사자들은 개개인들과 조직 행정가들이 맺고 있는 다른 사람들이나 조직과의 연결관계를 조사하는 것을 필요로 한다. 그리고 조사에 응답하는 응답자들은 그들의 연결망 안에 있는 사람들이나 조직 그리고 그 사람들이나 조직들이 제공하고 있는 자원이 무엇인가에 대해 질문을 받는다. 그런 후 조사자들은 연결망 목록을 작성하게 된다.

사회네트워크분석을 위한 두 번째 단계로서 사회네트워크분석은 조사자가 연결망에 대해 획득한 정보를 설명하기 위한 도구를 만드는 것을 필요로 한다. 행렬(Matrix)이 연결망 구성원들 사이의 상호 연결된 관계의 세트를 설명해 주기 위한 하나의 도구로 사용될 수 있다. 또한 조사자는 연계망 안에 있는 조직이나 개개인 사이의 관계를 그래프로 그릴 수도 있고 지도로 그려서 관계에 대한 정보를 설명하는 도구로 사용할 수 있다. 행렬을 사용해서 조사자는 응답자의 연결망 안에 있는 구성원들 사이의 관계를 살펴볼 수 있다(Murty, 1998). 예를 들어, "연결이 있다"와 "없다"를 나타내는 "예"와 "아니요"와 같은 이분법적인 자료가 구성원들 사이에 존재하는 관계를 살펴보

기 위해 사용될 수 있다. 조사자는 또한 횟수나 빈도 등을 사용해서 관계의 정도 등의 연결망을 확인할 수 있다. 예를 들어, 0은 관계 없음, 1은 관계 있음 등을 나타내고 또한 0, 1, 2, 3, 4 등으로 찾아간 횟수 등을 표시함으로써 얼마나 친밀도가 있는지를 살펴볼 수도 있다. 다음의 그림은 개인들 간의 사회네트워크를 행렬을 통해 나타낸 것이다.

표 6-3 개인 간의 사회네트워크 행렬(matrix)의 예

	철수	민태	영희	아담	이브
철수	-	1	0	1	1
민태	1	-	1	0	1
영희	0	1	-	1	0
아담	1	0	1	-	1
이브	1	1	1	1	-

* 1 = 관계있음
　- = 관련정보 없음
　0 = 관계없음
출처: 지은구, 조성숙(2010), p. 209에서 재인용.

　사회네트워크분석은 〈표 6-3〉과 같이 행렬을 이용하는 경우 몇 가지의 한계점들을 가지고 있는데 그것들은 다음과 같다.

　첫째, 사회네트워크는 구성원들 사이의 복잡한 관계를 동시에 측정하지 못하는 한계를 가지고 있다. 예를 들어, 행렬은 연결망 안에 있는 사람들이나 집단들의 어떤 하나의 특정한 사안에 대한 빈도나 횟수를 측정할 수는 있지만 특정한 사안 2개 이상에 대한 빈도나 횟수를 동시에 분석하기는 어렵다. 예를 들어, 앞의 행렬은 관계라는 사안이 사람들 사이에 어떻게 형성되고 있는가를 보여 주지만 만약 질문 사안이 관계라는 추상적인 질문이 아니라 보다 다양한 구체적인 4개의 재화교환이라는 사안으로 구성되어 있다면 이에 대한 개개인들의 관계를 나타내는 행렬은 각기 다른 4개의 사안에 대한 행렬표를 필요로 하지 1개의 행렬이 모든 사안을 동시에 나타내 주기는 어렵다는 것을 의미한다. 즉, 연결망 안에 있는 사람들이나 집단들 사이에 어느 정도 친밀한 관계에 있는지를 나타내 주는 행렬구조가 사람들이나 집단들 사이에 어느 정도

특정 재화들을 교환하는지를 나타내는 행렬구조와 동시에 그려질 수 없음을 나타낸다.

둘째, 사회네트워크분석을 하기 위해서는 비교되는 두 개인 간 또는 두 집단 간에 무엇이 측정될 것인가에 대한 합의가 있어야 가능하다. 예를 들어, 친밀도를 측정하는 데 있어 방문횟수를 가지고 측정할 것인지 또는 전화횟수를 가지고 측정할 것인지 등을 결정해야 한다.

사회복지실천가들은 사회네트워크분석을 통해서 지역사회 안에서의 주민들이나 조직들 간의 관계의 정도나 강도를 조사할 수 있다. 특히 지역개발실천모델은 사회복지사들이 소외를 감소시키기 위하여 주민들 사이의 연결을 강화하는 것을 필요로 하기 때문에 사회네트워크분석이 지역구성원들의 연결의 정도를 평가하기 위해 유용하게 사용될 수 있다(Rothman, 1995). 이 분석방법은 또한 실천가들이 지역을 통해서 어떻게 대화, 자원, 서비스가 흘러가는지를 조사하는 데 많은 도움을 준다(Hardina, 2002). 또한 사회네트워크분석은 지역 엘리트집단의 구성원들, 기업이나 시설의 이사진, 그리고 지역문제의 다양성에 따른 다양한 이익집단들 사이의 상호관련을 조사하는 데 사용될 수 있다(Wasserman & Faust, 1994; Scott, 1991). 사회네트워크분석은 지역을 기초로 하는 조직들 사이의 관계를 조사하기 위해서도 종종 사용된다. 이들 조직들 사이의 관계를 조사하기 위해서 물어보게 되는 전형적인 질문들로는 이용자들에 대한 정보, 이용자소개(referrals), 그리고 이용자의 교환을 다루는 항목들이 있을 수 있다.

지금까지 지역사회의 문제와 지역사회주민들이 가지는 욕구를 확인하기 위해 사용할 수 있는 지역사회사정기법들을 소개하였다. 다양한 기법은 다음과 같이 분류될 수 있다.

첫째, 개개인들이나 집단들이 가지고 있는 그들의 문제에 대한 그들 자신들의 인식을 알기 위해 공식적 또는 비공식적 인터뷰 그리고 현장조사 등이 사용될 수 있다.

둘째, 지역문제들에 대한 공통된 그리고 공유된 인식을 개발하기 위해 사용될 수 있는 초점집단기법, 지역포럼, 대화, 명목집단기법, 그리고 델파이기법 등이 있다.

셋째, 지역에 영향을 끼치는 지역문제의 범위와 깊이 등에 관해 알 수 있게 해 주는 양적 접근방법인 설문조사, 사회지표조사, 프로그램검토 등이 있다.

넷째, 실천가들에게 어떻게 물리적 공간과 개개인들 사이의 관계가 지역문제에 영향을 미치는지를 알 수 있게 도와주는 지역지도그리기 그리고 사회네트워크분석 등이 있다.

지역주민들의 욕구를 사정하기 위해 직·간접적으로 사용할 수 있는 이상의 분석기법들은 지역과 지역구성원들에 따라 상이하게 적용될 수 있게 실천가들을 도와주기 때문에 지역 간의 욕구비교에 많은 도움을 줄 것이다. 사회복지실천가들은 앞에서 언급한 모든 기법들을 가지고 지역주민들의 역량을 강화시키는 데 사용하여야 하며, 그들이 지역문제를 해결하기 위해 계획된 행동으로 나아가도록 협조해야 할 것이다.

지역사회복지증진향상을 위해 노력하는 비영리조직인 지역사회복지관에서 일하는 사회복지사들, 즉 지역사회에 개입한 사회복지사들은 그 지역사회를 이해하기 위하여 지역사회사정을 수행한다. 지역사회사정을 위해 가장 우선적으로 지역사회현장에서 지역주민들의 삶을 유심히 관찰하면서 하루하루의 지역주민들의 삶에 대한 현장노트를 작성한다. 지역주민들을 대상으로 비공식적으로 인터뷰하기도 하고 지역사회에 대해 다양한 정보를 가지고 있다고 판단되는 주요정보자인 선배 사회복지사들 또는 노인회회장이나 부녀회회장 등을 공식적으로 인터뷰하기도 하며, 이들을 집단화하여 초점집단면접을 통해 지역사회에 대한 전반적인 자료를 수집하기도 한다. 또한 지역사회를 둘러보면서 공간분석을 하기도 하고 지역그림을 그려 지역사회의 전반적인 사회복지서비스와 관련된 정보를 분석하기도 한다. 또한 사회복지서비스이용자들의 관계망을 분석하여 사회네트워크분석을 통해 그들의 삶에 영향을 주고받는 관계의 조건을 분석하기도 하며, 지방자치단체 홈페이지 및 국가통계포털사이트에 접속하여 지역사회에 대한 다양한 사회지표를 수집하여 지역사회 인구통계변화를 포함한 다양하고 복잡한 사회복지조건의 변화를 분석하기도 한다. 또한 지역사회에서 복지관련 서비스를 제공하는 대부분의 기관은 프로그램 관련정보를 취합하고 있으므로 이들로부터 사회복지프로그램의 자료를 수집하여 프로그램의 장단점이나 서비스를 이용하는 이용자들의 특성과 변화 등을 분석하여 지역사회주민들의 생활과 그들의 삶의 조건이나 상황 그리고 그들의 생활에 부정적인 영향을 미치는 지역사회문제 등에 대해 보다 포괄적인 이해를 할 수 있다.

제7장

지역사회복지실천의 계획과 평가

1. 지역사회복지실천계획[1]

1) 실천계획의 필요성

지역사회에 개입하여 실천행동을 수행하는 사회복지사들에게 있어서 무엇보다도 필요한 것은 지역사회에서 어떤 행동을 취해야 하는가를 설명해 주는 지역사회복지 실천개입을 위한 계획을 작성하는 것이라고 할 수 있다. 지역사회개입계획을 작성하는 것과 마찬가지로 사회복지사들은 지역주민들이 해결하고자 하는 지역사회문제나 문제에 영향을 받은 개개인이 가지게 되는 욕구를 충족시키기 위해서 문제 또는 욕구 해결을 위한 구체적인 사회복지서비스프로그램을 기획하여야 한다. 사회복지서비스 프로그램을 통해서 필요한 서비스가 제공되면 지역문제는 경감 및 해소될 수 있으며, 욕구는 충족될 수 있다. 따라서 사회복지서비스프로그램의 기획은 사회복지사들의 주요한 실천행동이라고 할 수 있다. 결국 사회복지사의 실천행동은 모든 프로그램에 근거하여 이루어지며 프로그램은 기획에 의해 만들어지기 때문에 기획은 실천행동을

---

1) 이 절은 지은구(2003), 제4부 제1장의 내용을 참고하였음.

위한 구체적 방안이라고 할 수 있다.

사회복지사들은 사회복지행정론이나 프로그램개발, 사회복지평가, 사회복지조직론, 그리고 지역복지론 등의 교과과정을 통해서 문제해결을 위해 제공되는 사회복지서비스와 관련된 프로그램을 계획하는 다양한 기법을 공부하며, 졸업 후 실천현장에 고용되어 조직의 프로그램계획과 관련된 제반 업무를 수행하게 된다. 또한 사회복지사들은 지역복지 기관이나 시설 등에 취업하는 동시에 그들이 가지고 있는 능력들을 시험할 수 있는 기회를 갖게 된다. 지역사회문제분석 및 욕구조사, 정보 취합을 위한 기법들, 취합한 자료에 대한 자료분석 기법, 제안서 설계와 작성 그리고 예산 책정하는 기법 등의 전문적 기술을 활용하여 문제를 처리하기 위해 필요한 계획을 작성하는 계획과정을 밟게 된다.

계획과정에서 사회복지사들은 때때로 인간들 상호 간의 관계를 다루는 기술이나 정치적 기술들을 필요로 하기도 하며 주민들을 결정하는 과정에 개입시키기 위한 기술들이나 결정에 영향을 미치는 기술들을 필요로 하기도 한다(Forester, 1989). 지역사회에 개입하여 지역이 가지고 있는 문제를 확인하고 그 문제에 대한 대안으로서 사회복지서비스프로그램을 계획하는 것은 사회복지사들이 가지고 있는 가장 중요한 직업적 임무일 수 있다. 결국 지역문제 또는 지역주민이 가지고 있는 욕구를 해결하기 위해 어떠한 서비스 또는 프로그램을 기획하느냐가 이 프로그램이나 서비스의 성공적 수행을 결정짓는 가장 중요한 첫 단계이다. Rothman과 Zald(1995)는 사회복지서비스프로그램의 기획에 개입되어 있는 사회복지사들에게 필요한 기술로서 다음과 같은 것들을 지적하였다.

- 욕구사정
- 프로그램개발
- 가능한 대안들 사이에 최상의 대안을 선택할 수 있는 능력
- 정치적 연계기술
- 법률형성과정에 대한 지식
- 프로그램관리
- 제안서 작성
- 평가

이상의 기술들 이외에 사회복지사들에게는 주민들이나 조직성원들이 프로그램의 평가와 개발에 참여할 수 있도록 하는 시민참여를 증진시키기 위한 기술들 또한 필요하고 중요한 기술들로 지적될 수 있다(Gilbert & Terrel, 1998; Forester, 1989; Arnstein, 1969). 더불어 사회정의를 실현할 수 있는 공공정책을 증진시키기 위한 실천원칙으로서 분배적 정의의 실현을 위한 평등, 형평, 그리고 적절성의 조화가 프로그램의 개발과 평가에 대한 기준으로 적용될 수 있어야 하는 것도 중요하다고 볼 수 있다(지은구, 2003).

2) 계획 작성 단계

사회복지사들은 지역사회문제의 해결 또는 욕구의 해결을 위한 지역사회프로그램을 개발하기 위하여 지역사회문제확인, 욕구사정, 대상자선정, 목적과 목표의 개발(또는 수립), 프로그램구체화, 실행(또는 수행) 그리고 마지막 단계로 평가의 단계들을 거치게 된다(지은구, 2005).

(1) 지역사회문제 확인

사회프로그램이나 서비스계획은 기본적으로 사회문제나 사람들의 욕구를 다루거나 해결하는 일련의 활동의 총체이자 하나의 제도(institution) 또는 세트이기 때문에 사회문제를 확인하고 이를 분석하는 것이 중요한데, 이는 사회문제를 확인하고 분석하는 것이 프로그램이나 서비스계획이 성취해야 할 목적을 형성하는 데 기초가 되기 때문이다. 사회복지사들은 프로그램이나 서비스계획을 설계하는 과정에서 해결하여야 하는 지역사회문제들을 확인하기 위하여 다양한 자료들을 사용한다. 문제 확인을 위하여 사용하는 사회복지사들의 접근방법은 사회복지사들의 전문적 취향과 고용주에 의존해 다양할 수 있다. 중요한 것은 사회복지사들은 문제를 확인하기 위하여 유용 가능한 자료와 기법들을 사용해야만 한다는 점이다.

(2) 욕구사정

지역사회의 정황에 대한 이해를 바탕으로 하는 사회문제에 대한 인식단계가 끝나면 사회복지사 또는 실천가는 프로그램이나 서비스계획을 위한 다음 단계인 욕구사정단계로 들어가게 된다. 사회문제의 정의와 의미 그리고 행동에 대한 포괄적인 이해를 바탕으로 욕구사정이 시작한다. 문제가 명확해졌다고 해서 욕구도 함께 명확해진다면 프로그램이나 서비스계획에 있어 욕구사정에 대한 중요성이 강조되지 않을 수 있지만, 문제가 정확히 이해되고 분석이 체계적이고 포괄적으로 이루어졌다고 해서 특정문제에 대한 해결을 원하는 사람들의 욕구가 무엇인지가 명확히 밝혀지는 것은 아니기 때문에 프로그램이나 서비스계획에서 문제를 가지고 있는 사람들이 해결되기를 원하는 욕구가 무엇인지를 평가하는 작업이 중요하다. 예를 들어, 빈곤이 특정 지역이 해결하려고 하는 가장 심각한 지역문제라고 규정된다고 해서 빈곤문제를 해결하기 위해 빈민들이 가지고 있는 욕구들이 모두 동일하지는 않다는 것이 욕구사정의 중요성을 부각시킨다. 어떤 빈민들은 일자리를, 어떤 빈민들은 현금지원을, 또 어떤 빈민들은 직업교육이나 생활안정을 위한 주택보조금을 원하는 등 조건이나 상황에 따라서 빈민들이 해결하고자 하는 욕구는 다양하게 표출될 수 있는 것이다.

(3) 대상자 선정

지역사회문제해결을 위한 프로그램이나 서비스계획을 설계하는 데 있어 세 번째 단계는 프로그램이나 서비스의 혜택을 받아야 하는 지역사회의 특정 인구집단을 선별하는 대상자 선정의 단계이다. 대상자 선정단계는 '사회프로그램으로부터 혜택을 받을 사람들이 누구인가?'라는 질문에 대한 대답이 된다. 모든 사회프로그램은 특정 문제를 가지고 있는 사람들의 욕구를 해결하기 위해 설계된다. 사람들은 다양한 문제에 직면하여 다양한 욕구를 가지게 되는데 프로그램을 설계하는 설계자들은 자신들이 설계하는 프로그램이 특정 문제에 직면해서 욕구를 가지고 있는 사람들의 어느 범위까지 서비스를 제공할 것인지를 결정해야 한다. 욕구사정 결과 어떤 지역에 특정한 문제의 해결을 위한 욕구가 존재한다고 하면 사회복지사들은 그 욕구를 해결하기 위한 구체적인 프로그램을 설계하기 전에 프로그램이 어떤 사람들을 대상으로 제공되어야 하는지를 결정해야 한다. 즉, 욕구가 있는 모든 지역주민에게 프로그램이 제공될 것인지 아니면 특정 나이에 속해 있는 일부 집단에게만 프로그램을 제공할 것인지 등을 프로그램제공자의 관리 측면과 재정적인 측면 그리고 서비스의 효율성과 효과성의 측면에 기초하여 결정해야 하는 것이다.

(4) 목적 및 목표의 개발

대상자 선정이 끝나면 지역사회프로그램이 성취하려는 목적과 목적성취를 위해서 행하여야 하는 목표를 설정하는 단계가 필요하다. 목적(goals)은 특정한 사회문제를 나타내기 위해 필요하며 넓은 의미로 그리고 구체적인 내용을 서술하지 않고 불확실한 용어를 사용해서 이상적인 진술을 나타내는 것이라고 한다(Hardina, 2002). York(1983)는 목적을 일컬어 성취될 것에 대한 장기간의 선호(또는 우선)진술이라고 정의하였다. Chambers(2000)는 목적이란 인간의 조건이나 사회적 조건의 기대하는 질(Quality)에 관한 일반적이고 추상적인 용어들로 만들어진 하나의 진술이라고 정의하였다.

목표는 지역주민들이나 클라이언트들이 제공받아야 하는 분명한 혜택으로 목적을 분할한 일련의 진술들이라고 할 수 있으며, 목표란 목적성취를 향해 측정된 양의 진행에 관한 구체적인 진술이라고 정의할 수 있다. 따라서 목표는 앞의 목적을 성취하기 위해 취해야만 하는 단계들을 의미한다. 일반적으로 목표는 시간 제약적이어야 하고 측정할 수 있어야 하며, 목표로 하는 집단과 특정 행동에 대한 정보에 일치해야 한다. 목적을 달성하기 위한 각각의 목표는 누가 영향을 받을 것인지, 어떤 일이 발생할 것인지, 언제, 어떻게, 무엇이 기대하는 결과의 지표가 될 것인지 등이 반드시 포함되어 있어야 한다(Hummel, 1996).

(5) 프로그램의 구체화

프로그램이나 서비스계획의 구체화단계는 프로그램이나 서비스계획의 내용을 구체적으로 확립 또는 기술하는 단계로서 프로그래밍(programming, 프로그램의 내용을 구체화하는 과정)이라고도 불린다. 프로그램이 성취해야 할 목적과 목표가 결정되고 나면 프로그램이나 서비스계획의 실행을 위한 구체적 내용을 설계하는 설계단계로 들어가게 된다. 결국 프로그램의 구체화단계는 목적과 목표를 성취하기 위해서 무엇을 할 것인지를 결정하는 단계이며 프로그램이나 서비스계획의 실행 방법이 구체적으로 설계되는 단계라고 볼 수 있다. 프로그램의 구체화단계에 포함되는 가장 중요한 내용들은 다음과 같다.

- 프로그램영향력(impact)의 확인(인과관계 분석)
- 문제해결을 위해 제공되는 서비스나 혜택

• 프로그램이나 서비스계획의 실행에 필요한 예산

(6) 실행

실행은 개발된 지역복지프로그램을 지역사회 특정 인구집단을 대상으로 제공하는 행동을 의미한다. 지역사회프로그램을 수행하는 데 있어 가장 중요하게 고려되어야 하는 것은 자원과 수혜자 만족 그리고 이 두 측면에서의 조화라고 볼 수 있다. 즉, 자원의 측면에서 직원들이나 조직들은 안정성 있는 자원을 확보하고 보다 효율적인 자금운용으로 많은 혜택을 줄 수 있는 방안을 찾기 위한 모색을 끊임없이 추구할 것이고, 반면에 혜택이 실질적으로 많은 수혜자에게 돌아가서 수혜자들의 만족 또는 복지가 증진될 수 있도록 하는 노력을 기울일 것이기 때문이다. 결국 프로그램의 수행을 계획하는 실행가들에 있어 가장 큰 딜레마는 서비스프로그램에 대한 접근과 결정과정에 대한 접근이 얼마만큼 수혜당사자들에게 돌아가야 하느냐에 있으며, 이는 프로그램의 적절성과 평등, 형평 그리고 역량강화에 대한 사회복지의 가치가 얼마나 균형적으로 실현되는가에 달려 있다고 볼 수 있다. 따라서 사회복지의 가치인 적절성, 평등, 주민의 역량강화, 그리고 형평의 원칙이 프로그램의 실행에서 행동으로 반영되게 하기 위해서 사회복지사들, 특히 프로그램 계획가들은 노력해야 하겠다.

Friedmann(1987)은 계획이 수행되기 전에 마지막 결정과정에 혜택을 받을 사람들이 포함되어 있는지의 여부가 중요하다고 강조한다. 결국 이는 프로그램에서 실질적으로 혜택을 받을 잠재적인 대상인 수혜자들의 결정에 대한 참여가 결정적임을 강조한 것으로서 선택된 프로그램이 수행되기 이전에 반드시 프로그램의 분배적 기능과 함께 고려되어야 함을 의미한다.

(7) 평가

지역사회의 문제나 욕구를 해결하기 위해 수행된 다양한 프로그램들을 평가하기 위해서 기본적으로 프로그램이 수행된 이후에 평가하는 방법과 프로그램이 수행되기 전이나 과정 중에 평가하는 방법이 있다. 평가의 목적으로서 프로그램의 성과나 효율성을 개선 또는 증가시키기 위하여 계획과 전달을 강화할 수 있다. 이러한 평가는 일반적으로 형성평가(formative evaluation)라고 불린다(Scriven, 1967). 또한 평가의 목적이 프로그램이 성취하려는 목적을 효과적으로 수행하였는지 또는 아닌지를 살펴보기 위해, 나아가서는 프로그램이 계속되어야 하는지 아닌지 등을 결정하기 위해 실행될 수 있는데 이러한 평가는 합계평가(summative evaluation)라고 불린다(Chambers, 1993; Scriven, 1967). Chelimsky(1997)는 형성평가를 프로그램의 발전을 위한 평가(evaluation for development)라고 이름 붙였으며, 합계평가는 책임성을 위한 평가(evaluation for accountability)라고 구분하였다. 프로그램의 발전을 위한 평가는 또한 과정평가라고 불리며 책임성을 강조하는 평가는 성과평가라고도 불린다(지은구, 2005).

결론적으로, 계획을 작성하는 과정은 주요 정책결정가들과 특정 집단구성원이나 수혜자들 사이의 동의를 촉진시키기 위해서 주민들, 정부관리들, 고용주들과 협상하는 능력과 기술들을 필요로 한다. 그리고 기획가들(또는 지역사회복지실천가들)에게는 그들이 작성한 계획이 수행되는 것을 보장하기 위한 정치적 기술과 행정적 기술들이 또한 필요하다. 이를 위해 기획가들은 문제해결식 모델에서 사용하는 단계들로 적절한 계획을 만들어야 하는데 이 단계들은 지역사회문제 확인, 욕구사정, 목적과 목표의 수립, 프로그램구체화, 실행, 그리고 평가의 단계를 의미한다. 계획가는 적절한 목적을 선택하기 위한 기술들을 사용하기도 하며, 또한 정보를 모으고 주민들에게 계획이나 결정과정을 알려 주기 위해서, 가능한 대안들의 영향력을 분석하기 위해서, 그리고 결과를 평가하기 위해서 컴퓨터기술을 사용할 수 있어야 한다. 그리고 기획가들은 어디에서 계획을 위한 자원을 찾을 것이며 이 자원들이 어떻게 사용되었는지를 조사할 것인지 등에 관해서 숙고해야 한다. 따라서 계획을 위한 자원을 확보하기 위해 제안서(프로포절) 등을 작성하는 과정 역시 중요하다고 볼 수 있다.

2. 지역사회복지실천평가[2]

1) 지역사회복지실천개입 평가의 필요성

지역사회복지실천을 위한 개입은 기본적으로 지역사회문제나 지역사회주민들의

---

2) 본 절은 지은구(2003), 제4부 제2장 및 지은구, 조성숙(2010), 제7장의 내용을 참고하였음.

욕구의 해결을 위한 실천행동을 포함하며 구체적으로 사회복지사들은 지역사회 내에 서 문제와 욕구를 해결하기 위하여 조직적 차원에서 다양한 지역사회프로그램을 계 획하고 실행하게 된다. 지역기관과 조직에서의 구성원으로서 또는 사회복지사로서 지역사회문제와 주민들의 욕구를 해결하는 다양한 실천모델과 이에 따른 전략과 전 술 그리고 개입을 위한 구체적인 프로그램의 작성과 실행 등을 통한 실천 활동은 성 공적으로 지역사회복지실천 활동이 이루어지고 있는가에 대한 평가를 필요로 한다. 따라서 지역사회복지실천에 대한 평가는, 첫째, 지역사회개입에 대한 평가, 둘째, 지역 문제의 해결을 위해서 실행되는 지역사회프로그램에 대한 평가로 크게 나누어서 살펴볼 수 있다.

지역사회복지실천을 위한 개입을 평가하기 위해 질적 접근방법과 양적 접근방법 또는 이들이 혼합된 방법이 사용될 수 있으며 평가를 위한 절차들은 어떤 조사방법론 을 사용할지를 결정하고, 자료수집방법을 결정하며, 샘플을 선택하고, 자료를 수집하 고 분석하여 보고서를 작성하는 과정을 거친다. 평가는 평가를 진행하는 조사자, 지 역의 주요정보제공자, 선출된 관리들, 프로그램 수혜자들, 프로그램재정지원자들의 가치와 인식에 부응해서 조정되기도 한다. 지역사회프로그램의 평가를 수행하기 위 하여 지역주민들과의 제휴는 필연적이며 평가과정에 주민들을 개입시키는 것도 성공 적인 평가를 위해서 필요하다.

2) 평가를 위한 패러다임

평가를 위한 패러다임은 양적 방법과 질적 방법이 있다. 양적 평가방법은 평가할 분야의 이론적이고 경험적 문헌조사로부터 평가조사를 위한 가정(hypotheses)과 질문 들이 만들어진다. 대부분의 양적조사론자는 양적 조사가 과학적이고 객관적이며 가 치중립적이라고 강조한다. 양적 조사법은 연역적인 논리발달과정을 갖추고 있다. 즉, 일반 이론들이 어떤 상황에서 발생하는 원인과 효과의 관계를 설명하기 위해서 적용 된다(Patton, 1997; Rodwell, 1998).

반면에 질적 조사법은 귀납적 논리발달과정을 강조한다(Cummerton, 1986). 조사자 는 하나의 특수한 상황에 대한 매우 상세한 조사를 수행하는데 이 과정은 오랜 기간 동안의 반복된 관찰을 포함하기도 하고 다양한 개인이나 집단과의 비공식적 인터뷰

형식의 열린 인터뷰를 포함하기도 한다. 질적 조사를 통해 수집된 정보는 특수한 상황에 어떤 일이 발생하였는가를 설명해 주는 이론을 형성하는 데 사용된다. 결국 귀납적 사고는 특수한 상황으로부터 합리적으로 사고하고 합리적으로 사고한 개념을 보편적 상황으로 확대해서 적용하는 것을 의미한다(특수에서 보편으로 사고의 발달). 질적 조사법은 평가조사자가 문헌조사에서 당면한 문제에 적용할 수 있는 만족할 만한 정보를 얻지 못하였을 경우 또는 적은 정보를 얻었을 경우 사용되는 방법이기도 하다(Hardina, 2002). 지역사회복지실천개입이나 지역사회프로그램의 평가에 있어서 질적 조사법은 개입에 관한 방법이나 이유들에 관한 질문에 대답하기 위해 사용될 수 있다. 예를 들어, 어떻게 또는 왜 개입이 작동하는가? 효과를 만들어 내기 위해 실제로 프로그램에 어떤 일이 벌어지고 있는가? 등의 질문들이 포함될 수 있다(Chambers, Wedel, & Rodwell, 1992; Rossi & Freedman, 1982).

질적 평가조사법은 가치중립적이지 않다. 즉, 조사자나 조사 참가자들의 주관이나 가치가 평가과정에 내재해 있는 것으로 전제된다. 따라서 일반적으로 객관적이라기보다 주관적이라고 불린다. 반면, 질적 평가조사법은 양적 평가조사법이 편향을 포함하고 있다고 비판한다. 즉, 양적 조사 평가자들이 그들 자신의 가치나 관점을 조사과정에 부과시킨다는 것이다. 이는 조사자들이 변수(독립변수와 종속변수)를 선택하고, 조사 질문, 자료수집방법, 조사 설계, 자료분석들이 조사자의 가치를 반영하는 것에서 알 수 있다고 Patton(1997)은 강조한다. 이는 어떤 변수를 조사에 포함할 것인지 그리고 어떤 조사기법을 사용할 것인지에 따라 상이한 결과가 나타날 수 있음을 통해 조사자 스스로가 결과를 통제할 수 있음을 의미한다.

질적 접근방법들 중의 하나인 민속학적 조사방법(ethnographic approach)은 기존의 양적 접근방법이 문화적 관점, 가치, 행동, 그리고 의미들을 기록하기에 불충분하다고 비판한다. Fetterman(1998)에 따르면 민속학적 조사방법은 특정 문화적 집단의 매일매일의 삶을 살핀다고 한다. 결국 이 방법은 조사자의 가치나 편향을 어떻게 줄이느냐가 조사의 관건이라고 볼 수 있다.

Perkins(1983)는 평가에 있어 다음의 세 측면을 강조하였다.

- 측정의 정도: 몇 번을 측정하는가?
- 응답자가 선택할 수 있는 대답: 응답자는 대답을 선택할 수 있는가?

• 조사자의 개입정도: 조사자의 조사과정으로의 개입이 어느 정도인가?

① 측정의 정도

측정의 정도는 측정의 숫자를 의미한다. 질적 평가방법은 수년 동안의 반복된 관찰을 필요로 하고, 양적 평가방법은 매우 짧은 기간 동안의 한 번, 두 번, 또는 세 번의 수행된 조사나 관찰을 포함한다.

② 응답자가 선택할 수 있는 대답

응답자가 선택할 수 있는 대답은 측정이 실행되기 전에 만들어진 허용 가능한 대답을 의미한다. 양적 조사에 있어서 설문조사는 응답자들에게 일련의 질문과 이미 개발된 응답 항목들을 제공한다. 따라서 응답자는 주어진 대답의 항목들 중에서 선택하여 대답을 해야 한다. 반면, 질적 조사에 있어서 대부분의 응답자는 열린 대답을 통해 질문에 관한 그들이 느끼는 감정, 반응 그리고 인식 등을 표출한다. 따라서 대답은 어떠한 구조화된 형식 없이 이루어진다.

③ 조사자의 개입정도

조사자의 개입정도는 정해진 조사에 대해 조사자가 개입을 하는 것을 의미한다. 다시 말해 양적 평가방법으로서 경험적 조사설계는 응답자들을 통제집단과 경험집단으로 구분하여 조사를 시행하게 된다(Campbell & Stanley, 1963). 통제집단은 어떤 개입도 이루어지지 않는 집단이며, 경험집단은 집단의 성원들이 그들의 감정, 태도, 행동을 변화시킬 것으로 기대되는 개입을 받는 집단을 의미한다. 따라서 개입의 강도는 조사주제의 실제적인 조정의 정도를 의미하게 되는 것이다. 일부 양적 평가조사에서 조사자는 경험집단을 하나 이상 사용하기도 한다. 이런 경우 각각의 경험집단에는 상이한 개입들이 사용된다. 효과는 이 각각의 경험집단과 통제집단과의 비교를 통해 이루어진다.

질적 평가조사에는 어떠한 개입도 이루어지지 않는다. 즉, 응답자의 감정이나 태도, 행동을 바꾸기 위한 어떠한 시도도 이루어지지 않는다. 주로 질적 조사론자들은 자연주의자적 관찰을 통해 조사 대상이나 주제에 대한 조정 없이 조사가 일어나는 곳에서 조사가 자연주의적 관찰을 통해서 행해진다(Guba, 1987).

3) 지역사회개입평가: 성과평가와 과정평가

지역사회개발, 사회계획, 그리고 사회행동(나아가 전환모델을 포함하여)실천모델을 사용함으로써 지역사회의 변화를 촉진시키기 위해서 사용되는 전략과 전술의 실제적 수행과 관련된 지역사회개입의 평가는 지역사회개입에 대한 성과(outcomes)와 과정(processes)의 평가를 수행하는 것이라고 볼 수 있다. 지역사회복지실천가들은 그들이 행한 지역사회복지실천사업, 즉 지역사회개입의 성과와 과정을 평가하기 위해서 다음과 같은 방법들을 사용할 수 있다(Hardina, 2002).

- 목적(목표)성취방법
- 사회지표분석방법
- 현장면접방법
- 사건분석방법

(1) 목적(목표)성취방법

목적(목표)성취는 지역사회프로그램을 이용해서 지역개입의 목적과 목표가 어느 정도 달성되었는가를 평가하는 방법이다. 지역개입에 대한 성과의 평가는 가장 기초적인 수준에서 지역개입을 통해서 성취되어야 하는 목적과 목표에 대한 사정을 통해서 이루어진다. 지역개입을 통하여 성취하려는 목적과 목표에 대한 사정은 먼저 평가자와 프로그램 참석자들이 어떻게 프로그램의 욕구가 문제를 처리하기 위해서 사용된 개입계획에 연결되는지에 관한 분명한 이해를 필요로 한다. 문제를 처리하기 위한 이러한 개입계획의 구성물로는 프로그램에 참여한 참가자, 프로그램 욕구, 지역주민의 기대, 프로그램을 실행하기 위해 필요한 행동, 프로그램 작동을 위해서 필요한 자원, 프로그램 발전의 단계별 확인 등이 있다.

일련의 프로그램에서 일어나는 다양한 활동이나 행동(activity)들은 프로그램의 영향력 그리고 분명 성과와 연관이 있다. 따라서 평가자는 지역사회프로그램에서 어떤 일이 발생하고 있는지를 서술할 수 있어야 하고 이러한 활동을 프로그램성과 나아가 프로그램과 관련된 장기간의 성과와 연계시킬 수 있어야 한다. 프로그램(독립변수)과 성과(종속변수)의 관계는 명확해야 하며 이 관계에 대한 정보자원으로서는 이론적문

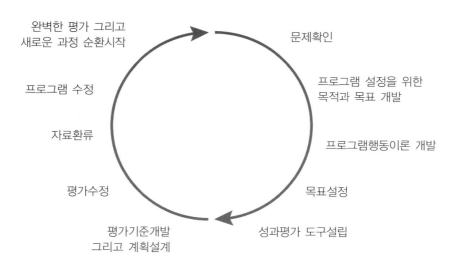

완벽한 평가 그리고
새로운 과정 순환시작

문제확인

프로그램 수정

프로그램 설정을 위한
목적과 목표 개발

자료환류

프로그램행동이론 개발

평가수정

목표설정

평가기준개발
그리고 계획설계

성과평가 도구설립

그림 7-1 **프로그램, 성과, 그리고 평가기준과 프로그램행동이론의 연계**

출처: 지은구(2003), p. 368에서 재인용.

헌, 경험적문헌, 실천문헌 등을 들 수 있다(Hardina, 2002; Chambers et al., 1992; Royse & Thyer, 1996). 프로그램의 행동을 설명해 주는 **프로그램행동이론(또는 프로그램이론)**[3]은 프로그램의 즉각적 목표, 중간 목표 그리고 궁극적인 프로그램의 목적을 확인하는 데 유용하게 사용될 수 있다(Meier & Usher, 1998; Patton, 1997). 목적과 목표의 성취를 위해 취해야 하는 행동을 설명해 주는 프로그램이론은 성과를 평가하는 평가기준과도 연계가 되어 있어야 하며 이 기준들은 프로그램에 의해서 다루어지는 확인된 문제들과도 연계되어 있어야 한다. [그림 7-1]은 프로그램행동이론과 문제 그리고 평가기준과의 연계를 그림으로 나타내고 있다.

효과적으로 지역개입에 대해서 평가를 수행한다는 것은 합계평가와 형성평가를 통해서 끊임없이 문제를 해결하기 위해 노력하는 개입을 허락하는 환류체계를 갖는다는 것을 의미한다고 볼 수 있다.

---

3) 프로그램행동이론은 프로그램이론이라고도 불리며 프로그램을 실행하기 위해 필요한 행동을 설명해 주는 데 사용된다. 프로그램의 행동은 분명히 성과와 연관이 있기 때문에 프로그램이라는 독립변수와 성과라는 종속변수 사이의 인과관계를 설명하는 데 주로 사용되고 프로그램실행을 위한 밑그림으로서의 역할을 수행하기도 한다(지은구, 2005).

(2) 사회지표분석방법

개입계획과 프로그램제안서 등에 설정되어 있는 목적과 함께, 평가는 정부나 민간단체들에 의해서 제공되는 자료인 사회지표들에 관심을 가질 수 있다. 예를 들어, ○○지역의 범죄율을 줄이는 것이 ○○지역주민들이 가장 선호하는 욕구라고 했을 때 이 욕구를 해결하기 위한 지역개입은 결국 우선적으로 범죄율을 줄이기 위한 프로그램이나 대책들에 집중될 수 있다. 범죄율을 줄이기 위한 프로그램이 ○○지역 범죄율의 감소에 얼마만큼의 효과가 있었는지를 알아볼 수 있는 가장 손쉬운 측정도구는 바로 범죄율의 증감을 나타내는 지표일 수 있다. 따라서 ○○지역구청이나 관할 경찰서가 가지고 있는 문제나 욕구해결을 위한 개입의 실행 이전과 이후에 대한 범죄율의 증감을 나타내는 지표를 지역문제에 대한 개입의 결과를 평가하는 기준으로 사용할 수 있다. 또한 ○○지역 개입의 목적이 노숙자의 수를 감소시키는 것에 있다고 한다면 노숙자 쉼터의 수를 증가하여 노숙자들이 쉼터에서 생활할 수 있는 여건을 제공함으로써 노숙자 수의 증대문제를 해결할 수 있게 된다. 이 경우 노숙자의 수와 쉼터의 수용능력에 대한 자료가 노숙자 증가문제의 해결을 평가할 수 있는 자료로 활용될 수 있다. 또한 조직에서 근무하는 사회복지사들은 조직적 개입에 대한 프로그램의 목적성취가 달성되었는가를 판단할 수 있는 기준점으로서 조직이 가지고 있는 개별 사례기록 등에 관련된 자료를 사용할 수 있다(Royse & Thyer, 1996).

결국 사회지표(social indicator)나 사례기록자료(case records) 등의 2차자료(secondary data)는 프로그램 실행단계에 따라서 각 단계별로 규칙적인 간격으로 정리되어 있을 수 있기 때문에 규칙적으로 기간에 따라 획득될 수 있으며, 또한 이차자료를 통한 분석은 통계학적 기법들을 이용해 분석함으로써 결과를 얻어낼 수 있다.

(3) 현장면접방법

지역사회복지실천과정에 관한 정보를 획득하기 위해서 사용되는 방법으로서 MacNair(1996)은 현장에서 이루어지는 현장면접과 현장에서 발생한 사건을 분석하는 사건분석을 강조하였다. 현장면접은 지역사회개입의 실천현장에서의 면접을 나타내며 참여자들이 사회복지사의 개입과정을 어떻게 바라보는지에 대한 정보를 얻기 위해서 사용되는 방법으로서 주로 참가자들의 경험, 행동, 산출된 결과에 관한 정보가 모아진다. 현장면접을 수행하는 목적은 사회복지사가 미래에 사용할 수 있는 실천지

식의 개발을 돕는 데 있다(Hardina, 2002). 현장면접이 지역사회 내에 있는 주요정보
제공자나 지역사회복지개입에 긴밀히 관여하고 있는 지역지도자들을 대상으로 이루
어지는 경우 사회복지사들은 기대하는 중요한 정보를 얻을 수 있다. 이는 주요정보제
공자나 지도자가 지역에서 이슈화되어 있는 문제들에 관해 많이 알고 있는 사람일 가
능성이 있기 때문이다. 물론 지역주민들이나 프로그램 수혜자들과의 현장면접도 주
요정보제공자나 지도자들과의 면접만큼이나 중요하다. 면접은 표준화된 질문을 포
함하는 기법이나 심층면접 등이 다양하게 사용될 수 있다. 현장면접은 주로 공식적 ·
비공식적 면접이 주로 활용될 수 있다.

(4) 사건분석방법

사건분석(또는 비판적 사건분석, critical incidence analysis)은 사회복지사가 특정 사
건이나 사회변화와 관련된 결과 등에 대해 관찰을 통해 분석하는 것을 의미한다
(MacNair, 1996). 분석될 수 있는 사건의 요인들로서는 특정한 전략과 전술, 전략적 행
동에 대한 대응, 변화시키려는 목표물, 지역주민들, 참여자들에 의해 표출된 느낌과
가치, 집단행동, 지도력의 질, 협조적 관계의 강도, 그리고 결과를 포함한다. 기록된
관찰은 조사자나 평가자가 현장에서 기록한 상세한 현장노트이며(Fetterman, 1998)
이 현장노트는 행동관찰, 인간행동의 유형을 나타내 주는 육체적 흔적이나 잔재(예
를 들어, 공연 이후 공연장의 쓰레기 상태 등), 조사자가 보고 들은 것에 대한 그들의 감
정이나 인지를 기록하기 위해 사용했던 기록이나 기사들을 포함한다(Chambers et al.,
1992).

4) 지역사회프로그램평가

지역사회프로그램평가는 특정 인구집단을 향한 사회복지재화나 서비스의 전달과
연관된 결과나 과정을 평가하기 위해서 사용된다. Hardina(2002)에 따르면 평가기준
으로는 기본적으로 프로그램계획과 자금조달제안서(funding proposal)가 포함되어 있
으며 성공적인 프로그램에 대한 평가는 프로그램이 실행된 이후보다 실행 이전에 측
정 가능한 프로그램의 목적과 목표를 사전에 명기하는 것을 필요로 한다. 프로그램
평가에 사용되는 기법으로는 양적 평가방법론과 질적 평가방법론이 있는데 대부분

의 경우에 평가당사자들이 그들의 가치와 선호 그리고 상황에 맞는 평가방법론을 선택하게 된다. 일반적으로 프로그램의 결과를 평가하기 위해서는 양적 접근방법을 그리고 프로그램과정을 살펴보기 위해서는 질적 접근방법을 사용하기도 하지만 현대에는 이 두 방법을 혼합하는 방법이 많이 사용되는 추세에 있다(Chambers et al., 1992; Patton, 1997). 일반적으로 지역사회에서 제공되는 사회프로그램에 대한 평가는 성과평가와 과정평가가 중심이므로 이 두 평가를 중심으로 살펴보도록 한다.

(1) 성과평가

가장 전통적인 양적 접근방법을 따르는 프로그램평가는 주로 지역사회프로그램에 들어와 있는 집단을 대상으로 하는 실험조사를 사용해서 성과를 평가하고 목적이 성취되었는가를 확인하는 것을 강조하는 것이다. 목적성취는 지역개입평가를 수행하는 데 있어 조사자 또는 평가자는 프로그램이론을 이해하는 것이 중요하며, 프로그램활동을 목표와 평가기준에 접합시킬 수 있어야 한다는 점이 강조된다. 사회지표들이나 사례기록에 관한 정보는 프로그램평가에서 성과측정을 위한 도구로서 사용될 수 있다. 그리고 실험적 측정이나 통제집단을 통한 사전-사후 측정의 사용은 평가자들에게 프로그램이 개인들이나 집단에게 어떠한 변화를 일으키게 되었는지를 알게 하는 데 도움을 준다. 이상적으로 보았을 때 성과를 일반화하고 외부에서 일어나는 외부변수들을 통제할 수 있는 능력은 샘플이 무작위적으로 추출되었을 때 가능하지만 현실적으로 지역사회에 기초한 조사가 이루어질 때 시간과 자원에 대한 고려 때문에 샘플이 무작위적으로 추출되는 것에 한계가 있다. 따라서 준-실험설계에 기초한 조사방법들이 지역에 기반한 프로그램평가나 지역개입의 성과를 평가하는 데 종종 사용된다(Royse & Thyer, 1996; Chambers et al., 1992).

효과적으로 지역사회프로그램을 평가하기 위해 평가자들은 특정한 결과를 측정할 수 있는 도구를 가지고 있어야 하며 실제적으로 프로그램이 잘 실행되고 있는지와 변화를 위한 기대감을 설정해 놓아야 한다. 일반적으로 양적 접근방법들은 직원들이나 참가자들이 평가를 준비하는 것에 포함되지는 않지만 직원들이나 참가자들의 개입이 때때로 평가자들에게 결과에 대한 정확도나 참여로부터의 협조를 보장해 주는 데 도움을 주기도 한다(Patton, 1997).

(2) 과정평가

개입이나 프로그램의 성과에 대한 평가와 함께 "왜"와 "어떻게"에 관한 질문들에 대답하기 위해 정보들이 수집되어야 한다. 과정평가는 어떻게 프로그램이 전달되고 있는가를 살펴보기 위해 사용되는 방법으로서 질적 접근방법의 내용을 구성한다. 과정평가는 때때로 블랙박스(black box)로 비유되기도 하는데 원인과 효과에 대한 관계가 블랙박스 안에서 일어나기 때문에 이 같은 이름이 붙여졌다(Patton, 1997; Rossi & Freeman, 1982). 과정평가에 대한 블랙박스의 비유는 다음과 같은 가정에 기초한다. 다시 말해, 우리는 프로그램이나 개입을 구성하는 행동에 관한 구체적인 기술들을 제공할 수 있지만 프로그램이나 개입이 우리가 의도한 또는 기대하지 않은 결과를 산출할지, 즉 무슨 일이 프로그램에서 일어나는지에 대해서는 아무도 확신할 수 없다는 것이다. Hardina(2002)에 따르면 과정평가는 프로그램의 다음과 같은 점들을 조사하게 된다고 한다.

- 슈퍼바이저와 직원과의 상호행동
- 직원들끼리의 상호행동
- 직원들과 클라이언트, 직원들과 지역주민, 그리고 수혜자와 결정가들 사이의 상호행동
- 개입을 전달하기 위해 사용된 자원들
- 개입을 전달하기 위해 필요한 직원노력
- 의도된 결과와 개입 사이의 일치
- 개입이 실제적으로 전달되었는가에 대한 정도
- 클라이언트, 이용자, 또는 지역주민들의 프로그램에 대한 접근성
- 프로그램을 조정하는 그리고 다른 조직들과 자원을 공유할 수 있는 능력

다음 [그림 7-2]는 블랙박스의 예를 나타난 것으로서 투입, 처리(행동), 산출, 그리고 성과 중에서 처리(활동)의 과정이 블랙박스로서 표시되어 있다.

과정평가를 시행하는 데 있어 2개의 또 다른 유형이 있는데 첫 번째는 프로그램검토(program monitoring)이고 다른 하나는 실행분석(implementation analysis)이다. 프로그램검토는 프로그램(또는 정책)의 실행 중에 투입된 자원과 이용자들에 관해 조사되

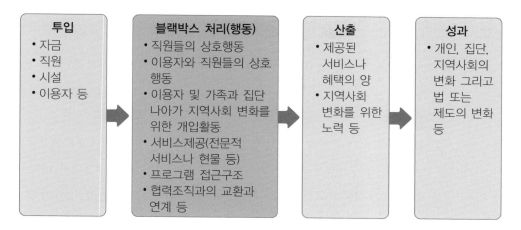

투입	블랙박스 처리(행동)	산출	성과
• 자금 • 직원 • 시설 • 이용자 등	• 직원들의 상호행동 • 이용자와 직원들의 상호행동 • 이용자 및 가족과 집단 나아가 지역사회 변화를 위한 개입활동 • 서비스제공(전문적 서비스나 현물 등) • 프로그램 접근구조 • 협력조직과의 교환과 연계 등	• 제공된 서비스나 혜택의 양 • 지역사회 변화를 위한 노력 등	• 개인, 집단, 지역사회의 변화 그리고 법 또는 제도의 변화 등

그림 7-2　과정평가를 위한 블랙박스

는 정보의 유형으로는 예산, 자원활용, 직원의 능력이나 태도, 이용자의 모집, 서비스를 받을 자격이 있는 이용자의 수, 서비스를 받고 있는 이용자 중 자격이 없는 이용자의 수, 프로그램 중도 포기자, 법이나 다른 법률적인 요구에 대한 적절한 대응(Rossi & Freeman, 1982) 등이 있다. 대부분의 위의 정보는 사회복지기관들이 전산화된 정보관리체계를 이용해 전산처리하였기 때문에 손쉽게 얻을 수 있다. 만약 검토결과 평가자의 프로그램에 대한 평가가 적절하게 기능하지 않는 것으로 확인된다면 프로그램은 본래의 목적하는 바를 위해 수정될 수 있다.

실행분석은 평가자가 프로그램이나 정책이 의도된 형식이나 방향으로 실행되고 있는지를 조사하는 것이다(Patton, 1997). 실행을 평가하기 위해서 질적 접근방법이 종종 사용된다. 따라서 자료를 수집하는 방법으로 행정가, 일선 직원들, 이용자, 정책결정가들과의 면접을 포함하며 또한 관찰이 직원들과의 상호행동 그리고 직원과 지역주민이나 이용자들과의 상호행동을 조사하기 위해 사용된다. 실행분석은 또한 제도적인 작업(결정수립, 행정절차, 문서작업)들에 대한 분석도 포함한다. 이는 종종 이러한 제도적 작업들이 결정가들에 의해 의도된 형태로 정책이나 프로그램이 실행되는 것을 방해하는 역할을 하기 때문이다.

5) 지역사회복지실천평가의 유형

지금까지 지역사회복지실천에 대한 평가를 지역사회개입에 대한 평가와 지역사회 프로그램에 대한 평가를 중심으로 소개하였다. 질적 조사를 통한 평가든 양적 조사를 통한 평가든 기본적으로 평가자들은 평가에 참석하는 참가자들 사이의 갈등을 중재해야 하고 조사의 수행과 관련해서 참가자들을 조정해야 하는 역할을 담당하게 된다. 이는 가치중립적이든 가치지향적이든 간에 관계없이 평가자가 조사과정에서 담당해야 하는 일차적인 주요 역할이다. 평가는 지역사회복지서비스를 이용하는 서비스이용자를 포함하여 지역집단이나 주민들과 함께 실행되어야 하는 것이 바람직하며 이들과 제휴함으로써 효과적인 평가가 기대된다고 할 수 있다.

프로그램참여자를 포함한 지역집단이나 주민 개개인들과 함께 실행되는 평가조사는 프로그램참여자들이 함께 참여하는 참여행동조사와 사회복지기관이 스스로 평가하는 자가평가 그리고 평가가 주민의 역량강화를 목적으로 하는 역량강화평가 등이 있다. 평가에 참여자 및 주민들을 포함시키는 평가방법은 가장 기초적인 사회복지원칙(역량강화의 원칙, 사회정의의 원칙 그리고 문화적 다양성의 원칙과 관련 있는)을 준수하여야만 한다.

(1) 참여자와 함께 실행하는 평가: 참여행동조사

참여행동조사는 힘이나 지식을 조사에 참여하는 일반 시민들에게 전이하는 것을 시도하는 조사로서(Sohng, 1998) Reinharz(1992)에 따르면 평등한 관계를 성취하기 위해 프로그램에 개입되어 있는 사람들의 역할관계를 변화하여 사회적·개인적 변화를 만드는 데 사용되는 모델이다. 즉, 참여행동조사는 프로그램에 참여한 참여자들을 평가에 포함시켜 평가와 관련된 일정한 힘이나 지식을 전수함으로써 프로그램을 제공하는 직원들과 참여자의 관계를 평등의 관계로 전환하여 평가하는 평가조사방법이다. 이 조사방법에 따르면 평가전문가나 조사자는 통제를 버리고 상호호혜, 상호노출, 공유된 위험, 그리고 열린 접근 등을 받아들여야 한다(Reinharz, 1992). Johnson(1995)은 참여행동조사를 위한 두 가지의 평가접근방법을 다음과 같이 제시하였다.

- 평행과정모델(parallel process model): 평가조사자(또는 전문가)는 단순히 평가집단을 위한 상담자로 행동하고 그리고 조사방법, 자료수집, 설계 그리고 분석에 대한 지식만을 제공한다.

- 심층입회모델(deep entry model): 평가조사자는 평가팀의 일원이 된다. 프로그램에 참여한 주민들은 평가팀에 리더십을 제공하고, 일정(agenda)을 작성하며, 자료수집과 분석에 참여한다. 자료는 프로그램에 참여한 지역주민들에 의해 의도된 목적의 성취여부를 평가하기 위해 사용된다.

(2) 자가평가

자가평가(self-evaluation)는 지역사회조직이 자발적으로 그들이 제공한 사회복지사업이나 프로그램을 평가하는 것을 의미한다. 기본적으로 자가평가는 특정한 프로그램을 평가하기 위해 사용되는 참여행동조사로부터 왔다(Meier & Usher, 1998). 자가평가조사의 절차는 평가에 프로그램운영관리절차와 프로그램설계를 연계시키는 것으로써 자가평가를 위한 자료로부터 프로그램설계의 수정과 일정한 감독을 허용하는 것을 의미한다. 즉, 자가평가를 위해 수집된 자료나 결과가 하나의 피드백으로서 프로그램의 발전을 위한 역할을 담당한다. 자가평가과정은 일반적으로 조직이 직원, 관리자, 서비스사용자, 주민, 그리고 지역 내에 다른 조직들과 함께 일하기 위한 필요성에 의해 시작되며 조직이나 집단구성원들이 스스로 평가를 수행할 역량이 부족하다고 판단되면 외부전문가의 도움을 받을 수도 있다. 외부전문가는 조직이나 집단성원들이 제공하는 사업이나 프로그램의 행동과 영향력을 확인할 수 있도록 도와야 한다.

(3) 주민역량강화평가

평가에 있어서 주민역량강화는 지역사회주민들이 스스로 지역사회의 사업이나 프로그램을 평가할 수 있도록 역량을 강화하는 것을 의미한다. 즉, 전문평가자는 직접적으로 서비스를 이용하거나 서비스가 제공되는 지역의 주민이 아니므로 프로그램 전반에 대한 포괄적인 자료가 부족할 수 있으며 또한 지역주민들 역시 전문적인 평가를 위한 지식이나 기술 등이 부족하므로 평가를 수행하기 위해서 사회복지사들이나 평가전문가는 지역집단이나 주민들과 제휴(coalition)하여 효과적인 평가가 이루어지도록 평가과정에 지역주민들의 역량을 강화시키면서 평가를 수행하도록 노력하여야 한다. 이를 위해 주민역량강화평가가 사용될 수 있다(Hardina, 2002). 주민역량강화평가 모델은 다음과 같은 이유로 인해 전통적인 평가 모델들보다 선호된다(Coombe, 1999; Padilla, Lein, & Cruz, 1999; Schulz, Israel, Selig, & Bayer, 1998; Rapp, Shera, & Kisthardt, 1993).

첫째, 수집된 정보는 참가자(주민)의 직접적인 욕구와 관련이 있을 것이다.

둘째, 평가에서 나타난 결과들은 지역사회에 혜택을 주는 방식으로 활용될 가능성이 더욱 크다.

셋째, 참가자(주민)들은 자료에 대한 접근, 전문적 기술과 지식으로 역량이 강화될 수 있다.

넷째, 평가를 통해 경쟁력 있는 프로그램과 평가를 위한 방법 등이 발전된다.

Fetterman(1996)은 주민역량강화평가를 개인적인 추구가 아니고 협조적인 집단행동으로 정의하였다. 주민역량강화평가모델의 특징은 직원(사회복지사)들의 지도로 주민들 스스로가 역량을 강화하도록 한다는 점이다. 즉, 지역주민들의 평가를 위한 능력건설과 프로그램평가행동과 함께, 이 모델의 명백한 의도는 평가과정에서 지역주민들이 평가를 지지하도록 하고, 나아가 지역주민들이 직접 평가과정에서 지역사회복지실천 활동을 통한 지역사회변화를 이해하며 확인하도록 하는 것이라고 볼 수 있다. 결국 평가자는 촉진자로서 역할을 하게 되는데 촉진자의 주요 역할은 어떻게 자료가 사용되어야 하는지 그리고 어떻게 평가가 진행되어야 하는지에 관한 공통의 관점과 동의를 이끌어내는 것이다.

결론적으로, 지역사회복지실천에 대한 과정과 성과를 평가함에 있어 조사자(사회복지사)가 직접 주민들을 포함하는 평가팀이나 집단의 일원으로 참가하여 함께 평가를 수행하든 아니면 평가를 수행함에 있어 단순히 조력자의 역할만을 수행하든 지역주민이 참여하는 참여행동평가나 조사는 평가를 수행하기 위해서 사회복지사들이나 평가전문가가 지역집단이나 주민들과 제휴하여 효과적인 평가가 이루어지도록 노력하여야 한다는 점이다. 이를 위해 가장 우선적으로 평가담당 사회복지사들은 주민들 스스로가 역량강화하여 평가를 수행할 수 있도록 주민들의 역량을 강화하는 데 노력을 기울여야 한다.

　효과적인 지역사회복지실천과 지역사회프로그램에 대한 평가는 사회복지사들이 과정과 성과를 조사하기 위한 기술적, 전문적, 그리고 분석적 기법이나 기술들을 필요로 한다. 사회복지사는 프로그램의 이론을 확인하고, 목적을 수립하고, 자료수집과 조사전략을 계획하고, 참여자를 선택하고, 그리고 자료를 분석하기 위해 참여자들과 함께 일해야만 한다. 평가조사보고서에는 결론과 대안이 분명한 방식으로 제시되어야 하며 다양한 지역집단(자금제공자, 지역주민, 조직의 이사진, 클라이언트, 수혜자들 포함)들의 요구에 부응하기 위해서 사회복지사들은 정치적으로 행동하여야 함이 강조되기도 한다.

　최근에 등장한 참여행동조사는 사회복지사가 컨설턴트나 중개자의 역할을 수행하여야 함을 강조한다. 이는 프로그램에 참여한 참가자들이 프로그램의 목적, 필요한 정보, 평가기법들에 대한 공통의 이해를 할 수 있도록 사회복지사가 도와야 함을 의미한다. 따라서 사회복지사들은 평가를 위해 참여자들과 함께 동등한 협력자로서 일하게 된다. 경쟁력 있고 효과적인 서비스나 프로그램의 개발을 위해 결정적으로 필요한 경험, 기술, 가치, 인지, 그리고 강점들을 참가자들이 또는 주민들이 가지고 올 수 있다는 것을 인식시켜 주는 것이 지역사회복지실천과정에서 사회복지사들의 중요한 역할이다.

제3부
지역사회복지
실천기술

제8장

자원개발[1)]

효과적인 지역사회복지실천을 위해 가장 필수적인 요소 중의 하나는 자원개발이라고 할 수 있다. 사회복지조직이 지역주민들을 위해 아무리 좋은 서비스나 프로그램을 기획한다고 하더라도 프로그램을 수행할 자원이 없다면 서비스 제공이 불가능하다. 사회복지조직은 공익을 위해 설립된 비영리조직으로서, 조직의 특성상 자원개발은 생존전략이자 필수적인 활동이다. 사회복지조직은 다양한 방법으로 지역주민, 정부, 기업 혹은 다양한 재단 및 단체 등으로부터 자원을 동원하고 개발하여야 한다. 이 장에서는 물적 자원개발을 중심으로 논의하고자 한다.

1. 자원개발의 필요성

지역사회복지실천을 위한 자원개발의 필요성을 정리하면 다음과 같다.

첫째, 급증하는 복지수요에 대한 대응 차원에서 자원개발이 필요하다. 가족해체,

---

1) 이 내용은 지은구, 조성숙(2010)의 제9장의 내용을 참고하여 수정 · 보완하였음.

인구구조 변화, 가족구조 변화, 1인 가구 증가 등으로 최근 들어 사회복지 욕구가 급격히 증가하고 있고 복지 사각지대가 확대되고 있는 실정이다. 급증하는 복지수요를 충족시키기 위해 가장 핵심적인 사항은 복지재원의 조달이라고 할 수 있다. 그러나 현실적으로 정부의 복지예산은 복지수요를 충족시키기에는 역부족인 상황으로, 민간 복지재원의 개발이 시급하다고 볼 수 있다.

둘째, 풀뿌리 기부문화 확산과 사회복지 참여의식 확대를 들 수 있다. 사회복지조직의 자원개발은 기부의 양적·질적 확대를 통해 기부대상자들을 다원화하고 다양한 재원을 획득함으로써 궁극적으로 사회구성원들의 삶의 질을 향상시키는 데 목적이 있다. 적은 금액이라도 국민 모두가 기부활동에 동참함으로써, 국민들이 지역사회, 나아가 사회에 많은 관심을 가지게 되고 사회복지 향상에 기여할 수 있는 환경이 조성된다(정무성, 황정은, 2013, pp. 53-54).

셋째, 지역사회는 자원의 보고(寶庫)로서, 급증하는 지역사회의 복지수요를 충족시킬 수 있는 다양한 자원이 산재해 있다. 지역사회에는 복지욕구를 시급하게 해결할 욕구가 있는 집단이 있는 반면, 그 욕구를 충족시켜 줄 수 있는 다양한 자원이 있다. 이런 맥락에서, 사회복지조직은 복지욕구를 해결해 줄 수 있는 다양한 자원을 체계적으로 개발할 필요가 있다.

2. 자원개발 시장

지역사회복지실천의 핵심주체인 사회복지조직의 재원은 정부, 재단, 기부금, 서비스 이용료, 특별행사 등 매우 다양하다. 사회복지조직의 재정원천은 크게 정부와 민간으로 구분할 수 있다. 정부측 재원으로는 정부보조금, 그랜트, 정부의 위탁, 정부로부터 받는 서비스 비용 등이 있고, 민간측 재원으로는 일반기부금, 기금조성 기부금, 결연 후원금, 특별행사, 유증, 개인 및 타조직으로부터 받는 회비, 동료회원 조직으로부터의 기부, 지역 공동모금회의 배분, 서비스 요금, 자체 수익사업 등이 있다. 〈표 8-1〉은 사회복지조직의 재정원천을 정부와 민간으로 구분하여 제시하고 있다.

표 8-1   사회복지조직의 재정원천

정부측 재정원천	민간측 재정원천
• 정부보조금(일률적 보조금) • 그랜트(선택적 보조금) • 정부의 위탁(계약) • 정부로부터 받는 서비스 비용	• 일반기부금 • 기금조성 기부금 • 결연 후원금 • 특별행사(만찬, 공연, 특별모금 방송) • 유증(遺贈) • 개인 및 타조직으로부터 받는 회비 • 동료회원 조직으로부터의 기부 • 지역 공동모금회의 배분 • 서비스 요금(유료서비스 요금) • 자체 수익사업(건물임대, 이자증식, 특별사업 등)

출처: 최성재, 남기민(2006), p. 312을 재구성함.

　이러한 사회복지조직이 필요로 하는 자원을 개발할 수 있는 시장은 크게 개인 기부자, 재단, 기업, 정부로 구분할 수 있다. 이를 구체적으로 살펴보면 다음과 같다.

1) 개인 기부자

　모금운동이 활발한 미국의 경우 개인 기부자가 모금액 전체의 80%를 기부하는 것으로 나타났다. 우리나라도 개인단위의 기부활동이 점점 증가하고 있으며, 사회복지조직의 모금활동에서 가장 중요한 부분을 차지한다고 해도 과언이 아니다. 개인 기부는 기부자의 소득, 연령, 학력, 성별, 종교 등의 요인에 의해 좌우되며, 그중 특히 고소득층, 중년층, 고학력층 집단이 상대적으로 많은 금액을 기부하는 것으로 나타났다(정익준, 2005). 기부행위의 동기는 개인마다 다르다고 할 수 있는데, 인간의 기부행위에 대한 분석은 사회복지조직의 모금전략 수립에 많은 시사점을 제시한다. 인간의 기부동기를 9가지로 분류하면 〈표 8-2〉와 같다.

표 8-2 인간의 기부동기

구분	구체설명
자존감을 만족시키려는 욕구	인간은 선행을 통해 자기 이미지와 자존감을 만족시키려고 함
타인에게 인정받고 싶은 욕구	사회적인 지위를 구축하고 타인의 눈에 반영되는 자신의 격을 높이려고 함
질병에 대한 공포	자신과 가족이 질병에 걸리지 않을까 하는 불안감에 근거하여 기부함
습관적인 기부	원래 기부행위에 관심이 없지만 타인의 기부행위를 보고 습관적으로 기부함
성가심 탈피	방문자를 빨리 돌려보내기 위해 기부함. 기부행위에 대한 가치를 전혀 두지 않음
기부를 요구받음	업무상 기부를 요구받아 기부에 참여함
지인에 대한 연민의 정	질병이나 비슷한 처지의 지인에 대한 깊은 연민의 정으로 기부함
인간의 공통성에 대한 감정	인간의 공통성에 대한 감정으로 타인을 돕는 일이 체질화되어 있어 기부함
인간애에의 관심	종교적인 이유로 타인에게 관심을 갖는 것은 자연스런 행위라 생각하고 기부함. 자선활동에 참여해야 한다는 도덕적인 의무감이 있음

출처: 정익준(2005), pp. 226-227을 일부 수정하여 요약 · 정리하였음.

효과적이고 효율적인 모금활동을 위해 모금에 앞서 모금시장을 세분화할 필요가 있는데, 기부잠재력은 기부자 시장을 세분화하는 데 가장 중요한 요소이다. 따라서 사회복지조직은 기부자의 규모를 구분하여 다수의 소액기부자에게 초점을 맞출 것인지 소수의 고액기부자에게 초점을 맞출 것인지 결정한 후, 모금 및 자원개발 전략을 개발하여야 한다. 뿐만 아니라, 시장세분화를 위한 또 다른 요소들은 지리적 요인(도시 혹은 지방), 조직과의 접촉(자원자와 청중), 과거의 기부경력(장기간 기부자, 최초 기부자, 최초의 재기부자 등) 등이다. 이러한 요소들은 조직이 각 집단에 대한 노력의 정도와 접촉수단의 사용방법(대중매체, 전화, 우편, 개인접촉 등), 강조사항을 결정할 때 사용된다(정익준, 2005).

2) 재단

재단은 특정 부문에 돈을 기부하고 어떤 관심을 촉진하기 위해 존재한다. 재단은 사회복지조직의 사업실적에 근거하여 기부를 하게 되며, 지속적인 사업에 대한 일반적인 재정지원보다는 구체적인 프로젝트에 지원하는 경우가 많다(Homan, 2004). 〈표 8-3〉에 제시된 것처럼, 재단은 일반목적 재단, 특별목적 재단, 기업 재단, 가족 재단, 운영 재단, 지역사회 재단 등 여섯 종류로 구분할 수 있다.

표 8-2 재단의 종류

구분	특징
일반목적 재단	특히 규모가 크고 잘 알려진 재단으로 광범위한 프로젝트가 진행 중이고 비교적 제약없이 운영됨. 일반적으로 매우 큰 프로젝트에 관심이 있음
특별목적 재단	자금 지원을 특정 지역 혹은 구체적인 관심영역으로 제한
기업 재단	기업에 의해 기부된 자금을 관리하기 위해 설립된 재단
가족 재단	설립한 가족의 통제하에 있는 재단으로 대체로 규모가 작으며, 지원금은 개인적 관심에 근거하여 이루어짐
운영 재단	재단의 자원을 연구 수행이나 직접적 서비스를 제공하는 데 사용함
지역사회 재단	중앙집권화된 지역사회 감독체제하에서 소규모 자금으로 운영됨. 보조금은 주로 특정 지역에 한정되지만, 대규모 자산과 광범위한 이해관계가 있어 지역사회 변화노력에 잠재적 원천이 됨

출처: Homan(2004), pp. 306-307을 요약 · 정리하였음.

대부분의 재단은 보조금을 지급하는 구체적인 보조금 교부 분야를 지정하고 있다. 예를 들어, 사회서비스, 지역사회 향상 등 보조금 지원 분야뿐만 아니라, 특정 광역시 혹은 도시 등의 구체적인 지리적 장소를 제한하는 경우도 있다. 재단에 관한 정확한 정보 수집이 쉬운 일은 아니다. 정부보조금과 달리, 재단 보조금에 대한 정보는 공개 발표나 도서관에서 찾을 수 없는 경우가 많고 재단의 존재나 보조금 형태에 대해서도 홍보하지 않는 경우가 많다(Kirst-Ashman & Hull, 2009).

무엇보다도 지원요청대상 재단을 고려하는 데 가장 중요한 요소는 적합성이다. 자원개발담당자는 조직의 관심과 활동분야에 부합되는 재단을 물색하여야 한다. 이를 위해 재단보조금 인덱스(index), 재단명감, 재단 뉴스와 같은 자료를 활용하면 도움이 된다. 또한 어떤 재단이 어떤 조직의 활동프로그램에 많은 관심을 가졌다고 하더라도 재단이 그 조직 자체에 어느 정도의 관심을 가지고 있는지 철저히 분석하고 평가하여야 한다(정익준, 2005).

3) 기업

많은 기업은 다양한 목적으로 자금을 배분하기 위한 자선담당자나 자선부서를 두고 있다. 해당 지역사회에 주요 고용주인 대규모 혹은 소규모 기업들은 기부의 형태로 혹은 현물형태로 사회복지조직을 포함하는 비영리조직들에게 기부를 한다. 지역사회의 문제해결을 지원하기 위하여 자금, 물품, 서비스를 제공하는 것은 기업의 사회적 책임을 과시하는 것이며 바람직한 거래관행이기도 하다. 대부분의 경우, 기업은 전략적인 차원에서 기부를 행하는 경향이 있다(Homan, 2004). 일부 학자들은 기업은 이기심, 즉 보다 건강한 지역사회와 사업환경을 활성화시킴으로써 장기적으로 기업에 이익을 준다는 믿음으로 기부에 참여한다고 주장하고 있다(Picker, 2001; Zippay, 1992). 고객들 또한 공익을 위해 기부하는 기업의 상품을 구매할 가능성이 높다(Homan, 2004).

기업의 기부금은 주로 마케팅 예산으로부터 오는 경우가 많기 때문에 기부는 기업의 마케팅전략과 연결되어 있는 경우가 많다. 최근에 많은 기업은 사회복지조직을 포함하는 비영리조직들과 연계하여 명분연계마케팅(cause-related marketing)을 사용하고 있다. 이 마케팅전략은 판매된 모든 상품에 대해 일정 금액을 사회복지조직을 포함한 비영리조직에 기부하는 형태이다. 지역사회 명분에 대한 이런 종류의 기업 지원은 사회복지조직에게도 재정적 도움을 주지만, 해당기업은 기업의 사회적 기여도를 대중에게 알리고 기업의 지역사회 관여에 대한 좋은 평판을 얻게 된다(Homan, 2004).

기업을 대상으로 효과적인 모금을 위해 사회복지조직은 다음과 같은 기업의 특성을 이해해야 한다.

첫째, 기업들은 특정 지역에 기부금을 제공하기를 바라는 경우가 많다. 즉, 기업과 동일한 지역에 위치하고 있는 사회복지조직을 선호할 가능성이 높다. 예를 들어, 어떤 특정 지역에 기업의 공장이나 지사가 있는 경우 특정 지역에서 기부할 가능성이 높다(정익준, 2005; Homan, 2004).

둘째, 기업들은 기부금 제공시 특정 분야에 우선순위를 두어 그 분야 사업에 자금을 지원하는 경우가 많다. 따라서 사회복지조직은 특정 활동과 분야에 지원을 선언한 기업들을 공략하는 것이 도움이 된다.

셋째, 많은 금액을 기부하는 대규모기업도 사회복지조직이 관심을 가져야 할 유망한 표적대상이 될 수 있다.

넷째, 사회복지조직은 기부를 요청할 기업과 개인적인 친분이 있는지 확인할 필요가 있으며 기업의 특성을 살린 지원 방안도 고려해 볼 필요가 있다(정익준, 2005). 예를 들어, 독거노인들의 주거환경개선을 위해 벽지나 장판 제조회사와 공동프로젝트를 기획하여 기업이 벽지나 장판 등 현물을 지원하는 방법도 고려해 볼 수 있다.

4) 정부

정부는 사회복지조직의 가장 중요한 자금원이다. 여기에서 정부란 중앙정부와 지방정부 등 다양한 수준의 정부를 통칭한다. 정부의 보조금 신청시 고려해야 할 몇 가지 가이드라인은 다음과 같다(Homan, 2004).

(1) 정보 수집

자원개발담당자는 다양한 수준의 정부가 자신의 조직과 같은 사회적 관심사를 다루기 위해 어떤 자금을 가지고 있는지 파악하여야 한다. 즉, 어떤 부서, 어떤 절차를 통해서 자금을 지원하는지 파악하여야 한다. 또한 해당 정부기관의 직원과 접촉하여 어떤 자금들이 지원되고 있는지 향후에 지원 기회가 생긴다면 알려 줄 것을 요청할 수 있다. 해당 정부기관에 아는 직원이 없다면, 지역사회홍보부서를 접촉하여 정부기관의 공고절차를 파악한다. 자원개발담당자는 특히 지방정부의 예산을 기본적으로 이해하여 어떤 기금이 어떤 분야에 지출될 계획인지 파악한다면, 정부의 지원을 준비하는 데 도움이 될 수 있을 것이다.

(2) 도움 요청

정치인들 및 정부기관의 직원들과 관계를 개발한다. 정치인들은 주로 유권자들에 대한 약속 이행을 통해 동기부여되는 경향이 있다. 자원개발담당자는 정치인들과 관계를 돈독히 유지하고, 정부기관의 행정직원들을 접촉하여 관련정보와 방침에 대한 정보를 확보한다.

(3) 조직 이슈에 대한 관심도 높이기

대중들이 해당 사회복지조직의 특정 이슈에 관심을 가진다면, 그 조직은 지방정부에 대한 자금 요청이 보다 용이할 것이다. 정부자금의 역할은 국민을 조용하게 하는 역할을 하므로, 지역사회의 인식과 관심을 조직의 이슈로 유도한다면 정부자금을 끌어올 수 있을 것이다. 또 다른 정부자금의 역할은 유익한 민간노력을 활성화하고 지원하는 것이다. 만약 해당 사회복지조직이 소중한 지역사회 자원으로 인식된다면, 그 조직은 정부로부터 자금을 지원받을 가능성이 높아진다. 왜냐하면 지방정부자금은 해당 지역사회 내에서 정치적인 영향력에 반응하는 경향이 있기 때문이다.

(4) 예산수립과정 관여

지방정부의 다양한 부서가 어떻게 예산 기획에 참여하는지 파악하고 신규예산 내에 사회복지조직의 관심영역을 다룰 수 있는 자금을 포함시킬 수 있도록 지방정부와 함께 협력해야 한다. 그리고 공식적인 사업계획서를 준비하여 제출한다.

3. 자원개발 방법

사회복지조직이 활용할 수 있는 자원개발 방법을 개인 및 공공·민간기관 차원으로 구분하여 소개하고자 한다.

1) 개인 대상 자원개발

개인 대상 자원개발은 사회복지조직의 보편적인 자원개발 방법 중 하나이다. 개인을 대상으로 한 자원개발 방법에는 직접 대면 요청, 집단에 대한 요청, 회원 모집 및 회비 요청, 전화요청, 우편 캠페인을 위한 전화 지원, 직접우편, 특별행사, 캔버싱, 인터넷을 통한 자원개발 등이 있다. 이에 대해 구체적으로 살펴보면 다음과 같다.

(1) 직접 대면 요청

개인을 대상으로 한 가장 효과적인 자원개발 방법은 잠재적 기부자를 직접 대면하여 후원을 요청하는 방법이다. 그러나 이 방법은 잠재적 기부자를 직접 만나야 하는 부담이 따르므로, 다른 자원개발 방법들보다 더 많은 시간과 비용이 소요될 수 있다. 따라서 이 방법을 사용할 때에는 잠재적 기부자에 대한 세 가지 요소인 A(Ability), B(Belief), C(Contact)를 고려하여야 한다. 첫째, 경제적 능력(Ability)으로, 잠재적 기부자가 자신이 원하는 기부금액을 기부할 경제적 능력이 있는가이다. 둘째, 공감(Belief)은 잠재적 기부자가 조직에 대한 대의 혹은 그 유사한 것에 대하여 공감하는가이다. 셋째, 인맥(Contact)은 그 조직 내에 누군가가 해당 잠재적 기부자와 직·간접적인 친분이 있는가이다. 인맥은 가장 중요한 요소이지만, 일반적으로 간과되는 요소이기도 하다(Klein, 2007). 요청하는 후원금의 금액이 많을수록 그리고 잠재적 기부자의 기부 경험이 적을수록 자원개발담당자는 요청과정에서 더 많은 준비가 필요하며, 친구에게 소액의 기부를 요청할 때조차도 철저히 준비하여 접근하여야 한다(Homan, 2004).

직접 대면 요청시 도움이 될 만한 사항은 다음과 같다. 먼저, 잠재적 기부자에 대하여 잘 파악하고 있어야 한다. 즉, 그 잠재적 기부자가 얼마를 기부할 수 있을지 평가한다. 그리고 잠재적 기부자의 기부동기 및 그가 어떤 사실과 정서에 반응할 것인지 파악하여야 한다. 다음으로 잠재적 기부자와의 접촉을 위해 준비하여야 한다. 자원개발담당자는 기부 후보자를 접촉하기 전에 많은 준비를 해야 하며, 그 잠재적 기부자를 만나서 어떤 이야기를 할 것인지 미리 생각하고 자원개발담당자가 무엇을 그리고 왜 필요로 하는지에 대해 분명하고 간단하게 서술할 수 있어야 한다. 자원개발담당자는 기부행위가 그 기부후보자에게 왜 중요하다고 생각하는지 그의 기부가 그에게 어떤 의미가 있을지를 기술하고 답할 수 있어야 한다. 그리고 그 기부후보자에게 어떤 다른 사람이 기부요청을 하고 있는지 사정하고, 적당한 시간, 장소 및 기부를 요청할 대상자를 결정한다. 마지막으로 접촉하는 단계에서는 접촉을 시도하여 그 자리에서 기부를 받거나 최소한 기부금을 받을 시간을 정하여야 한다. 그리고 기부에 대한 감사의 뜻을 표시한다(Homan, 2004).

(2) 집단(혹은 조직)에 대한 요청

개인에게 기부요청을 할 수 없는 경우, 자원개발담당자는 차선책으로 집단 혹은 조직 단위로 접근할 수 있으며 집단의 규모가 적을수록 더욱 효과적이다. 집단은 어떤 상황에 대하여 공유된 혹은 집단적 관점을 가질 수 있으며 구성원들이 적절히 반응하는지에 대한 동료압력(peer pressure)을 행사할 수 있다. 집단은 하나의 기부단위로서 접근이 가능하기도 하지만, 그 집단에 속한 구성원에게 개별적으로 기부를 요청할 수도 있다. 집단 단위로 기부요청을 할 때에도 개인 대상 자원개발의 경우에서처럼 동일한 사항들을 고려하면 된다. 즉, 그들의 기부능력 평가, 기부 역사 및 그 집단 자체에 대한 정보를 수집해야 한다. 특히 신생조직으로부터 기부요청을 받는 경우 대부분의 조직은 그 조직의 정당성을 참작하여 기부를 결정한다는 점을 고려하여 미리 대비하여 접근해야 한다(Homan, 2004).

그 집단의 구성원 개인단위로 기부요청하는 것과 집단단위로 기부요청하는 것은 절차가 다르다. 많은 집단과 조직들, 특히 일반적으로 100만 원 이상의 기부금을 내는 집단과 조직들은 공식적인 기부요청 절차를 가지고 있는 경우가 많다. 조직이 크고 공식적일수록 그 절차는 더 복잡할 수 있다. 자원개발담당자는 그런 절차들을 많이 알면 알수록 기부를 받을 가능성이 높다. 일반적으로 조직으로부터 후원금을 받으려면 서면신청서와 구두 발표가 필요하다(Homan, 2004).

(3) 회원 모집 및 회비 요청

조직의 회원들에게 연회비를 요청하는 것은 간단하지만 사회복지조직의 자원 확충에도 효과적인 방법이다. 이 방법은 회원들로 하여금 조직에 대하여 더 많은 기대와 책임을 가지게 하며 조직을 보다 공식적으로 만드는 경향이 있다. 회원 모집을 위해서는 그 사회복지조직 자체나 조직의 목표에 대해 언어적으로 혹은 행동적으로 관심을 표명한 개인들을 먼저 접촉해 나가는 것이 좋다. 노골적으로 기부를 요청하는 것보다 회원 요청을 하는 것이 더 용이할 수 있다. 사회복지조직에 관심이 있는 개인들에게 회원 요청을 함으로써 조직의 재원 증가에도 도움이 되게 할 수 있다.

회원 모집을 통한 모금액이 상대적으로 적을 수 있지만, 사람들은 자신들이 회원으로 소속된 기관 및 기관 활동에 대하여 보다 많은 관심을 가지게 되며 다른 지역주민들에게도 직·간접적으로 동참할 수 있도록 유도하는 이중 효과가 있기 때문에 시도

할 만한 가치가 있는 방법이다. 회원들이 기부를 하면 회원증을 만들어 주는 것이 좋은데, 회원증이 너무 무성의해 보이거나 가격이 저렴해 보여서는 오히려 역효과를 낼 수 있으므로 각별히 주의하여야 한다. 또한 회원들에게 그들이 회원이라는 사실과 그 이유를 상기시켜 주기 위해 조직의 소식을 담은 뉴스레터 등을 정기적으로 보내 주는 것도 좋은 방법이다(Homan, 2004).

(4) 전화요청

전화요청은 개인에게 전화하여 사회복지조직의 사업을 지원해 줄 것을 요청하는 방법이다. 전화요청은 직접우편방법보다 응답률이 훨씬 높고, 개인적인 메시지를 가지고 많은 사람을 만날 수 있는 방법이다(Klein, 2007). 사회복지조직이나 조직의 이슈가 많이 알려질수록 모금의 성과는 훨씬 높아질 것이다. 이 방법은 잠재적 기부자와 직접 이야기할 수 있다는 장점이 있는 반면, 전화를 받는 당사자들은 사회복지조직으로부터 기부요청 전화를 받을 것이라는 기대를 하지 않기 때문에 사람들을 성가시게 할 수 있다는 단점이 있다. 또한 전화를 받는 사람들은 그 사회복지조직을 싫어하게 될 위험성도 있으며, 전화를 거는 자원봉사자들이 무례한 응대를 받을 가능성도 있어 이에 대해서도 고민이 필요하다.

전화모금캠페인은 적은 규모의 사람이건 많은 수의 사람이건 접근이 가능하다. 사용 가능한 전화선 수, 자원봉사자의 열정 정도, 활동 기획 및 자원봉사자 모집·관리 시간 등에 따라 이 방법의 규모를 결정한다(Homan, 2004). 특히 소규모 사회복지조직의 경우에는 다소 수정된 전화요청 방법으로 기부자의 감정을 불쾌하게 하지 않고도 모금을 할 수 있다. 즉, 현 기부자, 잠시 쉬고 있는 기부자뿐만 아니라 위원회 이사, 직원 및 현 기부자의 친구들, 유사기관의 기부자들과 같은 어느 정도 기부 가능성이 있는 목록을 중심으로 자원봉사자들이 전화를 하여 모금활동을 펼칠 수 있다(Klein, 2007).

(5) 우편 캠페인을 위한 전화 지원

전화는 잠재기부자 집단에게 편지를 보내 기부를 요청한 다음 편지의 효과를 배가시킬 수 있는 유용한 도구이다. 이 방법은 텔레마케팅기법과 직접우편(다이렉트 메일) 방법을 통합한 기법이다. 우편으로 편지를 발송한 후 전화로 다시 요청하는 방법은 편지 단독으로 기부를 이끌어 내는 방법보다 기부자의 숫자를 어느 정도 증가시킬 수 있다. 우송되는 편지는 그 편지의 수신자의 관점에서 볼 때 우호적인 지위를 가진 사람에 의해 서명되는 되는 것이 좋다. 특히 그 사회복지조직이 잘 알려지지 않았다면, 여러 사람이 같은 편지에 서명을 하는 방법도 시도해 볼 만하다. 동일한 편지에 여러 개의 사인이 있다는 것은 그 조직이 폭넓은 지지를 받고 있다는 인상을 주게 되고 잠재적 기부자는 자신들이 신뢰하는 사람들의 이름이 있기 때문에 기부에 응답할 가능성이 높아진다(Homan, 2004).

(6) 직접우편

직접우편(Direct Mail: DM)은 잠재적 후원자들에게 기부요청을 의뢰하는 우편을 발송하여 기부를 이끌어 내는 방법이다. 요즈음에는 인터넷을 통한 기부요청방법이 활용되고 있긴 하지만, 직접우편은 오늘날 가장 흔히 사용되는 방법이다. 미국의 경우 직접우편을 통한 기부요청 방법은 제2차 세계대전 이래 널리 사용되는 방법이며, 1970년대와 1980년대에 이 방법이 대중화되었다. 이 방법은 미국, 캐나다, 호주, 영국 등의 나라에서 폭넓게 사용되는 방법이다(Klein, 2007). 직접우편을 통한 기부요청 방법은 매우 간단하다. 즉, 기관에 대한 소개, 기관이 필요로 하는 것을 설명하는 편지 그리고 지로용지를 넣어서 보낸다. 직접우편의 장점은 직접 대면 요청보다 비용을 현저히 줄일 수 있다는 점이다(정익준, 2005).

직접우편은 기부자들과의 관계를 돈독히 하는 다목적적인 방법 중의 하나로 다음의 세 가지 기능을 가지고 있다. 첫째, 새로운 기부자의 확보이다. 둘째, 직접우편은 기부자들의 반복기부를 유도할 수 있다. 일단 새로운 기부자를 확보하면 사회복지조직은 그 기부자가 지속적으로 기부를 할 수 있도록 노력해야 한다. 가장 효과적인 방법은 기부금을 받은 후 72시간 이내에 감사의 뜻을 표시하고 그 후 1년에 1회 이상 기부를 요청한다. 셋째, 직접우편은 기부를 갱신하도록 유도할 수 있는 유용한 방법이다(Klein, 2007).

직접우편의 성공을 결정짓는 요소는 발송대상자 목록이다. 특히 후원가능성이 높은 기부자명단이나 많은 수의 명단을 확보하지 않는다면, 일반적으로 첫 번째 요청으로 많은 금액의 후원금을 확보하지는 못할 가능성이 높다(Homan, 2004). 발송대상자 목록은 기부가능성 정도, 즉 기대 수준에 따라 '기부가능성이 높은 집단' '어느 정도 기부 가능성이 있는 집단' '냉담 집단'으로 나누어 각각 다른 접근을 활용해야 한다 (Klein, 2007).

먼저, '기부가능성이 높은 집단'은 해당 사회복지조직에 어떤 형태로든 이미 참가한 적이 있는 사람들이 포함된다. 즉, 현재 기부를 하고 있는 사람들이 기부가능성이 가장 높고, 다음으로 현 기부자의 친구들 순이다. 대부분의 사람은 자신의 친구들과 가치관을 공유하는 경우가 많아 유사한 대의에 공감할 수 있다. 따라서 현 기부자들의 친구들이 기부에 참여할 수 있도록 현 기부자들에게 1년에 1회 정도 편지를 발송하여 그 조직에 관심이 있을 만한 친구들의 성명과 주소를 알려달라고 요청한다. 또한 조직의 이사, 직원, 자원봉사자들을 통해서도 잠재적인 기부자의 목록을 만들 수 있다.

'어느 정도 기부가능성이 있는 집단'은 해당 사회복지조직의 서비스를 받아 본 적이 있는 사람들, 해당 조직과 유사한 조직의 기부자이지만 그 조직에 대하여 들어보지 못한 사람들, 기관의 특별행사에 온 적이 있는 사람들이 포함된다. 예를 들어, 책자, 교육자료, 티셔츠 등 기관에서 판매하는 물품의 구매자들, 조직이 주최한 다양한 회의, 세미나, 대중 집회 등 다양한 특별행사에 참여한 사람들의 이메일 주소나 연락처 등의 정보를 잘 보관하여 새로운 상품이 나올 경우 광고물을 보내거나 다양한 행사시 참여를 유도하고 또한 기부활동에 참여할 수 있도록 유도한다. 따라서 어떤 식으로든 기관에 참여한 사람들의 목록과 연락내용을 모두 데이터베이스에 기록하여 중복되는 이름이나 현 기부자의 이름을 제외하여 잠재적 기부자 목록을 만들면 도움이 된다.

'냉담 집단'에는 1년 이상 사회복지조직과 어떤 상호작용도 없었던 사람들, 기관이 거의 혹은 아무것도 알지 못하는 사람들이 포함된다. 전화번호부가 냉담 목록에 속한다.

(7) 특별행사

모금행사는 지역사회에 기관의 이름과 기관의 활동에 대하여 알리고 사람들이 즐겁고 흥미롭고 감동적인 시간을 가지도록 하면서 행사후원기관이 모금을 할 수 있게 하는 방법이다. 특별행사는 세 가지 목적을 가져야 하는데, 첫째, 단체 홍보로, 특정 청중들이 제한된 시간 동안 기관이나 기관의 사업 및 행사에 대하여 관심을 가지게 한다. 둘째, 특별행사는 지역사회 내에서 조직의 인지도를 높일 수 있으며 다양한 행사, 모금활동 및 조직화 노력 등의 지속적인 홍보를 통하여 지역주민들에게 그 조직을 더욱 많이 홍보할 수 있다. 셋째, 특별행사의 목적은 모금이다. 물론 모금을 위해서는 특별행사보다 훨씬 더 빠르고 쉬운 방법이 있기 때문에 모금은 특별행사의 부차적인 목표라고 할 수 있다. 단순히 재정적 자원이 필요한 조직이라면 이러한 특별행사는 그다지 유용한 방법은 아니라고 할 수 있다. 하지만 기관의 인지도를 높이고, 새로운 사람들을 데려오고, 가능하면 모금도 하고자 하는 조직이라면 특별행사는 이상적인 전략이 될 것이다. 많은 경우 특별행사는 적자가 날 수도 있고 간신히 적자를 면할 수도 있지만, 지역사회 내에서 조직에 대한 홍보와 인지도를 높인다는 차원에서 성공적으로 평가되는 경우가 많다(Klein, 2007).

모금행사 기획 시 고려해야 할 사항은 다음과 같다.

- 행사의 적절성: 기획하고 있는 모금행사가 적절한지 알고 싶다면, 그 조직에 대해 전혀 알지 못하는 사람들이 행사 참여 후 기관에 대하여 어떻게 생각할 것인지를 자문해 보면 된다. 만약 사람들의 생각이 중립적이거나 호의적이라면 행사는 적절하다고 할 수 있다.
- 행사가 창출할 조직의 이미지: 가능하면 행사가 조직의 이미지에 부합해야 하고 그 조직이 가지고 싶은 이미지를 증진할 수 있어야 한다.
- 해당 모금행사를 위해 필요한 자원봉사자의 규모: 자원봉사자의 시간을 잘 계획해서 자원봉사자의 인맥과 특성을 고려하여 적재적소에 배치할 수 있어야 한다.
- 행사 자본금: 대부분의 행사는 모금되기 전에 돈이 필요한 경우가 많다. 행사를 위한 자본금은 혹시 행사가 취소되어 손해를 보더라도 그 조직이 감당할 수 있는 수준이어야 한다.
- 반복성: 가장 바람직한 행사란 그 행사가 그 지역사회의 전통처럼 여겨져 지역주민들이 그 행사를 기다리게 되는 경우이다. 이 기준이 부합된다면, 첫 모금행사에서 모금액이 기대보다 적다고 하더라도 향후의 행사를 중단하지 말아야 할 것이다.
- 시기의 적절성: 기관에서 행사를 개최하고 싶은 시기에 그 지역사회에서 다른 행사는 없는지 확인할 필요가 있다. 즉, 유사한 단체의 모금행사와 일정이 겹치는지 혹은 지역사회주민들이 특히 바쁜 시기는 아닌지 등을 확인해 보아야 한다.
- 모금행사의 입지: 모금활동이라는 큰 틀에서 볼 때 모금행사의 입지가 어떤지 고

려해 보아야 한다. 예를 들어, 모금행사에 참여하는 사람의 대부분이 새롭게 행사에 참가하는 사람들이 아니라 어떤 형태로든 그 사회복지조직에 기부하고 있는 사람들이라면, 이 행사가 과연 필요한지에 대하여 고민해 보아야 한다(Klein, 2007).

(8) 캔버싱(방문 기부요청 혹은 거리모금)

캔버싱(Canvassing)은 기관의 사람들이 집집마다 방문을 하거나 거리에 서서 기관의 사업에 대한 기부를 요청하는 방법이다. 이것은 조직화전략으로서, 단순히 모금만을 위해 집집마다 방문을 하는 것은 아니다. 캔버싱은 방문캔버싱과 최근 많이 활용되고 있는 거리캔버싱이 있다(Klein, 2007).

모금전략으로서 캔버싱의 장점은 다음과 같다. 첫째, 캔버싱이 정착되고 잘 운영이 되면, 확실하면서도 상당한 조직수입원이 될 수 있다. 둘째, 매일 수많은 사람과의 대면접촉을 통해 새로운 기부자들을 많이 확보할 수 있다. 셋째, 캔버싱은 조직의 사업에 대한 대중의 의견과 인식에 대한 정보를 수집할 수 있게 하는 장점이 있다.

반면, 캔버싱은 다음과 같은 단점이 있다. 첫째, 풀타임제로 캔버싱을 수행하는 경우, 이를 위한 전담 직원, 사무실 및 회계업무와 슈퍼비전도 필요하게 될 것이다. 둘째, 캔버싱사업의 책임자가 잘 조직화되어 있지 않거나 직원에 대한 관리가 서툰 경우, 혹은 한 지역에 너무 많은 캔버싱이 진행되고 있는 경우 수입이 안정적이지 못하게 될 것이다. 셋째, 캔버싱 담당자들의 복장이 단정치 못하거나 다른 사람들에게 무례하거나 불쾌감을 줄 경우에는 오히려 캔버싱하는 조직에 대한 평판이 떨어질 수도 있다. 마지막으로, 기부자들이 낸 기부금 대부분이 사업에 사용되지 못하고 간접경비로 사용된다는 것을 아는 사람들은 기부에 참여하기를 원하지 않는다는 단점이 있다(Klein, 2007).

효과적인 캔버싱을 위해서는 다음과 같은 4가지 요소가 필요하다. 첫째, 조직은 지역적인 이슈나 캔버싱 대상에게 영향을 미치는 이슈를 가지고 활동해야 한다. 왜냐하면 사람들은 어떤 이슈가 자신들에게 영향을 미친다고 인식해야 방문 기부요청시 혹은 거리모금에서 기부에 동참하기 때문이다. 둘째, 사람들은 자신들이 기부하는 소액의 기부금이라도 큰 도움이 될 것이라고 느낄 수 있어야 한다. 캔버싱은 소액 기부가 대부분이지만, 사람들은 그들의 소액기부가 의미있게 사용될 것이라고 느낄 수 있어야 한다. 셋째, 사람들이 기관에 대한 신뢰를 가질 수 있어야 한다. 사람들은 기관의 성과를 보고 기관에 대한 신뢰감을 가지게 된다. 그 조직의 사업이 대다수 주민에게 중요하고 관심을 끄는 경우, 즉 보건의료사업 혹은 공원 마련 등과 같은 활동은 캔버싱에 적합하다. 마지막으로, 유사한 사업을 하는 조직과 차별화하되, 그 조직을 무시하는 태도를 보이지 말아야 한다. 유사한 조직들이 같은 지역에서 캔버싱을 한다면 주민들이 혼란스럽기도 하고, 같은 사안에 대해서 계속해서 기부를 요청하면 사람들은 화가 날 수도 있으므로 자원개발담당자는 자신의 기관을 다른 기관들과 분명히 차별화할 수 있는 구체적인 방안을 모색하여야 할 것이다(Klein, 2007).

(9) 인터넷을 통한 자원개발

인터넷은 본질적으로 중요한 커뮤니케이션 도구로서, 다양한 방식으로 보다 빠르게 더 많은 기부자들과 소통하게 한다(Homan, 2004). 인터넷을 통한 모금은 모금영역에서 가장 빠르게 성장하고 있는 영역이다. 예를 들어, 온라인 기부, 이메일을 통한 기부자와 연락유지 및 기부요청, 기관 블로그(blog), 전자 소식지 등이 널리 사용되고 있다. 인터넷 모금을 하기 위해서는 이메일, 초고속 인터넷 서비스, 기관 고유의 도메인명과 웹사이트가 필요하다.

웹사이트를 기획할 때에는 웹사이트는 누구를 대상으로 할 것인지 그리고 어떻게 이들을 방문하게 할 것인지를 고려하여야 한다. 웹사이트 방문자를 늘릴 수 있는 방법은 다음과 같다. 명함, 이메일 서명, 편지지 상단, 소식지 등 기관에서 발행하는 모든 매체에 웹사이트 주소를 포함시킨다. 또한 야후(yahoo)나 구글(google)과 같은 주요 검색엔진에 모두 등록한다. 그리고 비영리조직, 서비스제공기관, 상공회의소 등의 디렉토리에 기관의 우편주소와 함께 웹사이트 주소를 제시한다. 다른 기관들과 서로 링크가 되게 하여 사람들이 상호방문할 수 있도록 한다. 뿐만 아니라, 웹사이트의 방문을 유도하기 위해서 이메일을 활용할 수 있다. 가능한 한 많은 기부자의 이메일 주소를 수집하여 월별로 혹은 분기별로 기관의 새로운 소식과 사업진행 상황을 이메일 소식지나 공지로 발송한다. 단, 웹사이트 상에 지면소식지를 그대로 올려놓는 방법은 그리 바람직하지 않다. 전자소식지는 간결판으로 만들고 더 상세한 정보가 필요한 독자들은 웹사이트에 방문하여 관련 정보를 얻을 수 있도록 하이퍼링크를 만들어 둔다(Klein, 2007).

2) 공공·민간기관 대상 자원개발

사회복지조직은 다양한 공공·민간기관, 즉 정부기관, 유사한 가치를 공유하는 집단, 전문 집단 및 협회, 지역사회봉사클럽·기관, 기업, 노동조합, 연합 자금제공 프로그램, 재단 등으로부터 자원을 확보할 수 있다. 공공 혹은 민간의 자금제공기관에 접근하는 과정은 개인에게 접근하는 것과 많은 유사점을 가지고 있다.

다음의 과정을 통해 공공·민간기관의 자원을 확보할 수 있다. 첫째, 유망한 자금원을 확인하고 가장 가능성이 있는 기관을 목표로 설정한다. 둘째, 유망한 자금원을 접촉하고 그 기관들과 관계를 맺는다. 셋째, 자금원에게 서면 프로포절 혹은 보조금 신청서를 제출한다. 넷째, 자금원에게 구두로 설명하고 그것에 대한 후속조치를 한다. 이 단계는 항상 필요한 것은 아니지만, 준비하는 것이 도움이 될 것이다. 다섯째, 감사표시를 하고 미래를 위해 관계를 수립한다(Homan, 2004).

유망한 자금원에 대해 사회복지조직의 인지도를 높이기 위해서는 지속적인 노력이 필요하다. 첫째, 그 사회복지조직의 관심사나 목적이 양립할 수 있는 다양한 공공 혹은 민간기관들을 살펴본다. 둘째, 그 조직의 핵심이슈에 관심을 가질 만한 전문집단을 고려한다. 셋째, 지역사회봉사조직과 그들의 자금 우선순위에 대한 정보를 찾아낸다. 다음으로, 지역에서 활동하는 회사와 법인들을 고려한다. 재단이나 공동모금회와 같은 합동자금제공프로그램은 여기에 해당된다. 마지막으로, 중앙정부 혹은 지방정부가 그 조직의 사업에 어떻게 관여될 수 있는지 알아보아야 한다(Homan, 2004).

자금 제공 가능성이 있는 유망한 자금제공원을 파악하였다면, 서면 보조금 신청서를 작성한다. 보조금 신청서에는 최소한 다음의 요소가 포함되어야 한다. 먼저 커버레터(cover letter)로서, 신청경위와 과거 해당기관에 접촉한 직원의 성명을 명기한다. 다음으로, 구체적인 사업계획으로서 활동프로젝트의 독특성, 창의성 및 중요성을 구체적으로 기술한다. 뿐만 아니라, 소요예산에는 프로젝트 수행에 필요한 경비를 기록한다. 마지막으로 프로젝트에 참여하여 활동할 인원을 명기한다. 신청서는 간단명료하고, 개성적이고, 체계적이며 읽기 쉽도록 작성한다(정익준, 2005).

제9장

자원협력과 네트워킹[1]

1. 지역자원협력의 배경

최근 가족해체, 돌봄 수요 급증, 일·가족 양립 어려움, 근로빈곤층(working poor) 확대 등 사회문제의 복잡성과 다양성, 지역주민의 욕구 다양성 및 증대 등으로 인하여 하나의 조직에서 지역주민들의 욕구를 모두 해결한다는 것이 매우 어려운 것이 사회적 현실이다. 따라서 한 사람이 가지고 있는 다양한 욕구를 해결하기 위해 다양한 조직들의 개입은 당연하다고 할 수 있다. 조직들 상호 간의 보다 효과적인 개입을 통하여 지역주민들의 삶의 질은 개선될 수 있고 욕구나 문제해결 중심적인 지역발전을 기대할 수 있게 된다. 결국, 지역주민들이 가지고 있는 다양한 욕구를 해결하기 위해 주민서비스를 제공하는 조직들 간의 서비스협력의 중요성은 증대하게 되었다고 할 수 있다.

예를 들어, 노인복지관이 노인일자리프로그램을 실시할 때, 노인들이 고용훈련을 받고 재취업을 하기 위해서는 노인복지관만의 노력으로는 불가능하며 노인일자리사업의 성공을 위해서는 공적조직과 일반기업들과의 협력은 가장 중요한 성공요인이라

1) 이 내용은 지은구, 조성숙(2010)의 제10장의 내용을 참고하여 수정·보완하였음.

고 할 수 있다. 또한 정부가 주민통합서비스를 제공한다고 했을 때 공적조직만으로는 통합서비스를 성공적으로 수행하기가 어렵고 실질적으로 주민들에게 일선에서 보건, 복지, 문화, 고용, 평생학습 등의 주민생활과 밀접한 사회적 서비스를 제공하는 관련 비영리단체들의 협력이 절대적으로 필요하다고 할 수 있다. 만약 민간단체들과의 상호협력이 없다고 한다면, 주민들의 다양한 욕구를 통합적으로 관리하고 통제할 수 있는 행정적 기능은 불가능하다고 할 수 있으며, 주민통합서비스 제공에 따른 지역주민들의 삶의 질 향상이라고 하는 목적은 실현될 수 없을 것이다. 지역자원이 결합하는 협력체제구축은 결국 지역주민을 위한 통합서비스를 구체적으로 실현시키는 가장 강력한 도구로서 작동할 것이다. 즉, 협력체제를 구축하여 지역자원을 효율적으로 분배하고 다양한 정보를 공유함으로써 지역의 단점을 강점으로 극대화시킬 수 있다.

2. 지역자원의 협력연결망

앞의 예에서도 나타난 바와 같이, 통합적인 사회서비스를 제공하는 데 있어 조직과 조직 간의 상호행동은 가장 필요한 강조점이라고 할 수 있다. 통합적으로 지역주민들에게 필요한 서비스를 제공한다는 것은 조직과 조직 사이의 상호행동 그리고 협력시스템의 작동 또는 운영 없이는 불가능하다고 할 수 있기 때문이다. 일반적으로 서비스제공자들 사이의 협력은 상호행동을 기초로 한다.

협력(collaboration)이란 각각의 조직들이 조직적 자율성을 유지하면서 공유된 자원을 가지고 어떤 서비스나 프로그램을 제공하기 위하여 함께 결합하는 것을 의미하며 협력의 유형으로는 연결망, 합작회사, 조합(컨소시엄) 등이 있다(Tobin, Ellor, & Anderson-Ray, 1986; Bailey & Koney, 2000). 즉, 연결망이나 컨소시엄 등이 모두 협력을 목적으로 설립된다는 것을 의미하며 하나의 협력체계 안에서 같은 지역 안에 위치해 있는 2개 이상의 조직이 특정 프로그램이나 서비스를 설립하고 제공한다는 동의를 바탕으로 공동의 목적을 성취하기 위하여 상호협력하게 된다(Netting, Kettner, & McMurtry, 2004). 결국, 구체적 협력의 한 유형으로서 협력연결망의 운영은 효율적 지역자원의 활용이라는 측면에서도 매우 중요하다고 할 수 있다. 〈표 9-1〉은 지역조직들 사이의 상호행동의 수준을 나타내 준다.

| 표 9-1 | 상호행동의 수준 | | |

상호행동수준	관계유형	특성	조직의 자율성 정도
의사소통 (communication)	우정이나 친절	조직 사이에 생각을 공유	높음
협동 (cooperation)	동맹이나 결연	독립적인 프로그램을 수행하고 계획하기 위해 함께 일함	높음
조정 (coordination)	연방, 협회	소개하고 정보를 공유하며 서로 서로를 도와주고 중복을 피하기 위해 함께 일함	적절함
협력 (collaboration)	연결망, 컨소시엄, 합작회사	공유된 자원으로 하나의 프로그램이나 서비스를 제공하기 위해 함께 뭉침	적절함
합치 (consolidation)	합병	한 조직으로 통합	자율성 없음

출처: Netting, Kettner, & McMurtry(2004), p. 347.

1) 협력과 연결망

연결망은 협력의 한 유형으로서 각각의 조직들이 조직적 자율성을 유지하면서 공유된 자원을 가지고 어떤 서비스나 프로그램을 제공하기 위하여 함께 결합하는 협력 시스템이라고 할 수 있다. 일반적으로 연결망은 행위자를 연결하는 관계를 의미하며 행위자란 구체적으로 사람이나 조직 및 시스템을, 관계란 상호행동을 의미한다(배응환, 2000). 사회복지실천의 영역에서 연결망은 일반적으로 한 사람이 자신에게 도움을 줄 수 있는 다른 사람을 필요로 할 때 그리고 자신이 도움을 줄 수 있는 다른 사람을 필요로 할 때 발생하게 된다. 즉, 도움을 주거나 받기 위해 다른 사람이나 조직을 필요로 할 때 연결망은 필요하게 된다. 따라서 연결망은 다른 사람과의 사회적 관계를 유지하고 건설하는 것을 포함하며 연결망은 사회적 교환을 위한 구조를 제공하기 때문에 사회적 지지체계라고 할 수 있다. 결국 연결망은 도움을 주고받기 위해 필요한 사회적 구조라고 정의할 수 있으며 개인, 집단의 영역을 뛰어넘어 조직과 조직 사이의 사회적 교환을 위한 사회적 지지체계로서의 역할을 수행하게 된다. 따라서 민과 관의 협력연결망이란 민간부분의 개인, 집단, 조직과 관 영역의 개인, 집단, 조직이 통합적이고 문제해결 중심적인 실천적 서비스를 제공하기 위해 상호 간의 도움을 주고받는 사회적 교환체계이자 사회적 지지체계라고 할 수 있다.

연결망으로의 개입 또는 참여는 개인이나 조직에게 일시적인 자율성의 상실을 의미하기도 하지만 연결망을 유지하고 발전시키기 위해 필요한 자원의 투자를 의미하기도 한다(Hardcastle, et al, 2004). 예를 들어, 연결망에 참여하는 조직은 자율성의 상실을 보상할 수 있을 정도의 충분한 자원의 확보를 기대하게 된다.

연결망이 유지되고 발전할 수 있는 조건으로 Galaskiewicz과 Wasserman(1993) 그리고 Woodard와 Doreion(1994)은 다음과 같은 점을 강조하였다. 첫째, 조직은 그들의 목적을 성취하고 조직기능을 수행하기 위해서 다른 조직의 자원을 필요로 한다고 전제한다. 이러한 전제하에서 연결망은 자원의 교환을 위해 시장과 같은 구조를 제공하게 된다. 둘째, 외부의 문제나 기회 또는 지시에 대응하기 위한 필요한 자원이 연결망을 통해서만 획득될 수 있기 때문에 조직은 다른 조직을 필요로 한다고 전제한다. 따라서 연결망은 자원모집을 위한 구조임과 동시에 기능적으로 그리고 정치적으로 조직의 영역을 조정하는 구조가 된다. 셋째, 서비스영역에 있어 비슷한 영역이나 중복된 영역을 공유하는 조직들은 경쟁과 갈등을 규제하여야 할 필요가 있다고 전제한다. 이를 위해 연결망은 영역의 동의를 이끌어 내기 위해 협상하고, 경쟁을 정치적으로 규제하며, 연결망회원조직들의 영역을 정당화하고 연결망조직들 사이의 갈등을 관리하기 위한 메커니즘과 구조를 제공한다. 이상의 조건들로 인하여 지역사회조직들 간에 자원의 교환, 상호협력지지체계로서의 사회연결망은 발전할 수밖에 없게 된다.

2) 협치와 연결망

협치(governance)란 단순히 통치체계를 의미하는 것이 아니라 인간의 사회적 행위 전반에 걸친 새로운 문제해결을 위한 인식체계라고 볼 수 있으며 일방적 정책결정기관이 아닌 구성원들 간의 또는 조직과 조직 상호 간의 연결망을 강조하고 민간과 공공기관 사이의 자원혼합을 위한 파트너십을 강조하며, 국가의 중앙통제적 권한보다는 탈 중앙화된 분절된 권한이 강조된다는 특징이 있다. 따라서 현대사회에 있어서 협치는 문제의 해결가능성을 높이는 사회적 조정을 위한 인식체계라고 볼 수 있다. 특히 협치는 그동안에 이루어졌던 획일적이고 중앙통제적이고 수직적인 정책결정을 극복하여 연결망 중심의 수평적인 관계하에서 다자간 의사가 최대한 존중되는 결정기구로서 인식되고 있다. 즉, Ross(1967)가 지방협치를 공공기관들 간의 관계뿐만 아니라 공공기관과 시민사회 사이의 상이한 관계를 발달시키는 지방수준의 새로운 집합적 의사결정방식이라고 정의하였는데, 이는 결국 협치가 일방성에서 탈피하여 지역에 존재하는 다양한 조직이나 구성원들을 포함하는 다자간 의사결정을 이끌어 내는 체계라는 것을 의미한다.

연결망은 앞에서 지적한 바와 같이 개인과 개인, 집단과 집단, 또는 조직과 조직이 통합적이고 문제해결 중심적인 서비스를 제공하기 위해 상호 간의 실천적인 도움을 주고받는 사회적 교환체계이자 사회적 지지체계라고 할 수 있기 때문에 협치라는 인식체계를 실현시키기 위한 구체적인 체계 또는 구조로서 연결망은 운영된다고 볼 수 있다.

결국, 민간 부문의 개인, 집단, 조직과 공공영역의 개인, 집단, 조직이 통합적이고 문제해결 중심적인 서비스를 제공하기 위해 상호 간의 도움을 주고받는 사회적 교환체계이자 사회적 지지체계로서 그리고 협치가 실현되는 도구로서 연결망이라는 실천적이고 구체적인 체계가 등장하게 되었다. 〈표 9-2〉는 협치를 바탕으로 하는 협력연결망구조의 기능 또는 역할을 연결망구조를 구성하는 행위자를 중심으로 구분하여 나타낸 것이다.

표 9-2 협치를 실현하기 위한 연결망구조

구조	행위자	역할	영역
연결망	협력연결망의 상층지도자	의사결정(정책결정)	지역사회복지 전 영역
	협력연결망의 실무자	협력실천	

3. 자원협력의 이론적 기초

사회문제해결능력의 향상과 지역사회복지의 증진을 위한 협력체계 구축(연결망)은 공공부분에서의 자원 활용과 민간부분에서의 자원 활용 그리고 양자 간의 자원의 교환을 통한 활용방안에서 그 해답을 찾을 수 있다. 기본적으로 지역자원의 활용은 그 이론적 기초를 자원동원이론, 조직상호주의이론 그리고 사회교환이론에서 찾아볼 수 있다.

1) 자원동원이론

자원동원이론은 힘을 어떻게 얻고 어떻게 분산할 것인가를 강조하였던 힘 의존이론에 의해 영향을 받는다고 설명하는 이론이다. 자원동원이론은 간략하게 말해서 자원동원을 통한 조직의 발전이 지역복지에 영향을 미칠 수 있다고 보는 이론이다. 예를 들어, 조직의 회원증대는 회비의 증대를 가져다주어서 조직의 자원동원에 많은 영향을 미친다고 가정할 수 있다. 지역에 내재해 있는 숨겨진 자원을 개발하는 것과 산재해 있는 자원에 역량을 강화하여 실제적으로 활용 가능한 자원으로 만드는 것이야말로 희소한 자원이라는 경제적 불변의 법칙을 수정 · 보완하여 자원을 동원하는 주체 중심의 문제해결구조를 확립하는 지름길이라고 할 수 있다. 어떤 개인, 조직, 지역이든 개발하지 않은 자원 또는 개발할 수 있는 자원은 내재해 있으며, 결국 자원은 동원 가능하고 동원된 자원으로 개인, 조직, 나아가 지역이 보다 문제해결중심적인 세력으로 세력화할 수 있다고 하는 것이 자원동원이론의 핵심적 가정이라고 할 수 있다.

2) 조직상호주의이론

조직상호주의이론은 조직 상호 간의 지지와 상호행동이 지역사회를 발전시킬 수 있음을 설명해 주는 이론이다. 따라서 조직상호주의이론은 지역사회조직 간의 협력과 조정을 강조한다. 현실적으로 대부분의 지역사회에는 다양한 형태의 조직들이 있으며 이 이론은 이러한 조직들 간의 조정과 협력이 지역사회의 역량을 개선, 증진시키는 데 있어 중요하다는 것을 강조한다. 조직상호주의이론은 모든 조직은 생존과 번영을 위해 더 큰 집단이나 조직의 연결망 안에 놓여 있어야 한다는 것과 각각의 조직은 그들만의 특별한 영역을 가지고 있음을 기본전제로 한다. 따라서 각각의 조직은 중첩된 대상자들을 위해 같은 영역에서 활동할 이유가 없으며 협력과 조정을 통해서 지역사회가 필요로 하는 새로운 서비스나 통합된 서비스를 제공할 수 있게 된다. 조직상호주의이론은 기본적으로 어떤 환경에서든 자원은 부족할 수 있지만, 이러한 자원의 부족은 조직 상호 간의 협력과 조정으로 극복할 수 있다는 것을 강조하기 때문에 기본적으로 지역사회 안에 존재해 있는 조직들의 상호행동을 통한 역량강화에 많은 부분에서 이론적 토대를 제공할 수 있다고 보여진다. 결국 어떤 독점적인 조직의 영역이란 존재하지 않으며 현대의 조직적 삶은 실제로 상호조직적 삶이고, 상호조직적 삶은 복잡하고 계속 변화하고 예측할 수 없는 환경에서의 끊임없는 협상과정을 포함한다(Aldrich, 1979; Emery & Trist, 1965)는 점이 조직상호주의이론에 있어 중요한 개념이라고 할 수 있다.

3) 사회교환이론

사회교환이론은 사회적 협력체계로서 협력연결망을 구성하는 데 있어 연결망구성을 위한 가장 중요한 이론적 토대를 제공한다. 지역주민통합서비스를 위한 민간부분과 공공부문의 협력체계를 건설한다고 했을 때 가장 중요한 협력체계건설의 목적은 지역주민들에게 일괄되고 통합된 서비스를 특정 장소에서 일괄적으로 제공하여 불필요한 시간과 자원의 낭비를 막고 효율적인 서비스의 효과를 기대한다는 것에 있기 때문에 지역주민들의 다양한 욕구를 한 장소에서 해결할 수 있도록 하는 조직과 조직 간(또는 영역과 영역 사이)의 협력체계로서 연결망의 중요성이 강조된다. 불필요한 자원의 흐름과 정보의 일방적인 독점을 막고 적절한 자원의 배분과 공유된 정보를 바탕으로 지역주민들은 통합적 서비스를 한 장소에서 제공받을 수 있어 그들의 다양한 욕구는 효과적으로 해결된다. 따라서 적절한 자원의 배분과 공유된 정보를 위해 조직과 조직 간의 교환은 매우 중요한 요소가 된다.

사회교환이론에 의하면, 사회교환과정에 의해 연결망은 유지되고 설립되며 발전된다. 사회교환이론은 사회협력체계로서 연결망의 기초를 이루는 기본적인 이론이 된다. 사회적 교환은 한 조직이 연결망에 참여하고 있는 다른 기관이나 조직의 영역(예를 들어, 서비스의 영역 또는 범위, domain)을 인식하였을 때 발생하며 조직들은 인식된 영역을 상호 간에 교환하게 된다. 사회적 교환은 교환에서 분명한 경제적 보상을 기대하는 경제적 교환과는 다르며 사회적 교환은 연결망을 유지하고 설립하고 발전시키기 위해 필요한 교환을 의미한다. 즉, 경제적 교환과는 달리 사회적 교환의 가치는 화폐가치로만 측정되지는 않는다. 예를 들어, 한 기관이 다른 기관에 경제적 도움을 제공하였다고 하더라도 이러한 경제적 도움을 준 기관의 만족이나 가치는 무형의 사회적 생산인 증진된 사회적 지위, 경제적 어려움에 대한 압력의 제거, 사명감의 충족 등으로 평가된다는 것을 의미한다. 따라서 경제적 교환과 달리 사회적 교환은 교환의 효과를 측정하는 데 어려움이 있다. 지역사회발전을 위해 쓰이는 자금과 교환될 수 있는 복지서비스나 프로그램에 대한 효과, 즉 지역개발, 클라이언트에 대한 원조, 사회적 지위 등은 경제적 상품과 비교했을 때 효과를 측정하기가 쉽지 않기 때문이다.

균형 있는 상호호혜를 기초로 하는 사회적 교환을 강조하여 조직과 조직들 간의 교환을 강조하는 사회교환이론의 핵심은 다음과 같다.

첫째, 개인과 개인, 집단과 집단, 조직과 조직 간에 또는 상호 교차적인 교환은 교환의 장으로서의 지역사회의 발전에 기여한다.

둘째, 지역 내의 조직 또는 다른 지역의 조직과 이루어지는 교환이 상호호혜의 균형전략에 기반을 둔다면 한정된 자원과 정보를 가지고도 효율적으로 지역주민들의 다양한 욕구를 실현할 수 있으며 또한 지역 내에 존재하는 각각의 참가자는 자원과 정보를 공유하고 교환함으로써 지역사회의 균형발전에 기여할 수 있다.

셋째, 자원과 정보의 공유와 교환을 통한 지역사회발전을 추구하기 위해 교환의 주체들은 서로 힘을 합치거나 공동의 목적을 위해 같이 운동할 수 있는 기반을 닦을 수 있고, 이는 곧 새로운 조직체의 결성, 즉 사회연결망의 결성으로 이어지며 결국 지역사회복지실천의 강력한 지지세력의 확대재생산을 의미한다고 할 수 있다.

4. 연결망의 유형

현실적으로 다양한 유형의 연결망이 존재하는데 유형별로 살펴보면 체인연결망, 스타연결망, 집단연결망, 느슨한 연계연결망, 분절된 연결망, 수평적 연결망과 수직적 연결망, 자발적 연결망과 의무적 연결망 등의 연결망이 있다(Hardcastle, Powers, & Wenocur, 1997; 2004). 체인연결망, 스타연결망 그리고 집단연결망은 연결망에 소속되어 있는 조직들의 힘과 영향력의 관점에서 조직과 조직 간의 접근성과 중앙성에 근거하여 분류된 유형이다. 이들 연결망에 대해 설명하면 다음과 같다.

1) 체인연결망

체인연결망은 연결망 참가자 2, 3 그리고 4가 맨 끝단의 참가자인 1과 5보다 사회적 교환의 입장에서 좀 더 유리한 위치에 놓여 있게 되는 연결망유형이다. 양 끝단에 있는 참가자 1과 5는 중앙에 위치한 참가자 3과의 상호교환을 위해서 참가자 2와 참가자 4를 거쳐야만 가능하기 때문에 중앙에 위치한 참가자 3이 가장 중심적인 위치에 놓이게 된다. 따라서 참가자들에게 영향을 미치는 능력은 얼마나 중앙에 위치하는가, 즉 중앙성에 의해 영향을 받게 된다. [그림 9-1]은 체인연결망의 예시를 보여 준다.

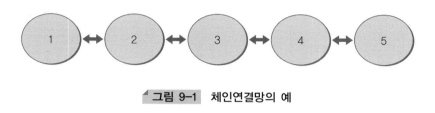

그림 9-1 체인연결망의 예

2) 스타연결망

스타연결망은 모든 참가자들이 반드시 참가자 3을 거쳐야 교환이 가능하도록 하는 연결망유형이다. 따라서 참가자 3의 영향력이 다른 참가자들에 비해 가장 강하다는 것을 알 수 있다. 결국 중앙성과 영향력이 특정 참가자에게 집중되는 연결망의 유형이 스타연결망의 특징이라고 할 수 있다([그림 9-2] 참조).

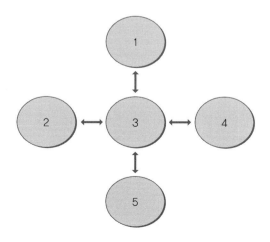

그림 9-2 스타연결망의 예

3) 집단연결망

스타연결망과 체인연결망에서 중앙성과 접근성은 참가자 3에 집중되어 있지만 집단연결망에서 참가자 3에 집중되어 있는 중앙성과 접근성은 어느 정도 감소된다. 즉, 집단(또는 직접적 접근구조)연결망은 참가자 3의 중앙성과 영향력은 줄어들고 모든 연결망에 참가하는 참가자들의 다른 참가자들에게 직접적으로 접근할 수 있는 접근구조를 갖는 연결망유형이다. 따라서 집단연결망에서 모든 참가자는 동등하게 힘의 균형을 유지할 수 있게 된다. 따라서 집단연결망에서 힘과 영향력이 단위 참가들에게 기울어지지 않고 연결망 자체에 집중될 수 있는 조직적 특징을 갖는다([그림 9-3] 참조).

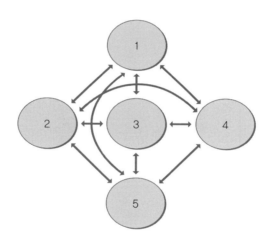

그림 9-3 집단연결망의 예

4) 느슨한 연계연결망

느슨한 연계연결망은 기본적으로 조정과 통제가 최소한으로 필요한 경우 나타날 수 있는 연결망의 유형이다. 따라서 느슨한 연계연결망은 비공식적인 연결망조직을 가지며 대부분의 업무(또는 과업)에 있어 연결망참가자들은 독자적인 행동을 수행하며 필요할 때만 연합행동을 취하고 교환을 수행하게 된다(Aldrich, 1971; Weick, 1976). 하지만 느슨한 연계연결망은 연결망조직이 크고 연결망의 안정을 필요로 하는 경우,

좀 더 심화된 상호행동과 연결망관리가 필요한 경우, 연결망조직 간의 조정과 통제가 필요한 경우, 절차와 규정이 필요한 경우에 적합한 연결망구조라고 할 수 없다.

5) 분절된 연결망

분절된 연결망은 느슨한 연계연결망의 문제점을 극복하기 위하여 적용될 수 있는 조직과 조직 사이의 상호행동에 대한 통제가 필요한 경우 연결망의 관리 측면이 강조되는 연결망을 의미한다. 다양한 자원의 교환과 정보의 흐름에 대한 영향력을 강화하여 연결망조직들 간의 조화를 보다 강조하기 위하여 연결망을 관리하고 구성하는 중심적인 조직을 중심으로 연결망이 형성된다. 즉, 좀 더 강력한 중앙의 통제가 필요한 경우 설계되고 사용될 수 있는 연결망유형이라고 할 수 있다. 예시 그림에서는 참가자 5가 중앙에 위치하여 연결망에 영향력을 행사하게 된다([그림 9-4] 참조).

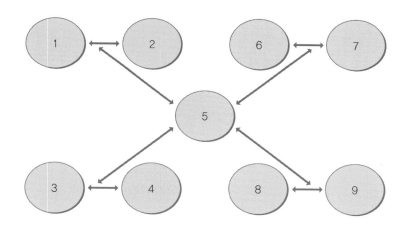

그림 9-4 분절된 연결망의 예

6) 수평적 연결망과 수직적 연결망

수평적 연결망과 수직적 연결망은 Warren의 수직적 조직구조와 수평적 조직구조의 개념에 기초한다(지은구, 2003). 연결망에 참여하는 참가자들의 관계에 의존해서 연결망은 수평적 연결망과 수직적 연결망으로 구분되기도 한다. 수평적 연결망은 같은 지리적 영역을 공유하고 같은 과업환경을 가지며 같은 지역 안에 위치해 있고 비슷한 결정기구를 갖는 연결망을 의미하며 일차적으로 수평적 관계를 유지하는 조직들로 구성되어 있다. 수직적 연결망은 수직적 구조에 놓여 있는 조직들이 연결망을 구성하는 것으로서 상위조직이 존재하고 상위조직 밑에 하위조직들이 존재하여 상호의존이 수평적 연결망보다 약한 특징을 갖는다. 즉, 상위조직의 이익과 관심, 책임 등이 하위조직보다 우위에 있게 된다.

7) 자발적 연결망과 의무적 연결망

연결망은 연결망 내 외부에 존재하게 되는 과업과 목표를 정의하고 유지하며 창조하기 위한 권위의 측면에서 자발적 연결망과 의무적 연결망으로 구분할 수 있다. 자발적 연결망은 자발적인 참여자들에 의해서 구성되는 연결망을 의미하며 연결망의 권위는 연결망 내부에서 나타나는 반면, 의무적 연결망은 의무적으로 연결망에 참가하는 참여자들에 의해 구성되는 것을 의미하며 권위는 주로 연결망 외부에서 나타나게 되어 연결망 참가자들의 결정 권한이나 책임 등과 관련된 자율성이나 정당성은 보장받기가 어렵게 된다. 특히 의무적 연결망의 경우 연결망의 목적, 구조, 교환의 규정 등은 연결망 참가자들에 의해서 결정된다기보다 외부에 의해서 결정된다. 따라서 의무적 연결망은 제한된 과업이나 표준화된 과업을 수행하는 데 적합한 연결망으로 창의력을 강조하고 변화 지향적인 연결망과업에는 적합하지 않은 연결망 유형이라고 할 수 있다. 따라서 자발적 연결망은 연결망 내부에 권위가 놓여 있기 때문에 창의성이나 혁신을 요구하는 과업에 더 적합한 연결망 유형이라고 할 수 있다.

5. 협력체계구축을 위한 공공과 민간의 역할

협력연결망의 기본적인 역할은 민간과 공공 간의 협력연결망구축을 통한 지역사회 역량의 강화에 있다. 이는 민·관협력연결망 자체가 바로 민·관파트너십을 기초로 하는 협력체계임을 의미한다. 민·관협력연결망이 민·관협력체계로서의 역할을 수행하기 위해서는 기본적으로 설정된 원칙, 즉 상호의존의 원칙, 상호호혜의 원칙, 민주성의 원칙, 개방성의 원칙, 예산적절성의 원칙 등을 견지하여야 하며 이에 덧붙여 민과 관은 나름대로의 역할을 충실히 수행하여야 한다. 특히 민·관협력의 성공적 정착을 위한 전제로, 첫째, 협력체 자율성확보를 위한 운영과 지원의 분리에 대한 명백한 기준제시, 둘째, 협력체의 당위성과 중요성에 대한 국민적 합의 도출, 셋째, 담당공무원에 대한 민·관협력에 대한 인식교육과 같은 조건들이 제시될 수 있다.

이상의 기본전제에 근거하여 공동협력을 위한 협의체제가 구축되고 원활히 움직이기 위해 민과 관이 수행하여야 하는 역할을 구분하면 다음과 같다.

1) 민간의 역할

민·관협력연결망이 지역중심의 문제해결구조를 확립하고 의사결정구조를 확보하기 위해서 민간은 협의체에 힘을 실어 주는 사회적 지지세력의 역할과 주체적 운영세력이라는 역할을 충실히 수행하며, 따라서 지역으로부터 사회적 지지세력을 확보하는 것을 핵심과제로 삼아야 한다. 민·관협력연결망의 운영에 영향을 주거나 받을 수 있는 민간측의 직접적 이해관련당사자들은 자원봉사자와 서비스대상자를 포함하는 지역주민, 사회적 서비스를 제공하는 민간조직이나 단체에 근무하는 직원 또는 관리자 등이다.

정부조직과의 상호협력체계로서 민·관협력연결망이 성공적으로 운영되기 위해서 이해관련당사자들이 몸담고 있는 민간조직들은 자체적인 성공 토대를 형성하고 있어야 한다. 이러한 토대는 바로 힘의존이론에서 강조하였던 구체적인 행동대안인 지역민간조직들 간의 협력연결망의 건설 그리고 사회기획모델에 덧붙여 상호행동모델의 적절한 사용이라고 할 수 있다. 따라서 민간측면에서 민·관협력연결망이 성공

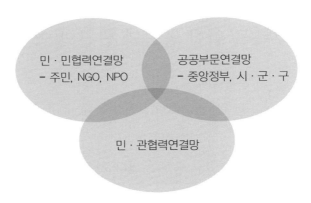

그림 9-5 　협력연결망의 삼각협력체제

적으로 운영되기 위해서 지역민간조직연결망의 건설과 참여는 필수적이며 지역주민들의 참여와 사회행동모델을 강조하는 시민사회단체들의 참여는 필수적이다. 민간부문의 조직대표는 시민조직, 시민사회운동조직 그리고 민간사회복지조직으로 구성될 수 있으며, 이들은 모두 민·관협력연결망 운영의 주체가 되는 운영세력이다. 지역주민과 사회단체 그리고 민간사회복지조직은 삼각체제로서 상호협력과 제휴 그리고 사회행동전략과 전술을 적절히 사용하여 정부조직과 힘의 균형을 유지하여야 하며, 이러한 힘의 균형은 결국 정부조직과 민간조직이 참여하는 민·관협력연결망이 성공적으로 운영될 수 있게 한다.

　　민·관협력연결망의 안정적인 운영과 발전을 위해서 삼각협력체제의 구축이 기본 전제가 된다. 또한 이러한 삼각협력체제구축을 위해서는 신뢰와 상호협조를 바탕으로 하는 사회적 자본을 형성하기 위한 다양한 시도가 필수적이다. 신뢰와 협조를 근간으로 하는 삼각협력체제(민간협력연결망) 또는 협력연결망체제를 구축하기 위한 민간의 역할은 다음과 같이 구분할 수 있다.

① 민·관협력연결망 발전강화를 위한 민간사회조직의 역할: 민·관협력연결망 운영세력이자 사회적 지지세력
　・민·관협력을 위한 민간조직들이 모두 참여할 수 있는 연합적 연계조직의 구성
　・민·관조직 행정가들이 참여하는 민·관협력을 위한 포커스집단(focus group) 구성 및 적극적인 참여

- 협력서비스제공을 위한 조직별 전문성 확보방안 구축과 실행 및 전략적 기획안 구성
- 지역주민가 조직들로부터의 민·관협력체 구성의 지지를 확보하기 위한 사회적 마케팅의 강화방안 구축과 실행

② 민·관협력연결망 발전강화를 위한 시민사회단체의 역할: 민·관협력연결망 운영세력이자 사회적 지지세력
- 민·관협력을 위한 민간부문 연합적 연계조직참여
- 중앙과 지방정부의 민·관협력관련 제 시책 검토 및 감시
- 중앙정부와 지방자치단체로부터 협력체의 안정적 운영을 위한 물적, 인적자원 확보방안 검토 및 감시
- 민·관협력 발전을 위한 지역포럼 등 지역조직가나 행정가들이 협력의사를 결정하고 논의할 수 있는 학습 및 논의의 장 제공
- 민·관협력 확대 발전에 영향을 미칠 수 있는 여론주도세력의 육성 및 교육
- 민·관협력 계획의 상호협력방안모색 및 자체적인 기획능력 제고를 위한 지식과 기술 습득

2) 공공의 역할

민·관협력연결망의 발전과 안정적 운영을 위한 공공의 역할은 주체적 지원세력과 운영세력이라는 이중의 역할을 충실히 수행하는 것이다. 관의 측면에서 민간협력체의 직접적인 이해관련당사자는 중앙정부와 지방정부이며, 그중에서도 복지 관련 업무를 관장하는 사회복지전담공무원을 포함한 행정직 공무원들이 가장 중심적인 통합서비스의 이해관련당사자라고 할 수 있다. 특히 민·관협력체는 시·군·구의 수준에서 이루어지기 때문에 전국 시·군·구 복지 관련 업무부서가 직접적인 이해관련당사자라고 할 수 있다. 민·관협력체의 전체적인 운영에 책임이 있는 중앙정부와 직접적 운영에 책임이 있는 지방자치단체의 역할은 다음과 같다.

① **중앙정부: 민 · 관협력연결망 지원세력**

- 중앙정부차원에서의 민 · 관협력을 위한 공무원교육시스템 확충 및 제공
- 협력연결망의 안정적 운영을 위한 법적, 제도적, 인적, 물적 지원방안 구축 및 지원
- 지방정부와 민 · 관협력 발전을 위한 협력시스템(task force) 구축 및 운영
- 민간조직 행정가들이 참여하는 민 · 관협력을 위한 포커스집단 참여
- 협력연결망의 관리에 대한 총괄적 평가, 감독 및 지원체제 구축 및 운영

② **지방자치단체**(시 · 군 · 구): **민 · 관협력연결망 운영세력**

- 지방정부차원에서의 민 · 관협력을 위한 공무원교육시스템 확충 및 제공
- 지방자치단체 자체적인 협력연결망 운영에 대한 기획 및 협의
- 상호의존과 협력의 파트너십 형성을 위한 지방자치단체 차원에서의 제도적 · 법적 규정 확립 및 행정적 지원체계 구축
- 민 · 관협력을 위한 포커스집단으로의 적극적인 참여
- 민 · 관협력연결망의 안정적 운영을 위한 지방자치단체 차원에서의 인적 · 물적 자원 제공
- 지역주민들로부터의 민 · 관협력체구성의 지지를 확보하기 위한 사회적 마케팅의 강화방안 구축과 실행

민 · 관협력연결망의 성공적 정착과 안정적 운영을 위해 민간과 공공의 역할은 필수 요소이다. 지역주민, 비영리사회복지조직(NPO) 그리고 비정부조직(NGO)을 중심으로 하는 민간협력체제와 중앙정부와 시, 군, 구 지방자치단체의 공공부분 그리고 협의체의 실질적인 운영당사자인 협력연결망조직은 협력과 합의의 의사조정기구로서 삼각협력체제를 구축하게 된다(지은구, 2006).

제10장

지역사회조직화[1)]

1. 지역사회조직화의 개념정의

　사회복지사는 지역사회에 개입하여 지역사회가 안고 있는 각종 문제를 해결하고 지역사회를 변화시키기 위하여 지역주민들이 가지고 있는 힘의 불균형을 바로잡기 위하여 노력하고, 사회적 연계를 강화하며, 지역주민과 지역사회의 역량을 강화하기 위하여 노력한다. 이를 위한 가장 핵심활동 중의 하나는 지역사회를 조직화하는 것이다(Hardcastle, Powers, & Wenocur, 2004). 힘의 불균형을 바로잡고 지역사회의 연계를 구축하며 지역주민과 지역사회의 역량을 강화하기 위한 가장 기초적인 단위는 조직이며, 조직으로의 참여와 조직의 역량강화는 곧 지역주민을 포함한 지역사회 전체의 역량강화를 가져다주기 때문이다.

　지역사회조직화는 지역사회의 조직을 만드는 과정으로, 일정 기간 동안의 시간과 노력을 필요로 한다. Fisher와 Shragge(2000)에 따르면, 조직화는 사회 · 경제적 정의를 위한 보다 넓은 투쟁으로 나아가는 것과 지역사회를 건설하는 것을 의미한다. 전통적으로 조직화는 지역주민들이 가지고 있는 이슈나 문제를 뛰어넘고 공공영역에서

---

1) 이 내용은 지은구, 조성숙(2010)의 제11장의 내용을 참고하여 수정 · 보완하였음.

그들의 관심을 새롭게 하며 그들의 정체성을 확립하기 위하여 지역주민들을 동원하는 것을 강조한다(Kingsley, McNeely, & Gibson, 1997).

조직화는 사람들을 함께 모이도록 하고 그들의 영감을 고취시키고 함께 일하도록 하는 고난이도의 기술을 필요로 한다. 조직화를 통하여 지역주민들은 동원되며 지역사회 현실에 대한 공감대와 동질성을 확보함으로써 조직은 지역사회문제해결을 위한 가장 기초적인 물질적 토대를 구축하게 된다. Ross(1967)에 따르면, 지역사회조직화는 지역이 그들이 가지고 있는 해결해야 하는 욕구와 목표를 확인하고, 어떤 욕구와 목표를 먼저 해결할 것인지에 대한 우선순위를 결정하고, 해결할 수 있다는 확신과 의지를 발전시키며, 이 욕구와 목표를 해결하기 위해 지역의 내·외적 자원을 발견하고, 그것과 관련한 행동들을 취하고 협동적·협조적 태도와 실천을 발전, 확대해 나가는 과정이다.

지역사회조직화는 계속적으로 지역구성원들의 삶에 영향을 미치는 중요한 문제를 해결하기 위해 함께 행동하는 많은 수의 회원 또는 성원들을 통해서 힘을 표현하는 하나의 구조이다. Kahn(1995)은 지역사회조직화를 위해 힘의 역할을 강조하였다. 그에 따르면, 지역사회조직화는 힘이 있는 사람과 힘이 없는 사람 간의 고전적 불균형을 바로잡기 위해 모든 사회와 문화에서 사용하는 하나의 도구로서, 지역사회조직화는 사회변화를 고취시키고 증진시키기 위해 잘 만들어진 방법들 중에 하나라고 주장하였다.

Rubin과 Rubin(2001)도 지역사회조직화를 위해서는 지역사회 내 힘을 분석하는 것이 중요하다고 지역사회조직화를 개개인들과 그들이 살고 있는 지역을 위한 사회적 힘을 찾는 것이라고 정의하였다. 그들에 따르면 지역사회조직화사업은 사람들이 공통의 문제를 가지고 싸우도록 하는 것을 포함한다고 하며 그들의 삶에 영향을 미치는 의사결정에 있어 그들의 입장을 증진시키는 것이 중요하다고 한다. 따라서 조직화하는 것은 공동의 문제에 대해 지역주민들이 느끼는 무력화에 대한 해독제라고 강조한다. 이러한 의미에서 그들은 어떻게 사람들이 효과적으로 요구되는 사회변화와 지역개선을 가져오기 위해 싸울 것인지가 중요하다고 강조하며 이를 극복하기 위한 방법으로서 조직화를 강조한다.

이를 위한 실천방법으로서 Rubin과 Rubin은 집합적 역량강화를 위한 조직화와 조직화를 통한 지역문제의 해결을 강조하였으며 문제해결을 통한 사회변화를 구현하기 위한 실천방법론으로서 사회행동모델과 사회적 생산(social production)모델을 제시하였다. 사회행동모델은 정부나 기업에게 변화를 할 수 있도록 압력을 가함으로써 문제에 대한 관심을 불러일으키는 지역사회조직의 대항과 압력을 의미한다. 한편, 사회적 생산모델에서 지역조직들은 이웃 재건설을 조정하고 서비스와 물질적 재화를 제공한다. 사회적 생산모델에서 지역사회조직화는 빈곤지역에 기업을 만들고 집을 건설하며 필요로 하는 지역사회서비스를 제공하게 된다. 결론적으로 그들은 집합적 행동을 위한 힘의 획득을 통한 역량강화가 지역사회조직화의 가장 중요한 목적이며 이는 구체적으로 사회행동모델과 사회적 생산모델을 통해서 구현될 수 있다고 믿었다.

Hardina(2002)는 지역사회조직화의 구체적인 분석방법으로 기술적 · 분석적 능력을 강조하였다. 사회변화를 위한 개입전략으로서 지역조직화를 통한 다양한 기술과 분석방법의 사용은 사람들을 조직화에 참여하도록 유도하며 정부나 제도를 중심으로 이루어지는 정책이나 의사결정의 경로를 바꾸고 이를 위한 자료를 수집하고 분석하는 것 등을 포함한다고 한다. Hardina에 따르면, 지역사회조직화 사업의 목적은 억압받고 있는 집단의 구성원들의 역량을 강화시키는 것으로, 역량강화의 구체적인 방법으로 힘의 중요성을 강조하였다. Hardina는 지역조직사업을 위해 필요한 기술로 다음의 것들을 제시하였다. 즉, 예산작성기술, 보조금계획서(제안서) 작성기술, 정보 모으는 기술, 법률조사기술, 욕구사정기술, 참여행동조사기술, 정치적 분석기술, 인구예측 및 사회지표 분석기술, 힘의 분석기술, 프로그램개발과 기획기술, 그리고 자원개발기술 등이다.

2. 지역사회조직화 방법

지역사회조직화는 결코 완전하게 이루어질 수 없지만 조직가와 사람들 간의 상상력, 열정, 상호개입, 고안력 등을 요구하는 창조적인 과정이라고 볼 수 있다(Brueggemann, 2002). 지역의 문제에 개입하기 위해서 지역에서 조직을 결성하는 데 있어 다음의 단계들을 고려할 수 있다. 즉, 지역주민 이해, 지역사회 문제 정의, 지역사회 개입, 변화를 위한 역량강화, 조직건설, 그리고 평가 및 종결의 단계이다.

1) 지역주민 이해

지역사회복지실천가는 지역주민들을 이해하고 그들의 문제를 규정하고 그 문제들을 해결할 수 있도록 일함으로써 그들이 문제를 해결하도록 돕는다. 지역사회조직화를 위해 사회복지실천가들이 지역에 개입한다는 것은 지역사회조직화사업의 측면에서 보면 조직건설을 통해 지역변화를 위한 추진력을 강화시킨다는 것을 의미한다. 이를 위해 사회복지실천가 혹은 조직가들에게 우선시되는 것은 지역주민 먼저 이해하고 변화를 위한 역량을 강화시키고 조직을 건설하는 것이 강조된다. 지역의 문제는 지역구성원들 스스로가 그들의 문제가 무엇인지 인식하지 않는 이상 해결될 수 없다.

2) 지역사회 문제 정의

조직가 또는 지역사회복지실천가들은 지역에서 조직화를 수행하는 데 있어 우선적으로 그 지역이 안고 있는 확실하게 눈에 보이는 하나 또는 그 이상의 문제 상황을 지적하고 노출시키는 데 노력해야 한다. 지역이 안고 있는 문제는 지역의 복지를 위해 중요한 부분이며 사람들이 행동을 위해 동원되어야 하는 근거를 제시한다.

3) 지역사회 개입

조직을 건설하기 위해서 본격적으로 지역에 개입하게 되는 단계이다. 지역과 지역의 사람들에게 개입할 때 조직가들은 조직화하려고 시도하는 지역에 대해 먼저 이해해야 한다. Kahn(1978)에 따르면, 조직가가 처음 지역에 들어가서 가지게 되는 지역에 대한 첫인상이 중요하다고 한다. 따라서 조직가가 처음 지역에 들어가서 누구와 접촉할 것이며 지역의 어떤 부분에 있는 사람들과 대화를 할 것인지 그리고 어떤 것을 삼가야 할 것인지 등을 심사숙고해야 한다.

4) 변화를 위한 역량강화

변화를 위한 역량강화를 위해서는 조직가들은 지역주민들이 그동안 어떻게 정치·경제·사회·문화적으로 소외되었고 배제되었는지 등 그들이 처한 상황을 분석할 수 있는 비판적 의식을 고양시키고, 지역주민들만이 공통적으로 가지고 있는 정치·경제·문화적 특성을 이해할 수 있도록 도와주는 방식이 중요하다.

5) 조직건설

지역에서 충분한 수의 주민들이 문제에 대해 관심을 기울일 때 조직적 구조를 건설하기 위한 일련의 준비모임들을 계획할 수 있다. 지역사회복지실천가 혹은 조직가는 지역주민들이 모임에 참석할 수 있도록 시간과 장소 그리고 수송 등의 세부적인 내용을 신경 써야 하며 사람들이 참여할 수 있도록 계속적으로 분위기를 고취시키는 것이 중요하다. 일단 모임이 시작되면 주민들이 결정하고 행동할 수 있도록 해야 한다. 앞에서 언급한 바와 같이 지역조직은 계속적으로 구성원들의 삶에 영향을 미치는 중요한 문제를 해결하기 위해 함께 행동하는 많은 수의 회원 또는 성원들을 통해서 힘을 표현하는 하나의 구조(structure)이다. 따라서 조직가들은 구성원들이 지역구조를 건설하기 위한 준비위원회나 일할 수 있는 일꾼을 뽑는 것들을 도와주어야 하며 역할을 결정하고 문제해결을 위한 다양한 전략과 시간스케줄을 결정하도록 도와야 한다. 여기서 조직가의 일차적 목적은 지역의 보통 주민들이 그들에게 영향을 미치는 것들에 관한 결정을 할 수 있는 민주적 지역중심의 조직을 건설하는 것이다.

6) 평가 및 종결

지역에 들어가서 지역주민들을 이해하고 그들이 가지고 있는 문제를 효과적으로 해결해 나가기 위해서 조직을 결성하고 나면 그 조직에 대한 사정 그리고 조직가가 지역이나 주민들에 대해서 얼마나 알고 있는지에 대한 평가가 이루어지고 종결된다.

3. 지역사회조직화 기술

지역사회에 개입하여 지역사회의 조직을 건설하기 위해서는 다양한 기술을 활용하게 되는데 Hardcastle, Powers와 Wenocur(2004)는 지역조직을 만들기 위해 필요한 조직화기술로서, 관계설정, 지역사회 반영, 지역사회 인재활용, 참여의 범위 확대, 책임성의 범위 확대 등을 제안하였다. 각각의 내용들을 살펴보면 다음과 같다.

1) 관계설정

지역주민들과의 관계 형성은 조직건설을 위해 필요한 사람들 간의 신뢰관계를 형성하는 것을 의미한다. 조직가는 가장 우선적으로 지역주민들로부터 신뢰관계를 구축하여야 하며 신뢰는 지역사회 변화를 위한 토대라고 할 수 있다. 따라서 조직화를 위하여 사회복지사들은 공식적인 행사뿐만 아니라 비공식적 모임이나 비공식적 행사 등에 참석하여 지역주민들과 시간을 함께하며 주민들의 일상생활과 생각 등에 대해 듣고 대화를 주고받는 것이 중요하다.

2) 지역사회 반영

조직가가 선택한 이슈나 사건 등은 반드시 지역사회나 지역주민들의 생각을 반영한 것이어야 한다. 지역사회문제를 해결하고 지역사회의 변화를 위한 지역조직을 건설하는 데 있어서 지역사회의 문제를 반영하고 지역주민들이 가지고 있는 현안이나 상황을 반영하여야 한다는 것은 현실적으로 지역주민들의 관심과 이해를 반영하는 가장 중요한 측면이 있다.

3) 지역사회 인재활용

지역사회의 인재를 활용하기 위해서는 다음과 같은 활동이 필요하다. 첫째, 특정 분야에 헌신할 수 있는 사람을 모집한다. 예를 들어, 법안을 잘 아는 변호사나 이슈를 명확히 정리할 수 있는 작가 등 특정 분야의 전문가들로부터 문제해결의 실질적 도움을 받을 수 있다. 둘째, 지역사회 정치가를 만난다. 셋째, 친구나 이웃, 가족 등을 활용한다. 넷째, 특정 이슈나 문제를 해결하는 데 있어 대화 이상으로 직접 문제해결을 위해 행동할 수 있는 집단을 구성한다. 다섯째, 모든 사람을 최선을 다해 존중한다.

4) 참여의 범위 확대

지역사회 조직을 건설하기 위하여 조직구성에 참여하는 집단의 내적관계를 강화하고 지원연결망을 건설하는 것만으로는 부족하다. 조직구성을 위해서는 중요한 행사나 회의 등에 참석하여 외부인들을 조직구성을 위한 집단으로 참여하도록 하는 것이 중요하다. 따라서 사회복지사들은 조직건설에 참여할 수 있는 사람들로 구성된 희망목록을 작성하여 접촉하고 이 사람들이 조직화를 위한 지원세력이나 지원군이 될 수 있도록 노력하여야 한다.

5) 책임성의 범위 확대

지역사회 변화 또는 문제를 해결하기 위하여 조직을 건설하는 데 있어 사회복지사 또는 조직가들은 반드시 어떤 표적집단을 강조할 것이고, 무엇을 성취할 것이며, 그리고 어떤 문제해결에 책임을 가질 것인지를 분명히 하여야 한다. 따라서 지역주민들의 문제해결이라는 지역사회조직의 목적을 성취하는 활동에 있어 보다 응답적이며 책임 있는 조직구성원을 확보하여야 한다는 점이 강조된다.

4. 조직화전략의 핵심요소

지역사회조직화를 통해 조직이 설정한 목적을 성취하기 위해서는 당연히 명확하고 분명한 목적이 설정되어 있어야 하고 목적성취를 위한 구체적인 행동계획이 있어야 한다. 또한 조직화의 목적을 성취하기 위해 성공전략이 필요하다. 목적을 성취하기 위한 조직을 건설하는 데 있어 필요한 핵심적인 요소들을 정리하면 다음과 같다

(Hardcastle, Powers, & Wenocur, 2004).

1) 목적

지역사회주민이나 조직구성원들이 모두 이해할 수 있고 동의할 수 있는 목적을 설립하는 것이 중요하다.

2) 조직적 고려

일단 지역주민이나 조직가가 조직을 건설하여야 한다는 것을 결정하고 나면 현실적으로 조직구성원의 수나 지원세력, 예산이나 활동기간, 그리고 사무실이나 각종 집기 등과 같은 시설자원 등에 대해서 고려하여야 한다. 따라서 조직가는 조직을 구성하고 활동하기 위해 필요한 내적 자원과 외적 자원은 무엇이고 누가 우리를 도울 것이며 주어진 시간은 얼마나 되는지 등을 확인하여야 한다(Speeter, 1978).

3) 지지자와 반대자

지지자는 조직구성원은 아니지만 조직의 목적이나 활동에 동의하고 조직이 목적을 성취하였을 때 혜택을 받는 사람들을 의미한다. 따라서 지지자는 조직의 일차적 충성파들이라고 할 수 있다. 반대자는 조직의 목적이나 활동에 동의하지 않는 사람들을 의미한다. 조직의 지지자와 반대자가 누구인지를 명확히 구분하는 것은 조직목적을 성취하는 데 있어 매우 중요하며 조직가는 반대자의 폭을 좁히고 지지자의 폭을 넓히기 위해 노력하여야 하며, 잠재적 지지자와 잠재적 반대자를 사전에 확인하는 것도 지지와 지원을 위해 필요하다.

4) 표적

표적은 조직이 목적을 성취하기 위해서 반드시 극복하여야 하는 대상을 의미한다. 표적은 반대세력이 될 수도 있고 찬성세력이 될 수도 있기 때문에 정확히 확인되고 선택되어야 한다. 표적을 선택하기 위해 필요한 질문들은 다음과 같다(Themba, 1999).

- 누가 또는 어떤 시설이 문제해결을 위한 힘 또는 경제적 자원을 가지고 있는가?
- 실제적으로 힘을 가진 사람에게 영향력을 행사하기 위해서 반드시 우리 편으로 만들어야 하는 사람은 누구인가?
- 잠재적 표적의 약점과 강점은 무엇인가? 어디가 취약한가?
- 표적은 지명되었는가, 선출되었는가?
- 표적에게 어떻게 영향 또는 힘을 행사할 것인가?
- 특정 지역사회이슈나 현안문제에서 그들(표적)의 이익은 무엇인가?

5) 전술

전술은 조직목적을 성취하기 위한 구체적인 행동을 의미하며 대항전술, 캠페인전술 그리고 제휴전술에 포함되는 다양한 전술이 있다. 조직가는 현실적으로 상황을 판단하여 적절한 전술을 수행하게 된다.

5. 지역사회조직 건설을 위한 사회복지사의 역할

지역사회조직 건설을 위해 사회복지사는 지역사회 구성원들에게 귀속하는 조직의 건설을 도와야 한다는 것을 명심해야 한다. 다시 말해, 사회복지사의 목적을 성취하기 위한 조직을 건설하는 것이 아니고 조직구성원들의 목적을 성취하기 위해 조직을 건설한다는 것을 의미한다. 조직은 항상 사람들을 위해 존재한다.

사회복지사로서의 지도력은 구성원들의 수준 및 상황에 따라 변화할 수 있는 능력이 필요하다. 사회복지사는 지역사회 조직구성원들이 기술을 획득하고 점점 더 많은 책임감을 갖도록 하는 개입의 깊이와 양에 있어서 항상 균형을 추구해야 한다. 원칙적으로 절대적으로 필요하지 않은 이상 조직에 직접적으로 개입하는 것은 삼가야 하는데, 이는 구성원들의 승리를 자신들의 승리로 바라볼 수 있도록 하는 데 결정적일

뿐만 아니라, 구성원들이 지식이나 기술을 습득하고 효율적인 조직으로 발전시키기 위해서도 필요하다. 따라서 장막 뒤에서 일하고 구성원들을 기술력을 갖춘 지역조직가로 훈련시키는 것이 사회복지사의 중요한 역할이 된다.

6. 지역사회조직화와 지역사회복지실천과의 관계

1) 지역사회조직화와 지역사회복지실천모델

지역사회조직화(community organizing)는 지역사회복지실천을 위한 가장 중요한 실천방법이다. 즉, 지역조직화는 지역사회복지실천을 위해 지역주민들이나 집단들을 지역이 안고 있는 문제를 해결할 수 있도록 조직화하는 것이 가장 중요한 요소라는 인식에 기초해서 발전했다. 이는 사회복지사들이 지역에 개입하여 지역사회복지실천을 성공적으로 수행하기 위해서 조직에 참여하여야 하고, 또 지역주민들을 조직화하는 것이 중요하다는 것을 의미한다. 따라서 지역조직에 대한 개념은 지역조직이 지역사회로의 개입을 통해 실천활동을 위해서 가장 필수적으로 요구되는 것이 지역사회조직화라는 관점을 가지고 지역조직화를 강조한다.

특히 사회행동모델에서는 사회운동과 지역운동의 차원에서 지역조직의 중요성을 강조한다. 그리고 무엇보다도 지역조직을 지역사회복지실천과 동일시한다. 이러한 입장에 있는 대표적인 학자로는 Alinsky, Kahn, Rubin, Hardina 등이 있다. 이들은 모두 사회행동모델을 바탕으로 지역실천을 해석한다고 볼 수 있으며, 사회행동을 위해 조직화하고, 나아가 사회행동을 기초로 하는 지역실천운동이 지역운동과 사회운동으로 확대된다고 전제하고 있다고 볼 수 있다. 하지만 지역조직은 사회행동모델에서만 강조되는 것이 아니고 지역사회개발모델에서도 지역조직의 중요성은 강조된다. 사회행동모델과 지역사회개발모델에서 지역사회조직화에 대한 입장과 배경보다 정확하게는 지역사회조직화의 내용이 다르다고 할 수 있는데 Gittell과 Vidal(1998)은 사회행동모델에서 강조하는 지역사회조직화를 대항조직화로 그리고 지역사회개발모델에서 강조하는 지역사회조직화는 합의조직화라고 분류하였다. 그 의미를 살펴보면 다음과 같다.

(1) 사회행동모델에서의 지역사회조직화: 대항조직화

사회행동모델에서의 조직화는 대항조직화라고 할 수 있다. 사회행동모델에서는 지역사회조직화가 정치적 역량강화와 연관이 있고 또한 대항투쟁과 연관이 있다고 바라보며 지역사회조직화는 지역주민들이 경험하는 차별을 극복하고 경제적·사회적 기회를 증진시키기 위해 필요한 강력한 도구임을 강조한다. 따라서 대항조직화는 지역사회를 변화시키고 힘의 불균형관계를 균형 있는 관계로 전환시키기 위해서 지역주민들을 동원하여 행동으로 나아갈 수 있도록 하는 지역조직건설의 중요성을 강조한다.

대항조직화에서 지역사회변화는 지역사회운동을 의미하며 운동은 마찰을 의미하기 때문에 지역주민들을 통제하는 집단 또는 표적과의 갈등을 피할 수 없으며, 이러한 갈등이나 마찰은 지역조직을 건설하여 극복해야 함이 강조된다(Alinsky, 1971; Hardcastle, Powers & Wenocur, 2004). 기본적으로 대항조직화는 현 체계에 대한 도전, 반항, 대항 없이는 힘이 없는 집단들, 예를 들어 빈곤집단이 그들의 통제력이나 영향력을 증진시킬 수 없다는 점을 강조한다. 대항조직화에서 사용하는 전략과 전술은 대항전략과 전술이다. 대항조직화는 지역주민들이 보다 활동적으로 개입할 수 있는 대항적인 이슈에 초점을 맞춘다.

(2) 지역사회개발모델에서의 지역사회조직화: 합의조직화

지역사회개발모델에서는 지역사회조직화를 위하여 합의조직화를 활용한다. 합의조직화는 지역사회문제해결을 위하여 지역사회 안에 있는 모든 집단이 참여하여 동의를 구축하는 제휴전략과 전술을 활용하여 지역사회조직화를 수행한다. 합의조직화의 목적은 지역사회조직들 사이의 상호호혜 관계에 기반을 두어 상호 존중하는 지역중심의 조직을 건설하는 것이다. 따라서 합의조직화는 집단들이 가지고 있는 힘이나 자원 그리고 영향력을 연결하고 결합하는 것을 강조한다. 따라서 합의조직화에서는 Putnam(1995)이 강조하였던 교량자본과 결합자본의 구축이 중요하다. 힘이 있고 자원이 있는 지역주민들을 조직화하여 다른 지역주민들을 돕게 되면 결국 지역전체의 역량이 강화되고 문제해결은 용이해지는데, 이는 교량자본과 결합자본으로 구성되는 사회적 자본을 통해서 가능하게 된다.

합의조직화는 지역사회에 내재하는 기존의 통로를 통해 문제를 해결하기보다는 새로운 지도력과 조직을 건설함으로써 문제를 해결하는 것을 강조하기 때문에 지역사회에서 광범위하게 지지되고 수용되는 조직을 건설하는 것을 강조한다. 합의조직화는 갈등이 없고 논쟁적이지 않은 모든 참여자가 동의하는 이슈에 초점을 맞춘다. 또한 합의조직화는 긍정적인 연결망을 구축하고 지역주민들의 능력을 개발하는 것에 우선권을 두며 지역주민들의 자조를 강조한다. 합의조직화는 우선적으로 불이익을 받은 집단이 지역사회개발일정에서 더 큰 통제권을 가질 수 있도록 하고, 이미 지역사회개발이 종료된 지역사회와 호혜적 관계를 구축하는 것을 강조한다.

2) Weil과 Gamble의 지역사회조직화 모델

Weil과 Gamble(1995)은 지역사회복지실천을 위한 하나의 모델로서 지역사회조직화를 강조하였다. 즉, 지역사회조직화를 지역사회복지실천을 위해 반드시 실천가들이 수행하여야 하는 당연한 행동의 토대라기보다는 실천가들이 선택할 수 있는 실천모델 중의 하나로 본 것이다. 따라서 그들은 지역사회개발모델, 사회기획모델, 사회행동모델 등과 같이 하나의 실천모델로서 지역사회조직화를 강조하였다. 따라서 그들에게 있어 조직화는 지역사회복지실천을 위해서 특히 지역에서 조직화하는 것을 강조하는 실천모델이다. 물론 지역사회복지실천을 위해 주민들과 풀뿌리 집단들을 조직화하는 것이 무엇보다도 중요한 원리이지만, 특히 지역조직을 강조하는 Weil과 Gamble의 실천모델들은 다른 실천모델들에 비해 조직화를 보다 더 강조하는 측면이 있고 지역조직을 실천모델로서 바라보는 제한된 시각을 가진다는 특징이 있다.

Weil과 Gamble(1995)은 지역조직의 목적으로, 첫째, 지역조직은 삶의 질을 증가시키고, 둘째, 지역조직은 인간과 사회, 경제적 발전을 추구하고, 셋째, 지역조직은 서비스와 프로그램을 계획하고, 넷째, 지역조직은 서비스를 통합하고, 다섯째, 지역조직은 사회적·정치적 행동을 하며, 여섯째, 지역조직은 사회정의를 추구하며, 일곱째, 지역조직은 지지활동에 초점을 맞추어야 한다고 하였다.

Weil과 Gamble(1995)이 강조했던 실천모델 중에서 조직화를 강조하는 모델은 근린 지역사회조직화 모델 그리고 기능적 지역사회조직화 모델의 두 가지 모델이 있다. 이 두 모델은 지역사회복지실천의 영역에서 실천을 위한 방법으로서 지역조직을 강조하는 모델들이며 기본적으로 이 두 모델은 지역사회복지실천을 성공적으로 수행하기 위해 조직을 꾸미는 것이 무엇보다도 중요하다는 인식과 가정을 가지고 있다. 따라서 이 두 지역조직 실천모델에서 사회복지사들은 조직가로서의 역할이 강조된다.

(1) 근린 지역사회조직화 모델: 지리적 의미의 지역사회조직화

근린 지역사회조직화 모델은 지리적으로 구분하는 지역과 근린지역 또는 동네에서의 조직화작업을 강조하는 모델이다. 따라서 지역을 지리적 영역으로서 바라본다. 근린 지역사회조직화 모델은 조직화작업을 통한 과업성취와 능력건설(capacity building)을 강조한다. 지역주민들이 일단 조직화작업에 개입하게 되면 그들은 조직화하는 기술, 문제분석능력, 기획, 그리고 지도력을 발전시킬 수 있다고 본다. 지역주민들은 또한 조직화작업에의 개입 또는 참여를 통해 그들의 지역에 있는 경제적·사회적 조건을 개선시키는 것과 관련된 일련의 과업을 성취하는 것을 추구할 수 있으며, 도시나 지역의 기획이나 외적 발전의 방향을 만드는 것과 관련된 과업을 성취하기 위해 노력할 수 있다. 이상의 일들을 위해 조직화하는 것은 주민들이 그들의 지역을 강하게 하기 위해, 그들의 삶의 질을 개선시키기 위해, 그리고 지역에서 기회를 개선시키기 위해 함께 노력할 때 발생한다고 한다.

변화를 위한 내적 표적은 사회적·정치적·물질적 환경에서 필요로 하는 변화를 추구하기 위해 그들 자신들의 조직과 집단을 발전시킬 수 있는 지도력과 능력을 키우는 것이지만, 변화를 위한 외적 목표물은 지역 기업이나 지역 정부 또는 중앙정부가 되기도 한다.

이 모델에서 사회복지사의 역할은 조직가, 교육가, 교사, 촉진가 등으로 다양하다. 사회복지사들은 처음에 조직화작업을 위해 개입하여 지역주민들과 함께 조직을 만들지만, 그 조직에서 조직원으로서 일하면서 다른 조직원들을 위해 필요한 기술들을 습득할 수 있도록 도와주기도 한다. 사회복지사들은 조직원으로서 회의를 계획하고, 목적을 수립하며, 자원을 확보하고, 전략을 수립 또는 수정하며, 과업과 과정의 노력들을 평가하기도 한다. 조직화하는 과정에서 사회복지사들은 집단구성원들이 행동을 위한 이슈를 명확히 하는 것을 돕고, 회원을 모집하는 전략을 발전시키며, 사회조사를 위한 기술이나 욕구평가를 위한 기술을 가르치고, 행동을 위한 계획전략을 세우는 등의 역할을 한다.

결론적으로, 근린 지역사회조직화 모델은 지리적 영역으로서 지역 전체의 정치적,

사회적, 물질적 또는 환경문제 등을 포함해서 지역주민들의 삶의 질을 개선시키기 위한 조직화작업을 다룬다.

(2) 기능적 지역사회조직화 모델: 기능적 의미의 지역사회조직화

기능적 지역사회조직화 모델과 근린 지역사회조직화 모델의 가장 큰 차이점은 기능적 지역을 위한 조직화 모델이 지리적 영역으로서의 지역을 그 대상으로 삼지 않고 지역의 기능적 영역을 대상으로 삼는다는 것에 있다. 지역을 기능적 영역으로 바라본다는 것은 지역주민의 이해나 관심에 따라 지역을 조직화하는 것을 의미한다. 현실적으로 지리적으로 같은 지역이라고 규정할 수는 없지만 공통된 이해나 관심사를 가지고 있는 사람들을 중심으로 문제를 해결하기 위해 조직화하는 것을 의미한다. 사람들은 지리적으로 가깝게 살지는 않더라도 동일한 문제나 관심을 갖고 있을 수 있다. 결국 지역에 대한 상이한 정의에 따라서 조직화하는 대상의 범위가 달라짐을 알 수 있다. 따라서 근린 지역사회조직화 모델이 지역을 지리적 의미로 바라보는 반면, 기능적 지역사회조직화 모델은 지역을 공통의 관심사나 이해를 가지고 있는 것으로 바라본다는 차이가 있다.

기능적 지역사회조직화 모델은 이 모델이 변화의 목표물로 삼은 대상(예를 들어, 지역정부의 정책이나 공해를 유발하는 기업 등)들의 정책이나 행동 그리고 태도를 변화시키기 위한 행동을 강조한다. 이러한 행동의 노력으로 인해 이 모델은 사람들이 원하는 서비스가 발전될 수 있으리라는 믿음을 가지고 있다. 기능적 지역사회의 구성원들은 동일한 이해와 관심을 갖고 있는 집단이기 때문에 정부의 정책이나 제도에 대해 그들의 문제를 해결하기 위한 새로운 정책이나 제도 등을 요구할 수 있으며 그들의 문제를 해결할 수 있는 서비스의 성취를 위해 공동으로 일하게 된다. 예를 들어, 이주노동자들은 그들의 문제를 해결하기 위해 고용허가제도의 도입을 원할 것이며 베트남전쟁 참전으로 인해 고엽제문제를 겪고 있는 사람들은 그들의 문제를 해결하기 위한 정부의 적절한 보상과 치료를 원할 것이다. 그들의 문제에 대한 지식을 증진시키고 지도력을 발전시킴으로써 그들은 그들의 내적 능력을 건설할 수 있다. 조직의 구성원들은 일차적으로 특정한 문제에 직접적으로 영향을 받고 있는 사람들이며 또한 직접적으로 영향을 받지는 않았지만 문제를 해결하기 위한 집단의 목적에 동의하여 집단을 지원하는 사람들로 구성된다. 따라서 일차적으로 조직의 성원들은 같은 마음을 공유하고 있는 사람들이다. 조직이나 집단을 위한 지지활동은 교육, 조사, 대중행동, 정책개발, 서비스개발, 로비 등을 들 수 있다.

이 모델에서 사회복지사의 역할은 조직가나 촉진가로서 회원을 모집하고 문제를 정의하고 지지전략과 전술을 결정하는 등의 활동을 통해서 집단을 돕는 것이다. 또한 사회복지사는 그들의 문제를 분석하고 평가하고 조사하는 기술들을 가르칠 수 있으며 의사결정과 기술들을 개발함으로써 도움을 줄 수 있다. 사회복지사는 또한 지리적으로 회원 또는 성원들이 떨어져 있는 경우가 있기 때문에 회원지나 소식지 등을 통한 홍보나 알림 등의 일들을 돕거나 행하여야 한다. 기능적 지역을 위한 조직화 모델은 문제나 이슈의 중요성을 교육하고 명확하게 하는 능력이 중요하며, 조직의 지도자는 조직의 목적이나 노력들이 보도나 신문 등을 통해서 알려지도록 노력해야 하는 것도 중요하다.

결론적으로, 기능적 지역사회조직화 모델은 지역적으로는 떨어져 있지만 공통된 관심이나 이해관계 등에 의한 조직화작업을 의미한다. 따라서 넓은 의미에서의 지역을 정의하며 지역을 사람들이 공통의 관심과 공통의 이슈들을 가지는 것으로 바라본다.

제11장

옹호와
임파워먼트[1]

1. 옹호

1) 옹호의 개념정의

클라이언트에 대한 옹호는 사회복지사들의 책임의 일부분으로서 역사적으로 사회복지직의 핵심역할이 되어 왔다. 사회복지사는 개인, 가족, 집단, 조직이나 지역사회를 포함하는 클라이언트를 대신하여 다양한 수준에서 옹호활동에 관여하게 되는데 (Mickelson, 1995), 이러한 활동은 사회복지직을 다른 원조전문직들과 구별해 줄 수 있는 활동이라고 할 수 있다(Kaminsky & Walmsley, 1995). 최근에는 사회정의에 대한 사회복지사의 정치적인 역할이 강조됨에 따라 옹호노력은 계속해서 정교해지고 세련된 형태로 변화하고 있다(Mickelson, 1995).

일반적으로 옹호란 다른 대상의 권리를 대변하고 옹호하고 방어해 주는 활동이다. 다시 말하면, 옹호란 개인이나 커뮤니티를 역량강화(혹은 임파워먼트)하는 활동이다(Barker, 1995). 사회복지분야에서의 옹호는 사회정의를 확보하고 유지하려는 목

---

1) 이 내용은 지은구, 조성숙(2010)의 제12장의 내용을 주로 참고하여 수정·보완하였음.

적으로, 하나 혹은 그 이상의 개인, 집단, 지역사회들을 대신하여 일련의 행동방침을 직접 대변하고 방어하고 개입하고 지지하거나 권고하는 행동이라고 정의될 수 있다 (Mickelson, 1995). 옹호에 대한 개념정의는 매우 다양하다. Schneider와 Lester(2001)는 다양한 문헌을 검토하여 90개 이상의 옹호개념을 분석하여 옹호의 핵심차원을 11가지로 분류하였는데, 〈표 11-1〉은 옹호라는 개념의 11가지 핵심차원과 그 의미를 제시하고 있다.

표 11-1 옹호의 열한 가지 핵심차원과 의미

핵심차원	의미
대신하여 말하거나 변호하기	다른 사람이나 이슈를 대신해서 말하거나 글을 쓰거나 추천하거나 지지하거나 변호하는 것
다른 사람을 대표하기	의사결정자나 당국을 향해 스스로를 혹은 어떤 개인이나 집단을 대표하는 것
조치 취하기	수행하기, 방안을 강구하기, 행동하기, 반응하기, 진행시키기, 시작하기, 행동에 옮기기와 관련이 있음
변화 촉진하기	클라이언트나 집단을 대신하여 사회나 지역사회 내에서 상황을 변화시키는 것
권리와 혜택에 접근하기	클라이언트가 합법적으로 자격이 있는 서비스, 권한, 혜택, 권리에 대한 클라이언트의 접근을 촉진하는 것
동지로서의 역할	개인이나 집단의 동지, 열광적인 옹호자나 지지자의 역할
영향력과 정치적 기술 보여 주기	당국이나 결정권자에게 영향을 미치려는 정치적 과정이나 시도
사회정의 보장하기	사회정의를 보장하거나 유지시킬 목적으로 행동방침을 직접 방어함
클라이언트 역량 강화하기	개인이나 지역사회가 그들의 운명을 지배할 수 있도록 조장하여 역량강화하는 것
클라이언트와 동일시하기	클라이언트와 분명히 그리고 의도적으로 동일시하는 것
법적 기반 사용하기	클라이언트의 실질적인 권리를 보호하는 것은 법적인 과정을 필요로 함

출처: Schneider & Lester(2001), pp. 59-64를 요약 · 정리하였음.

2) 옹호의 범위와 유형

　옹호는 사회복지사의 근본적인 역할이지만, 옹호활동이 거시적 실천분야에 집중되어 있고 주로 거시적 실천에서 실행 가능하기 때문에 일반적으로 거시적 실천의 요소로 간주된다. 그러나 옹호활동은 거시적 실천뿐만 아니라 미시적 실천에서도 이루어진다(Mickelson, 1995). 사회복지사는 다양한 무대에서 옹호활동을 수행하고 있다고 할 수 있는데, 미시적 실천에서 거시적 실천 전반에 걸쳐 수행 가능하다. [그림 11-1]은 그중 몇 가지 경우를 예시하고 있다.

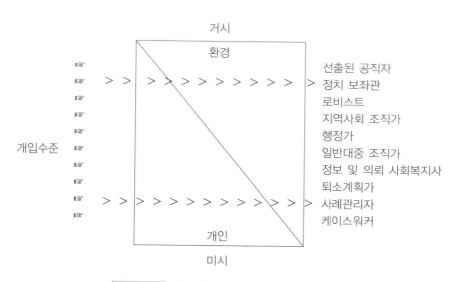

그림 11-1 옹호활동에서의 사회복지사의 역할

출처: Mickelson(1995), p. 97.

　사회복지실천에서처럼 일반적으로 옹호활동은 미시적 차원과 거시적 차원으로 구분할 수 있다. 사례 혹은 클라이언트 옹호(case or client advocacy)는 미시적 차원의 옹호활동에 해당하고, 명분 혹은 계층 옹호(cause or class advocacy)는 거시적 차원의 옹호활동에 해당된다(Kirst-Ashman & Hull, 2006; Mickelson, 1995).

　첫째, 사례옹호(case or client advocacy)란 개별 사례나 클라이언트를 대신해서 옹호하는 것을 의미한다. 사회복지분야에서 사례옹호는 다른 대상들이 필요로 하는 서비스, 자원, 자격을 가지도록 원조하는 것이다(Friesen & Poertner, 1995). 사례옹호는 주로 개인이나 가족과 함께 일하는 미시(micro) 혹은 중시(mezzo) 실천과 관련이 있다(Kirst-Ashman & Hull, 2006). 클라이언트 대변은 클라이언트들이 스스로를 대변하고 옹호할 수 있게 하므로, 사례옹호는 임파워먼트 실천과 보조를 맞춘다. 이러한 옹호활동에 해당되는 대표적인 사례로는 개인이나 가족 혹은 소집단이 서비스수혜 자격은 있으나 특정기관으로부터 서비스를 받지 못하는 경우 이러한 문제를 해결하려는 노력이라고 볼 수 있다. 미시적 차원의 실천이든 거시적 차원의 실천이든 사회복지사의 옹호활동의 일차적 대상은 주로 개인에 해당되므로 사례옹호로부터 시작되어야 한다(조휘일, 2003).

둘째, 계층 혹은 명분옹호(class or cause advocacy)는 집단을 대신하는 옹호활동을 말한다. 즉, 이는 특정 클라이언트 집단에 불리한 영향을 미치는 이슈들을 중심으로 사회정책을 통하여 환경을 바꾸기 위한 개입활동을 의미한다(Mickelson, 1995). Hepworth, Rooney와 Larsen(1997)은 계층옹호를 구체적인 계층이나 집단의 모든 사람들에게 영향을 미치는 정책, 실천, 법을 변화시키기 위하여 노력하는 것이라고 정의하고 있다. 자원, 재능이나 기술 등의 능력이 없는 일련의 클라이언트 집단을 대신하여 활동하는 명분옹호활동은 특히 거시(macro) 실천과 관련이 있다. 이러한 옹호활동은 특정 클라이언트 또는 잠재적 클라이언트 집단들에 전체적으로 영향을 줄 수 있다는 것을 전제하므로 계층옹호 혹은 사회옹호라고도 한다. 명분옹호는 사례옹호로부터 생겨나는데 다수의 클라이언트들이 같은 문제들을 경험한다면 명분옹호가 필요하게 된다(Kirst-Ashman & Hull, 2006).

사례옹호활동은 고객과 환경 간의 상호작용을 대상으로 하는 반면, 계층옹호활동은 사회정책을 통해서 환경을 바꾸기 위한 개입활동을 의미한다. 사회복지의 배경을 고려할 때 환경이나 개인 중에서 어느 쪽에 보다 역점을 두어야 할 것인가를 결정하려면, 우선 개인-환경 간의 패러다임에서 어느 수준에서 개입할 것인지 결정하여야 한다. 예를 들어, 정치적 지원을 위한 옹호활동은 개인의 문제에서보다 환경적인 문제를 다루는 데 보다 효과적인 반면, 사례관리자의 개입활동은 환경적이라기보다는 개인적인 성격을 갖는다(Mickelson, 1995).

'환경 내의 인간' 관점에서 볼 때, 옹호활동은 다양한 수준에서 개입이 필요하고 다양한 형태의 옹호노력이 필요하다. 사회복지사가 환경 및 개인에 대한 옹호활동을 수행하기 위해서는 개입수준에 상관없이 미시적 및 거시적 실천기술 모두를 사용할 필요가 있으며, 클라이언트에 대한 옹호활동이 효과적으로 수행되기 위해서는 미시적 차원과 거시적 차원의 옹호활동이 밀접하게 관련되어 있음을 이해하여야 한다. 특히 사회정책을 변화시키는 것은 많은 시간을 필요로 하는데, 계층옹호활동이 사회변화를 이끌어 내기 위해서는 사회정책이 클라이언트 개인에게 어떤 영향을 주는지를 분명히 인식할 수 있는 자료를 개별옹호활동으로부터 확보하여야 한다. 한편, 미시적 차원에서 활동하는 사회복지사가 동시에 사회적 변화를 달성하기 위해 활동을 수행할 수 있는 시간을 확보하기는 용이하지 않으므로 사회정의를 위하여 활동하는 거시적 차원의 사회복지사에게 의존할 필요가 있다. 개별옹호활동 및 계층옹호활동은 이렇게 밀접한 연관성을 가지고 있다. 지역사회조직, 개별사회사업, 사회복지행정, 정치활동 등 개입활동의 형태에 상관없이 어떤 수준의 옹호활동에나 아주 필수적인 자원은 정보라고 할 수 있다(Mickelson, 1995).

3) 옹호의 가치와 한계점

각국의 사회복지사윤리강령은 옹호활동을 사회복지사의 주요임무라고 직·간접적으로 언급하고 있는데, 이는 모든 인간의 가치와 존엄성에 대하여 존중하는 전통으로부터 기인한다. 2001년에 개정된 '한국사회복지사윤리강령'에는 사회복지사의 옹호활동에 대하여 몇 개의 항에 걸쳐 분명히 밝히고 있다(한국사회복지사협회 홈페이지). 먼저, 클라이언트에 대한 윤리기준에서는 "II-1-1. 사회복지사는 클라이언트의 권익옹호를 최우선의 가치로 삼고 행동한다"라고 명시하고 있다. 그리고 사회에 대한 윤리기준에서는 "IV-1. 사회복지사는 인권존중과 인간평등을 위해 헌신해야 하며, 사회적 약자를 옹호하고 대변하는 일을 주도해야 한다"고 명시하고 있고, "IV-3. 사회복지사는 사회환경을 개선하고 사회정의를 증진시키기 위한 사회정책의 수립·발전·입법·집행을 요구하고 옹호해야 한다"라고 명시하고 있다. 뿐만 아니라, 미국의 사회복지사윤리강령의 전문에도 옹호활동은 사회복지사의 기본적인 의무사항임을 명시하고 있다(National Association of Social Workers 홈페이지).

옹호는 사회복지직의 가치와 일맥상통한다고 볼 수 있다. 옹호는 사회복지분야에서 오랜 전통을 가지고 있으나, 사회복지사들은 차별받거나 위기에 처한 사람들에 대한 옹호가 논쟁을 불러일으킬 소지가 있으므로 이런 수단의 사용을 꺼리는 경향이 있다(Kirst-Ashman & Hull, 2006). 그러나 거시적 차원의 옹호는 위기상황에 대처하기보다는 핵심문제들을 공격할 수 있다는 장점이 있다. 즉, 사회복지사가 위기상황에 단순히 대처만 하는 것이 아니라 문제를 직접 해결함으로써 사회복지사는 참여감을 느낄 수 있다. 또한 옹호는 클라이언트들이 그들 자신의 문제들을 해결할 수 있도록 역량강화하여 그들로 하여금 개인적 기술과 효능감을 개발하게 할 수 있다(Kirst-Ashman & Hull, 2006).

옹호의 효과성을 저해하는 요인은 다음과 같다. 첫째, 인간적·사회적 문제는 본래 거대한 변화를 허용하지 않으려 한다는 것이다. 둘째, 어떤 과업의 경우는 변화의 분위기와 상황이 무르익지 않아서 지금 당장은 성취될 수 없는 한계점이 있다. 셋째, 당면한 문제를 다루는 방법에 대한 지식과 용기가 부족하다는 점이다. 무관심은 억압에 대항하거나 경제·사회정의를 추구하는 데 가장 위험한 요소라고 할 수 있다(Kirst-Ashman & Hull, 2006).

4) 옹호의 실천절차

Schneider와 Lester(2001, pp. 116-147)는 옹호의 실천절차를 이슈 확인 및 목표 결정, 사실에 대한 자료 수집, 전략·전술 계획, 지도력 발휘, 의사결정권자 및 직원들과 가까워지기, 지지기반 확대, 끈기있게 노력하기, 옹호노력 평가 등 8단계로 설명하고 있다.

(1) 이슈 확인 및 목표 결정

이슈 밝혀내기와 목표 정하기 단계에서는 전략회의 등을 통하여 클라이언트의 문제에 대하여 현재의 이슈가 무엇인지를 명백히 설명할 수 있어야 한다. 각각의 사람은 동일한 사안에 대해서 동일하게 해석하지 않고 다양하게 해석하게 되는 경우가 많다. 따라서 하나의 사건이나 문제를 개인적으로 해석하게 되면, 거기에는 분명히 의견이 분분하게 될 것이다. 이슈란 논쟁 중에 있는 실질적인 사안을 의미한다(Kutchins & Kutchins, 1987). 즉, 상당수의 사람들에게 영향을 미치는 중대한 사안이나 문제를 말한다. 사례회의를 통해 현재 가장 중요한 이슈가 무엇인지에 대하여 사회복지사들 간에 동의가 이루어져야 한다. 하나의 사례에 대하여서도 취약계층의 안전, 업무 과부담, 훈련, 인간의 존엄성 등 다양한 이슈를 발견할 수 있다. 따라서 다양한 사안 중에서도 해결해야 할 가장 중대한 이슈가 무엇인지 결정하여야 하며, 그렇게 하지 못한다면 해결방안을 찾아내기 어려울 것이다. 이 원칙에서는 모든 참가자 측에서 클라이언트들이 당면한 이슈를 찾아내고 명백히 설명하려는 노력이 필요하다.

　참여자들이 이슈를 잘 이해하거나 수용하게 되면, 무엇을 달성하고자 하는지 옹호의 목표를 정할 필요가 있다. 목표란 성취하고자 하는 바이자, 옹호노력이 향하는 바이다. 목표에는 장기 목표, 중간 목표, 단기 목표가 있다. 장기 목표는 옹호집단이 바라는 궁극적 혹은 최후의 변화나 성과를 말한다. 중간 목표는 구체적인 캠페인을 통하여 옹호집단이 바라는 성과나 변화를 의미한다. 단기 목표는 중간 목표를 달성하기 위한 도중의 조치를 말한다. 단기 목표는 다음과 같은 두 가지 필수조건을 허용하는 구체적인 행동이나 성과이다. 첫 번째 조건은 참가자들의 사기앙양을 위한 캠페인 기간 중의 작은 승리들이고, 두 번째 조건은 옹호집단이 권력기반을 확보할 시간이다. 목표에 대한 설정 없이는 대부분의 옹호노력은 성공을 위해 요구되는 자원이나 전략을 어떻게 찾아내고 진행시켜 나가야 할지 명확하게 초점을 맞추기 어렵다.

(2) 사실에 대한 자료 수집

　지역사회 지도자, 입법자, 기관 직원, 슈퍼바이저, 자금원, 관료 혹은 기타 주요인물들에게 영향력을 행사하기 위하여, 사회복지사들은 변화에 대한 필요성을 보여주거나 이슈를 처리하기 위한 논리적 근거를 지지하는 사실을 동원해야 한다. 옹호자들은 검토 중인 사안에 대한 전문가가 될 필요가 있으며 그들이 활용할 수 있는 전문가들이 있어야 한다. 이런 지식으로 무장하여 옹호자들은 다른 사람들, 대중매체, 반대편들에게 그 이슈에 대하여 제시하는 데 적극적으로 나설 수 있고, 그 이슈의 현실적인 이해에 근거한 전략과 전술을 제안할 수 있다.

　각 이슈는 조사를 필요로 하고 다양한 원천으로부터 사실에 대한 정보를 수집할 필요가 있다. 정보에는 두 가지 종류가 있다. 첫째, 사회나 지역사회에 대한 광범위한 경향들은 이슈에 대한 배경지식의 역할을 한다. 이러한 종류의 정보에는 문화적 다양성, 세계결제, 사회정의 이슈들, 정보기술, 교육수준이나 노령화인구, 가정해체, 보건의료서비스 개혁, 여성인력 등과 같은 인구통계학적 자료가 있다. 둘째, 옹호자들은 이슈 자체에 대한 구체적인 정보를 수집할 필요가 있다. 예를 들어, 고려 중인 이슈와 관련이 있는 다양한 정보들, 즉 사실, 일람표, 그래프, 성명서, 사례들, 조사, 선례, 욕구조사, 보고서, 통계자료, 재정보고서, 설문조사 결과나 기타 문서들이 포함된다. 옹호자들이 직접 설문조사를 실시하여 해당 이슈에 대한 구체적인 정보를 생산할 수 있지만, 대중에게 유용한 거대한 양의 정보가 존재한다. 예를 들어, 중앙정부, 광역단체나 자치단체들, 도서관, 사회과학 데이터베이스, 인터넷, 각종 국립협회와 부속기관, 대학, 해당 이슈에 전문성을 가진 교수, 공동모금회, 시 · 군의 기획부서, 통계청, 보건의료 · 사회서비스기관 기록, 법원기록, 대중매체 등 다양한 자료원이 있다.

(3) 전략 · 전술 계획

효과적인 옹호자들은 해당이슈에 대한 목표를 달성하기 위하여 적절한 전략과 전술을 선택한다(Reisch, 1990). 일단 사실에 대한 정보를 수집한 후에는 옹호자들은 그들이 바라는 것을 어떻게 성취할 것인지 결정하여야 한다. 개인 혹은 집단 옹호자들은 상대편이 그들의 마음을 바꾸도록 어떻게 설득할 것인지, 입법정책을 지지하거나 수정하도록 어떻게 설득할 것인지, 지역사회 규정을 변경하도록 어떻게 설득할 것인지 결정하여야 한다. 궁극적으로 옹호자들과 그들의 집단은 어떤 조치를 취할 것인지, 상대편이 어떻게 그들의 행동, 가치, 태도나 입장을 바꾸는 어려운 과업을 수행할 것인지에 대하여 합의하여야 한다. 즉, 바라는 변화를 달성하기 위하여 옹호자들은 어떻게 접근할 것인지에 대한 계획(전략)과 구체적인 활동이나 과업(전술)에 대하여 진지하게 고민하여야 한다.

옹호노력에서 사용할 수 있는 전략에는 협력(collaboration), 캠페인(campaign), 대항(contest)이라는 세 가지 전략이 있으며, 옹호자가 직면한 상대측의 특성에 따라 어떤 전략을 사용할지 결정하여야 한다.

첫째, 협력전략은 다음과 같은 특성을 가진 개인이나 집단을 상대로 둔 경우에 사용하면 성공할 가능성이 높다. 즉, 더 많은 정보를 필요로 하는 경우, 해당이슈에 대하여 생소한 경우, 옹호자들과 기본적인 가치를 공유하는 경우, 많은 사안에 대하여 십중팔구는 동의하는 경우, 유사한 이슈에 대하여 대개 협력적인 경우이다. 대립정도가 매우 강렬하지는 않고, 상대측과 권력이 동일하며, 옹호자와 상대측 간에 공통의 유대가 있다. 옹호자들은 정보를 공유하고 합리적이거나 경험적인 자료로 상대측을 교육하려고 한다. 양 집단 간의 의사소통은 개방되어 있고 솔직한 경우가 많다. 문제해결이 공동으로 이루어지고 과업은 공평하게 공유된다. 이 전략에서는 상호호혜적인 목적을 위하여 위원회나 특별전문위원회가 형성되기도 한다. 협력의 정신으로 옹호자와 상대측은 종종 주요한 차이에 대한 해결방법을 타협하고 협상하기도 한다. 공동노력의 시기 후에는 양측에 수용할 만한 타협에 이르기도 한다.

둘째, 캠페인전략은 상대측이 다음과 같은 특성을 가진 경우에 사용된다. 즉, 해당 이슈에 대하여 상대측이 중립적이고 무관심하거나 무감각한 경우, 옹호자와 공통된 정서를 일부 공유하는 경우, 옹호자에게 십중팔구 동의하지 않는 경우, 의심 많은 태도를 가진 경우, 성과에 거의 투자하지 않은 경우, 혹은 옹호자와 이전에 경쟁한 개인이나 집단을 상대로 둔 경우에 효과적으로 사용할 수 있다. 대립정도는 협력전략보다 의견차이가 크고, 공유 가치가 적고, 태도의 차이가 있고, 거리를 두고 냉담한 관계인 경우가 많다. 옹호자들은 상대측의 자연스러운 이해관계에 호소할 수 있고 제안된 변화가 이런 이해관계에 도움이 될 것이라고 설명할 수 있다. 캠페인전략은 논리, 정서, 이기심에 호소함으로써 상대편을 설득하는 방법이다. 이 전략은 교육에 의존하지만, 엄격하게 합리적이고 경험적인 교육에 의존하는 것은 아니다. 이 전략을 사용하는 옹호자들은 때로 협상과 교섭을 하기도 하고 정치적 계략을 사용하기도 한다.

셋째, 대항전략은 상대측이 다음의 특성을 가지는 경우에 효과적이다. 즉, 상대측이 해당이슈에 대하여 분명히 의견이 맞지 않는 경우, 적대적인 경우, 경청하려고 하지 않는 경우, 지지하지 않는 경우, 옹호자와 공통의 의견이나 이해를 한다고 하더라도 거의 공유하지 않는 경우, 권력을 거의 공유하려고 하지 않는 경우, 기존이익을 보호하려는 경우 혹은 옹호자와 공개적으로 갈등상황에 있는 경우에 이 전략이 효과적이다. 대립정도는 분명히 매우 높고, 지지하지 않고 공통 관계가 거의 없으며, 종종 적대감을 보이기도 한다. 옹호자들은 믿음이나 가치보다는 행동을 변화시키고자 한다. 옹호자들은 정치적 압력 혹은 일반 대중으로부터의 압력을 사용하고, 상대편의 입장과 공적인 대결에 의존하고, 기존 법률에 순응할 것을 강요하며 당파권력을 행사한다. 때로 옹호자들은 비협조적이고, 상대편을 괴롭히기도 하고, 보이콧이나 제재를 행사하기도 하고, 규범적인 행동을 저버리기도 하고 법률상의 규범을 어기기도 한다.

어떤 대항전략들은 사회복지사와 클라이언트에게 위험이 따를 수 있으므로 그런 고
위험 전략을 수행하기 전에 옹호자와 클라이언트 간에 고지된 동의가 있어야 한다.

전술은 전반적인 전략을 수행하기 위해 취하는 활동의 단계이다. 전술은 일상의 행
동으로서 제안된 변화가 받아들여지는 확률이 증가하도록 고안된 도구, 기술, 반응이
다. 〈표 11-2〉는 각 실천전략별 구체적인 전술방법을 보여 준다.

표 11-2   실천전략별 구체적인 옹호 전술방법

전략 유형	구체적인 전술방법
협력전략	• 연구 수행 및 해당이슈 검토하기 • 간단한 보고서 및 대안 계획서 개발 • 특별전문위원회와 분과위원회 창설 • 워크숍 실시 • 상대편과 규칙적인 의사소통
캠페인전략	• 의사결정권자 로비하기 • 일반대중 교육 • 대중매체와 함께 일하기 • 편지쓰기 캠페인 조직하기 • 기관과 의사결정권자 모니터하기 • 새로운 의원 선출 고려하기 • 상대편의 동맹들과 의사소통 확립하기
대항전략	• 협상자나 조정자 모색하기 • 대규모 시위 조직하기 • 보이콧, 피케팅, 동맹파업, 탄원운동 조정하기 • 입법행동 개시하기 • 시민불복종과 수동적 저항 조직하기 • 미디어에 폭로 준비하기

출처: Schneider & Lester(2001), p. 129를 재구성함.

(4) 지도력 발휘

효과적인 옹호활동을 위해서는 지도력이 필요하다. 예를 들어, 옹호자들은 시의회
가 건물에 대한 투자보다는 특정사회복지서비스에 재정을 지원하도록 설득하기 위하
여 연합을 형성하는 경우, 지도자로서 지도력을 발휘할 수 있다. 다음의 원칙은 지도
력을 발휘하기 위한 기초적인 방법이다.

① 비전을 분명하게 표현하라: 성공적인 리더는 집단이 다양한 이슈에 따라 방황하지 않도록 하고 그 집단이 달성할 수 있는 것에 대한 비전을 제시할 수 있다. 이 비전은 종종 그 집단의 존재에 대한 근본적 이유에서 발견된다.

② 모든 지도자들은 추종자를 필요로 한다는 것을 기억하라: 지도자들은 집단옹호노력을 하는 구성원들의 관심에 유의하여야 한다. 사회복지옹호는 상호의존의 개념을 내포한다. 지도자들은 자신들의 관점을 가능한 한 설득력 있게 표현하고 다른 참가자들이 지도자의 의견에 동의하지 않는 때를 인식하여야 한다.

③ 과업중심활동과 유지활동 간에 균형을 맞추라: 어떤 집단이라도 구성원을 행복하게 하고 임무를 수행하는 것이 중요하다. 효과적인 지도자들은 지도자의 이러한 이중적인 역할을 인식하고 양 목표를 촉진하기 위한 방법을 의도적으로 계획한다. 이를 위해 지도자는 과업중심활동과 유지활동을 하여야 한다. 과업중심활동에는 회의안건 준비, 시간 제한을 둔 논의 지도, 회의록 작성, 정시 시작과 마무리, 대안계획 제안, 정보요약과 토론 명확화, 토론 전 핵심정보 배포, 분과위원회 조직 등이 포함된다. 그리고 유지활동에는 구성원 환대와 소개, 구성원의 의견과 조언에 대한 적극적인 경청, 전체 구성원 참여 확인, 소극적인 구성원을 찾아내어 그들의 의견 묻기, 연설자들에 대한 긍정적인 피드백 제공하기, 구성원의 기여에 사의 표명하기, 성공적인 노력과 기여 인식하기, 회의에서 음식 제공하기, 참가자의 사기 진작을 위한 작은 성공 계획하기 등이 포함된다.

④ 적극적인 자세로 자신감을 가지라: 지도력이 반드시 소란스럽거나 시끄럽지는 않지만, 소극적인 것과도 관련이 없다. 옹호자들이 적극적으로 참여하지 않는다면, 옹호노력의 방향을 안내하는 데 그들은 최소한의 역할만을 수행할 것이다. 지도자들은 의견이나 설명을 적극적으로 내보인다면, 그 집단이 발전하도록 도울 수 있을 것이다.

(5) 의사결정권자 및 직원들과 가까워지기

효과적인 옹호자가 되기 위해서는 해당 사안에 대한 의사결정권자 및 그 직원들과의 관계를 계발하고 친밀해지려는 노력을 한다. 의사결정권자들은 옹호집단이나 개인들로부터의 제안을 허가하거나 불허하는 데 공식적인 책임을 가지고 있는 경우가 많기 때문에 이런 권력보유자들과의 의사소통은 매우 중요하다. 옹호자들은 대화를 통하여

의사결정권자들에 대한 접근성을 향상하고 그들이 어떤 욕구가 있는지, 어떤 정보가 그들에게 중요한지 파악하여야 한다. 이런 노력들은 상당한 시간을 요하기도 한다.

(6) 지지기반 확대

효과적인 옹호자가 되기 위해서는 연합을 형성하는 데 참여하고 공통의 가치와 목표를 공유하는 다른 사람들과 제휴한다. 연합은 "공통의 목표를 위해 서로 협력하는 조직들의 조직화"라고 정의된다(Bobo, Kendall, & Max, 1991). 대부분의 연합은 한 조직이 혼자 힘으로 할 수 없는 무언가를 달성하는 데 필요한 권력을 확립하기 위해 형성된다. 연합 형성은 지역사회나 입법환경에서뿐만 아니라 클라이언트에 대한 옹호나 일대일의 상황에서도 유용하다. 옹호활동을 하는 데 있어서 연합의 강점과 약점은 〈표 11-3〉과 같다.

표 11-3 연합의 강점과 약점

강점	약점
• 해당이슈에 관여하는 조직과 사람들의 수를 극대화 • 유사한 기관들이 의사결정권자 앞에서 모순된 성명을 내는 상황 피함 • 해당이슈에 대하여 하나 이상의 관점이나 각도 표현 • 해당이슈에 대한 자료나 법률 수집과 분석의 업무량 공유 • 난잡한 접근에 의존하기보다는 일반대중 활동을 통합 • 공통의 목표를 추구하여 제한된 자원이 확대 • 해당이슈와 각 옹호집단의 가시성과 사회적 지위 향상 • 지속되는 권력기반 확립 • 각 기관들이 큰 집단의 일부분으로 옹호하므로 보다 안전하게 느낌	• 대부분의 조직은 조직 간 협동에 최소한의 자원만을 투입 • 연합의 이슈가 기관의 주요이슈가 아니라면 시간과 에너지를 다른 곳으로 전환 • 연합에 참여한 약자들은 그들이 약속을 이행할 수 없게 되므로 다른 구성원 측이 좌절을 경험 • 협력기관들 간의 다양성이 클수록 연합이 분열될 수 있음

출처: Schneider & Lester(2001), pp. 139-141를 요약·정리하였음.

(7) 끈기 있게 노력하기

옹호자들은 옹호과정에서 끈질긴 노력을 감수할 결심을 하여야 한다. 예를 들어, 불경기, 세금 삭감, 정쟁, 단기적 위기 등의 외부상황이 옹호자의 옹호활동을 방해할 때, 옹호자가 선택할 수 있는 것은 포기하거나 계속하는 것이다. 옹호자들은 인내야 말로 성공의 근본적인 덕목이라는 것을 이해하는 것이 중요하며, 한 명의 클라이언트를 대신하여 옹호에 성공하는 것은 유사한 상황의 다른 많은 클라이언트의 삶을 향상시키는 일이라는 것 또한 인식할 필요가 있다. 정책이나 법을 변화시키기 위해 3년, 5년, 7년 혹은 그 이상의 기간 동안 다양한 옹호시도를 반복한 후에 옹호의 결과가 성공적으로 나타나는 아주 많은 사례가 있다.

(8) 옹호노력 평가

효과적인 사회복지옹호를 위해서 옹호자들은 옹호노력의 유용성과 성과에 대하여 정기적으로 평가하여야 한다. 옹호프로그램의 평가가 필요한 가장 중요한 이유는 무엇이 성취되었는지 그리고 옹호과정이 얼마나 잘 진행되고 있는지를 결정하기 위함이다. 그 외에도 평가활동은 책임성을 명확히 하고, 조직의 관리차원의 효과성에 대한 관점을 제공하며, 직원들로 하여금 미래에 대한 계획을 세울 수 있도록 과거 노력을 검토할 수 있도록 한다. 또한 옹호노력에 대한 평가결과는 종종 자금제공원과 공유되기도 하며, 평가정보는 다양한 포럼에서 증거자료로 효과적으로 사용될 수 있고, 지역사회의 위원회, 직원, 자원봉사자, 주요정보제공자를 교육시키기 위하여 사용될 수 있다.

Taylor(1987)는 옹호프로그램을 평가하는 포괄적인 모델을 개발하였다. 옹호프로그램의 토대는 기관에 의해 수립된 포괄적인 목적과 목표에 뿌리를 두고 있다. 이 전체적인 목적과 목표는 기관의 사명, 헌장, 목적으로부터 유래한다(1단계). 옹호프로그램의 목적과 목표는 기관의 사명, 목적, 목표로부터 나온다(2단계). 평가과정은 옹호프로그램의 목적과 목표를 고찰함으로써 시작한다(3단계). 그 업무가 얼마나 능숙하게 혹은 서툴게 수행되는지 검토한다(4단계). 목적과 목표가 어느 정도 만족되었는지 검토한다(5단계). [그림 11-2]는 옹호의 과정을 제시하고 있다.

사회복지옹호에서 사용될 수 있는 평가는 과정측정(process measures), 성과측정

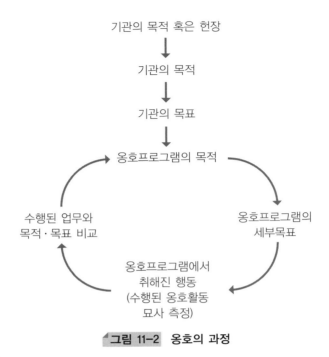

기관의 목적 혹은 헌장

기관의 목적

기관의 목표

옹호프로그램의 목적

옹호프로그램의
세부목표

옹호프로그램에서
취해진 행동
(수행된 옹호활동
묘사 측정)

수행된 업무와
목적·목표 비교

그림 11-2 옹호의 과정

출처: Taylor(1987), p. 125.

(outcome measures), 영향측정(impact measures)이 있다. 먼저, 과정측정은 옹호노력이 얼마나 효과적으로 진행되는지에 관한 정보를 제공한다. 예를 들어, 일이 순조롭게 진행되고 있는지, 직원은 충분한지, 자원은 충분한지, 의사소통은 효과적인지, 지역사회에서 지지하고 있는지, 지도력은 적절한지, 다른 집단이 현물지원을 하고 있는지, 구성원들은 집단과정에 만족하는지, 중대한 행사기간에 어떤 일이 발생했는지 등에 대한 질문들이 이 과정측정에 해당된다. 둘째, 성과측정은 옹호프로그램이 성취한 구체적인 성취나 업적에 관한 정보와 관련이 있다. 예를 들어, 제공된 서비스의 종류나 빈도, 지역사회나 집단의 활동들, 프로그램의 변화, 서비스에 대한 접근성, 시간경과에 따라 충족된 목표의 수 등이 성과측정에 해당된다. 마지막으로, 영향측정은 옹호프로그램이 산출한 궁극적인 효과성이나 실제상의 변화에 관한 정보를 제공한다. 예를 들어, 개인들의 행동이 변화하였는지, 10대의 흡연 감소와 같은 특정 종류의 행동이 있는지 등의 행동에 관한 측정이나 옹호프로그램의 결과로 나타난 지역사회에서의 변화가 있는지, 통계수치가 올라갔는지 내려갔는지 등의 지역사회수준의 지표 등을 활용하여 옹호프로그램의 효과를 측정할 수 있다(Altman et al., 1994).

5) 옹호의 전술

사회복지사의 옹호활동이 이루어지는 환경이나 클라이언트의 유형은 매우 다양하므로, 클라이언트의 권리를 제대로 옹호하기 위해서는 다양한 접근방법을 사용해야 한다. 사회복지사는 효과적인 목표달성을 위하여 클라이언트의 환경을 완벽하게 이해하면서 다양한 옹호기술과 전략을 사용해야 한다(Mickelson, 1995). 옹호를 위한 구체적인 전술은 설득(persuasion), 증언청취(fair hearings), 표적체계를 난처하게 하기(embarrassing the target of change), 정치적 압력(political pressure), 탄원서 서명(petitioning)을 들 수 있다(Kirst-Ashman & Hull, 2006, pp. 352-356).

(1) 설득

설득하기(persuasion)는 표적체계가 기존의 결정과는 다른 결정을 내릴 수 있도록 추가적인 정보를 제공하는 형태를 띤다. 타인을 설득하는 유용한 방법은, 먼저 귀납적 질문을 하는 것이다. 즉, 표적체계에게 그들이 초반에 내린 결론에 대하여 생각하도록 고안된 일련의 질문을 하는 것이다. 만약 표적체계가 불완전한 정보에 근거하여 결정을 내렸다면, 사회복지사는 그 정보가 정부기록에 존재하는지 물어볼 수 있다. 또한 구두로 제공된 그 정보가 출판된 정보와 일치하는가를 재확인했는지 추가로 물어볼 수 있다. 다음으로, 어떤 이슈에 대하여 양쪽에 논쟁거리를 제시해 주는 방법이 있다. 이는 사회복지사측의 의견과 사실을 명확히 제시하는 것일 뿐만 아니라 상대편의 의견, 관심과 사실을 인정하는 것을 뜻한다. 이것은 상대편으로 하여금 사회복지사가 상대편의 주장을 이해하고 있으나 사회복지사의 입장이 가장 일리가 있다는 것을 알리는 장점이 있다. 마지막 설득방법은 끈기이다. 대부분의 사람은 저항에 부딪히면 포기하는 경우가 많다. 표적체계 또한 사회복지사가 양보하기를 기대할 것이다. 그러나 끝까지 인내하는 사회복지사는 단호하지만 마찰을 일으키지 않으며, 결국에는 승리하게 될 것이다(Hoffman & Sallee, 1994).

(2) 증언청취

증언청취(fair hearings)는 혜택이나 권리에 대한 수혜자격이 있는 클라이언트나 클라이언트 집단이 공정한 대우를 받도록 하기 위해 의도된 행정절차이다. 증언청취에서는 클라이언트들이 의사결정자의 행위에 관하여 그들의 의견을 듣고 싶다고 행정기관에 신청을 내면, 그 주장에 대한 양쪽 의견을 듣도록 외부인(주로 정부 공무원)이 지명된다. 만약 외부 심사관이 결정권자가 정부 정책을 어겼다고 판단하면, 그 심사관은 개인이나 기관이 규칙을 준수하고 클라이언트에게 정당한 급부를 주도록 지시하게 된다. 이러한 접근은 공공기관이 클라이언트 집단에게 급부제공을 거부하거나 준수하여야 할 규칙을 명백히 어겼을 경우에도 적용된다.

(3) 표적체계를 난처하게 하기

대부분의 사람은 스스로를 합당한 수준의 공정성을 가지고 다른 사람들을 대우하는 양식 있는 사람으로 생각하고 싶어 한다. 그러나 상대편이 자신들의 약점에 대해 주의를 환기시키기 위해 대중매체를 사용한다면, 예상대로 당황스러울 것이다. 하지만 이런 활동은 표적체계를 바람직한 방향으로 변화시킬 수도 있고, 반대로 보다 큰 저항을 일으킬 수도 있다. 따라서 표적체계를 난처하게 하는 방법(embarrassing the target of change)은 어느 정도 위험부담이 따른다. 지역신문에 투고하기, 해당기관 앞에서 피케팅하기, 해당기관의 잘못에 대한 전단지 나누어 주기, 연좌시위, 시위운동 등은 표적체계를 당황하게 하는 전술이다.

(4) 정치적 압력

정치적 압력(political pressure)은 정치적 권력을 사용하지 않으면 일어나지 않을 변화를 끌어내기 위하여 정치적 권력을 사용하는 것이다. 모든 기관, 조직이나 상황이 항상 정치적 압력에 영향을 받는 것은 아니다. 공공기관들은 그들을 관리·감독하는 정계 인사들의 관심에 더 민감할 수 있다. 유권자들은 선출된 공직자들을 방문하여 관할지역 문제를 조사하도록 요청할 수도 있을 것이다. 예를 들어, 광역시·도의 수준에서는 사회복지사는 광역시·도의원 등 정치적 영향력이 있는 인사들을 접촉하여 위기인구집단을 위한 자금제공과 관련된 문제에 관해 논의할 수도 있다. 그러면 도의원이나 시의원은 해당 지방자치단체의 해당국장에게 왜 위기인구집단에게 지방자치단체 조례에서 명령한 서비스가 제공되지 않았는지 확인하여 변화를 이끌어 낼 수 있다.

(5) 탄원서 서명

사회복지사는 탄원서에 사람들의 서명을 받음으로써 조직이나 기관이 명시된 대로 행동하게 할 수 있다. 마약 사용이나 갱단의 폭력에 대해 보다 나은 경찰 보호를 요청하기 위하여 사회복지사는 지역주민들이 지방자치단체에 탄원하도록 도울 수 있다. 탄원서를 받기 위해서는 집집마다 방문하여 지역주민들이 서명을 하게 하거나 많은 수의 지역주민이 회합하는 편리한 곳에 서명장소를 정하여 주민들의 서명을 받을 수도 있다. 탄원서 서명(petitioning)은 비교적 받기가 쉽기 때문에 탄원서가 표적체계에 바람직한 영향을 끼치지 못할 수 있다는 것이 한계점으로 보인다. 왜냐하면 표적체계는 탄원서에 서명한 사람들이 그 사안에 대해 확고한 견해를 가지고 있지 않다고 단정할 수 있다. 따라서 서명을 받은 탄원서를 시의회의 정기회의에 제출하는 등 공청회에서 제시하는 것이 가장 도움이 된다.

2. 임파워먼트

1) 임파워먼트의 개념정의

억압계층에 대한 비판적 인식과 사회건설주의 사고의 등장으로부터 출발한 임파워먼트는 사회복지분야의 주요한 실천모델이 되었으며, 임파워먼트는 사회복지분야에서 오랜 전통을 가지고 있다(Yip, 2004). 그러나 임파워먼트에 대한 개념정의는 아직 체계적으로 확립되지 않은 상황이며, 개념적 정의와 조작적 정의가 체계적으로 형성되고 있는 중이다. 임파워먼트의 사전적 의미를 살펴보면, 크게 두 가지로 정리할 수 있다. 먼저 임파워(empower)의 의미는 "~에게 권한을 부여하다" 혹은 "~할 권력을 위임하다(authorize)"의 뜻으로 파워(power)를 권한이나 권력의 의미로 해석한다. 다음으로 "할 수 있도록 하다(enable)" 혹은 "할 능력(자격)을 주다" "~에게 허용하다"라는 뜻으로 사용되며, 파워(power)를 능력의 의미로 해석한다. 따라서 임파워먼트(empowerment)는 파워를 해석하는 관점의 변화에 따라 임파워먼트의 의미가 변화되어 왔다(구자경, 유철종, 1998 재인용).

임파워먼트는 개인적, 대인관계적, 정치·사회적 차원의 의미를 내포하고 있는 매우 복잡한 개념이다. 임파워먼트에 대한 개념정의는 학자들마다 매우 다양하다. 1970년대 임파워먼트 개념을 대중화한 Solomon(1976)은 임파워먼트를 권력이나 권력의 영향에 대한 장애물을 제거하는 것이라고 정의하며 억압계층에 효과적인 사회복지개입과 전략을 강조하고 있다. Itzhaky와 York(2000)는 임파워먼트를 사람들이 권력(혹은 힘)을 획득할 수 있도록 하기 위하여 개인적·구조적 상황을 수정하는 것이라고 정의하고 있다. Pinderhughes(1983)는 임파워먼트란 사회구조의 변화에 대한 초점보다는, 확대된 권력에 대한 개인적 느낌과 자신의 생활공간에 영향을 미치는 힘을 좌우하는 능력으로 정의하고 있다. Torre(1985)는 임파워먼트를 사람들이 그들의 생활에 영향을 미치는 사건과 제도에 참여하고, 함께 통제하고, 영향을 미치는 과정으로 정의하면서, 사람들이 그들의 생활과 그들이 관심을 가지는 사람들의 생활에 영향을 미치는 특정 기술, 지식, 충분한 권력 획득이 수반되어야 한다고 주장하였다(Parsons, 2008 재인용). 한편, Kirst-Ashman과 Hull(2006)은 임파워먼트를 사람들이 권력, 능력, 자기결정권을 성취할 수 있는 권한에 대한 권리를 가지도록 보장하는 것으로 정의하고 있다. 즉, 사람들이 그들의 생활수준을 개선할 수 있도록 개인 간, 대인관계 간, 정치적 권력을 증가시키는 전략을 사용하는 것을 의미한다. 이러한 정의는 사람들이 자기결정권을 성취할 수 있는 권한에 대한 권력, 능력, 권리를 가지고 있음을 가정한다.

무엇보다 임파워먼트는 개념 정립과 실천에서 몇 가지 문제점을 내포하고 있다. 먼저 임파워먼트라는 용어를 사용하는 사람들마다 다른 의미를 내포하고 있다는 점이다. 또한 임파워먼트의 개념은 서비스 이용자들보다는 관리자나 사회복지사들에 의해 사용되는 경우가 많다(Adams, 1997). 특히 사회복지실천분야에서의 임파워먼트는 다음과 같은 딜레마를 내포하고 있다. 즉, 누군가를 임파워먼트한다는 것은 동시에 그들을 낙인찍는 것일 수 있다는 점, 임파워먼트의 과정에서 사회복지사와 클라이언트 간의 힘의 불균형이 발생할 수 있다는 점이다(Yip, 2004).

2) 임파워먼트접근의 특성

사회복지실천에서 임파워먼트접근의 주요 특성은 다음과 같이 정리할 수 있다.

첫째, 임파워먼트접근은 파워(power)에 관한 주제를 사회복지실천의 전면에 내세우고 있다. 즉, 클라이언트의 파워 획득을 사회복지실천의 주요목표로 설정하고 클라이언트와 사회복지사 간의 관계를 파워의 관점에서 조망함으로써 파워의 동원 및 부여가 사회복지사의 주요역할임을 강조하는 계기를 마련하였다(김인숙, 우국희, 2002).

둘째, 임파워먼트접근은 클라이언트에 대한 긍정적 관점을 가지고 있다. 클라이언트가 파워를 획득할 수 있는 충분한 잠재력, 자원과 강점을 가지고 있음을 가정하고 있다. 즉, 클라이언트는 더 이상 수동적인 존재가 아니며 주체적인 존재로서 역할함을 강조하고 있다(김인숙, 우국희, 2002). 임파워먼트접근은 병리관점에 근거하여 전문가 중심으로 이루어지는 전통적 치료모델과는 거리가 멀고, 서비스이용자인 클라이언트의 강점과 자원을 적극적으로 활용하는 클라이언트 중심의 사회복지실천이라고 할 수 있다. 또한 문제의 원인을 개인 내부에서만 찾는 것이 아니라, 개인과 환경, 행위와 구조의 총체적인 인식에 근거하여 문제를 파악하고자 한다. 따라서 이 임파워먼트 접근은 클라이언트가 자신의 문제를 객관적으로 인식하고 자신과 환경의 변화를 통하여 주체적으로 문제를 해결해 나가는 것을 지향한다(양난주, 2007).

셋째, 임파워먼트접근은 사회복지사-클라이언트 간의 힘의 균형이 전제된 동반자적 관계 속에서 문제를 해결해 나가고자 하는 접근방법이다(양난주, 2007). 사회복지사-클라이언트 간의 관계를 파워의 관점에서 재구조화하고 비위계성, 상호성, 협력, 동의의 관계임을 강조한다. 클라이언트는 더 이상 사회복지사의 주도에 의해 움직이는 수동적인 존재가 아니며 사회복지사와의 관계에서 주체적인 존재로서의 역할이 강조된다(김인숙, 우국희, 2002).

넷째, 임파워먼트접근은 과정과 결과의 의미를 동시에 내포하고 있다. 임파워먼트를 개입방법으로 본다면, 클라이언트가 자신의 권한과 능력을 획득해 가는 과정을 의미할 것이며, 임파워먼트를 개입결과의 개념으로 본다면 클라이언트가 자신의 권한과 능력을 획득한 결과로 이해된다. 과정과 결과를 동시에 추구하는 임파워먼트접근의 이중성은 임파워먼트가 사회복지실천의 개입으로부터 종결에 이르기까지 전체적 과정 속에서 임파워먼트를 활용함을 의미하기도 하고, 궁극적으로는 클라이언트의 권한과 능력 향상의 목적을 성취하기 위한 결과물이기도 하다(강철희, 정무성, 2006).

다섯째, 임파워먼트접근의 목표는 사회정의라는 더 중대한 목표를 위해서 개인이 자신의 상황을 개선할 수 있는 능력을 증가시키는 것이다(Mickelson, 1995). 임파워먼트는 두 가지 목표를 가지고 있다. 첫째, 보다 공평한 자원분배와 사람들 간의 비착취적인 관계를 수립하는 것이고, 둘째, 사람들이 향상된 자존감, 자신감, 지식과 기술을 통하여 건설적인 권력감(sense of power)을 가질 수 있도록 하는 것이다(Rees, 1991).

3) 임파워먼트 구성요소[2]

임파워먼트에 기반한 실천은 개인, 가족, 집단, 조직 혹은 지역사회의 힘 혹은 권력(power)을 획득하는 능력을 개발하는 데 목적이 있다. 임파워먼트에 관한 연구와 실천은 이런 변화를 이끌어 내는 데 기여하는 구체적인 과정을 규명해 왔다. 임파워먼트의 구성요소는 다음과 같다.

첫째, 임파워먼트는 태도, 가치, 신념과 밀접한 관련이 있다. 특히 자아의식, 자기가치에 대한 신념, 통제감 등을 포함하는 자기효능감은 역량강화 과정에 영향을 미친다. 심리학에서는 이런 태도가 역량강화의 유일한 요소라고 보고 있으며, 임파워먼트의 주된 목적으로 보고 있다.

둘째, 임파워먼트는 집합적 경험을 통하여 정당성을 인식하는 것과 관련이 있다. 개개인은 타인들과의 집합적 경험을 통하여 자신과 타인들이 공유하고 있는 경험이나 주변환경에 대한 자신의 인식의 일부가 표출하기에 타당하고 정당하다는 것을 인식하게 된다. 이러한 인식은 자신이 당면하고 있는 문제가 개인적 차원에서의 실패라는 차원에서 고찰하기보다는 공동체적 차원에서 문제를 고찰할 수 있게 한다. 이러한 집합적 경험들은 개개인이 개인적 수준을 넘어 가족, 집단, 조직 혹은 지역사회와 같은 다른 상위 체계들을 변화시킬 수 있는 동기가 될 수 있다.

셋째, 임파워먼트는 비판적 사고와 행동을 위한 지식과 기술을 필요로 한다. 역량이 증가한다는 것은 비판적으로 사고하고 정보를 획득하고 행동을 취하는 과정을 학습하며, 더 나아가 실제로 행동에 옮기고 그 성과를 평가하는 것을 의미한다. 사회·정치적 맥락에서 문제를 보는 과정은 개인들로 하여금 문제의 원인이 자신에게 있지 않음을 인식하게 하여 자기비난을 감소시키고, 문제의 근원이 사회에 있음을 이해시

---

2) 이 내용은 Gutierrez, Parsons, & Cox(1998)의 역서인 김혜란 외(2006), pp. 26-27를 재인용하였음.

킨다. 개인들은 의식향상을 통하여 자신의 문제가 타인의 문제와는 어떻게 관련이 있는지 인식하게 된다.

넷째, 임파워먼트의 마지막 구성요소는 행동이다. 개인들은 다양한 연습을 통하여 행동전략을 개발하고 문제에 영향을 미치는 데 필요한 자원과 지식, 기술을 개발할 수 있다. 심리적인 측면에서는 자신의 행동에 대하여 책임지는 것을 학습하는 반면, 행동적인 측면에서는 공통의 목적과 사회변화를 이루기 위해 자발적으로 다른 사람들과 함께 행동할 수 있게 되고 이런 과정에서 어떤 진리를 학습하게 된다.

Gutierrez, Parsons와 Cox(1998)는 앞에서 제시한 4개 구성요소들이 임파워먼트의 필수요소이지만 그 요소들의 관계가 선형적으로 연결되어 있거나 실천 순서에서 한 요소가 다른 요소보다 더 중요하거나 덜 중요하지는 않다고 강조한다. 또한 임파워먼트실천도 사회복지실천에서처럼 클라이언트의 욕구와 목표가 확인되는 그 지점에서 시작해야 한다. 따라서 사회복지사는 임파워먼트 과정의 모든 차원에 대하여 이해하여야 한다.

4) 임파워먼트실천의 구조

임파워먼트실천이 개인에서부터 사회에 이르는 다양한 수준의 임파워먼트를 포괄함을 강조하면서, Adams(2003)는 자신, 대인관계, 집단, 조직, 지역사회라는 다양한 체계를 연결하는 임파워먼트의 구조를 제시하였다. Adams가 제시한 사회복지실천에서 임파워먼트의 구조는 [그림 11-3]과 같다. 임파워먼트는 자신, 대인관계, 집단, 조직, 지역사회 차원에서 발생할 수 있고, 한 영역에서 다른 영역으로 이동하거나 자유롭게 여러 영역을 차지할 수 있다. 수평축은 임파워먼트 실천시 성찰성의 정도를 나타내는데, 실천의 성찰성 정도를 나타낸다. 좌측은 기술적이고 합리적인 실천을, 우측은 행동하며 성찰하는 실천을 의미한다. 〈표 11-4〉에서와 같이, Adams는 실천의 성찰성 정도에 따른 디스임파워링(disempowering) 실천과 임파워링(empowering) 실천 간의 차이를 제시하고 있다.

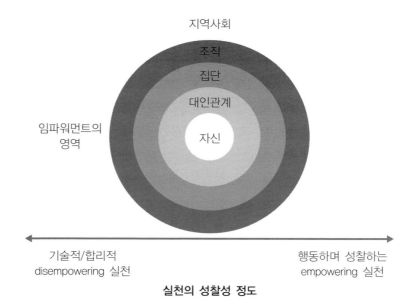

실천의 성찰성 정도

그림 11-3   사회복지실천에서의 임파워먼트 구조

출처: 최명민(2007), p. 69 재인용.

표 11-4   디스임파워링(disempowering) 실천과 임파워링(empowering) 실천 비교

	기술적/합리적인 디스임파워링(disempowering) 실천	행동하며 성찰하는 임파워링(empowering) 실천
대인적 · 전문적 측면	분산 격리 훈련 순종/억압	전체 통합 평생학습 적극성/임파워먼트
사회복지실천	기술/습관	성찰/실천: 딜레마와 불확실성에 대한 고려
접근	수렴 해결 중심 문제 해결	발산 문제 중심 문제 기술
관점	긍정적	회의적/포스트모던
평가	실험(가설검증) 방법 관찰/과학자	임파워먼트하는 평가 참여자/공동-프로듀서

5) 임파워먼트실천 단계와 과정

임파워먼트실천의 개입단계는 크게 대화단계, 발견단계, 발전단계로 구분된다 (Miley, O'Melia, & DuBois, 2004, pp. 104-110). 〈표 11-5〉는 각 단계와 관련된 구체적인 과정들과 활동들을 제시하고 있다.

표 11-5　임파워먼트실천의 단계와 과정

단계	과정	활동
대화 (Dialogue)	파트너십 형성	클라이언트의 특권을 인정하고 그들의 독특함을 존중하는 클라이언트–사회복지사 간의 임파워링 관계 형성하기
	상황의 명료화	클라이언트의 경험을 입증하고, 교환차원을 포함하고, 목표를 생각하기 위하여 반응함으로써 도전적인 상황 사정하기
	방향 설정	클라이언트–사회복지사 관계가 클라이언트 동기부여를 활성화하고 관련 자원 탐색을 안내하도록 하기 위하여 임시목적 결정하기
발견 (Discovery)	강점 확인	도전적 상황, 문화 정체성, 역경에 대처하면서 일반적 기능에서 클라이언트 강점 찾기
	자원가능성 평가	가족, 사회집단, 조직, 지역사회 기관들과의 관련성을 포함하는 클라이언트–환경 간의 교환관계에서의 자원 탐색하기
	해결방안 고안	클라이언트–환경적 자원을 활용하여 원하는 목적에로 이끌 수 있는 성취 가능한 행동계획 설정하기
발전 (Development)	자원 활성화	상담, 자원관리, 교육을 통하여 사용 가능한 자원을 동원함으로써 행동계획 실행하기
	동맹 결성	클라이언트 중에서, 클라이언트의 자연적 지지망 내에서, 서비스전달체계 내에서 임파워링 동맹 만들기
	기회 확대	프로그램 개발, 지역사회조직, 사회행동을 통한 새로운 기회와 자원 개발하기
	성공 인식	성취를 인식하고 계속적인 행동을 알리기 위하여 변화노력의 성공 평가하기
	결과 통합	관계를 해결하고, 성공을 축하하고, 긍정적인 변화 안정화하는 방식으로 변화과정을 마무리짓기

출처: Miley, O'Melia, & DuBois(2004), p. 105를 요약하였음.

(1) 대화단계

대화(Dialogue)단계에서는 클라이언트와 사회복지사 간의 대화를 통하여 파트너십을 형성하고 클라이언트의 상황을 명료화하고 방향을 설정하는 단계이다. 이 단계에서 사회복지사는 클라이언트와의 지속적인 대화를 통하여 클라이언트의 상황, 목적, 강점에 관한 정보를 수집하며, 사회복지사와 클라이언트 양자의 관계를 서로가 함께 기여할 수 있는 협력적인 파트너십으로 정의한다. 사회복지사는 이 단계에서 그들 간의 관계의 목적을 명확히 하고 그들의 협력을 위한 임시초점의 범위를 제한한다.

이 단계에서 사회복지사와 클라이언트는 수용, 존중, 신뢰에 근거한 파트너십을 확립하고, 그들 각각의 역할을 명시하고, 도전적인 상황에 대한 클라이언트의 경험을 논의하고, 그들의 공동활동의 목적을 명시하고, 변화를 위한 클라이언트의 동기부여를 활성화하고, 위기욕구를 다루기 위하여 협력하게 된다. 대화단계에서 사회복지사와 클라이언트는 어떤 일이 일어날지를 사정하고 클라이언트가 선호하는 임시비전을 개발하기 위하여 대화를 나눈다. 이 과정들은 사회복지실천가와 클라이언트 간의 개방적이고 정중한 정보교환을 필요로 한다.

(2) 발견단계

발견(Discovery)단계에서 사회복지사와 클라이언트는 클라이언트의 강점을 확인하고, 클라이언트의 자원가능성을 평가하고, 해결방안을 고안한다. 즉, 도전적 상황, 문화 정체성, 역경에 대처하면서 일반적 기능에서 클라이언트의 강점을 찾고, 가족, 사회집단, 조직, 지역사회 기관들과의 관련성을 포함하는 클라이언트의 자원을 탐색하고, 클라이언트-환경적 자원을 활용하고 원하는 목적에로 이끌 수 있는 성취 가능한 행동계획을 설정하게 된다.

이 단계에서 클라이언트와 사회복지사는 해결방안을 구축할 수 있는 자원을 체계적으로 탐색하면서 지속적으로 자원을 사정한다. 이런 자원들은 클라이언트의 사회적·물리적 환경에서 클라이언트체계 내부 혹은 외부에 존재한다. 파트너로서 활동하면서 사회복지사와 클라이언트는 변화계획을 개발하기 위해 수집된 정보를 조직한다. 구체적으로, 사회복지사와 클라이언트는 변화를 위한 자원으로서 클라이언트의 강점을 탐색하고, 클라이언트의 환경에서 자원의 가능성을 검토함으로써 거래적 관점을 가지게 되며, 2차 원천으로부터 관련 정보를 수집하고, 이용 가능한 자원체계의 가능성을 사정하고, 성과 목적과 구체적인 목표를 구체화하고, 행동계획을 세우고, 변화를 위한 계약서를 결정한다. 이 단계에서 클라이언트체계와 실천가들은 목적을 설정하고 변화를 위해 계약하기 위하여 개인적 및 제도적 자원체계를 탐색한다.

(3) 발전단계

발전(Development)단계는 클라이언트의 주위에 있는 개인, 가족, 이웃, 지역사회, 제도적 차원의 다양한 자원을 동원하여 기회를 확대함으로써 클라이언트가 향후 사용할 수 있는 새로운 자원을 창출하고 기회를 개발하는 단계이다. 이 단계에서 사회복지사와 클라이언트는 자원개발을 통해 대인적·제도적 자원을 활성화하고 다른 체계와 동맹을 만들어 내고 기회를 확장하기 위해 개입한다. 이 접근은 클라이언트의 능력과 그들이 가진 환경자원으로 클라이언트를 임파워한다. 이 접근은 클라이어트체계와 그들의 환경에서 만들어진 변화를 안정시킨다.

사회복지사와 클라이언트는 행동계획을 조작화하고, 클라이언트체계 내에서 권력경험을 늘리고, 목표를 달성하기 위해 필요한 자원에 접근하고, 행동계획을 달성하기 위하여 개인들과 조직들 사이에서 동맹을 만들고, 추가적인 자원을 만들어 냄으로써 기회와 선택을 강화하고, 지속적인 향상과 성과를 평가하고, 성취와 이득을 확인하고, 일반화하고, 전문적인 관계를 매듭짓는다. 이 단계는 자원 활성화, 동맹 결성, 기회 확대, 성공 인식, 결과물 통합화를 포함한다.

6) 임파워먼트실천 성과에 대한 평가

임파워먼트는 자신 내부, 자신과 타인과의 관계, 그리고 정치·사회적 차원에서의 변모(transformation)라고 할 수 있다. 임파워먼트적 실천은 개인적, 대인관계 차원 그리고 구조적 차원에서의 다차원적 개입을 통하여 이루어진다. 임파워먼트의 성과는 개인적 차원, 대인관계 차원, 구조적 차원에서 나타나며, 임파워먼트 성과에 대한 평가는 이러한 차원에서 이루어진다(Parsons, 2008).

임파워먼트실천은 과정과 성과 모두를 포함하고 있기 때문에 임파워먼트실천에 대한 평가는 복잡한 과정이라고 할 수 있다. 평가는 임파워먼트로 인한 결과나 성과에 대한 사정뿐만 아니라 일부 규명된 상황의 역동적 과정에 대한 사정도 이루어져야 한다. 전통적인 평가방식은 주로 프로그램을 통한 변화 정도를 사정하는 방식에 초점을 두어 왔지만, 원칙적으로 임파워먼트실천에 대한 평가는 원조과정에서 지속적으로 일어난다. 사회복지사는 실천과정 초기부터 자신의 개입 효과성을 판단하는 과학자로서 클라이언트와 함께하여야 한다. 뿐만 아니라, 클라이언트-사회복지사 간의 원조관계가 종결되더라도 클라이언트는 지속적으로 변화할 것이므로, 클라이언트는 일상생활에서 다른 역할을 수행하면서 계속적으로 프로그램에 참여할 수 있도록 하는 것이 바람직하다(김혜란 외, 2006 재인용).

첫째, 개인적 차원의 임파워먼트는 자기인식, 자기효능감, 자아존중감, 자아에 대한 신뢰, 자신의 삶에 대한 통제감, 자신의 이슈를 해결하고 영향을 미치는 능력에 대한 인식, 자신의 가치에 대한 인식 등의 결과로 나타난다.

둘째, 대인관계 차원의 임파워먼트는 타인에 대한 영향력을 의미하므로, 타인들과의 상호작용을 통하여 획득되는 대인관계에 대한 지식이나 기술이라는 성과를 포함한다. 즉, 대인관계에서 어느 한쪽에 의해 일방적으로 주도되는 관계가 아니라 힘의 균형을 이루어 효율적인 상호작용이 일어나는 상태를 말한다. 이런 차원의 임파워먼트 성과는 자기주장, 한계설정, 도움 요청, 문제해결, 자원동원 등이다.

셋째, 정치·사회적 임파워먼트의 성과는 자조와 상호원조 노력들을 용이하게 하거나 방해할 수 있는 사회제도에 영향을 미치는 정치·사회적 행동을 포함한다. 다시 말하면, 사람들은 정치적 혹은 사회적 상황과 같은 사회구조를 변화시킴으로써 새로운 기회와 자원을 가지게 된다. 이러한 세 차원의 임파워먼트는 서로에게 영향을 주며 복잡하게 얽혀 있지만, 인지된 능력과 해방에 대한 전체역학의 부분으로서 역할을 한다(Parsons, 2008).

임파워먼트 성과를 평가할 때에는 클라이언트의 초기 관심사들이 다루어졌는지 뿐만 아니라 개인적, 대인관계적, 정치·사회적 차원에서 클라이언트의 역량이 획득되었는지에 대한 사정이 이루어져야 한다. Gutierrez, Parsons와 Cox(1998)가 제시한 임파워먼트 기반 프로그램의 성과에 대한 구체적인 내용은 〈표 11-6〉과 같다. 개인적 차원의 임파워먼트에 대한 성과 측정은 자기효능감, 자기인식, 자기수용, 본래의 자기모습이 되기, 자기존중, 권리감, 비판적 사고 등에 대한 클라이언트 자신의 인식을

표 11-6 임파워먼트실천의 성과

개인적 차원	대인관계 차원	정치 · 지역사회 차원
자기효능감 자기인식 자기수용 본래의 자기모습이 되기 자기존중 권리감 비판적 사고	지식 · 기술 주장성 주는 것의 한계 결정 도움 요청 문제 해결 새로운 기술 연습 자원에 대한 접근성	정치적 행동 · 참여 기득권 반환 기여하기 통제하기[행동]

출처: 김혜란 외(2006), p. 46를 재인용하여 일부 수정하였음.

다룬다. 대인관계 차원의 임파워먼트에 대한 측정은 클라이언트가 사회적으로 수용 되는 방식으로 타인들에게 영향을 미치는 능력을 획득하는 정도를 포함한다. 예를 들 어, 지식 · 기술, 주장성, 주는 것의 한계 결정, 도움 요청, 문제 해결, 새로운 기술 연 습, 자원에 대한 접근성 등이 예가 될 수 있다. 마지막으로 정치 · 지역사회 차원의 임 파워먼트에 대한 사정에서는 사회복지사와 클라이언트는 지역사회의 지위를 향상할 수 있는 상호 원조 집단, 이웃 집단, 정치적 활동에의 클라이언트의 관여가 관계를 통 해 어떻게 효과적으로 증가하였는지에 대하여 검토할 수 있을 것이다(김혜란 외, 2006 재인용).

제12장

지역사회복지운동[1]

1. 사회운동의 이해

1) 사회운동의 개념정의

사회운동은 사회적 목표(지역, 정부, 산업 또는 공장, 또는 사회적 규범 그리고 실천 등)를 가지고 사회를 변화시키기 위해 시도하는 느슨하게 연결되어 있는 집단들의 연합으로도 정의되지만(Swank & Clapp, 1999), 기본적으로 사회운동은 사회적 갈등 그리고 집합적 행동과 깊은 연관이 있다. Harper(1998a)는 사회운동을 변화를 만들어 내고 변화를 예방하는 집합적 행동이라고 정의하였다. Melucci(1980)는 집합적 행동을 사회체계에서 갈등에 기초한 다양한 유형의 행동의 총체로서 바라보았으며 집합적 행동은 분명한 연대성을 가진 두 행위자들의 사회적 가치와 자원의 전유와 적응을 위한 투쟁에 의해서 나타나는 것으로 보았다. Wood와 Jackson(1982)은 사회운동을 다양한 수준의 공식적 조직들이 급진적이고 개혁적인 형태의 변화를 창출하는 또는 방어하는 것이라고 정의하였다. 사회운동은 사회조직들이 사회적 그리고 문화적 변화

---

1) 이 내용은 지은구, 조성숙(2010)의 제13장의 내용을 참고하여 수정·보완하였음.

	체계	행위자
통합	사회체계	전략
갈등	불평등	사회운동

그림 12-1 사회운동의 관점

를 만들어 내는 중요한 과정이라고도 할 수 있다. 즉, 한 지역사회에서 일어나는 사회 변화는 집합적 행동의 사회운동을 통해서 달성된다고 할 수 있다(Harper, 1998a). 결국, 사회운동은 사회의 변화를 추구하기 위하여 지역에 기반을 둔 조직들의 집합적 행동에 의해서 이루어진다고 할 수 있다.

사회학의 관점에서 사회운동은 크게 행위자나 체계를 강조하는 관점과 사회통합이나 사회갈등을 강조하는 관점으로 구분되는데, 이를 도식화하면 [그림 12-1]과 같다(Touraine, 1985). 즉, 체계의 통합을 강조하는 기능주의적 관점은 사회통합을 강조하는 반면, 체계의 내재적 갈등을 주장하는 갈등주의적 관점은 불평등을 강조한다. 한편, 변화의 관리를 강조하게 되면 조직적 측면에서 행위자는 조직이 되고 변화를 위한 전략을 강조하게 된다. 그리고 행위자와 갈등을 강조하게 되면 사회운동이 강조된다. 결국 사회운동은 갈등을 해결하기 위한 또는 변화를 위한 행위자들의 집합적 행동을 의미한다고 할 수 있다.

사회운동은 기본적으로 두 종류로 구분된다(Rothman, 1996). 첫째는 정치, 사회 또는 경제 체계로의 완전한 참여를 이루지 못한 집단들의 권리를 성립시키기 위해서 주도되는 운동(예를 들어, 여권운동, 시민권리운동 등)이 있다. 둘째는 입법이나 정책의 변화를 증진시키거나 인식이나 인지를 획득하지 못한 사람들을 돕기 위해 발전된 운동(예를 들어, 동물보호운동, 환경운동 등)이 있다.

2) 자원동원이론과 사회운동

자원동원이론은 사회운동조직의 역할과 한계를 지적하는 데 유용하게 사용된다. 자원동원이론에 따르면 사회운동조직은 구성원들을 모집하고, 자금을 확충하고, 자격 있는 성원을 모집함으로써 발전된다. 따라서 사회운동을 위해 조직은 성원을 모집하고, 자금을 증액하고, 지지회원모집을 발전시킬 수 있어야 한다. 또한 조직은 구성원들이 행동에 참여할 수 있도록 동원할 수 있어야 한다. 자원동원이론에 의하면, 사회운동을 발전시키기 위한 노력이 효과적인지 아닌지를 조사하기 위해 조사되어야 하는 부분으로 사회운동을 위한 자원은 어디인가, 어떻게 자원이 조직되는가, 어떻게 국가는 자원유동을 촉진 또는 방해하는가, 성과(outcomes)는 무엇인가를 지적하였다(Muller, 1992).

사회운동조직에 있어 기본요소는 구성원 사이에 집합적 동질감을 불어 넣어 주는 것이다. 집합적 동질감은 집단성원들이 함께 소속되어 있고 사회운동에 관련되어 있다는 집단성원들의 인식을 의미한다고 하는데, Hyde(1994)에 따르면 집합적 동질감의 인식은 성원들 사이의 연대성과 응집력을 증가시킨다. 조직성원들의 연대성이 높으면 조직의 활동에 대한 참여도 함께 증대된다. 또한 조직은 많은 조직원을 확보하고 있어야 하며 예산의 크기는 일반적으로 조직의 힘이 얼마나 큰지를 보여 준다. 힘이 있는 조직은 그들의 주장을 증진시키기 위해 대중매체에 보다 용이하게 접근할 수 있다. 조직 외부의 자원에 많이 의존하는 조직은 외부자원으로부터의 통제가 훨씬 큰 조직임을 의미한다. 자원동원이론에 따르면, 이를 극복하기 위해서, 즉 외부의 자원의존을 줄이기 위해서 조직은 구성원들과 기부자들을 확보해야 한다(Piven & Cloward, 1979).

자원동원이론에 따르면, 사회운동은 다음과 같은 가정을 전제한다(Hardina, 2002). 첫째, 사회운동은 어떤 집단이나 생각들이 정치적 과정에서 반영되지 않는다는 인식에 대한 응답으로서 나타났다. 둘째, 사회저항은 사회운동조직들이 대중의 인식과 정당성을 얻기 위해 행하는 기본적인 방법들 중 하나이다. 셋째, 사회운동의 효과성은 자금을 증액하고 회원을 모집하는 능력과 이러한 임무들을 수행할 수 있는 적절한 조직구조를 발전시키는 능력에 달려 있다. 넷째, 성공적인 사회운동은 회원들이 사회운동에 대한 동기를 인정하고 집합적 동질감을 만드는 것을 허락하는 분위기를 만드느냐 하는 데 있다. 다섯째, 조직이 이야기하려는 것에 대한 중요성이 회원의 모집을 증가시킨다. 여섯째, 자원조달을 위한 행동의 욕구는 사회운동조직이 갖고 있는 양날의 검이다. 이상의 가정들은 사회운동조직뿐만 아니라 지역에 기초한 지역사회복지운동조직에도 동일하게 적용될 수 있다.

3) 사회운동과 지역사회복지실천

Weil과 Gamble(1995)에 따르면, 사회운동의 기대된 성과는 특정 인구집단이나 사회적 이슈에 대응하는 사회나 사회조직을 위해 새로운 패러다임을 제공하는 사회변화를 위한 행동을 조장하는 것이라고 한다. 사회변화를 위한 표적은 일반 대중이나 지역사회구성원이 될 수도 있고 정치체계나 사회구조가 될 수도 있다. 역사적으로 사회운동을 통한 사회변화는 지역사회의 변화·발전에 중요한 밑거름이 되었으며 지역사회가 발전하는 데 있어 사회운동은 중요한 분기점이 되었다. 장애인권리운동이나 게이-레즈비언옹호운동 등 특정 집단을 위한 운동에서부터 여성운동이나 민주화운동에 이르기까지 대부분의 사회운동은 동등한 권리나 시민의 권리를 강조하며 사회·경제적 불평등을 개선시키기 위한 노력을 수행하게 되고, 이러한 노력으로 지역사회는 변화발전하게 된다. 갈등이 존재하지 않는 지역사회는 존재하지 않으며 갈등은 대립된 양자들 사이에 긴장과 대립을 가져다준다. 갈등주의관점에서 본다면 갈등은 사회발전 또는 사회변화의 원동력이라고 할 수 있다. 따라서 갈등을 해결하기 위한 노력이 필요하고 이러한 노력 또는 행동이 바로 사회운동으로 나타나게 된다고 할 수 있다.

일반적으로 지역사회운동 또는 지역사회복지운동은 사회운동에 포함되는 부분집합이라고 할 수 있다. 지역사회복지실천현장에서 일하는 사회복지사들은 수많은 사회운동에 자원봉사자 또는 조직구성원으로 참여하게 되는데 이는 사회운동을 지역사회발전의 토대로 인식하기 때문이다. 따라서 사회운동에서 사회복지사들은 지지자나 촉진가의 역할을 수행하게 된다.

2. 지역사회복지운동

1) 지역사회복지운동의 필요성

(1) 진보주의적 관점
신마르크스주의자들은 자본주의하에서 국가가 자본축적과 사회조화의 증진이라는 두 기본적인 기능을 한다고 보았으며 사회조화의 증진을 사회복지제도나 정책 그리고 서비스를 통해 이룬다고 강조하였다. 즉, 사회복지가 자본주의 국가의 정당성 확보를 위해 사용된다고 본 것이다. 이는 사회복지를 위한 투자가 사적자본을 위해 직접 이익을 창출하지는 않지만, 사회조화를 위해 사용된다고 보는 것을 의미한다.

신마르크스주의적 관점에 따르면, 사회복지는 자본의 측면에서 다음의 두 속성을 갖는다.

첫째, 사회복지가 자본의 이윤창출을 위해 노동자들에게 최소의 생활조건과 노동력 재생산의 물질적 조건을 제공함으로써 노동생산성을 유지 내지는 확대하기 위해 사용된다.

둘째, 계급의식의 생성과 발전에 따른 노동운동의 발전이 자본주의 경제체제의 테두리를 벗어나지 않도록 하기 위해서 사회복지를 확대 · 재생산하게 되었다.

결국 신마르크스주의적 관점에 따르면, 자본주의하에서 사회복지는 양면성을 갖는다. 즉, 사회복지는 지역주민들이나 클라이언트들의 욕구를 해결하기 위해 다양한 사회적 서비스 또는 프로그램을 제공하기도 하지만, 한편으로는 사회통제를 위한 수단으로 작용한다. Fabricant와 Burghardt(1992)는 신마르크스주의적 관점으로 국가가 자본의 영향력에 대한 지원을 강화시키기 위해 사회복지사를 노동계급의 태도와 행동을 변화시키는 데 사용한다고 주장하였다.

Rojek(1986)은 사회복지에 대한 갈등주의(마르크스)관점의 세 유형을 다음과 같이 구분하였다.

첫째, 진보적 관점으로, 사회복지는 변화의 긍정적 대리인이다. 사회복지사들은 변화를 성취하기 위해 인식을 고취시키고 집합적 행동을 증진시키는 중요한 역할을 수행한다.

둘째, 재생산적 관점으로, 사회복지사들은 노동자계급에 대한 자본주의사회의 억압을 개선하는 계급통제의 대리인이다.

셋째, 모순적 관점으로, 사회복지사들은 자본주의 통제의 대리인이기도 하면서 또한 계급사회를 손상시키는 대리인이다. 사회통제를 위한 대리인으로서 사회복지사들은 노동자계급의 수행능력을 개선시키지만, 다른 한편으로는 노동자계급을 클라이언트화하여 계급사회를 용해시킨다.

사회복지에 대한 진보적 관점에서 보면, 사회운동의 측면에서 지역사회복지운동은 지역사회를 변화시키며 사회복지사는 지역사회를 변화시키는 대리인의 역할을 수행한다. 이는 Mullahy(1997)가 강조하였던 구조주의 사회복지의 핵심이라고 할 수 있다. Mullahy는 사회복지를 진보적 관점으로 바라보았다. 그에 따르면, 진보적 사회복지는 다음의 내용을 포함한다.

- 인본주의, 지역사회와 평등에 대한 소명감
- 사회적 목적을 실현하기 위한, 그리고 사회의 자원을 형평성 있게 분배하기 위한 정부개입의 필요성에 대한 신념
- 참여민주주의를 위한 정치적 신념
- 복지국가형성을 위한 실천모델의 추구
- 사람들을 존경하고 통합과 존엄을 향상시키며 지역주민이나 클라이언트들이 자기결정을 할 수 있도록 능력을 고양시키고 서로의 차이를 인정하며 사회정의를 증진시키는 사회복지의 추구

진보주의적 관점의 사회복지는 사회평등과 연대성구축 그리고 인간 개개인에 대한 존경과 서로의 차이점 인정, 그리고 실천활동을 통한 복지국가형성을 강조하는 것이라고 할 수 있고 이러한 사회복지의 내용들은 사회복지사들의 역할증대와 지역주민들의 역량강화를 통한 조직화와 지역사회복지운동 및 사회복지운동에의 참여에 의해서 채워질 수 있다.

자본주의사회에서 가장 흔하게 일어나는 사회복지사들의 역할에 대한 억제(즉, 역할억제)는 사회복지사가 갖추어야 하는 실천윤리와 임무(사회적 약자의 편에 서서 사회정의를 추구한다는 임무) 그리고 역할에 대해 국가로부터 억제를 받는 것이다. 이는 정부가 사회복지서비스나 프로그램에 대한 예산삭감이나 사회프로그램의 축소 그리고 사회복지노동에 대한 자선적 의미의 강조와 사회문제해결에 있어 가족적·개인적 치료를 강조함으로서 일어난다. 이러한 사회복지축소에 대처하기 위해 사회복지사들

은 불이익을 받는 지역이나 집단 또는 사회소외집단의 사회조건을 개선시키고 복지 지출을 증대시키기 위한 지역사회운동 특히 지역사회복지운동과 지역조직화에 참여 해야 하는 필요성이 제기된다(지은구, 2006).

(2) 통합주의적 관점

모든 지역사회에는 갈등이 내재되어 있으며 갈등이 해결되지 않으면 지역사회의 통합은 요원하다고 할 수 있다. 특정 지역사회에 내재하는 사회갈등요소를 해결하기 위해서 사회복지사들은 그 지역이 가지고 있는 갈등요소를 분석하고 갈등해결을 위 한 집단적 행동을 하게 된다. 사회복지사들의 행동은 사회기획을 통한 다양한 사회프 로그램의 실행에 의해서도 해결 가능하지만 지역주민들과 사회복지사가 함께 지역 사회에 내재해 있는 갈등요소를 해결하기 위하여 보다 집단적인 행동을 추구할 수 있 다. 집단적 행동은 조직화를 통해 지역주민들의 연대가 구축되고 지역주민들의 사회 참여에 대한 집단적 역량이 성숙하게 되며 지역사회 통합이 이루어진다. 결국 지역사 회복지운동은 지역사회의 통합을 이루는 구체적인 실천수단이 된다.

2) 사회복지운동

사회복지운동은 사회운동에 포함되는 사회운동의 한 영역이라고 할 수 있다. 현외 성(2006)은 사회복지운동이 자본주의사회에서 사회변동으로 발생하는 각종 사회문제 중에서 생활문제 혹은 인간다운 생활의 확보와 관련된 제반 문제를 해결하고 예방함 은 물론, 그 근본적인 구조적·환경적 여건을 변화시키려는 노력과 활동이라고 정의 하였으며, 남세진과 조흥식(1995)은 사회복지운동이 사회구성원의 삶의 질을 높이기 위한 목적의식적인 조직적 활동으로 정의하였다. 이인재(1995)는 사회복지운동을 사 회복지 관련자 혹은 시민단체들이 주체가 되어 사회복지발전을 위한 적극적인 요구 투쟁이라고 정의하였다. 이 정의에 입각하여 살펴보면, 결국 사회운동 중에서 사회복 지와 관련된 구체적인 요구를 내포하고 사회복지의 추진을 직접적인 목표로 삼는 운 동을 사회복지운동이라고 할 수 있다.

3) 지역사회복지운동

지역사회복지운동은 지역사회 단위로 이루어지는 사회복지운동이므로 사회복지운동의 한 영역이라고 할 수 있다. 지역사회복지운동은 특정 지역사회의 문제를 해결하고 지역주민들의 삶의 질을 개선 또는 향상시키는 지역사회복지의 구체적인 요구를 내포하고 지역사회복지의 추진을 직접적 목표로 삼는 운동이라고 정의할 수 있다. 지역사회복지운동에는 지역사회가 당면한 문제를 해결하거나 예방하려는 복지운동도 있으나 문제를 발생시키는 사회, 정치, 경제적 구조를 변화시키려는 노력과 변화를 가져오기 위한 주민들의 인식, 태도, 지식을 증진시키기 위한 활동 등이 모두 포함될 수 있다(현외성, 2006).

사회복지운동이 특정 지역사회를 중심으로 일어난다는 것은 지역사회에 대한 다음과 같은 전제에 기초한다.

첫째, 지역사회는 주민들이 함께 살아가는 공간적 현장이면서 생활공동체로서 지역주민들의 생활에 직·간접적으로 영향을 미치는 실체이다.

둘째, 지역사회는 각종 사회문제를 포함하여 다양한 생활문제가 실제로 일어나며 지역주민이 공동으로 해결과 예방을 위해 노력하여야 하는 실체이다.

셋째, 지방분권으로 인하여 정치·행정적으로 지방화가 진전됨에 따라서 그리고 주민들의 의식 고양과 민주주의의 발달로 인하여 지역사회를 구체적인 단위로 하여 생활문제와 관련된 사회복지정책과 프로그램을 계획하고 실행하는 것이 일상화되었다(현외성, 2006).

넷째, 지역사회는 그 지역만이 가지고 있는 특정 문제가 있으며 특정 지역문제를 해결하기 위해서는 지역사회중심의 문제해결구조를 가지고 있어야 한다.

이상의 지역사회의 중요성이 강조되면서 지역사회복지운동은 지역주민들의 삶에 부정적인 영향을 미치는 지역의 문제를 해결하는 확실한 역할을 부여받았다고 할 수 있다. 현외성(2006)은 지역사회복지운동을 지역사회주민운동, 지역사회주민참여운동 그리고 지역사회교육운동으로 구분하였는데, 지역사회주민운동은 지역사회에서 주민들이 주체적으로 지역사회문제를 예방·해결하거나 지역사회에서 바람직한 변

화를 추구하기 위하여 전개하는 지역사회복지운동이라고 정의하였고, 지역사회주민
참여운동은 지역사회주민들이 각종 사회복지정책, 제도, 프로그램 및 실천 등에 참여
함으로써 지역사회의 문제를 예방·해결하고 특정의 변화를 달성하려는 사회복지운
동의 한 형태로 정의하였으며, 지역사회교육운동은 지역사회주민들이 특정 쟁점이나
문제에 대하여 그들이 가진 생각이나 태도를 변경하는 것을 목표로 하는 운동이라고
정의하였다.

　지역사회복지운동의 의의를 정리하면 다음과 같다.

　첫째, 지역사회복지운동은 지역사회주민들의 정체성을 확인하고 역량을 강화시킬
수 있는 지역사회의 변화를 주도하는 조직운동이다. 따라서 지역사회복지운동은 지
역사회주민들을 문제해결의 주체로서 인식하고 지역사회주민들의 지역사회 안에서
의 역량을 강조하며 지역주민들에 대해 지역공동체의식을 함양시킴으로써 지역사회
의 역량을 강화한다는 데 의의가 있다. 결국 지역사회복지운동은 주민의 의식화와 주
체적인 참여확대 그리고 지역주민들 간의 연대의식을 높이는 지역사회의 민주적 실
천과정을 의미한다.

　둘째, 지역사회복지운동은 주민참여의 활성화에 의해 복지권리의식과 시민의식을
배양하는 사회권 확립운동이라고 할 수 있다. 지역사회복지운동이 추구하는 목표는
지역사회주민의 복지에 대한 권리를 확보하고 시민의식을 고취시킴으로써 지역사회
의 통합을 추진하는 데 있으며 특히 사회적 약자의 생존권보장에 초점을 두고 있어
사회권 나아가 복지권의 확립과 밀접한 관련이 있다.

　셋째, 지역사회복지운동의 주된 관심사는 지역사회주민의 삶의 질과 관련된 생활
영역에 있기 때문에 지역사회복지의 확산과 발전을 위한 생활운동으로서의 의미가
있다.

　넷째, 지역사회복지운동은 지역사회의 다양한 자원 활용 및 관련 조직 간의 유기적
협력이 이루어지는 지역자원동원운동이라는 의미가 있다. 지역사회복지운동의 조직
화 방식 및 활동내용은 주민참여 이외에 지역사회의 다양한 자원 활용 그리고 지역
에 기초한 조직 간의 연대와 협력을 통하여 지역문제해결을 도모한다(오정수, 류진석,
2004).

　다섯째, 지역사회복지운동은 사회정의를 실현하는 구체적인 실천활동으로서 역할

을 수행한다. 사회정의의 실현은 사회복지가 추구하는 사회적 가치로서 사회정의의
실현을 위해서 지역사회구성원을 동원하고 지역자원을 활용하기 때문에 가치실현의
구체적인 도구가 바로 지역사회복지운동이다.

결국 지역사회복지운동을 통하여 지역주민은 참여하고 조직화하며 역량을 강화하
게 되고 지역사회에 있는 다양한 자원이 활용됨으로써 지역주민들의 삶에 영향을 미
치는 부정적인 문제에 대한 해결이 이루어지며 궁극적으로는 사회정의가 실현된다는
측면에서 지역사회복지운동은 가장 현실적인 복지실천운동이라고 할 수 있다.

지역사회복지운동은 노동운동이나 민중운동과는 달리 뚜렷한 계층적 기반을 가지
고 있지 않지만, 전체 지역주민이 참여할 수 있는 포괄적 운동이라고 할 수 있다. 하
지만 지역사회복지운동은 지역사회에 내재해 있는 지역사회주민들 중 사회적 소외
세력이나 사회적 약자 등의 복지욕구에 초점을 두고 있어 사회적 소외세력이나 사회
적 약자가 우선순위 집단이라고 할 수 있다. 또한 지역사회복지운동은 지역사회 내의
특정 문제해결을 위해 지역사회공론화를 통한 표출적 행위로 나타나거나 자조적인
문제해결과정을 도모한다는 특징이 있다. 지역사회복지운동은 보다 거시적인 측면
에서 보면 사회정의를 실현시키는 가장 실천적인 지역단위의 실천운동이라고 할 수
있다.

제4부

지역사회복지실천 추진체계

제13장

공공 지역사회복지실천 추진체계

1. 사회복지사무소 시범사업[1]

1) 개요

고령화 · 핵가족화 등 사회경제적 여건변화로 국민의 복지욕구가 급증하고 관련 복지정책과 예산이 지속적으로 확대되어 왔으며, 신빈곤층의 대두, 가족해체, 위기가정의 증가 등 신사회적 위험요소들로 인하여 급증하는 복지수요에 대하여 효과적인 대응체계 마련에 대한 필요성이 제기되어 왔다. 또한 지방자치제의 실시와 사회복지정책의 지방이양 등으로 인한 지방의 자율성이나 책임성 강화에도 불구하고, 공공복지전달체계의 비효율성 및 비전문성 등으로 인하여 급변하고 있는 복지수요에 효과적으로 대처하지 못한다는 문제가 제기되어 지역의 공공 사회복지전달체계 개편이 논의되었다.

사회복지전담행정기구의 필요성 등 사회복지전달체계 개편에 대한 논의는 1980년

---

1) 이 내용은 보건복지부의 '사회복지사무소 시범사업 기본계획'(2004)과 '사회복지사무소 시범사업 안내'(2005a)를 주로 참고하였음. 또한 지은구, 조성숙(2010)의 제15장의 내용 일부를 수정 · 보완하였음.

대 초부터 지속되어 왔다. 1992년 「사회복지사업법」에 '복지사무전담기구'에 관한 규정을 신설하여 법적 근거를 마련하였고, 1995년부터 1999년까지 4년 동안 5개 지역에서 '보건복지사무소 시범사업'을 실시하였다. 그 후 2003년 참여정부의 국정과제인 '참여복지와 삶의 질 향상'을 위한 일환으로 '사회복지사무소 설치 등 사회복지전달체계 개편' 방안이 본격적으로 논의되었다. 즉, 시·군·구청 소속 복지전담기구를 설치하여 복지업무의 효율화·전문화와 공공부조와 복지서비스의 내실화를 꾀하고 지역의 공공 사회복지서비스전달체계 개편의 일환으로 사회복지사무소 설치방안을 검토하였고, 2004년 7월부터 2006년 6월까지 서울시 서초구, 강원도 춘천시, 충북 옥천군 등 9개 시·군·구 지역에 사회복지사무소 시범사업을 실시하였다.

2) 사회복지사무소의 목표 및 업무

사회복지사무소는 다음과 같은 목표하에 추진되었다.

첫째, 사회복지사무소는 국민의 복지 체감도 및 만족도 향상을 목표로 한다. 즉, 공공부조, 복지서비스의 전문성, 통합성, 책임성, 신속성, 공정성을 제고하였다.

둘째, 지방자치단체 복지행정업무의 효율화와 전문화를 꾀하였다. 복지행정의 효율성, 정확성, 신속성, 일관성, 전문성 제고를 목표로 하였다.

셋째, 정부-지방-민간의 협력에 의한 복지지원체계 구축을 목표로 하였다. 지방자치단체의 주민복지에 대한 자율성과 책임성을 강화하고 지역복지 증진을 위한 민간참여 활성화를 꾀하였다.

사회복지사무소의 주요업무는 다음과 같다.

첫째, 시·군·구, 읍·면·동에서 수행하고 있는 기존 사회복지 업무를 담당하였다. 예를 들어, 국민기초생활보장, 의료급여 및 자활사업 등 공공부조 업무나 노인, 장애인, 아동, 모자·부자 등 「사회복지사업법」 제2조의 개별법상 관련 업무이다.

둘째, 국민 기초생활보장 및 사회복지서비스를 제공하였다. 즉, 취약계층을 적극적으로 발굴하거나 방문조사·상담·관리의 효율화를 꾀하고 집중 관리·지원이 필요한 가구를 발굴하여 서비스를 연계하여 제공하는 활동을 담당하였다.

셋째, 지역사회 복지증진 계획을 수립하고 민·관 연계 협력체계를 구축하는 업무를 담당하였다. 예를 들면, 지역사회보장협의체 구성·운영 지원, 지역사회복지계획 수립, 주민 복지욕구조사 실시, 지역단위 복지사업 개발·실시, 지역사회 내 공공·민간자원의 관리·연계·조정 등의 업무를 담당하였다.

3) 조직구조

보건복지가족부(2005a)가 제시한 사회복지사무소 조직의 기본모형은 다음과 같다.

(1) 대도시형(3개 과형)
대도시형의 적용지역은 특별시·광역시의 자치구(道의 市 지역 일부 포함) 중 현재 시·구에 사회복지관련 과가 2개 설치된 지역으로, 인구가 약 40만 명 이상으로 비교적 민간 복지자원이 풍부하며, 도시지역이므로 교통이 편리하여 접근성이 양호한 지역에 해당된다. 시범사무소 기구는 소장(4급), 3개 과(5급 과장), 약 12개 팀으로 구성된다.

(2) 2개 과형(일반도시형)
일반도시형의 적용지역은 일반적인 중소도시인 도의 시 지역(특별시, 광역시의 자치구 일부 포함) 중 현재 시·구에 사회복지 관련과가 1개 설치된 지역으로, 인구가 약 10~40만 명 수준이고 대체로 민간 복지자원의 분포가 양호하며, 도시 지역이므로 접근이 어렵지 않은 지역에 해당된다. 시범사무소 기구는 소장(4급), 2개 과(5급 과장), 8~10개 팀으로 구성된다.

(3) 1개 과형(농어촌형)
농어촌형의 적용지역은 도의 군지역 전체, 도의 시지역 중 국단위 조직이 없는 소도시 일부가 포함된다. 지역적인 특성은 인구가 약 10만 명 이하로 대부분 활용 가능한 복지자원이 적으며, 교통이 불편하고 사무소까지의 거리가 멀어 접근성이 떨어지는 지역에 해당된다. 시범사무소 기구는 소장(5급), 6~8개 팀으로 구성된다.

4) 기대효과 및 시범사업 평가

사회복지사무소의 기대효과는 다음과 같이 정리된다.

첫째, 사회복지사무소 설치로 복지전문인력이 효율적으로 운용될 것으로 기대되었다. 즉, 읍·면·동에서 사회복지전담공무원 1명이 모든 복지업무를 처리하는 비효율성에서 탈피하여 사회복지사무소에서 팀별 업무분담 체계를 통해 효율적인 일 처리가 가능하게 될 것이다.

둘째, 읍·면·동-시·군·구의 이중적인 업무절차가 단순화되고 시·군·구 복지조직의 전문성이 강화될 것으로 기대되었다.

셋째, 복지 공급자 간의 연계체계가 구축되지 않았으나 지역사회보장협의체를 통해 지역 내 복지공급기관 간 연계망이 구축되어 수요자 중심의 복지서비스 제공이 가능하게 될 것으로 기대되었다.

사회복지사무소 시범사업 실시 전·후, 시범지역과 비교지역의 성과를 평가하여 2006년부터 다른 시·군·구에 확대 실시될 예정이었으나, 사회복지사무소 시범사업 운영에 대한 평가를 거쳐 전국적으로 확대하겠다는 당초의 계획은 실현되지 못하고 시범사업에 그치게 되었다. 사회복지사무소 시범사업 2차년도 평가 연구(백종만 외, 2006, pp. 152-155)에 따르면, 사회복지사무소 시범사업이 실시되는 동안 시·군·구청 인지도와 방문횟수가 증가하였으나, 복지업무 인지도 개선에는 크게 기여하지 못한 것으로 평가되었다. 또한 기관연계서비스 수급경험과 농어촌지역의 만족도가 증가하였고 문제해결에 대한 신뢰성이 증가한 것으로 나타났다. 그리고 복지대상자의 시설이용편의에 대한 인식 악화를 일정 부분 방지하는 효과가 있었으나 문제해결의 도움 정도의 변화는 미흡한 것으로 나타났다.

2006년 6월 사회복지사무소 시범사업이 종료됨에 따라 2006년 7월부터 복지서비스 전달체계가 주민생활지원서비스 제공방식으로 개편되기 시작하였다. 2006년 7월부터 시·군·구 단위에 주민생활지원국이라는 새로운 복지행정 조직개편이 시범적으로 이루어졌으며, 2007년 7월부터는 전국적으로 확대되어 시·군·구와 읍·면·동에서 주민생활지원서비스를 지원하는 형태로 전환되었다.

2. 시·군·구 희망복지지원단[2]

1) 개념 및 목표

희망복지지원단은 복합적 욕구를 가진 대상자에게 통합사례관리를 제공하고, 지역 내 자원 및 방문형서비스 사업 등을 총괄·관리함으로써 지역단위 통합서비스 제공의 중추적 역할을 수행하는 전담조직이다. 2015년 하반기부터 통합사례관리가 읍·면·동으로 확대됨에 따라, 지역 통합사례관리의 총괄·조정 기능이 강화될 필요성이 있었다.

희망복지지원단은 민·관협력을 통한 지역단위 통합적 서비스제공 체계를 구축·운영함으로써 찾아가는 보건복지서비스 제공 및 지역주민의 복지체감도를 향상시키는 것을 목표로 한다. 또한 기초수급자 및 차상위 계층 등 빈곤층의 탈빈곤·빈곤예방을 주요 목표로 하되, 전체 지역주민의 다양한 복지수요에도 능동적으로 대응하는 데 목표를 둔다.

2) 업무 수행체계

① 대상자 발굴: 읍·면·동 주민센터와 시·군·구 각 부서, 지역주민 및 관련 기관에서 발굴된 대상자에 대해 읍·면·동 주민센터에서 초기상담을 실시한다.

② 통합사례관리 실시: 희망복지지원단을 중심으로 읍·면·동 주민센터, 지역사회보장협의체, 지역 내 서비스제공기관과의 연계 및 협력을 통해 대상자의 다양한 욕구를 충족시키는 찾아가는 보건복지서비스를 제공한다. 대상자별 서비스제공계획을 수립하여 통합적 서비스를 제공하고, 점검 및 사후관리를 실시한다.

③ 자원관리 등: 희망복지지원단이 중심적으로 자원관리를 수행하고, 읍·면·동 주민센터, 지역사회보장협의체, 지역 내 관련 기관과의 연계 및 협력을 적극적으로 추진한다.

---

2) 이 내용은 보건복지부(2018d)의 '2018 희망복지지원단 업무 안내'를 주로 참고함.

3) 조직 및 인력 구성

희망복지지원단은 읍·면·동 복지업무 지원 확대를 위한 시·군·구 희망복지지원단 전문성 강화에 따라 시·군·구별로 상이한 충원 인력 규모, 기존 독자적 사례관리 모델 운영 등을 고려하여 각 지방자치단체 특성에 맞게 조직이 구성된다. 1팀 운영 모형, 2팀 운영 모형, '과' 모형, 일반 구가 있는 시 모형, 읍·면·동 사례관리 강화 모형 등이 있다.

① 1팀 모형: 통합사례관리 강화, 자원총괄관리, 지역보호체계 운영 및 읍·면·동 복지업무 총괄·관리 등의 업무를 희망복지지원팀에서 수행한다.

② 2팀 모형: '희망복지지원팀'은 통합사례관리사업 중심으로 지역보호체계 운영 등의 업무를 수행하고, '복지자원관리팀'은 자원 총괄관리 업무를 중심으로 수행한다.

③ '과' 단위 구성: 통합사례관리, 자활·고용, 자원봉사 등 통합사례관리 및 자원관리 업무와 연계되는 팀을 한 과로 구성하여 운영한다.

④ 기타: 일반구가 있는 시 지역은 일반구 조직에서 통합사례관리 운영, 인력 확충을 통한 '동' 중심의 사례관리 운영 등 지역 특성에 맞는 다양한 형태로 운영이 가능하다.

희망복지지원단은 경력 있는 사회복지직 공무원을 통합사례관리 담당으로 배치하고, 통합사례관리 업무전담 전문인력인 통합사례관리사를 두고 있다. 통합사례관리 담당은 단장(팀장)을 보좌하여 통합사례관리 업무를 담당하고, 복지담당공무원 중 '자원 총괄 관리 담당 업무' 전담인력을 배정하고, 민·관협의체 구성·운영을 총괄한다. 또한 통합사례관리사는 찾아가는 보건복지서비스 신규 추진 읍·면·동의 사례관리 교육 및 읍·면·동 역량 강화를 수행하고, 통합사례관리를 위한 시·군·구 단위의 자원 발굴 및 읍·면·동간 자원 불균형을 조정하고, 읍·면·동 찾아가는 보건복지서비스 업무 모니터링 및 컨설팅 기획에 참여한다.

4) 세부 사업내용

희망복지지원단의 주요 사업은 통합사례관리사업, 자원관리, 읍·면·동 복지사업 지원·관리, 지역보호체계 운영 등으로, 이를 구체적으로 살펴보면 다음과 같다.

(1) 통합사례관리

통합사례관리사업은 지역 내 공공·민간자원에 대한 체계적인 관리·지원체계를 토대로 복합적이고 다양한 욕구를 가진 대상자에게 복지·보건·고용·주거·교육·신용·법률 등 필요한 서비스를 통합적으로 연계·제공하고, 이를 지속적으로 상담·모니터링 해 나가는 사업이다. 통합사례관리의 절차는 대상자 발굴, 초기상담, 대상자 접수, 욕구 및 위기도 조사, 사례회의, 대상자 구분·선정, 서비스제공계획 수립, 서비스 제공 및 점검, 종결, 사후관리의 총 10단계로 구성되어 있으며, 희망복지지원단은 읍·면·동에서 초기상담 후 의뢰된 사례관리가구에 대해 대상자 접수부터 종결까지의 사례관리를 수행한다. 희망복지지원단은 통합사례관리사업을 총괄한다. [그림 13-1]과 [그림 13-2]는 각각 통합사례관리 절차 및 운영체계를 보여 준다.

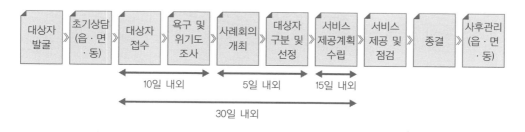

그림 13-1 통합사례관리의 절차

출처: 보건복지부(2018d), p. 22.

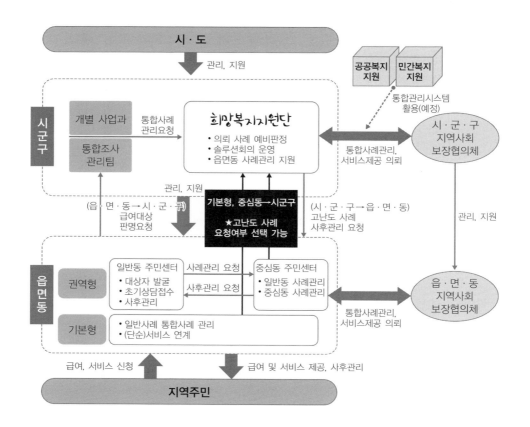

그림 13-2 통합사례관리의 운영체계

출처: 보건복지부(2018d), p. 26.

(2) 자원관리

복지대상자 등 위기가구의 복합적 욕구에 능동적으로 대응하기 위해서는 공공 자원(예산, 프로그램 등) 뿐만 아니라 지역사회 민간 자원을 적극 개발하고 체계적으로 관리할 필요가 있다. 특히 희망복지지원단의 통합사례관리사업 대상가구가 필요로 하는 각종 정보 및 상담·건강·교육·일자리·주거 등의 자원을 전략적으로 발굴·관리함으로써 지역단위 찾아가는 보건복지서비스 제공체계를 적극 지원할 필요가 있다. 현재 위기가구 사례관리 및 서비스연계가 시·군·구 기능으로 집중되어 있어 접근성 제약 및 주민의 복지 수요에 충분한 대응이 부족하므로, 이를 개선하기 위해서 읍·면·동 단위 자원관리(체계)가 필요하다. 또한 복지 사각지대 발굴 및 위기가구에 대한 찾아가는 보건복지서비스 제공을 강화하기 위해서는 시·군·구 희망복지지원단에 의한 지역사회 자원의 총괄 및 읍·면·동의 민·관협력을 활용할 필요가 있다. 특히 시·군·구 희망복지지원단의 사례관리 기능을 읍·면·동으로 전면 확대하여 통합 수행함에 따라 예상되는 복지 사각지대 및 자원 수요 확대에 적극적으로 대처하기 위해 읍·면·동 단위 민·관협력체계를 구축할 필요가 있다.

자원관리를 위한 희망복지지원단의 주요 사업은 다음과 같다.

- 지역사회(시·군·구 및 읍·면·동) 공식·비공식 자원 발굴·관리 총괄
- 자원조사 및 자원개발을 통해 희망복지지원단 및 읍·면·동 통합사례관리의 효과적 지원
- 지역자원에 대한 지속적인 현행화로 지역 내 주민 및 관련 기관에 정보 공유
- 나눔 문화 활성화 등 지역사회 자원개발 기획·실천
- 시·군·구 내 읍·면·동 간 자원불균형 해소 노력

(3) 읍·면·동 복지사업 지원·관리

희망복지지원단은 읍·면·동 복지업무 중 희망복지지원단 관련 업무 및 읍·면·동 찾아가는 보건복지서비스에 따른 찾아가는 복지전담팀의 업무에 대해 적극적인 지원·관리를 통해 읍·면·동이 지역주민을 위한 공공 복지서비스 수행기관으로 정착·기능할 수 있도록 노력한다.

(4) 지역보호체계 운영

지역보호체계는 지역 내 보호가 필요한 대상자에 대해 민·관협력을 기초로 지역단위 보호망을 구축 및 운영하는 것을 의미한다. 지역사회의 보호가 필요한 사회취약계층, 즉 독거노인, 학대피해노인, 장애인가구, 소년소녀가장, 자살위험군 대상자 등을 민·관협력 토대의 지역네트워크 기반으로 지역단위에서 보호해 나가기 위한 시스템 구축 및 운영 등을 포함한다. 지역보호체계 운영의 주요 내용은 지역 단위 방문형서비스 사업간 현황 공유 및 연계·협력 체계 마련(특히 방문형서비스를 시·군·구에서 직접 수행하는 읍·면·동 주민센터와 보건소 간 협력 체계 구축), 지역특성에 따른 복지문제에 대응하기 위한 지역차원의 활성화 방안을 모색하고, 중·장기적인 지역복지 추진 전략 수립, 통·이장을 복지업무에 활용하는 복지통(이)장제 시행 및 읍·

면·동 지역사회보장협의체를 구성·운영하여 읍·면·동 단위 인적 안전망 강화, '좋은 이웃들' 사업과의 효과적인 연계를 통한 지역 내 복지소외계층 상시 발굴체계 구축 및 운영 등이다.

3. 읍·면·동 맞춤형복지[3]

1) 읍·면·동 복지허브화 개요

읍·면·동 복지허브화란 읍·면·동에 맞춤형복지 전담팀 설치 및 전담인력 배치를 통해 찾아가는 복지상담, 복지사각지대 발굴, 통합사례관리, 지역자원 발굴 및 지원 등의 서비스를 제공하고, 특히 복지관련 공공 및 민간기관·법인·단체·시설 등과의 지역 네트워크를 기반으로 읍·면·동이 지역복지의 중심기관이 되어 주민의 보건·복지·고용 등의 다양한 문제에 능동적으로 대응해 나가는 일련의 활동을 말한다. 읍·면·동 복지허브화는 행정서비스 중심의 읍·면·동 기능을 지역복지의 중심기관으로 변화시켜 국민의 복지 체감도 제고 및 복지사각지대 해소에 목표를 두고 있다.

읍·면·동 복지허브화의 추진배경은 다음과 같다.

첫째, 사회문제가 점차 복잡해지고 다양화됨에 따라 생애 주기별 맞춤형 복지의 성공적 실현을 위한 복지전달 체계의 개편 필요성이 제기되었다.

둘째, 사회보장 영역·대상 및 복지예산의 지속적인 확대에도 불구하고, 국민의 복지체감도 제고에는 한계가 있어 왔다.

셋째, 정부의 지속적인 복지정책의 확대에도 불구하고, 고독사, 장애인 인권침해, 아동·노인 학대, 경제적 어려움으로 인한 자살사건 발생 등 복지사각지대 문제가 여전히 존재해 왔다.

넷째, 복지사각지대 발굴을 위한 지역 내 복지 관련 공공 및 민간기관·법인·단

---

3) 이 내용은 보건복지부(2017b)를 주로 참고하였음.

체·시설이 함께 참여하는 촘촘한 인적안전망 구축, 복지자원 공유를 통한 지역 내 가용 복지자원의 총량 확대 등을 통해 공공복지의 한계를 보완할 필요성이 제기되어 왔다.

현장 밀착형 서비스 제공 모델 마련을 위해 2014년 7월부터 2015년 12월까지 전 국 15개소에 읍·면·동 복지허브화 시범사업을 실시하였고, 방문횟수, 복지사각지 대 발굴, 서비스 연계, 방문 대상자 수, 통합사례 관리 의뢰 등의 면에서 효과성이 검 증되어 2016년부터 본격적으로 전국에 확대 시행되고 있다. 2016년 2월 사회보장위 원회 등을 통해 기본계획이 확정되었고, 2017년 12월 기준 2,573개 읍·면·동이 '찾 아가는 읍·면·동 복지센터'로 운영되고 있으며, 2018년까지 전국에 확대될 계획이 다(보건복지부, 2017a). 보건복지부는 시범사업 결과 성과가 높은 '기본형'을 권고하되, 인력 상황, 지리적 여건 등에 따라 '권역형'도 선택 가능하도록 모델을 제시하였다. 기 본형은 개별 읍·면·동에 '맞춤형 복지'전담팀을 설치하고, 권역형은 수 개의 읍· 면·동을 하나의 권역으로 묶고, 각 권역별 중심이 되는 읍·면·동에 '맞춤형 복지' 전담팀을 설치한다([그림 13-3] 참조).

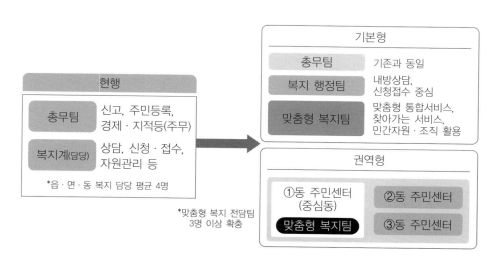

그림 13-3 맞춤형 복지체계: 기본형과 권역형

출처: 보건복지부(2017b), p. 6.

2) 맞춤형 복지 주체별 역할

맞춤형 복지를 위한 주체별 역할은 〈표 13-1〉과 같다. 또한 〈표 13-2〉는 기본형의 읍·면·동과 시·군·구 역할을, 〈표 13-3〉은 권역형의 읍·면·동과 시·군·구 역할을 보여 준다.

표 13-1 맞춤형 복지 주체별 역할

구분	역할
시·도	• 읍·면·동 복지허브화 운영 지원, 읍·면·동 복지허브화 사업 운영실태 파악 및 지원체계 구축 • 광역단위 맞춤형 복지 특화사업 기획 • 복지사각지대 발굴 우수사례 전파 • 맞춤형 복지 전문성 향상을 위한 교육 및 컨설팅 제공 등
시·군·구	• 복지사각지대 발굴·지원체계 구축 기획 및 홍보(유관기관과의 업무협약 포함) • 시·군·구 통합사례관리 실시 및 읍·면·동 통합사례관리 지원 • 읍·면·동 간 자원 배분 및 조정 등 자원관리 총괄 • 읍·면·동 민·관협력 활성화 및 인적안전망 구축 지원(방문형 서비스연계 협력 기획 포함) • 읍·면·동 맞춤형 복지 전문성 향상 교육 및 워크숍 등 운영 • 솔루션회의 운영
읍·면·동	• 찾아가는 복지상담, 복지사각지대 발굴·지원, 통합사례관리, 민·관협력 및 인적안전망 구축·운영, 지역자원 발굴 및 연계 등 맞춤형 복지사업 수행

출처: 보건복지부(2017b), p. 15를 재정리함.

표 13-2 기본형의 읍·면·동과 시·군·구 역할

구분	읍·면·동		시·군·구
	맞춤형복지팀	복지행정팀(기존 복지팀)	
상담 및 복지급여 신청		• 내방민원 초기상담 및 복지서비스 종합안내 • 개별사업 안내 및 신청·접수 • 제출서류 확인 및 시·군·구 이관	• 초기상담 및 맞춤정보 종합안내 • (129 이관 민원)
복지사각지대 발굴	• 발굴대상 초기상담 및 복지서비스 종합안내 • 복지사각지대 발굴체계 구성·운영(복지사각지대 일제조사 포함)		• 복지사각지대 발굴·지원체계 기획 및 홍보 • 방문형서비스 사업현황 조사 및 연계·협력 기획 • 읍·면·동 인적안전망 운영 지원
찾아가는 복지상담	• 찾아가는 복지상담(연간) 계획 수립 • 노인·장애인 등 거동 불편 대상 가구 집중 방문·상담 • 취약계층 방문 또는 전화상담을 통한 모니터링 등	• 맞춤형복지팀의 찾아가는 복지상담 계획에 미포함된 복지 대상자 방문상담[예: 개별 법령에 따른 확인조사(연간조사계획 포함) 대상인 기초수급자 등]	• 읍·면·동 찾아가는 복지상담 관리 및 평가 • 사후관리대상자 모니터상담을 위한 연간 종합계획 수립 • 사후관리 이행상황 점검
통합사례관리	• 읍·면·동 통합사례관리 • 사례회의 개최 • 사후관리(모니터상담) • 시·군·구/읍·면·동 종결 사례 • 가구별 서비스 제공계획 수립·연계 • 대상자별 욕구에 따른 맞춤서비스 제공 • 고난이도 사례관리 • 솔루션 회의 시·군·구 희망복지지원단 의뢰	• 사례관리 신청·접수 및 맞춤형복지팀 의뢰	• 시·군·구 통합사례관리 실시 및 읍·면·동 통합사례관리 지원 • 고난이도 및 129 이관민원 사례 • 사례회의 개최 • 솔루선위원회 구성 및 운영 • 우수사례 공유 및 전문컨설팅 지원 • 슈퍼비전을 위한 전문인력 pool 구성 및 운영 • 읍·면·동 전문성 함양 교육 • 읍·면·동 통합사례관리 모니터링
민·관협력 활성화 및 자원 관리	• 읍·면·동 민·관협력 및 인적 안전망 구성·운영 • 지역자원 발굴 및 연계·지원	• 이웃돕기 등 단순민간자원 배분	• 자원관리 총괄·조정 • 자원배분 및 조정 • 지역자원 조사 • 시·군·구, 읍·면·동 민·관협력체계 운영 지원

출처: 보건복지부(2017b), p. 16.

표 13-3 권역형의 읍·면·동과 시·군·구 역할

구분	읍·면·동			시·군·구
	중심 읍·면·동		일반 읍·면·동 복지팀	
	맞춤형복지팀	복지행정팀 (기존복지팀)		
상담 및 복지급여 신청		• 초기상담 및 복지 서비스 종합안내 • 개별사업 안내 및 신청·접수 • 제출서류 확인 및 시·군·구 이관	• 초기상담 및 복지서비스 종합안내 • 개별사업 안내 및 신청·접수 • 제출서류 확인 및 시·군·구 이관	• 초기상담 및 맞춤정보 종합안내 • (129 이관 민원)
복지사각 지대 발굴	• 발굴대상 초기상담 및 복지서비스 종합 안내 • 복지사각지대 발굴 체계 구성·운영(복지 사각지대 일제조사 포함)		• 발굴대상 초기상담 및 맞춤정보 종합안내 • 복지사각지대 발굴체계 구성·운영 • 복지사각지대 일제 조사	• 복지사각지대 발굴·지원체계 기획 및 홍보 • 방문형서비스사업현황 조사및연계·협력 기획 • 읍·면·동 인적안전망 운영 지원
찾아가는 복지상담	• 찾아가는 복지상담 (연간) 계획 수립 • 노인·장애인 등 거동 불편 대상 가구 집중 방문·상담 • 취약계층 방문 또는 전화상담을 통한 모니터링 등	• 맞춤형복지팀의 찾아 가는 복지상담 계획 에 미포함된 복지 대 상자 방문·상담[예: 개별법령에 따른 확인 조사(연간조사계획 포 함) 대상인 기초수급 자 등]	• 찾아가는 복지상담 (연간) 계획 수립 • 노인·장애인 등 거동 불편 대상 집중 방문·상담 • 취약계층 방문 또는 전화 모니터링 등	• 읍·면·동 찾아가는 복지상담 관리 및 평가 • 사후관리대상자 모니터상담을 위한 연간 종합계획 수립 • 사후관리 이행상황 점검
통합사례 관리	• 읍·면·동 통합사례 관리 • 사례회의 개최 • (고난이도 사례 및 일반 읍·면·동사례 포함) • 종결사례 사후관리 • 가구별 서비스 제공 계획 수립·연계 • 대상자별 욕구에 따른 맞춤형 서비스 제공 • 솔루션회의 시·군· 구 희망복지지원단 의뢰 • 종결사례 사후관리 • (모니터상담)	• 사례관리신청·접수 및 맞춤형복지팀 의 뢰	• 사례관리 신청·접수 및 중심읍·면·동으 로 의뢰 • 권역사례회의 참석 (필수) • 중심읍·면·동종결 사례 사후관리(모니 터상담)	• 시·군·구 통합사례 관리 실시 및 읍·면· 동 통합 사례관리 지원 • 129 이관 민원 사례 • 사례회의 개최 • 솔루션위원회 구성 및 운영 • 우수사례 공유 및 전 문컨설팅 지원 • 슈퍼비전을 위한 전 문 인력 pool 구성 및 운영 • 읍·면·동 전문성 함양 교육 • 읍·면·동 통합사례 관리 모니터링

| 민·관 협력 활성화 및 자원관리 | • 읍·면·동 민·관협력 및 인적안전망 구성·운영
• 권역단위 읍·면·동 지역사회 보장협의체 간 협력(일반 읍·면·동과 공동 특화사업 수행 등)
• 중심 및 일반 읍·면·동 자원 발굴·관리
• 권역 내 자원공유 | • 이웃돕기 등 단순 민간자원 배분 | • 읍·면·동 민·관협력 및 인적안전망 구성·운영
• 지역자원 발굴 및 연계, 권역중심 읍·면·동 협조
• 이웃돕기 등 단순 민간자원 배분
• 중심 읍·면·동 자원요청·활용 | • 자원관리 총괄·조정
• 자원배분 및 조정
• 지역자원 조사
• 시·군·구, 읍·면·동 민·관협력체계 운영 지원 |

출처: 보건복지부(2017b), pp. 17-18.

4. 공공 지역사회복지실천 인력: 사회복지전담공무원[4]

1) 개요

　사회복지전담공무원은 지방자치단체의 일선에서 공공 복지서비스를 전달하는 사회복지 전문인력이다. 사회복지전담공무원은 「사회복지사업법」 제14조에 의거하여 시·도, 시·군·구 및 읍·면·동에 배치되어 다양한 사회복지사업에 관한 업무를 담당하고 있다. 1987년부터 서울, 부산, 대구, 인천, 광주, 대전 등 전국의 6대 도시 저소득층 밀집지역의 동사무소에 별정직 공무원인 사회복지전문요원이 신규로 임용·배치되기 시작하였으나, 이들에 대한 법적인 근거는 1992년 12월 8일 「사회복지사업법」 개정을 통해 마련되었고 사회복지전담공무원이라는 명칭으로 불리게 되었다. 그리고 별정직이던 사회복지전담공무원은 「사회복지사업법」 개정으로 2000년 1월부터 별정직에서 일반직인 사회복지직으로 전환되었다. 사회복지전담공무원은 초창기인 1987년에 49명으로 시작되었으나, 국민들의 복지수요가 증가하고 국민기초생활보장제도의 시행으로 지속적으로 확충되어 2016년 현재 20,307명(정원기준)이 배치되어 활동하고 있다(보건복지부, 2017d).

---

4) 이 내용은 지은구, 조성숙(2010)의 제15장의 일부를 주로 참고하여 수정·보완하였음.

2) 사회복지전담공원의 주요업무

사회복지전담공무원이 담당하는 주요업무[5]는 〈표 13-4〉와 같다.

표 13-4 사회복지전담공무원의 주요 직무내용

직무분야	직무내용
서비스 대상자 조사 및 선정	• 기초생활보장대상 및 부양자에 대한 재산·소득 조사 • 노인, 장애인, 소년소녀가장, 한부모가족 등 서비스 대상자 조사 및 선정 • 사회서비스바우처사업 및 지역사회서비스투자사업 대상자 선정
급여지급	• 생계, 교육·의료 등 국민기초생활보장 급여 지급 • 장애인연금, 기초연금 등 각종 급여 지급
서비스 및 행정	• 취약계층의 가정문제 등 고충상담 후 해당기관 연계 • 자활, 생업자금융자, 취업훈련 등 자립지원 • 장애인, 노인, 보육아동, 여성 등에 대한 각종 지원시책 안내 및 제공 • 자원봉사, 결연사업 등 민간복지자원 발굴·연계 • 복지·고용·교육·문화 등 주민생활지원서비스 제공

출처: 오정수, 류진석(2016), p. 211.

3) 문제점과 대책

사회복지전담공무원제도의 문제점과 그에 따른 대책은 다음과 같다.

첫째, 인력부족과 그에 따른 업무량 과다의 문제이다. 1987년 사회복지전문요원이 도입된 이래 사회복지전담공무원의 수가 확충되어 사회복지전담공무원이 담당하는 평균 수급 가구수는 감소되고 있지만, 아직까지 절대적인 업무량은 과다하다고 할 수 있다. 사회복지전담공무원 1인당 담당인구는 2007년 6,786명으로 영국(337명), 호주(806명), 일본(2,134명)보다 월등히 많은 사례를 담당하고 있는 것으로 나타났다(이현주, 2007). 인력부족과 업무량 과다는 결국 수급자에 대한 복지서비스의 질 저하를 가

---

5) 사회복지전담공무원의 업무에 관한 규정은 보건복지가족부 훈령인 제39호(1997.9.29)인 『사회복지전문요원의 직무 및 관리운영에 관한 규정』에 상세히 명시되어 있었으나, 행정규칙으로서의 실효성이 없어져 2009년 8월 31일 폐지되었음.

져오기 때문에 사회복지전담공무원 인력이 증원되어야 한다.

둘째, 전문인력의 배치와 활용의 비효율성 문제이다. 주민생활지원서비스 전달체
계로의 개편에 따라 전문적인 업무의 명확한 구분이 없어 사회복지전문직의 전문적
업무수행에 혼선이 초래되었다. 예를 들어, 주민생활지원국 주민생활지원과의 통합
조사팀에서 근무하는 사회복지전문직과 읍·면·동에서 근무하는 사회복지전문직
의 업무의 대부분은 자산조사인 반면, 기획, 상담, 사례관리의 업무수행에서 전문직
의 업무 비중이 낮은 것으로 나타났다. 사회복지전담공무원은 사회복지 관련 업무를
효과적으로 수행하도록 하기 위해 사회복지사 1급 자격증 취득자들 중에서 공개 채
용하여 선발하고 있으나, 이들은 복지관련업무 외에도 일반행정업무도 동시에 수행
하고 있으며, 복지업무 담당공무원 중에서 일반직의 비중이 오히려 크다는 사실이다.
이러한 문제점을 고려하여 업무의 전문성을 고려한 역할재분담과 업무재배치에 대한
수정이 이루어져야 할 것이다(이현주, 2007).

제14장

민·관 지역사회복지실천 추진체계

1. 지역사회보장협의체[1]

1) 추진배경

지역사회보장을 증진하고, 사회보장과 관련된 서비스를 제공하는 관계 기관, 법인, 단체, 시설과 연계·협력 강화를 위해 지역사회보장협의체를 운영한다. 지역사회보장협의체의 추진배경을 살펴보면 다음과 같다.

첫째, 지방분권 및 사회보장전달체계의 근본적인 변화를 들 수 있다. 지방자치단체 중심의 지역사회복지를 효율적으로 실시하기 위한 시대적 흐름을 반영하여 2003년 7월「사회복지사업법」개정 당시 지역사회보장협의체 설치·운영 및 지역사회복지계획 수립을 의무화하여 지역복지 활성화의 기틀을 마련하였다. 또한 2005년부터는 지방분권 강화 차원에서 국고보조금 방식으로 운영되던 사회복지 관련 사업 중 일부 국고보조사업을 지방으로 이양하고 2014년까지 분권교부세를 통해 재정을 지원하였

---

[1] 이 내용은 보건복지부(2017c)의 '2017 지역사회보장협의체 운영안내'를 주로 참고하였음.

다. 이는 정부기능을 중앙에서 지방정부로 이관하는 것에 그치는 것이 아니라, 지역사회 중심의 사회복지전달체계 구축이라는 패러다임 전환을 의미한다. 이에 따라 각 지방자치단체는 과거 중앙부처의 기획을 집행하던 차원에서 벗어나, 지역사회 중심의 사회복지 계획 수립·운영과 이에 필요한 지역 내 네크워크 구축과 자원발굴·연계기능이 중요한 지방자치단체의 과제로 부각되었다.

특히 2012년 1월 개정된 「사회보장기본법」은 기존 사회복지서비스 외에 보건의료, 교육, 고용, 주거 등 다양한 복지서비스를 포괄하는 사회서비스 개념을 도입하여 국민의 보편적·생애주기적인 특성에 맞게 소득과 사회서비스를 함께 보장하는 맞춤형 사회보장제도의 운영을 지향하고 있다. 또한 「사회보장기본법」의 기본이념인 맞춤형 복지를 실현하기에는 기존 「사회복지사업법」이 사회복지사업 중심의 서비스 이용 절차와 운영에 한정되어 있어 중앙행정기관과 지방자치단체의 유기적인 연계를 통한 지역단위 사회보장을 제대로 이루어 내지 못하는 한계를 노정함에 따라 중앙행정기관과 지방자치단체 간 유기적인 연계로 지역 단위의 종합적 사회보장계획 수립 및 지원체계를 정립하고 '국민중심의 맞춤형 복지전달체계 개편'의 일환으로 국민의 복지체감도를 향상시키고자 민·관협력 활성화의 중요성이 부각되었다.

이러한 한계를 극복하기 위하여 「사회보장급여의 이용·제공 및 수급권자 발굴에 관한 법률」(이하 「사회보장급여법」으로 약칭) 제정으로 중앙부처와 유기적 연계를 통한 지역단위의 종합적 사회보장, 지역 간 사회보장의 균형발전을 위한 지원체계가 정비되면서 지역사회보장협의체의 기능 확대 및 활성화 전기가 마련되었다. 〈표 14-1〉은 지역사회보장협의체 성격 및 기능변화 추이를 보여 준다.

둘째, 지역사회보장 환경을 반영한 사회보장급여 제공기관·법인·시설·단체 간 연계 및 협력 필요성을 들 수 있다. 현재까지 지역 차원의 사회보장급여(서비스) 제공 인프라(infrastructure)는 민간 영역을 중심으로 발달되었으나, 지역사회보호체계 구축을 위해서 공공과 민간 영역의 협력적 파트너십(partnership)을 토대로 한 민·관협력 활성화가 중요하며, 사회보장급여의 주요 공급주체인 국가, 시장, 비영리민간, 비공식부문 각각을 보완하는 차원에서 민·관협력의 중요성이 대두되었다. 공공사회복지전달체계의 한계를 극복하고 지역주민의 다양한 복지 욕구 충족을 위한 맞춤형 복지서비스의 통합적 제공은 지역사회 내 사회보장급여 관련기관·법인·시설·단체 간 연계와 협력을 통한 민·관협력이 필수적이라는 인식이 확산되었다.

표 14-1 지역사회보장협의체 성격 및 기능변화 추이

구분	2005. 7. 31. 이전	2005. 7. 31.~2015. 6. 30.	2015. 7. 1. 이후
법적 근거	「사회복지사업법」 제7조	「사회복지사업법」 제7조의2	「사회보장급여법」 제41조
명칭	사회복지위원회	지역사회보장협의체	지역사회보장협의체
목적	사회복지사업에 관한 중요 사항을 심의 또는 건의	• 관할지역의 사회복지사업에 관한 중요사항과 지역사회복지 계획을 심의/건의 • 사회복지서비스 및 보건의료 서비스 연계 · 협력 강화	• 지역의 사회보장 증진 • 사회보장과 관련된 서비스를 제공하는 관계 기관 · 법인 · 단체 · 시설과 연계 · 협력 강화
성격	심의/자문기구	심의/자문기구	기능 강화
비고	시도 및 시 · 군 · 구에 설치 · 운영	공공과 민간의 네트워크 강화를 통한 지역복지거버넌스의 구조와 기능 확대	기존 사회복지에서 탈피하여 사회보장으로 범주 확대

출처: 보건복지부(2017c), p. 6. 2017 지역사회보장협의체 운영안내. 세종: 보건복지부.

　셋째, 지역사회 공동체기능 회복과 사회적자본 증대의 필요성이다. 지역공동체 회복을 통한 복지문제 해결은 지역사회에서 발굴한 복지 자원을 활용하여 복지 문제를 현장에서 신속하게 해결함으로써 복지행정의 효율성과 주민의 복지체감도와 만족도를 동시에 제고할 수 있는 접근 방법이다. 지역의제 발굴부터 자원 배분에 이르기까지 지역사회 주민이 주도적으로 참여하고 지역사회 복지자원의 총량을 극대화하여 수요자에게 최대한 제공할 수 있다. 사회보장급여법 시행으로 지역사회보장협의체는 지역사회의 민 · 관협력의 구심점으로서의 역할을 수행하게 되었다. 특히 읍 · 면 · 동 단위 지역사회보장협의체의 구성 · 운영으로 민 · 관협력의 공간범위가 마을 또는 생활권역으로 축소되고 복지사각지대 및 자원발굴 · 연계 기능을 수행함에 따라 지역공동체 기능회복과 사회적자본 증대와 더욱 밀접한 관계를 갖게 되었다.

　넷째, 정보통신기술의 발전에 따른 새로운 사회 조직화의 가능성을 들 수 있다. 정보통신기술의 발전으로 다자간 직접 의사소통이 수월하게 이루어질 수 있는 물리적 조직 구조의 구축이 가능해졌고, 정보통신기술(Information and Communication Technology: ICT)의 급격한 발전으로 효율적인 정보교환과 의사소통이 가능하게 됨으

로써, 기존의 관료제적 조직 구조에 대한 대안으로서의 네트워크 조직 구조가 현실화되었다. 그 결과, 사회보장분야에서도 저비용·고효율의 네트워크형 조직 운영의 가능성이 대두되었고, 네트워크형 조직구조를 통해 당면한 지역사회보장의 현안문제를 해결하자는 인식이 지역사회보장협의체 추진의 근간이 되었다.

2) 지역사회보장협의체의 목적 및 법적 근거

(1) 목적

첫째, 민·관협력의 구심점으로서 지역사회보호체계 구축·운영을 목적으로 한다. 지역사회보장계획 수립·집행·평가 등 지역사회보장 증진을 위한 과정에 민간의 참여·협력기반을 마련함으로써 국민중심의 맞춤형 복지서비스 제공에 기여하는데 있다. 특히 사회보장급여가 필요한 지원대상자에게 필요한 급여(서비스)를 제공하는 기관·법인·단체·시설의 대표 또는 실무자 등 다양한 지역주민의 참여를 통하여 맞춤형 복지서비스를 통합적으로 제공하는 지역사회보호체계를 구축 및 운영하는데 있다.

둘째, 수요자 중심의 통합적 사회보장급여 제공 기반 마련이다. 종전의 보건의료와 사회복지 위주의 서비스 제공에서 벗어나 고용·주거·교육·문화·환경관련 서비스 제공자 간 연계망(network)을 구성하여 수요자의 다양하고 복합적인 욕구에 대응한 서비스를 Any-stop, One-stop으로 제공하는 기반을 마련하고, 지역 내 서비스 제공관련 기관·법인·시설·단체 간 연계·협력 강화를 통하여 지역사회보장협의체가 시·군·구의 희망복지지원단 또는 읍·면·동 주민센터의 통합 사례관리 기능을 효율적으로 지원하는 데 그 목적이 있다.

셋째, 지역사회 내 사회보장급여 제공기관·법인·단체·시설 간 연계·협력으로 지역 복지자원의 효율적인 활용체계 조성에 목적이 있다. 즉, 지역사회의 다양하고 잠재적 복지자원을 발굴·확충하고, 서비스 제공기관 간 연계·협력을 통해 지역사회 복지자원 및 지원대상자에 대한 정보 등을 공유함으로써 급여 제공의 중복과 누락을 방지하는 것을 목적으로 한다. 현행 사회보장정보시스템을 통해 추진되는 타부처·공공기관 복지대상자 지원의뢰체계를 민간 복지기관까지 단계적으로 확대하고, 복지대상자의 중복·누락을 방지하고 한정된 복지자원을 효과적으로 활용할 수 있도록 민·관 정보공유시스템 구축을 추진한다.

넷째, 민·관협력을 통해 사각지대 발굴 및 지원 강화를 위한 읍·면·동 단위 주민 네트워크 조직을 목적으로 한다. 「사회보장급여법」 시행으로 새롭게 읍·면·동 단위 지역사회보장협의체가 조직·운영되면서 관할 지역의 사회보장대상자 발굴업무, 사회보장 자원발굴 및 연계업무 등의 기능을 수행하면서 다양한 지역주민이 참여하는 주민 네트워크를 조직화하는 것에 주안점을 둔다. 즉, 마을 또는 생활권역 내 취약계층 발굴을 위한 사회적 안전망(인적)의 역할을 수행하면서 동향을 파악하고 필요한 지원을 연계하려는 목적이 있다.

(2) 법적 근거

지역사회보장협의체는 「사회보장급여법」에 근거하고 운영되고 있다. 「사회복지사업법」에 의거하여 운영된 기존의 지역사회보장협의체(2005.7.1.~2015.6.30.)와 「사회보장급여법」에 근거한 현행의 지역사회보장협의체(2015.7.1. 이후)를 비교하면 〈표 14-2〉와 같다.

표 14-2 **지역사회복지협의체와 지역사회보장협의체의 비교**

구분	지역사회복지협의체 (사회복지사업법)	지역사회보장협의체 (사회보장급여법)
운영시기	2005.7.31.~2015.6.30.	2015.7.1. 이후
명칭	시·군·구 지역사회보장협의체	시·군·구 지역사회보장협의체
법적 근거	「사회복지사업법」 제7조의 2	「사회보장급여의 이용·제공 및 수급권자 발굴에 관한 법률」 제41조
목적 및 기능	• 지역사회복지사업에 관한 중요사항/지역사회복지계획을 심의/건의 • 사회복지/보건의료서비스 연계·협력 강화	• 지역의 사회보장 증진 및 사회보장과 관련된 서비스를 제공하는 관련 기관·법인·단체·시설과 연계 협력 강화 • 지역사회보장계획의 수립·시행·평가, 지역사회보장조사 및 지역사회보장지표, 시·군·구 사회보장 급여 제공 및 사회보장 추진 등에 관한 사항 심의·자문

위원 자격요건	• 시장·군수·구청장이 임명 또는 위촉 　- 사회복지/보건의료 전문가 　- 사회복지사업 기관/단체 대표자 　- 보건의료사업 기관/단체 대표자 　- 공익단체 추천자 　- 사회복지/보건의료업무 담당공무원 　- 공익단체(비영리 포함) 추천자 　- 사회복지공동모금지회 추천자	• 시장·군수·구청장이 임명 또는 위촉 　- 사회보장분야 전문가 　- 지역의 사회보장 활동을 수행하거나 서비스를 　　제공하는 기관·법인·단체·시설의 대표자 　- 비영리민간단체의 추천자 　- 복지위원의 대표자 　- 사회보장에 관한 업무를 담당하는 공무원
위원회 구성	위원장을 포함한 10명 이상 30명 이하의 위원	위원장을 포함한 10명 이상 40명 이하의 위원
위원장 선출방법	위원 중에서 호선 (임명직/위촉직 공동위원장 선출)	위원 중에서 호선 (공무원인 위원/위촉직 공동위원장 선출)
위원 임기	2년	2년, 위원장은 1회 연임 제한
협의체 운영	• 협의체 업무를 효율적으로 수행하기 위한 　실무협의체 구성/운영 　- 위원장 1명 포함 10명 이상 30명 이하의 　　위원으로 구성 　- 위원장은 위원 중에서 호선, 위원은 협의 　　체 위원장이 임명/위촉 　- 임기는 2년(공무원은 재직기간)	• 협의체 업무를 효율적으로 수행하기 위한 실무협 　의체 구성·운영 　- 위원장 1명 포함 10명 이상 40명 이하의 위원 　　으로 구성 　- 위원장은 위원 중에서 호선, 위원은 협의체 위 　　원장이 임명/위촉 • 보장기관 장의 인력 및 운영비 등 재정 지원 가능 • 읍·면·동 단위 지역사회보장협의체 구성/운영 　- 기능: 관할 지역의 사회보장대상자 발굴, 지역 　　사회보장 자원 발굴 및 연계, 지역사회보호체 　　계 구축·운영 등 　- 위원회 구성: 읍·면·동장과 읍·면·동장의 　　추천을 받아 시·군·구청장이 임명 또는 위 　　촉(읍·면·동별 10명 이상), 읍·면·동장과 　　민간위원(호선)으로 공동위원장 체제 운영 　- 위원임기: 2년, 연임 가능
협의체/ 실무협의체 조직운영	시·군·구의 조례로 위임 규정	시·군·구의 조례로 위임 규정
비고	협의체 운영활성화를 위한 유급 상근직원 배 치(2014년, 200명)	전문위원회 및 실무분과 구성 운영의 법적 근거 마련

출처: 보건복지부(2017c), p. 12.

「사회보장급여법」에 의거, 2015년 7월 1일 이후 설치·운영되고 있는 읍·면·동 지역사회보장협의체의 구성은 〈표 14-3〉과 같다.

표 14-3 읍·면·동 지역사회보장협의체의 구성

구분	2005.7.31.~2015.6.30. (사회복지사업법)	2015.7.1. 이후 (사회보장급여법)
명칭	-	읍·면·동지역사회보장협의체
근거	-	사회보장급여의 이용·제공 및 수급권자 발굴에 관한 법률 시행규칙 제7조 제2항
기능	-	• 위기 가정 상시 발굴 • 사각지대의 발굴 및 맞춤형 지원을 위한 지역사회 인적 안전망 구축 • 민·관 협력을 바탕으로 한 지역사회자원 발굴 및 연계(후원, 자원봉사, 사회공헌 등)

위촉요건	-	• 시장·군수·구청장이 위촉
		  - 사회보장 제공하는 기관·법인·단체·시설 또는 공익단체의 실무자
		  - 사회보장에 관한 업무를 담당하는 공무원
		  - 비영리민간단체에서 추천한 사람
		  - 법 제44조제1항에 따른 복지위원
		  - 「지방자치법」 제4조의2 제4항에 따른 행정리의 이장 및 같은 조 제5항에 따른 행정동의 하부조직으로 두는 통의 통장
		  - 주민자치위원, 자원봉사단체 구성원
		  - 지역의 사회보장 증진에 열의가 있는 사람

처우수준	-	위촉, 명예직(민간 위원)
위원회 구성	-	• 동협의체 위원의 수는 공동위원장 2명을 포함하여 10명 이상이 되도록 구성 • 동협의체 위원장은 동장(공공위원장)과 민간위원 중에서 호선한 민간위원장이 공동으로 구성하고, 부위원장은 민간위원 중에서 호선함
위원 임기	-	민간위원의 임기는 2년으로 연임 가능하며, 공무원 위원은 해당 직에 재직하는 기간으로 함
비고	-	복지사각지대 발굴, 자원 연계가 이루어질 수 있도록 소단위 분과 및 운영위원 등으로 구성 가능

출처: 보건복지부(2017c), p. 13.

3) 지역사회보장협의체의 운영원칙

(1) 지역성

지역주민 생활권역을 배경으로 하는 조직·운영되는 지역사회보장협의체는 지역주민의 복지욕구, 복지자원 총량 등을 고려하여, 사회보장급여가 필요한 지원대상자에게 현장밀착형 서비스 제공체계를 마련하여야 한다. 일반적으로 모든 지역에서 수행하는 보편적인 업무와 함께, 해당 지역의 특성, 복지환경, 문화 등을 반영하여 협의체의 기능 범위 내에서 자체 재원을 활용한 지역사업도 추진한다.

(2) 참여성

네트워크 조직을 표방하는 지역사회보장협의체는 법적 제도나 규제에 앞서 복지문제 해결을 위한 지역주민의 자발적 참여가 일차적인 추동력으로 작용하여야 한다. 특히 읍·면·동 단위 지역사회보장협의체의 위원 위촉요건으로 관할 지역의 사회보장 증진에 열의가 있는 사람을 포함하여 위원 구성 시 지역주민에게 참여 기회를 대폭 개방해야 한다. 따라서 지역사회보장협의체의 원활한 기능 수행을 위해서는 공공과 민간의 적극적이고 자발적인 참여가 선행되어야 한다.

(3) 협력성

지역사회보장협의체는 네트워크형 조직 구조를 통해 당면한 지역사회 복지문제 등의 현안을 해결하는 민·관협력 기구이다. 지역사회보장계획의 수립·시행·평가를 위한 협의적 의사결정, 상생적 조직 관계, 지역사회공동체, 사회적 자본 등을 주요 개념으로 두고, 네트워크를 바탕으로 민주적이고 합리적인 방법으로 운영되어야 한다.

(4) 통합성

지역사회 내 복지자원 발굴 및 유기적인 연계와 협력을 통하여 수요자의 다양하고 복잡한 욕구에 부응하는 다양한 서비스(보건, 복지, 문화, 고용, 주거, 교육 등)를 통합적으로 제공하여야 한다.

(5) 연대성

자체적으로 해결이 곤란한 복지문제는 지역주민 간 연대를 형성하거나 인근 지역과 연계·협력을 통하여 복지자원을 공유함으로써 해결하여야 한다. 즉, 공공부문의 서비스를 보완하는 사회복지법인 외에 비영리 시민단체나 조직의 지역복지활동 참여뿐만 아니라 가족과 이웃을 통한 복지욕구 충족 등 지역사회에서 활동하는 사회보장 주체의 연대성이 강조된다.

(6) 예방성

지역주민의 복합적인 복지문제를 조기에 발견하여 예방하도록 노력하여야 한다.

4) 지역사회보장협의체의 구조

지역사회보장협의체는 대표협의체, 실무협의체, 실무분과, 읍·면·동 지역사회보장협의체로 구성된다.

(1) 대표협의체
① 구성 원칙

대표협의체는 다음의 세 가지 원칙에 따라 구성된다. 첫째, 대표성의 원칙으로, 대표협의체의 위원은 공공과 민간을 포함한 해당 지역사회의 지역사회보장 이해관계자를 대표할 수 있도록 구성해야 한다. 둘째, 포괄성의 원칙으로, 대표협의체 위원은 해당 시·군·구의 지역사회보장 영역(보건·복지·고용·주거 등) 및 연계 분야의 이해관계자를 포괄할 수 있도록 구성해야 한다. 셋째, 민주성의 원칙으로, 대표협의체 위원은 민주적인 절차와 방법에 의해 임명하거나 위촉하여야 한다.

② 위원 구성 및 운영

대표협의체 위원은 지역사회보장의 주요 구성주체인 시·군·구 사회보장 관련 공공부문대표, 민간부문대표, 이용자부문대표 등으로 구성해야 한다. 즉, 「사회보장급여의 이용·제공 및 수급권자 발굴에 관한 법률」 제41조 제3항에 근거하여, 사회보장에 관한 학식과 경험이 풍부한 사람, 지역의 사회보장 활동을 수행하거나 서비스를 제공하는 기관·법인·단체·시설의 대표자, 「비영리민간단체지원법」 제2조의 비영리민간단체에서 추천한 사람, 사회보장법 제44조에 따른 복지위원의 대표자, 사회보장에 관한 업무를 담당하는 공무원 중 시장·군수·구청장이 임명 또는 위촉한다. 대표협의체는 위원장을 포함하여 10명 이상 40명 이하의 위원으로 성별을 고려하여 위원을 임명 또는 위촉하여 구성한다. 대표협의체 위원장은 위원 중에서 호선하되, 공무원인 위원과 위촉위원(민간) 각 1명을 공동위원장으로 선출 가능하다. 〈표 14-4〉는 대표협의체 구성의 예시를 보여 준다.

표 14-4 대표협의체 구성(예시)

구분	위원 구성	위원 예시
임명직 위원	자치구 대표	자치단체장 또는 단체장이 지명하는 공무원(선출직 포함)
	사회보장에 관한 업무를 담당하는 공무원	사회복지·고용·주거담당국장, 보건소장
	실무협의체	실무협의체 위원장(임명 또는 위촉)
	읍·면·동 지역사회보장협의체 위원장 대표	읍·면·동지역사회보장협의체 공동위원장 (민간)네트워크 대표자
위촉직 위원	사회보장 이용시설 대표	종합사회복지관, 복지관, 자원봉사센터, 지역자활센터, 사회서비스 제공기관 등 지역사회에 소재하는 사회보장이용시설의 대표
	사회보장 생활(거주)시설 대표	노인요양시설, 장애인거주시설, 아동복지시설 등 사회보장 관련 유·무료 입소시설의 대표
	연계영역 대표	의료, 정신보건, 경찰, 소방 등 관련 분야
	비영리 민간단체에서 추천한 사람	복지, 보건, 지역사회보장 관련 비영리 민간단체, 사회보장 활동에 참여하는 종교단체, 사회복지협의회 대표, 주민조직(부녀회, 노인회, 자원봉사회 등) 등
	사회보장에 관한 학식과 경험이 풍부한 사람	관내 대학 및 연구, 교육기관 종사자
	그 밖에 사회보장 분야 대표	지역을 기반으로 활동하고 있는 문화, 고용, 주거, 교육, 생활체육, 경제단체, 기업 등 지역사회보장 연계영역의 대표

출처: 보건복지부(2017c), p. 28.

대표협의체 위원의 임기는 2년으로 하되, 위원장은 한 차례 연임할 수 있고, 위원의 결원으로 인하여 새로 위촉된 위원의 임기는 전임위원 임기의 잔여(남은) 기간으로 한다. 또한 위원 임기의 경우 인적자원·지역특성 등을 고려하여 시·군·구 조례로 연임에 제한을 두지 않고 운영할 수 있고, 공무원 위원의 임기는 그 직위의 재직기간으로 한다. 공무원인 위원과 위촉 위원 각 1명을 공동위원장으로 선출할 수 있으며, 일반적으로 상당수 지방자치단체의 장이 공동위원장으로 선출되어 공동위원장 체제로 운영하고 있다.

위원장은 당해 대표협의체 회의 시 회의를 주재하는 의장이 되어 공동위원장 체제로 운영된다. 민·관협력의 취지를 고려하여 위원장 간 역할 분담이 필요하고 위촉직 민간위원이 회의를 주재하도록 권장한다. 지역사회보장협의체 운영(회의 개최 포함)에 관한 사항은 해당 시·군·구의 조례로 정하도록 하고 있고, 위원장은 재적위원 3분의 1 이상이 요구할 때 또는 위원장이 필요하다고 인정할 때 회의를 소집할 수 있다. 지역사회보장협의체의 기능별 심의·자문사항에 대한 구체적인 내용은 〈표 14-5〉와 같다.

표 14-5 지역사회보장협의체의 심의·자문사항(예시)

기능	주요 내용
지역사회보장계획 수립·시행·평가에 관한 사항	지역사회보장계획의 수립, 집행과정 모니터링 및 시행결과 평가 등 계획 추진에 관한 일련의 사항
지역사회보장조사 및 지역사회보장지표에 관한 사항	• 지역사회보장계획 수립에 필요한 지역 내 사회보장 관련 실태와 지역주민의 사회보장에 관한 인식 등에 관하여 필요한 조사설계·실시·조사결과 등을 심의 • 지역사회보장의 실태와 계획 시행을 통하여 달성하고자 하는 목표를 점검할 수 있도록 지표 및 목표치 설정

사회보장급여 제공에 관한 사항	• 지역사회의 복지문제 해결을 위한 시·군·구 단위의 주요 사회보장급여 제공계획 등의 심의에 참여
	  - 예시: 개별법령에 따라 시·군·구 단위의 위원회 설치·운영을 통하여 자체적으로 심의하는 국고보조사업 포함
	  - 예시: 민·관협력사업 추진·지원, 국민기초생활보장사업 조사, 자활지원, 유사중복 사회보장 지침 등

사회보장 추진에 관한 사항	• 시·군·구 단위의 자체 사회보장 추진사업(지역고유사업) 등을 심의 　– 예시: 사회복지서비스 연계·협력방안, 읍·면·동 협의체 특화사 　　　업 추진·운영, 복지정책토론회, 복지담당자 직무역량교육 추 　　　진 등
읍·면·동 단위 지역사 회보장협의체 구성 및 운영에 관한 사항	• 협의체의 효율적 운영 및 복지사각지대 해소를 위한 통합적 서비스 제 공을 위해 읍·면·동 단위 협의체의 구성 운영에 관한 사항을 심의 • 읍·면·동 협의체 구성·운영방향, 협의체의 읍·면·동 단위 협의 체 지원방안, 대표/실무협의체와 읍·면·동 협의체 간 연계방안 등
그 밖에 위원장이 필요 하다고 인정하는 사항	• 협의체 설치목적 범위내에서 연찬회, 정책토론회, 세미나, 워크숍, 교 육사업 등 각종 역량강화 사업 추진 • 지역 내 잠재되어 있는 인적·물적 복지자원 발굴 등

출처: 보건복지부(2017c), p. 29.

한편, 대표 협의체 심의사항 등의 효율적인 수행을 위해 전문위원회를 구성·운영할 수 있다. 전문위원회는 심의 사안에 따라 분야별로 구성할 수 있으며, 대표 협의체 위원을 전체 위원의 3분의 1 이상을 반드시 포함하여 구성한다. 이에 대한 세부적인 사항은 대표협의체 및 실무협의체 구성·운영에 관한 사항 등을 준용하여 해당 지방자치단체의 조례로 정한다.

(2) 실무협의체
① 구성 원칙
지역사회보장협의체의 업무를 효율적으로 수행하기 위해 「사회보장급여법」 제41조 제4항에 근거하여, 협의체에 실무협의체를 구성·운영한다. 실무협의체 위원은 해당 시·군·구의 지역사회보장 주체를 모두 포함할 수 있도록 구성하고(포괄성), 해당 시·군·구의 지역사회보장 영역 업무에 종사하고 있는 실무자(현장전문가) 중심으로 구성한다(전문성).

② 위원 구성 및 운영
실무협의체 위원은 지역사회보장 주체들 중에서 해당 분야 종사자로 민주적 절차와 방법을 통해 선출하고 임명 또는 위촉한다. 위원장 1명을 포함하여 10명 이상 40명 이하로 구성하되, 성별을 고려하고, 특정 성별에 편중되지 않도록 임명 또는 위촉한다.

　　실무협의체 위원은 공공부문, 민간부문, 기타 관련분야 영역의 위원으로 구성한다. 공공부문 위원의 경우 실무협의체 위원 중 임명직 위원의 수는 전체 위원 수를 고려하여 적정범위 내로 구성하되, 사회보장 업무를 담당하는 공무원은 사회복지, 보건의료 그리고 사회보장(고용, 주거, 문화, 교육, 환경 등) 분야의 담당부서장 또는 해당분야 팀장을 대표협의체 위원장이 임명한다. 민간부문 위원은 지역 내 사회보장 업무를 수행하거나 서비스를 제공하는 기관·법인·단체·시설의 실무자 중에서 해당 기관 등의 추천을 받거나 공모를 통하여 대표협의체 위원장이 위촉하도록 한다. 즉, 민간부분 위원은 사회보장분야 이용·생활(거주)시설이나 사회복지·보건의료·고용·주거·교육·문화·환경 등 관련 법인·시설·단체의 기관장(종사자) 또는 중간관리자로 구성한다. 통상 민간부문 위원은 실무협의체 위원으로 역할을 함과 동시에 해당 분야의 실무분과장으로서 소속 분과를 운영하도록 권고하고 있다. 기타 관련분야 위원은 지역특성과 상황을 고려하여 사회보장 관련기관 간 원활한 연계·협력체계 운영을 위해 필요한 분야의 종사자를 관련분야 영역의 실무협의체 위원으로 위촉하여 구성할 수 있다. 사회보장 관련 업무를 수행하는 공익기관·단체·비영리민간단체 기관장 또는 중간관리자 등을 사회보장 해당 영역의 위원으로 위촉 가능하다.

　　실무협의체 위원장은 위원 중에서 호선하고, 지역사회보장협의체 위원장이 공동위원장인 경우에는 공동으로 임명하거나 위촉한다. 그 밖에 실무협의체의 조직·운영에 필요한 사항은 보건복지부령으로 정하는 바에 따라 시·군·구의 조례로 정한다.

　　위원의 임기는 2년으로 하되 위원장은 한 차례 연임할 수 있고, 위원의 결원으로 인하여 새로 위촉된 위원의 임기는 전임위원 임기의 남은 기간으로 한다. 인적자원이 부족할 경우에는, 위원의 경우 지역의 특성을 고려하여 시·군·구 조례로 연임에 제한을 두지 않고 운영할 수 있고, 공무원 위원의 임기는 그 직위의 재직기간으로 한다. 실무협의체 위원장은 대표협의체와 원활한 소통을 위해서 대표협의체 당연직위원으로 활동할 수 있다(권고사항). 위원장은 당해 실무협의체 회의 시 회의를 주재하는 등 의장으로서의 역할을 수행한다. 실무협의체 운영(회의 개최 포함)에 관한 사항은 해당 시·군·구의 조례로 정하고, 위원장은 실무협의체 재적위원 3분의 1 이상의 소집요구가 있을 때 또는 실무협의체 위원장의 요구가 있을 때 회의를 소집할 수 있다.

(3) 실무분과

① 위원의 구성

「사회보장급여법 시행규칙」 제6조 제5항에 의거하여, 지역사회 내 사회보장 관련 기관·법인·단체·시설 간 연계·협력 강화 및 실무협의체의 운영을 촉진하기 위해 실무분과를 구성·운영할 수 있다. 실무분과의 구성 등 운영에 관한 세부적인 사항은 시·군·구의 조례로 정할 수 있으며, 일반적으로 분야별로 분과장 1명 및 간사(또는 총무) 1명을 포함하여 구성한다.

실무분과의 위원은 공공부문, 민간부문, 기타 연계 영역 등으로 구성한다. 공공부문 실무위원은 사회복지 및 보건·의료, 고용·주거·교육·문화·환경 등 사회보장 관련 업무를 담당하는 공무원이 위원이 된다. 민간부문 위원은 사회복지 및 보건의료, 관련 사업을 수행하는 법인·시설·단체 중에서 지역의 복지욕구를 대변하는 종사자로 구성하고 현장에서 주민과 밀접하게 서비스를 제공 또는 연계하는 실무자(팀장급 또는 담당자)로 구성한다. 또한 사회보장영역의 확대를 반영, 지원대상자에 대한 통합서비스 제공 또는 연계가 필요한 경우에는 해당 기관의 실무자(팀장급 또는 담당자) 및 전문가 등으로 구성할 수 있다.

실무분과장의 선출 및 임기는 조례 규정사항, 대표 및 실무협의체 위원장 선출과 임기 등을 준용한다. 실무분과 위원은 실무협의체 위원장이 임명 또는 위촉한다. 분과 위원장은 분과위원 중에서 호선에 의하여 선출하고, 실무분과장은 실무협의체 위원을 겸임하도록 권고한다.

또한 실무분과 회의는 실무분과장이 회의 주재를 하고, 공석 시 위원장이 지명(정)하는 자 또는 간사(총무)가 대신할 수 있다.

② 실무분과 구성 형태

실무분과의 구성 및 운영은 지역사회보장협의체 활성화의 원동력이 되는 기반을 제공하므로 지역특성 및 여건에 맞는 실무분과를 반드시 구성해야 한다. 구성형태는 지역특성 및 여건에 맞게 대상별, 지역별, 기능별 등 다양한 형태로 구성이 가능하고, 각 실무분과의 위원 수는 지역사정과 운영의 효율성을 고려, 실무협의체 내 논의를 거쳐 유동적으로 운영한다.

대상별 분과는 지역의 영유아, 아동, 청소년, 여성, 노인, 장애인 등 사회보장대상자의 특성과 욕구에 응대한 실무분과를 구성한다. 지역의 특수성을 고려하여 대상별 분과 설치·운영이 가능하다(다문화가족분과, 여성가족분과, 노인분과 등). 지역별 분과는 농어촌 등 사회보장분야의 인적·물적자원 부족으로 인하여 대상별 분과 운영이 비효율적일 경우에는 읍·면·동 또는 소생활권 단위의 분과 구성이 가능하다. 산악권 도시, 도서지역을 포함한 지역 등 대상별, 기능별 분과의 구성이 어려울 경우, 소생활권 형태의 지역단위로 분과를 구성하여 운영 가능하다. 특히 읍·면·동 협의체 위원장 등으로 별도 실무분과를 구성·운영할 수 있다. 기능별 분과는 지역주민이 필요로 하는 욕구와 기능에 맞게 다양한 형태의 분과 구성 가능하다. 지원대상자에 대한 통합적 복지서비스 제공을 위한 '통합서비스 분과'를 설치·운영할 수 있도록 하고, 사회보장분야 확대영역을 반영하여 고용, 주거, 교육, 문화, 관광, 체육 등의 분과 구성이 가능하다. [그림 14-1]은 실무분과 구성을 보여 준다.

대상별							
영유아	아동·청소년	여성	청년	노인(어르신)	장애인	–	–

기능별						
고용·주거(자활고용/주거환경)	마을분과	문화·체육(문화환경/교육문화)	(통합)사례관리	자원관리개발	지역사회보장협의체위원장	–

지역별							
○○동 지역사회보장협의체	○○동 지역사회보장협의체	○○동 지역사회보장협의체	○○동 지역사회보장협의체	–	–	–	–

그림 14-1 실무분과 구성(예시)

출처: 보건복지부(2017c), p. 40.

(4) 읍·면·동 지역사회보장협의체

① 추진배경

「사회보장급여의 이용·제공 및 수급권자 발굴에 관한 법률」제41조 제2항 제5호 및 시행규칙 제7조(읍·면·동 단위 지역사회보장협의체의 구성 및 운영)에 의거, 읍·면·동 지역사회보장협의체를 구성한다. 읍·면·동 지역사회보장협의체 추진배경은 읍·면·동 단위로 도움이 필요한 이웃을 살피고, 알리고, 보살피는 지역복지 공동체 조성을 위해 지역주민의 다양한 복지욕구와 문제를 해결하는 민·관협력 네트워크 구성의 필요성에 의한다. 또한 민·관협력을 통한 복지 사각지대 발굴 및 통합적 복지서비스 지원체계를 마련, 국민의 복지체감도 향상을 위해 구축한 기존의 민·관협의체를 보다 촘촘한 읍·면·동 단위 지역사회보장협의체로 확대, 개편할 필요성에 근거한다.

② 위원 구성 및 운영

읍·면·동 협의체는 위원장을 포함 10명 이상으로 지역특성에 맞게 구성·운영하도록 하한선을 규정한다. 다만, 지역여건에 따라 보다 촘촘하고 상시적인 인적안전망체계 구축·운영을 위해 위원 구성 다양화 및 위원 수의 확대가 필요하다(40명 이상). 읍·면·동 협의체 위원은 「사회보장급여의 이용·제공 및 수급권자 발굴에 관한 법률」시행규칙 제7조 제2항에 의거하여 구성한다. 읍·면·동 협의체 위원 구성은 대도시·중소도시·농어촌 등 지역사회 여건 및 사회보장 환경에 따라 지방자치단체별로 위원 수를 탄력적으로 운영하고, 협의체 위원의 구성시 성별을 고려할 필요가 있다.

읍·면·동 협의체 위원장은 위원 중에서 호선하되, 읍장, 면장, 동장과 민간위원 중에서 각 1명을 공공위원장으로 선출할 수 있다. 읍·면·동 협의체 위원장은 읍·면·동 협의체를 대표하며, 회의를 주재하고, 읍·면·동 협의체의 업무를 총괄하며, 시·군·구 지역사회보장협의체와 원활한 의사소통의 중추적인 역할을 수행하도록 한다. 읍·면·동 협의체 사무를 처리하기 위하여 필요한 경우 간사 등 필요 인력을 지원받을 수 있다. 위원(위원장 포함)의 임기는 2년으로 연임할 수 있으며, 공무원인 위원은 해당직에 재직하는 기간으로 한다. 읍·면·동 협의체 조직체계는 지역 상황에 맞게 복지사각지대 발굴, 자원 연계가 이루어질 수 있도록 소단위 분과(발굴조사팀, 나눔지원팀) 또는 운영위원 등으로 구성 가능하다. 회의 운영은 지역사회보장협의체 및 실무협의체의 회의 운영에 관한 사항을 준용하되, 회의개최 주기 등 보다 구체적인 사항은 지방자치단체의 조례 또는 운영세칙으로 규정할 수 있다.

③ 읍 · 면 · 동 지역사회보장협의체 운영 및 역할분담체계

시 · 군 · 구청, 시 · 군 · 구 협의체, 읍 · 면 · 동 주민센터 및 읍 · 면 · 동 협의체가 유기적으로 협력 및 사업을 추진한다. 필요한 경우 시 · 군 · 구 협의체 실무분과, 지역 내의 민간 기관 · 단체와 협력체계를 확대 구성한다. 또한 사회복지관련 기관(노인, 장애인, 여성, 청소년, 아동, 보육 등), 자원봉사단체, 주민자치조직 등 지역사회에서 활용 가능한 다양한 인적 네트워크를 최대한 활용한다. 관련 조직 간의 역할분담 및 추진체계를 살펴보면 〈표 14-6〉과 같다.

표 14-6 추진체계별 역할분담

추진체계	역할
시 · 군 · 구	• 사업홍보 및 예산 지원 • 협의체 운영 근거(조례, 시행규칙) 제 · 개정 추진
시 · 군 · 구 지역사회보장 협의체	• 사업계획서 심의 및 운영지원 • 읍 · 면 · 동 협의체 위원 역량강화를 위한 교육 및 워크숍 기획 · 운영 지원 • 읍 · 면 · 동 협의체 운영 모니터링 및 컨설팅 지원 • 읍 · 면 · 동 협의체 총괄 매뉴얼 마련
읍 · 면 · 동 주민센터	• 읍 · 면 · 동 협의체 위원 추천 • 협의체 위원장 선출 및 자체 운영세칙 규정 • 위원이 발굴한 대상에 공적지원 · 민간지원 연계 및 지원 추진 • 읍 · 면 · 동 협의체 회의지원 및 회의록 관리, 행정업무(회계 포함) 일체 담당 • 읍 · 면 · 동 협의체 연간 사업계획서 작성
읍 · 면 · 동 지역사회보장 협의체	• 위기가구 등 지원대상자 발굴 및 복지자원 발굴 • 자체 특화사업의 지원대상자 결정 등 지역사회보호체계 구축 · 운영 • 시 · 군 · 구 차원에서 추진하는 공동사업 논의

출처: 보건복지부(2017c), p. 80.

5) 지역사회보장협의체의 기능 및 역할

(1) 기능

지역사회보장협의체의 주요 기능은 협치(governance)기능, 연계(network)기능, 통합서비스 지원기능이다. 지역사회보장협의체의 기능체계 및 주요 기능은 [그림 14-2]와 〈표 14-7〉과 같다.

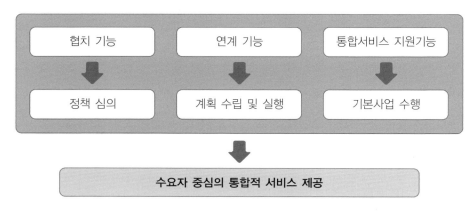

그림 14-2 지역사회보장협의체의 기능체계

출처: 보건복지부(2017c), p. 54.

표 14-7 지역사회보장협의체의 주요 기능과 내용

주요 기능	내용
협치 기능	지역사회보장계획의 수립·과정·평가 등 지역사회보장의 주요 사항에 대하여 민간과 공공이 협력하여 심의, 자문
연계 기능	사회보장과 관련된 서비스를 제공하는 관계 기관·법인·단체·시설과 연계, 협력 강화
통합서비스 기능	• 협의체 내 각 분과 간 통합 및 조정역할을 수행하고 지역주민의 욕구를 반영한 통합적 서비스 제공 체계 지원 • 통합서비스 제공을 위해 기존의 보건복지뿐만 아니라 고용, 주거, 교육, 문화, 환경 등 다양한 영역과 연계

출처: 보건복지부(2017c), p. 54.

(2) 지역사회보장협의체의 역할

지역사회보장협의체는 민·관 협력에 기초하여 지역 내 사회보장사업에 관한 주요 사항을 심의 및 자문하는 기능을 담당한다. 먼저 대표협의체는 지역 내 사회보장사업에 관한 중요사항과 지역사회보장계획을 심의하고, 개선 필요사항을 시장·군수·구청장에 건의한다. 실무협의체는 대표협의체 업무를 지원하고, 서비스별 실무분과 간의 연계 및 조정을 수행한다. 실무분과는 노인, 아동 등 서비스 분야별로 서비스 대상을 발굴하고 서비스 연계 등 실무적 역할을 수행한다. 읍·면·동 단위 지역사회보장협의체는 지역사회 내 사각지대 및 자원을 발굴하고, 서비스를 연계하며, 지역사회보장 문제 발굴 및 해결방안 등을 모색한다. 지역사회보장협의체 조직체계의 각 역할은 〈표 14-8〉과 같다.

표 14-8 지역사회보장협의체 내부기구 간 역할(예시)

기능구분	주요내용	대표협의체	실무협의체 (실무분과 포함)	읍·면·동 협의체
지역사회보장 정책 및 사업 심의	상위계획	심의·자문권	–	–
	지역사회 보장급여 제공 및 사업계획 심의/자문	관할지역 내 지역사회 보장 증진을 위한 사회보장급여 제공 또는 사회보장 추진에 관한 사항으로 실무협의체로부터 안건으로 상정된 제반사항	• 실무분과를 통해 상정된 안건에 대한 사전 검토 • 사회보장 대상자별, 사업별로 사례 회의를 통해 조사·연구 또는 서비스제공기관 간 연계·협력으로 실무협의체 업무수행을 지원(실무분과)	–
지역사회 보장계획 수립, 시행, 평가	기획	• 지역사회보장 수요의 측정, 목표 및 추진전략 • 지역사회보장의 목표를 점검할 수 있는 지표(이하 "지역사회보장지표")의 설정 및 목표 • 지역사회보장의 분야별 추진전략, 중점 추진사업 및 연계협력 방안 • 지역사회보장 전달체계의 조직과 운영	좌동	–

지역사회 보장계획 수립, 시행, 평가	기획	• 사회보장급여의 사각지대 발굴 및 지원 방안 • 지역사회보장에 필요한 재원의 규모와 조달방안 등 (법령사항)	좌동	
	지역사회 보장조사	• 지역 내 사회보장 관련 실태, 지역주민의 사회보장에 관한 인식 등에 관한 사항의 조사설계·실시 및 조사결과 처리 • 지역주민, 사회보장 관련 기관·법인·시설·단체, 관련분야 전문가의 의견 수렴 사항 • 시·군·구청장 또는 실무협의체 위원장이 지역사회 특성상 계획수립의 필요성이 있다고 인정하는 사항	좌동	–
지역사회 보장계획수립 및 모니터링	지역사회 보장조사	지역사회주민의 사회보장 욕구 및 자원조사 전반에 관한 사항	지역사회보장조사 설계, 조사실시, 조사결과 처리 등을 실질적으로 수행	–
	사업결정 협의	사회보장급여 간 연계 조정 및 개선	건의	건의
	시행결과 평가	• 지역사회보장계획 시행과정의 적정성에 대한 모니터링 실시 • 지역사회보장계획(연차별 시행계획을 포함)의 시행 결과에 대한 평가	분야별/기능별 실행과정 점검 및 시행결과에 대한 평가 실시	건의
사회보장지원 대상자에 대한 통합서비스 제공	주기능	민·관 또는 사회보장 관련 기관·법인·시설·단체 간 의사소통 채널의 다양화 서비스 제공에 관한 협의된 사업의 시행에 대한 모니터링		
	통합 사례관리 사업 지원	–	• 사회보장 대상자별 지원계획 수립 등에 관한 사항 총괄 • 사회보장 대상자별 지원계획 수립·시행과정 모니터링 및 서비스 제공결과 평가에 관한 사항	• 지원대상자별 서비스 제공계획 수립(읍·면·동 사회복지담당 공무원 역할에 해당함) 및 서비스 제공 • 서비스 제공의 적정여부에 대한 모니터링

사회보장지원 대상자에 대한 통합서비스 제공	지역자원 연계사업	• 사회보장 분야 서비스 연계 · 협력 강화에 관한 사항 • 지역내 사회보장 분야 연계 협력 추진방안에 관한 사항 • 그 밖의 지역사회 복지 증진을 위해 필요하다고 시 · 군 · 구청장 또는 협의체위원장이 부의한 사항	• 사회복지, 보건의료 및 관련영역 등 사회보장급여 연계 · 협력 강화에 관한 사항 • 사회보장 분야별 정보 공유 및 안건 검토 • 사회보장 분야별 욕구 파악 및 서비스 연계 • 사회보장 분야별 관련 기관 · 법인 · 시설 · 단체 간 공동 사업의 추진 및 운영	지역사회보장분야 관련 기관 · 법인 · 시설 · 단체 간 연계 · 협력 및 복지 자원발굴에 관한 사항
	기관 간 연계 및 조직화 사업	사회보장 관련기관 등의 연계 협력을 통한 자원발굴 방안 논의	관련영역 기관 등의 역할 분담 조정	지역내 관련 기관 간 연계를 통한 서비스 제공
사회복지법인 이사 추천	'2017 지역사회보장협의체 운영안내' 96~102쪽 내용을 참고, '사회복지법인 관리안내' 및 지방자치단체의 업무처리지침으로 정함			
기타	그 밖의 지역사회 보장증진을 위해 필요하다고 시 · 군 · 구청장 또는 협의체 위원장이 부의한 사항		그 밖에 지역사회보장 증진을 위해 필요하다고 실무협의체장이 부의한 사항	그 밖의 지역사회 보장 증진을 위해 필요하다고 읍 · 면 · 동 단위 협의체 위원장이 부의한 사항

출처: 보건복지부(2017c), pp. 46-47.

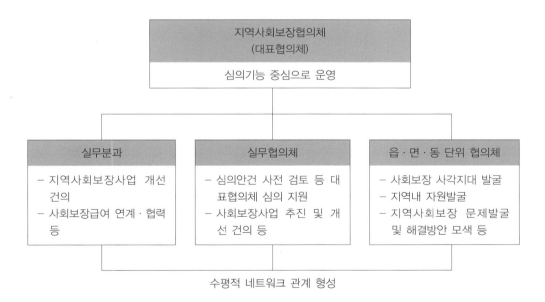

그림 14-3 대표협의체, 실무협의체(분과 포함), 읍 · 면 · 동 협의체 간 관계(예시)

출처: 보건복지부(2017c), p. 44.

표 14-9 지역사회보장협의체의 심의 · 자문사항(예시)

기능	주요 내용
지역사회보장계획 수립 · 시행 · 평가에 관한 사항	지역사회보장계획의 수립, 집행과정 모니터링 및 시행결과 평가 등 계획 추진에 관한 일련의 사항
지역사회보장조사 및 지역사회보장지표에 관한 사항	• 지역사회보장계획 수립에 필요한 지역 내 사회보장 관련 실태와 지역 주민의 사회보장에 관한 인식 등에 관하여 필요한 조사설계 · 실시 · 조사결과 등을 심의 • 지역사회보장의 실태와 계획 시행을 통하여 달성하고자 하는 목표를 점검할 수 있도록 지표 및 목표치 설정
사회보장급여 제공에 관한 사항	• 지역사회의 복지문제 해결을 위한 시 · 군 · 구 단위의 주요 사회보장 급여 제공계획 등의 심의에 참여 　- 예시: 개별법령에 따라 시 · 군 · 구 단위의 위원회 설치 · 운영을 통하여 자체적으로 심의하는 국고보조사업 포함 　- 예시: 민 · 관협력사업 추진 · 지원, 국민기초생활보장사업 조사, 자활지원, 유사중복 사회보장 지침 등
사회보장 추진에 관한 사항	• 시 · 군 · 구 단위의 자체 사회보장 추진사업(지역고유사업) 등을 심의 　- 예시: 사회복지서비스 연계 · 협력방안, 읍 · 면 · 동 협의체 특화사업 추진 · 운영, 복지정책토론회, 복지담당자 직무역량교육 추진 등
읍 · 면 · 동 단위 지역사회보장협의체 구성 및 운영에 관한 사항	• 협의체의 효율적 운영 및 복지사각지대 해소를 위한 통합적 서비스 제공을 위해 읍 · 면 · 동 단위 협의체의 구성 · 운영에 관한 사항을 심의 • 읍 · 면 · 동 협의체 구성 · 운영방향, 협의체의 읍 · 면 · 동 단위 협의체 지원방안, 대표/실무협의체와 읍 · 면 · 동 협의체 간 연계방안 등
그 밖에 위원장이 필요하다고 인정하는 사항	• 협의체 설치목적 범위내에서 연찬회, 정책토론회, 세미나, 워크숍, 교육사업 등 각종 역량강화 사업 추진 • 지역내 잠재되어 있는 인적 · 물적 복지자원 발굴 등

출처: 보건복지부(2017c), p. 44.

　　대표협의체-실무협의체(실무분과 포함)-읍 · 면 · 동 단위 지역사회보장협의체 관계는 수평적 네트워크 형성이 바람직하다. 예를 들어, 읍 · 면 · 동 협의체 위원장이 실무협의체(또는 실무분과) 위원으로 참여하도록 하거나 읍 · 면 · 동 협의체 위원장들로 구성된 실무분과의 대표를 대표협의체에 참여하도록 하여 시 · 군 · 구-읍 · 면 · 동 지역사회보장협의체 간 의사소통 구조를 확립한다. 시 · 군 · 구 단위에서 운영되는 대표협의체(실무협의체, 실무분과 포함)는 그간의 경험을 토대로 읍·면·동 협의체의 원활한 운영 및 조기 정착을 위해 교육·훈련, 모니터링, 컨설팅 등을 지원한다. 읍·면·동 협의체 위원장 등으로 구성된 지역 실무분과를 조직·운영함으로써 대표 또는 실무협의체와 정보 공유 및 사업 연계·협력기반을 마련한다. [그림 14-3]은 대표협의체, 실무협의체(분과 포함), 읍·면·동 협의체 간 관계(예시)를, 〈표 14-9〉는 지역사회보장협의체의 심의·자문사항(예시)을 보여 준다.

2. 지역사회보장계획[2)]

1) 개요

2003년 7월 30일 개정된 「사회복지사업법」은 지역사회복지계획 수립을 의무화하여 2005년 7월 31일부터 시행되고 있다. 이에 시·도 또는 시·군·구 지역사회복지계획이 4년마다 수립되고 있으며, 현재까지 1기(2007~2010년), 2기(2011~2014년), 3기(2015~2018년) 지역사회복지계획이 수립되어 시행되었다. 그러나 2015년 7월 1일부터 「사회보장급여의 이용·제공 및 수급권자 발굴에 관한 법률」(약칭 「사회보장급여법」) 제35조에 의해 지역사회보장계획으로 변경되었다. 지역사회보장계획은 지역주민 욕구·자원 등 복지환경을 고려하여, 지역사회의 다양한 주체들의 참여를 통해 사회보장사업의 우선순위 등을 결정하는 지역 단위의 사회보장계획 수립을 목적으로 추진되었다.

지역사회보장계획은 수립주체별로 시·도 지역사회보장계획과 시·군·구 지역사회보장계획이 있다. 또한 계획수준별로는 지역사회보장계획(4년 주기)과 연차별시행계획(1년 주기)이 있다. 지역사회보장계획의 종류는 〈표 14-10〉과 같다.

---

2) 이 내용은 보건복지부(2017c)를 주로 참고하였음. 또한 지은구, 조성숙(2010)의제14장 일부를 참고하였음.

표 14-10 지역사회보장계획의 종류

구분	계획의 종류	
수립주체별	① 시·도 지역사회보장계획	
	② 시·군·구 지역사회보장계획	
계획수준별	① 지역사회보장계획 (중장기계획, 4년 주기)	지역주민의 사회보장욕구와 지역 내 복지자원 등을 고려하여 지방자치단체 실정에 부합하도록 수립하는 지역사회보장에 관한 4년 단위의 계획 • 1기: 2017~2010년 • 2기: 2011~2014년 • 3기: 2015~2018년
	② 연차별시행계획 (1년 주기)	중장기 계획에 따른 1년 단위의 연차별 시행계획

출처: 보건복지부(2017c), p. 55.

2) 지역사회보장계획 수립의 필요성

지역사회보장계획은 지역사회 주민의 참여를 토대로 하여 지역의 특성과 문제 그리고 지역주민의 사회복지욕구를 파악함으로써 적극적으로 대처하고자 하는 지역사회 수준의 종합적인 계획이다. 이는 지역사회 수준에서 사회보장에 대한 수요와 공급을 미리 전망하여 이에 적극적으로 대처하고자 하는 지방자치단체의 중·장기적 계획이다. 지역사회복지계획 수립의 필요성은 다음과 같다.

첫째, 지역사회복지계획은 해당 지역사회주민의 복지욕구가 반영된 복지정책 마련을 위해 필요하다. 이는 사회복지서비스에 대한 수요적인 측면으로서, 지방자치단체는 지역사회복지계획 수립과정에서 지역사회의 특성과 문제를 파악하고 지역사회 주민의 복지욕구를 구체적으로 전망하여 이를 계획에 반영하여야 하므로 지역사회복지계획 수립을 통하여 지역중심, 주민중심의 사회복지정책이 마련될 수 있다.

둘째, 사회복지서비스의 공급적인 측면에서 볼 때, 지역사회복지계획은 공급체계에 대한 전반적인 사항을 체계적으로 계획할 수 있게 한다. 즉, 이는 파악된 복지수요에 부응하기 위하여 지방자치단체가 다양한 인적 및 물적 복지자원 등 사회복지서비스 공급체계에 대한 사항을 미리 점검할 수 있게 할 뿐만 아니라 체계적으로 준비할 수 있게 한다.

셋째, 사회복지서비스 이해당사자 간의 연계 및 유사서비스와의 연계 제공을 가능하게 한다. 지역사회복지계획은 공공과 민간의 협력뿐만 아니라 지역주민의 참여가 전제된 지역사회복지정책 마련을 강조하고 있다. 지역사회복지계획의 수립과정에서 이들 3자 간의 지속적인 논의와 조율을 통해 지역사회복지사업에 대한 우선순위를 결정하고, 지방자치단체, 민간기관, 지역주민의 적극적인 참여가 이루어질 때 보다 실질적인 계획이 도출됨을 강조하고 있다(강혜규, 2003). 그리고 지역사회복지계획은 사회복지서비스와 유사서비스인 보건의료서비스와의 연계 제공 방안에 관하여서도 강조하고 있어 단편적인 사회복지서비스 제공에만 관심을 가지는 것이 아니라 종합적인 휴먼서비스 제공이 될 수 있도록 하여야 한다.

3) 지역사회보장계획의 수립원칙

지역사회보장계획 수립과정의 주요 원칙은 다음과 같다(안혜영, 김영종, 2009).

첫째, 지역성으로, 지역사회보장계획은 지역 고유의 특성이 반영된 사업계획이 되어야 한다. 즉, 지역사회보장계획은 중앙정부 차원의 국고 보조사업의 집행계획이 아닌 시·군·구 단위의 사회보장계획의 수립이 주목적이므로 지역사회의 특성을 반영한 서비스를 공급하기 위해 해당 지역사회의 특성과 지역주민의 욕구를 반영한 고유한 사업을 개발하고 실천할 수 있도록 계획한다.

둘째, 과학성으로, 지역사회보장계획은 객관성을 확보할 수 있는 과학적 기초자료에 근거하여 수립되어야 한다. 즉, 지역사회보장계획의 궁극적 목적은 지역사회 주민의 복지욕구를 충족시키는 것이기 때문에 주민의 욕구에 대한 객관적 근거와 환경 및 자원에 대한 과학적인 현황분석에 근거하여 계획이 수립되어야 한다.

셋째, 연속성으로, 지역사회보장계획은 상위계획, 유관계획, 연차별계획 등과의 연속성이 확보되어야 하며 중·단기계획을 통해 실현 가능하도록 작성되어야 한다. 또한 이전계획 및 관련계획(보건계획 등), 중앙 시·도의 계획 방향과 연속성이 확보되어야 한다.

넷째, 실천성으로, 지역사회보장계획이 실현 가능성을 확보하기 위하여 관련 조직,

재정확보 등이 반드시 수반되어야 한다. 즉, 실천을 위한 행정 및 재정 계획이 갖추어진 계획이 수립되어야 한다.

4) 지역사회보장계획 수립과정

지역사회보장계획의 수립과정은 다음과 같다. 시장·군수·구청장은 지역주민 등 이해관계인의 의견을 들은 후 시·군·구 지역사회보장계획을 수립하고, 지역사회보장협의체의 심의와 시·군·구 의회의 보고를 거쳐 이를 시·도지사에게 제출하여야 한다. 그리고 시·도지사는 제출받은 시·군·구의 지역사회보장계획의 내용을 종합, 조정하여 시·도 지역사회보장계획을 수립하고 시·도 사회보장위원회의 심의와 시·도 의회의 보고를 거쳐 보건복지부장관에게 제출하여야 한다. 시·도지사 또는 시장·군수·구청장은 지역사회복지계획을 수립함에 있어서 필요하다고 인정하는 경우에는 사회복지관련 기관·단체 등에 대하여 자료제공 및 협력을 요청할 수 있다. 보건복지가족부장관 또는 시·도지사는 지역복지계획의 내용에 관하여 필요하다고 인정하는 경우에는 시·도지사 또는 시장·군수·구청장에 대하여 보건복지가족부령이 정하는 바에 의하여 그 조정을 권고할 수 있다. 지역사회복지계획 수립과정은 〈표 14-11〉과 같다.

표 14-11 시·군·구 지역사회보장계획 수립과정

절차	내용
지역사회보장 조사 실시	• 지역사회보장조사(욕구조사) - 지역 내 사회보장 관련 실태, 지역주민의 사회보장에 관한 인식 등에 관하여 필요한 조사를 실시하여 당면 사회보장문제, 삶의 질 등을 살펴 사회보장사업에 대한 필요(욕구)를 수렴 • 지역사회보장자원조사(공급조사) - 지역내 인력, 조직, 재정 등 사회보장자원 조사 - 사회보장관련기관 등 공공복지자원, 자원봉사 등 민간복지자원을 망라

지역사회보장 계획(안) 마련	• 주요 내용 - 지역사회보장 수요의 측정, 목표 및 추진전략 - 지역사회보장의 목표를 점검할 수 있는 지표(이하 "지역사회 보장지표" 라 한다)의 설정 및 목표 - 지역사회보장의 분야별 추진전략, 중점 추진사업 및 연계협력 방안 - 지역사회보장 전달체계의 조직과 운영 - 사회보장급여의 사각지대 발굴 및 지원 방안 - 지역사회보장에 필요한 재원의 규모와 조달 방안 - 지역사회보장에 관련한 통계 수집 및 관리 방안 - 그 밖에 대통령령으로 정하는 사항

⬇

지역주민 의견 수렴	• 주요내용을 20일 이상 공고하여 지역주민의 의견을 수렴하여야 함 • 지역사회보장계획 수립 단계에서의 협의체 심의를 통한 주민참여 강화, 공청회 개최 등을 통한 의견수렴도 병행할 수 있음

⬇

협의체 심의	지역사회보장협의체 심의

⬇

의회 보고	시 · 군 · 구 의회 보고

⬇

시 · 도에 계획 제출	• (시 · 군 · 구보장계획) 시행년도의 전년도 9월 30일까지 시도지사에게 제출 • (연차별시행계획) 시행연도의 전년도 11월 30일까지 시도지사에게 제출

⬇

조정 권고	대통령령으로 정하는 사유에 해당하는 경우 조정 권고

⬇

시행 및 시행결과 평가	• 시장 · 군수 · 구청장은 지역사회보장계획을 시행하고, 시행결과를 시행 년도 다음해 2월 말까지 시장 · 도지사에게 제출 • 보건복지부장관이나 시장 · 도지사는 시 · 도 또는 시 · 군 · 구의 지역사 회 보장계획 시행결과를 평가 - 내용의 충실성, 시행과정의 적정성, 시행결과의 목표달성도, 지역주민 의 참여도와 만족도 등

출처: 보건복지부(2017c), pp. 56-57.

5) 지역사회보장계획의 주요 내용

지역사회보장계획의 주요 내용은 「사회보장급여법」 제36조에 명시되어 있다. 시·군·구 지역사회보장계획은 다음의 사항을 포함하여야 한다.

① 지역사회보장 수요의 측정, 목표 및 추진전략
② 지역사회보장의 목표를 점검할 수 있는 지표의 설정 및 목표
③ 지역사회보장의 분야별 추진전략, 중점 추진사업 및 연계협력 방안
④ 지역사회보장 전달체계의 조직과 운영
⑤ 사회보장급여의 사각지대 발굴 및 지원 방안
⑥ 지역사회보장에 필요한 재원의 규모와 조달 방안
⑦ 지역사회보장에 관련한 통계 수집 및 관리 방안
⑧ 그 밖에 대통령령으로 정하는 사항

또한 특별시·광역시·도·특별자치도 지역사회보장계획은 다음의 사항을 포함하여야 한다.

① 시·군·구의 사회보장이 균형적이고 효과적으로 추진될 수 있도록 지원하기 위한 목표 및 전략
② 지역사회보장지표의 설정 및 목표
③ 시·군·구에서 사회보장급여가 효과적으로 이용 및 제공될 수 있는 기반 구축 방안
④ 시·군·구 사회보장급여 담당 인력의 양성 및 전문성 제고 방안
⑤ 지역사회보장에 관한 통계자료의 수집 및 관리 방안
⑥ 그 밖에 지역사회보장 추진에 필요한 사항

6) 지역사회보장계획의 시행

「사회보장급여법」 제37조는 지역사회보장계획의 시행에 관해 명시하고 있다. 시

장·도지사 또는 시장·군수·구청장은 지역사회보장계획을 시행하여야 한다. 시장·도지사 또는 시장·군수·구청장은 지역사회보장계획을 시행할 때 필요하다고 인정하는 경우에는 사회보장 관련 민간 법인·단체·시설에 인력, 기술, 재정 등의 지원을 할 수 있다고 규정하고 있다.

한편, 「사회보장급여법」 제38조는 지역사회보장계획의 변경에 관하여 명시하고 있다. 즉, 시장·도지사 또는 시장·군수·구청장은 사회보장의 환경 변화, 「사회보장기본법」 제16조에 따른 사회보장에 관한 기본계획의 변경 등이 있는 경우에는 지역사회보장계획을 변경할 수 있으며, 그 변경절차는 제35조를 준용한다.

7) 지역사회보장계획 시행결과의 평가

(1) 평가의 목적

「사회보장급여법」 제39조에 근거하여 지역사회보장계획 시행결과를 평가해야 한다. 즉, 보건복지부장관은 시·도 지역사회보장계획의 시행결과를, 시·도지사는 시·군·구 지역사회보장계획의 시행결과를 각각 보건복지부령으로 정하는 바에 따라 평가할 수 있다. 또한 시장·도지사는 제1항에 따른 평가를 시행한 경우 그 결과를 보건복지부장관에게 제출하여야 한다. 보건복지부장관은 이를 종합·검토하여 사회보장위원회에 보고하여야 한다. 보건복지부장관 또는 시장·도지사는 필요한 경우 제1항에 따른 평가결과를 제47조에 따른 지원에 반영할 수 있다. 지역사회보장계획의 시행결과 평가의 목적은 다음과 같다. 첫째, 지역사회보장계획 수립, 시행, 시행결과와 관련된 정책정보 생산과 객관적 판단 근거를 제공하는 것, 둘째, 지역사회보장계획 시행의 효율성 제고를 위한 전략 및 개선방안을 검토하는 것, 셋째, 지방자치단체의 지역사회보장계획에 대한 책임성을 제고하는 것이다.

(2) 평가의 주체 및 역할

지역사회보장계획의 평가 주체와 역할을 요약하면 〈표 14-12〉와 같다.

표 14-12 지역사회보장계획의 평가 주체와 역할

구분	주요 역할
시·군·구	• 시·군·구의 자체 평가체계를 구축하여 평가업무를 담당할 자체 평가팀과 평가를 수행할 평가위원회 구성 • 계획 수립·시행·평가의 일련의 과정상 절차상 단계별로 계획 수립의 타당성 평가, 연차별 시행결과 평가, 중장기 성과평가를 시행할 수 있으나, 현행 「사회보장급여법」상 지역사회보장계획 또는 연차별 시행계획의 시행결과 평가에 대한 평가만 법적근거 마련·시행
시·도	• 시·도의 자체평가는 시·군·구와 동일하게 자체 평가체계를 구축 • 시·도는 시·도 계획 및 연차별 실적에 대한 자체평가와 시·군·구 지역사회보장계획 또는 연차별 시행계획의 시행결과에 대한 평가를 실시하고 평가결과를 보건복지부에 제출
보건복지부	• 시·군·구 및 시·도의 자체 평가가 가능하도록 평가매뉴얼 개발과 보급 및 담당 공무원 등에 대한 교육·훈련 실시 • 지역사회보장계획 또는 연차별 시행계획의 시행결과에 대한 평가를 실시하며 지역사회보장계획 평가정보시스템 구축·활용 추진 • 시·도 계획 시행결과 및 시·군·구의 평가결과에 대해 최종 평가를 실시하고, 위원회 심의를 거쳐 평가결과 확정 및 우수 지방자치단체 선정 • 지역보장계획 시행결과 우수사례를 선정, 타 지방자치단체의 벤치마킹 사례로 적극 홍보

(3) 시행결과 평가방법 및 절차

지역사회보장계획의 연차별 시행계획 평가는 매년 수행결과 산출에 대한 1년 단위의 과정평가로, 계획 시행과정에 대한 평가와 시행결과에 대한 모니터링으로서의 의미를 내포한다. 지역사회보장계획 또는 연차별 시행계획의 추진과정에 대한 평가항목으로, 계획내용의 충실성, 시행과정의 적정성, 시행결과의 목표달성도, 지역주민의 참여도와 만족도 등을 평가한다. 또한 연차별 시행계획의 시행결과 평가항목으로 시행결과의 목표달성도, 지역주민의 참여도와 만족도 등을 평가한다.

제15장

민간 지역사회복지실천 추진체계

1. 사회복지관[1]

1) 사회복지관의 정의 및 목적

사회복지관은 지역사회 주민의 복지증진과 삶의 질을 향상하기 위한 민간부문의 지역사회복지실천의 거점이 되는 대표적인 사회복지기관이다. 「사회복지사업법」 제2조 3의2에 따르면, 사회복지관이란 "지역사회를 기반으로 일정한 시설과 전문 인력을 갖추고 지역주민의 참여와 협력을 통하여 지역사회복지문제를 예방하고 해결하기 위하여 종합적인 복지서비스를 제공하는 시설"을 말한다. 사회복지관은 사회복지서비스 욕구를 가지고 있는 모든 지역사회주민을 대상으로 보호서비스, 재가복지서비스, 자립능력 배양을 위한 교육훈련 등 그들이 필요로 하는 복지서비스를 제공하고, 가족기능 강화 및 주민 상호 간 연대감 조성을 통한 각종 지역사회문제를 예방·치료하는 종합적인 복지서비스 전달기구로서 지역사회주민의 복지증진을 위한 중심적 역할을 수행하여야 한다고 명시하고 있다.

---

1) 이 내용은 보건복지부(2018a)를 주로 참고하여 작성하였음.

2) 사회복지관의 역사

우리나라의 사회복지관의 주요 연혁은 다음과 같다.

표 15-1 **우리나라 사회복지관의 주요 연혁**

연도	주요 연혁
1906	원산 인보관운동에서 사회복지관사업 태동
1921	서울에 최초로 태화여자관 설립
1926	원산에 보혜여자관 설립
1930	서울에 인보관 설치(총독부)
1975	국제사회복지관연합회 회원국 가입
1976	한국사회복지관연합회 설립(22개 사회복지관)
1983	「사회복지사업법」 개정으로 사회복지관 운영 국고보조
1986	사회복지관 운영 · 국고보조사업지침 수립
1989	「주택건설촉진법」 등에 의해 저소득층 영구임대아파트 건립 시 일정규모의 사회복지관 건립 의무화
1989	사회복지법인 한국사회복지관협회 설립
2004	「사회복지사업법」 시행규칙 사회복지관의 설치기준 신설 사회복지관 설치운영규정 폐지
2012	「사회복지사업법」 개정(2012.8.5. 시행) 사회복지관의 설치 등 규정 신설

3) 운영의 기본원칙

사회복지관이 행하는 사회복지사업은 인도주의와 서비스를 필요로 하는 자의 존엄 유지를 전제로 지역성, 전문성, 책임성, 자율성, 통합성, 자원활용, 중립성, 투명성의 원칙에 따라 운영되어야 한다. 사회복지관 운영의 기본원칙은 다음과 같다.

(1) 지역성

사회복지관은 지역사회의 특성과 지역주민의 문제나 욕구를 신속하게 파악하여 사업계획 수립시 반영하여 지역사회의 문제를 해결하고, 이에 따른 서비스를 제공하여

야 하며, 지역주민의 적극적 참여를 유도하여 주민의 능동적 역할과 책임의식을 조장
하여야 한다.

(2) 전문성

사회복지관은 다양한 지역사회문제에 대처하기 위해 일반적 프로그램과 특정한 문
제를 해결할 수 있는 전문적 프로그램이 병행될 수 있도록 지식과 기술을 보유한 전
문인력이 사업을 수행하도록 하고, 이들 인력에 대한 지속적인 재교육 등을 통해 전
문성을 증진토록 하여야 한다.

(3) 책임성

사회복지관은 서비스 이용자의 욕구를 충족하고 지역사회문제를 해결함에 있어서
효과성을 극대화하기 위하여 최선의 노력을 기울여야 한다.

(4) 자율성

사회복지관은 다양한 복지서비스를 효율적으로 제공하기 위하여 사회복지관의 능
력과 전문성이 최대한 발휘될 수 있도록 자율적으로 운영되어야 한다.

(5) 통합성

사회복지관은 사업을 수행함에 있어 지역내 공공 및 민간 복지기관 간에 연계성과
통합성을 강화시켜 지역사회복지 체계가 효율적이고 효과적으로 운영되도록 하여야
한다.

(6) 자원활용

사회복지관은 주민욕구의 다양성에 따라 다양한 기능인력과 재원을 필요로 하므로
지역사회 내의 복지자원을 최대한 동원, 활용하여야 한다.

(7) 중립성

사회복지관은 정치활동, 영리활동, 특정 종교활동 등에 이용되지 않도록 중립성이
유지되어야 한다.

(8) 투명성

사회복지관은 자원을 효율적으로 이용하고 운영과정의 투명성을 유지하여야
한다.

4) 사업대상과 사업내용

(1) 사업대상

사회복지관에서는 저소득 취약계층과 지역주민에 대한 실질적인 사회복지서비스
가 이루어질 수 있도록 각 사업을 유기적으로 연계하여 실시하여야 한다. 사회복지관
사업의 대상은 사회복지서비스 욕구를 가지고 있는 모든 지역주민으로 한다. 다만,
다음 각 호의 주민을 우선적인 사업대상으로 하여야 한다.

① 「국민기초생활 보장법」에 따른 수급자 및 차상위계층
② 장애인, 노인, 한부모가정 및 다문화 가정
③ 직업 및 취업알선이 필요한 자
④ 보호와 교육이 필요한 유아 · 아동 및 청소년
⑤ 그 밖에 사회복지관의 사회복지서비스를 우선 제공할 필요가 있다고 인정되는 자

(2) 사업내용

사회복지관은 지역사회의 특성과 지역주민의 복지욕구에 대한 조사결과를 바탕으
로 사업내용을 자율적으로 결정하되, 다음 분야별 사업 및 내용 중에서 해당 사회복
지관의 실정에 적합한 프로그램을 선정하여 수행한다. 다만, 관할 시장 · 군수 · 구청
장이 지역적 특성을 감안하여 필요하다고 인정한 경우에는 예외사항을 두거나 별도
의 사업을 개발 · 추진할 수 있다. 사회복지관의 사업내용은 〈표 15-2〉와 같다.

표 15-2 사회복지관의 사업내용

기능	사업분야	사업내용
사례 관리 기능	사례 발굴	지역 내 보호가 필요한 대상자 및 위기개입 대상자를 발굴하여 개입계획 수립
	사례개입	지역 내 보호가 필요한 대상자 및 위기개입 대상자의 문제와 욕구에 대한 맞춤형 서비스가 제공될 수 있도록 사례개입
	서비스 연계	사례개입에 필요한 지역 내 민간 및 공공의 가용자원과 서비스에 대한 정보 제공 및 연계, 의뢰
서비스 제공 기능	가족기능 강화	1. 가족관계증진사업: 가족원 간의 의사소통을 원활히 하고 각자의 역할을 수행함으로써 이상적인 가족관계를 유지함과 동시에 가족의 능력을 개발·강화하는 사업 2. 가족기능보완사업: 사회구조 변화로 부족한 가족기능, 특히 부모의 역할을 보완하기 위하여 주로 아동·청소년을 대상으로 실시되는 사업 3. 가정문제해결·치료사업: 문제가 발생한 가족에 대한 진단·치료·사회복귀 지원사업 4. 부양가족지원사업: 보호대상 가족을 돌보는 가족원의 부양부담을 줄여주고 관련 정보를 공유하는 등 부양가족 대상 지원사업 5. 다문화가정, 북한이탈주민 등 지역 내 이용자 특성을 반영한 사업
	지역사회 보호	1. 급식서비스: 지역사회에 거주하는 요보호 노인이나 결식아동 등을 위한 식사제공 서비스 2. 보건의료서비스: 노인, 장애인, 저소득층 등 재가복지사업 대상자들을 위한 보건·의료관련 서비스 3. 경제적지원: 경제적으로 어려운 지역사회 주민들을 대상으로 생활에 필요한 현금 및 물품 등을 지원하는 사업 4. 일상생활 지원: 독립적인 생활능력이 떨어지는 요보호 대상자들이 시설이 아닌 지역사회에 거주하기 위해서 필요한 기초적인 일상생활지원서비스 5. 정서서비스: 지역사회에 거주하는 독거노인이나 소년소녀가장 등 부양가족이 없는 요보호 대상자들을 위한 비물질적인 지원 서비스 6. 일시보호서비스: 독립적인 생활이 불가능한 노인이나 장애인 또는 일시적인 보호가 필요한 실직자·노숙자 등을 위한 보호서비스 7. 재가복지봉사서비스: 가정에서 보호를 요하는 장애인, 노인, 소년·소녀가정, 한부모가족 등 가족기능이 취약한 저소득 소외계층과 국가유공자, 지역사회 내에서 재가복지봉사서비스를 원하는 사람에게 다양한 서비스 제공
	교육문화	1. 아동·청소년 사회교육: 주거환경이 열악하여 가정에서 학습하기 곤란하거나 경제적 이유 등으로 학원 등 다른 기관의 활용이 어려운 아동·청소년에게 필요한 경우 학습내용 등에 대하여 지도하거나 각종 기능 교육 2. 성인기능교실: 기능습득을 목적으로 하는 성인사회교육사업 3. 노인 여가·문화: 노인은 대상으로 제공되는 각종 사회교육 및 취미 교실운영사업 4. 문화복지사업: 일반주민을 위한 여가·오락프로그램, 문화 소외집단을 위한 문화프로그램, 그 밖에 각종 지역문화행사사업

서비스 제공 기능	자활지원 등 기타	1. 직업기능훈련: 저소득층의 자립능력배양과 가계소득에 기여할 수 있는 기능 훈련을 실시하여 창업 또는 취업을 지원하는 사업 2. 취업알선: 직업훈련 이수자 기타 취업희망자들을 대상으로 취업에 관한 정보제공 및 알선사업 3. 직업능력개발: 근로의욕 및 동기가 낮은 주민의 취업욕구 증대와 재취업을 위한 심리 · 사회적인 지원프로그램 실시사업 4. 그 밖의 특화사업
지역 조직화 기능	복지네트 워크 구축	지역 내 복지기관 · 시설들과 네트워크를 구축함으로써 복지서비스 공급의 효율성을 제고하고, 사회복지관이 지역복지의 중심으로서의 역할을 강화하는 사업 – 지역사회연계사업, 지역욕구조사, 실습지도
	주민 조직화	주민이 지역사회 문제에 스스로 참여하고 공동체 의식을 갖도록 주민 조직의 육성을 지원하고, 이러한 주민협력강화에 필요한 주민의식을 높이기 위한 교육을 실시하는 사업 – 주민복지증진사업, 주민조직화 사업, 주민교육
	자원 개발 및 관리	지역주민의 다양한 욕구 충족 및 문제해결을 위해 필요한 인력, 재원 등을 발굴하여 연계 및 지원하는 사업 – 자원봉사자 개발 · 관리, 후원자 개발 · 관리

출처: 보건복지부(2018a), pp. 14-15.

5) 사회복지관 현황

사회복지관은 시설규모에 따라 가형(건평 2,000m² 이상), 나형(건평 1,000~2,000m²), 다형(건평 1,000m² 미만)의 세 가지 유형으로 구분된다. 2018년 현재 사회복지관은 466개소로, 가형 211개소, 나형 212개소, 다형 43개소인 것으로 나타났다(한국사회복지관협회, 2018). 시 · 도별로 보면, 서울지역이 98개소로 가장 많았고, 울산지역이 8개소로 가장 적은 것으로 나타났다. 또한 법인유형별로 보면, 사회복지법인에 소속된 사회복지관이 338개소로 가장 많았고, 재단법인이 52개소로 그 뒤를 이었다. 〈표 15-3〉〈표 15-4〉〈표 15-5〉는 각각 지역별, 규모별, 법인 유형별 사회복지관 현황을 보여 주고 있다.

표 15-3 지역별 사회복지관 현황

시·도	계	임대지역	일반지역	시·도	계	임대지역	일반지역
서울	98	31	67	강원	19	7	12
부산	53	18	35	충북	13	5	8
대구	26	13	13	충남 세종	21	6	15
인천	20	6	14	전북	17	9	8
광주	18	10	8	전남	15	6	9
대전	21	8	13	경북	16	11	5
울산	8	2	6	경남	30	7	23
경기	81	25	55	제주	10	2	8
				총계	466	167	298

출처: 한국사회복지관협회 홈페이지(www.kaswc.or.kr).

표 15-4 규모별 사회복지관 현황

구분	개소 수
가형(건평 2,000m^2 이상)	211
나형(건평 1,000m^2~2,000m^2 미만)	212
다형(건평 1,000m^2 미만)	43
총계	466

출처: 한국사회복지관협회 홈페이지(www.kaswc.or.kr).

표 15-5 법인 유형별 사회복지관 현황

구분	개소 수
사회복지법인	338
재단법인	52
사단법인	15
학교법인	28
지방자치단체 직영	28
시설관리공단	4
의료법인	1
총계	466

출처: 한국사회복지관협회 홈페이지(www.kaswc.or.kr).

2. 지역자활센터[2)]

1) 자활사업 개요

자활사업은 근로능력이 있는 저소득층이 스스로 자활할 수 있도록 자활능력 배양, 기능습득 지원 및 근로기회 등을 제공함으로써 기초수급자 및 차상위계층의 자활을 촉진하는 사업이다. 국민기초생활보장제도 도입에 따라 근로능력자의 기초생활을 보장함은 물론, 근로역량 배양 및 일자리 제공을 통한 탈빈곤을 지원하는 데 목적이 있다. 즉, 자활사업 참여를 조건으로 생계비를 지급받도록 하여 절대빈곤층의 기초생활은 보장하되, 국가의 보호에 안주하는 도덕적 해이를 방지하고 생산적 복지를 구현하고자 하는 근로연계복지(workfare)제도의 대표적인 사례라고 할 수 있다.

2) 자활사업 추진체계

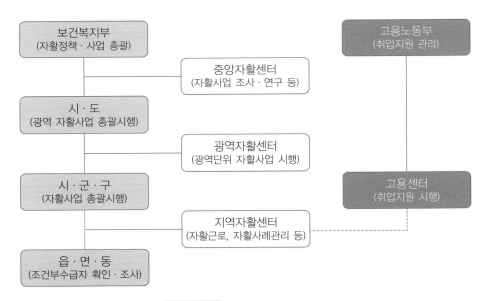

그림 15-1 자활사업의 추진체계

출처: 보건복지부(2018b), p. 3.

2) 이 내용은 보건복지부(2018b)를 주로 참고하였음.

자활사업은 보건복지부, 시·도 및 시·군·구, 읍·면·동, 고용노동부, 고용센터 및 중앙·광역·지역자활센터가 관여한다. 자활사업의 추진체계는 [그림 15-1]과 같고, [그림 15-2]는 자활사업 추진주체별 역할을 보여 준다.

보건복지부	• 국민기초생활보장제도 총괄 • 종합자활지원계획 수립(매년 12월) • 자활프로그램 개발·추진 • 지역자활센터 지정·관리	자활정책·사업 총괄관리
시·도 시·군·구	• 지역 자활지원 계획 수립(매년 1, 2월) • 자활 기금의 설치·운영 • 급여 실시여부 및 내용결정, 지급 • 자활기관 협의체 운영 • 조건부 수급자 책정 및 생계급여 중지여부 결정 • 참여자 자활지원 계획 수립·관리	자활사업 총괄시행
읍·면·동	조건부 수급자 확인조사(자산조사 제외)	조건부수급자 관리

중앙·광역·
지역자활센터
	• 중앙자활센터
	  - 자활지원을 위한 조사·연구·교육 및 홍보사업
	  - 자활지원을 위한 사업의 개발 및 평가 등
	• 광역자활센터
	  - 광역 단위의 저소득층에 대한 취업·창업 지원
	  - 지역특성화 자활프로그램 개발·보급 등
	• 지역자활센터
	  - 자활의욕 고취를 위한 교육, 참여자 사례관리
	  - 자활을 위한 정보제공·상담·직업교육 및 취업알선
	  - 기타 자활을 위한 각종 사업 등
		자활사업 수행

고용노동부	• 종합취업지원계획 수립(매년 12월) • 취업지원프로그램 개발·추진	취업지원관리
고용센터	• 개인별 취업지원계획 수립·관리 • 취업알선 등 취업지원프로그램 시행 • 취업대상자의 조건이행 여부 확인	취업지원시행

그림 15-2 자활사업 추진주체별 역할

출처: 보건복지부(2018b), p. 4.

3) 자활사업 대상자

자활사업 대상자는 「국민기초생활 보장법」에 따라 수급권자를 자활사업에 참여하기 위한 사전조치로서 근로능력의 유·무를 판정하고, 근로능력이 있는 수급자에 대하여 조건부과 및 유예를 결정하고, 확인조사 등 자활사업 대상자의 선정과 관리에 필요한 조치를 안내한다. 자활사업의 대상자는 조건부 수급자, 자활급여 특례자, 일반수급자, 급여특례가구원, 차상위자, 시설수급자이다. 조건부 수급자는 의무적으로 참여하여야 하며, 자활급여 특례자, 일반수급자, 급여특례가구원, 차상위자, 시설수급자는 희망에 따라 참여한다. 참여우선순위는 조건부 수급자, 다음이 자활급여 특례자, 그리고 그 외의 대상자이다. 자활사업 대상자는 [그림 15-3]과 같다.

* 의무참여: ①, 희망참여: ②~⑥   * 수급자: ① ② ③   * 참여우선순위: ①➡②➡③ ④ ⑤ ⑥

그림 15-3 자활사업 대상자

출처: 보건복지부(2018b), p. 13.

① **조건부수급자**: 자활사업 참여를 조건으로 생계급여를 지급받는 수급자

② **자활급여특례자**: 생계·의료급여 수급자가 자활근로, 자활기업 등 자활사업 및 취업 성공패키지(고용노동부)에 참가하여 발생한 소득으로 인하여 소득인정액이 기준 중위소득의 40%를 초과한 자

③ **일반수급자**: 참여 희망자(만 65세 이상 등 근로무능력자도 희망시 참여 가능). 일반수급자는 근로능력 없는 생계급여수급권자 및 조건부과유예자, 의료·주거·교육급여수급(권)자로 구분

④ **특례수급가구의 가구원**: 의료급여특례, 이행급여특례가구의 근로능력 있는 가구원 중 자활사업 참여를 희망하는 자

⑤ **차상위자**: 근로능력이 있고, 소득인정액이 기준 중위소득 50% 이하인 사람 중 비수급권자

⑥ 근로능력이 있는 시설수급자
- 시설수급자 중 생계 · 의료급여 수급자 행복e음 보장결정 필수(조건부수급자 전환 불필요)
- 일반시설생활자(주거 · 교육급여 수급자 및 기타) 차상위자 참여 절차 준용

한편, 자활사업 대상자의 선정 및 관리 절차는 [그림 15-4]와 같다.

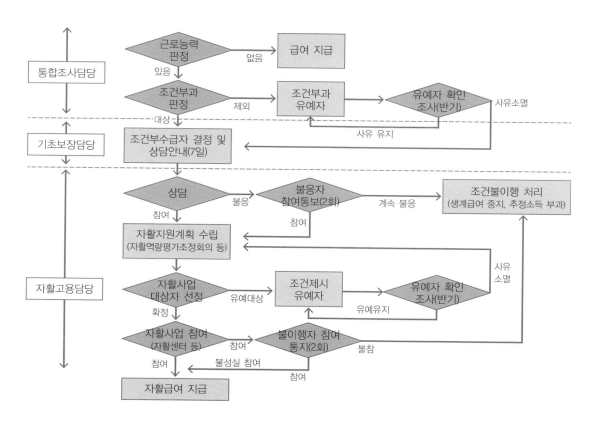

그림 15-4 자활사업 대상자 선정 및 관리 절차

출처: 보건복지부(2018b), p. 13.

4) 자활사업 프로그램

보건복지부(2018b)가 제시한 주요 자활사업 프로그램은 크게 자활사례관리, 자활근로사업, 자활기업 지원 사업이 있다.

(1) 자활사례관리
① 개요

자활사례관리는 Gateway(진입) 과정을 포함하여 참여자에게 근로 기회 제공, 취업알선 등 자활프로그램 지원과 참여자의 자활프로그램수행 모니터링 및 사후 관리 등 지역자활센터에서 자활참여자의 자립을 위해 수행하는 모든 과정을 말한다. Gateway는 자활사업 참여자의 욕구, 적성, 능력, 여건에 따라 개인별 맞춤형 자립계획 및 경로 제공과 적절한 자활프로그램 연계로 효과적인 자립을 지원하는 경로 설정 프로그램으로, 배치된 참여자의 상담, 기초교육, 사정(査定), 개인별 자립경로(Individual Action Plan: IAP), 개인별 자활지원계획(Individual Service Plan: ISP) 수립과정으로 자활사례관리의 초기 과정이다.

자활사례관리는 자활사업 참여 전 Gateway 과정을 프로그램화하여 개인별 자립경로와 개인별 자활지원계획을 기반으로 한 지원을 실시하는 데 주안점을 두고 있다. 자활사례관리를 통해 자활방향 수립을 지원하며 자활을 위해 필요한 서비스 연계와 조정, 점검 및 사후관리를 실시한다. Gateway 전담관리자, 시·군·구 자활담당공무원, 읍·면·동 사회복지전담공무원, 직업상담사, 고용센터 담당자, 지역자활센터 사례관리자, 지역사회 내외 사회복지 유관기관 등의 업무연계 및 협조체계를 구축한다. 자활사례관리·Gateway 업무흐름도는 [그림 15-5]와 같다.

Gateway 과정에서는 자활사업 신규참여자와 기존 자활사업 참여자가 참여할 수 있다. 신규참여 조건부수급자와 희망참여자로서 자활급여특례자, 일반수급자, 급여특례가구원, 차상위자, 시설수급자 등의 순으로 참여하고, 기존 참여자는 취업성공패키지 등 타 자활프로그램에 참여 후 취업에 실패한 자, 기타 자활경로 재설정이 필요한 자 등이 해당된다. 참여자 관리를 위해 Gateway 과정은 2개월을 기본으로 하며, 1개월에 한하여 연장 가능하다. 참여자에 대한 상담 및 사정(査定), 기초교육 및 개인별 자립경로 및 자활지원계획을 수립하고, 참여자의 활동을 모니터링하고 이를

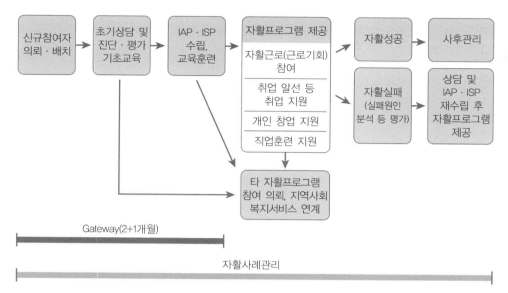

그림 15-5 자활사례관리 · Gateway 업무흐름도

출처: 보건복지부(2018b), p. 49.

기록, 평가하여야 한다.

② 자활사례관리의 절차 및 방법

a. 인테이크(Intake) 단계: 지방자치단체 의뢰 후 3일 이내 실시. 참여자를 접수하면서 초기면접(자활사업 안내, 기본정보 수집), Gateway 참여여부 결정 및 지방자치단체 재의뢰, Gateway 참여 동의서 작성, Gateway 과정에 대한 설명과 일정 안내

b. 사정(Assessment) 단계: 참여자의 자활역량, 욕구, 특성, 장애요인, 환경 및 자원 등에 대한 파악을 위하여 전문상담 및 사정 실시. 욕구 사정(취업 · 창업 욕구, 취업 · 창업 장애요인, 근로역량, 자원 및 강점 등 사정) 및 참여자 교육 · 훈련 및 자활사업단 현장학습 실시

c. 계획수립 단계: 참여자 의뢰 후 2개월 이내(Gateway 과정 내)에 참여자 개인별 자립경로(IAP) 및 자활지원계획(ISP) 수립

d. 실행 및 점검 단계: 참여자의 개인별 자립경로(IAP) 및 자활지원계획(ISP)을 성취할 수 있는 자활프로그램 발굴 · 연계 및 모니터링(사업단 연계 · 유지, 취업 · 창업 지원, 자산형성 지원, 복지서비스 및 자원 연계). 인테이크단계, 사정단계, 계획수립

단계는 Gateway 과정 내에 종결하도록 하며, Gateway 과정 중 수립한 개인별 자립경로(IAP) 및 자활지원계획(ISP) 변경 시 자활사례관리자, Gateway 담당자를 비롯한 지역자활센터 전 직원이 참여한 사례회의를 통한 참여자 중심의 재사정 및 서비스 계획 재수립이 이루어져야 함.

  e. 평가 및 종결: 참여주민의 자활목표(IAP/ISP) 성취율과 관련하여 자활프로그램 발굴·연계, 모니터링, 복지서비스 연계 등을 종합적으로 평가. Gateway 과정 운영 현황 및 결과를 작성하여 시·군·구에 보고. 종결과 사후관리 여부 판정

  f. 사후관리: 참여자의 성과가 유지될 수 있도록 지속적으로 관리. 사후관리 계획에 따른 진행 사항 확인. 서비스 제공기관 및 지역사회와의 협조체계 구축, 참여자 자조모임 등을 통한 비공식적 지지망을 활용한 효율적인 사례관리를 통해 참여자의 취업·창업 관련 모니터링 및 서비스 요구에 대한 대응. 종결 후 최대 12개월 이내에 사후관리 실시

(2) 자활근로사업

자활근로사업은 「국민기초생활 보장법」에 의한 저소득층에게 자활을 위한 근로의 기회를 제공하여 자활기반을 조성하는 사업이다. 기존 공공근로사업처럼 한시적인 일자리 제공이 아닌 저소득층의 자활촉진을 위한 자활기업 창업 등을 위한 기초능력 배양에 중점을 둔다. '간병·집수리·청소·폐자원재활용·음식물재활용사업'의 5대 전국표준화사업을 중점사업으로 추진하되, 정부양곡배송사업, 영양플러스, 장애통합교육보조원, 사회취약계층 주택개보수사업, 저소득층 에너지효율개선사업 등 정부재정사업의 자활사업 연계 활성화 및 영농·도시락·세차·환경 정비 등 지역실정에 맞는 특화된 사업을 적극 개발하여 추진한다. 자활참여자의 자활 촉진 및 자활근로사업 참여에 안주하는 것을 방지하기 위하여 자활근로 참여기간을 최대 60개월로 제한한다(단, 근로유지형 자활근로는 연속 참여기간 제한 없음).

자활근로사업의 참여대상은 조건부수급자, 자활특례자, 일반수급자 중 희망자(근로능력 무관), 차상위계층, 전문기술보유자 등이다. 자활근로사업은 참여자의 자활능력과 사업유형에 따라 근로유지형, 사회서비스형, 인턴·도우미형, 시장진입형 자활근로사업으로 구분된다.

① 근로유지형 자활근로사업

현재의 근로능력 및 자활의지를 유지하면서 향후 상위 자활사업 참여를 준비하는 형태의 사업으로, 참여대상자는 생계 · 의료급여 수급자, 자활급여특례자이다. 근로유지형 자활근로사업 참여자를 근로능력 정도에 따라 유형화하여 참여자 특성에 맞는 사업을 발굴 · 시행한다. 노인 · 장애인 등에 대한 가사도우미, 지역환경정비, 공공시설물 관리보조 등 노동강도가 약하나 지역사회에서 필수적인 공공서비스 제공사업 중심으로 추진하되, 별도의 다른 사업예산으로 추진해야 하는 사업분야에 자활근로사업비를 집행할 수는 없다.

② 사회서비스형 자활근로사업

사회서비스형 자활근로사업은 사회적으로 유용한 일자리 제공으로 참여자의 자활능력 개발과 의지를 고취하여 향후 시장진입을 준비하는 사업으로, 참여대상자는 조건부수급자 및 희망참여자(일반수급자, 자활급여특례자, 차상위자 등)이다. 대상사업은 공익성이 있는 사회적으로 유용한 일자리 분야의 사업을 선정하여 추진하되, 향후 시장 진입 가능성을 고려하여 추진한다. 사회서비스형 사업도 수익금 창출을 지향하며, 매출액이 총 사업비의 30% 이상 발생하는 경우 시장진입형으로의 전환을 유도한다.

③ 인턴 · 도우미형 자활근로사업

인턴 · 도우미형 자활근로사업은 지방자치단체, 지역자활센터, 사회복지시설 및 일반기업체 등에서 자활사업대상자가 자활인턴사원으로 근로를 하면서 기술 · 경력을 쌓은 후 취업을 통한 자활을 도모하는 취업유도형 자활근로사업이다. 유형별 참여대상자는 다음과 같다. 인턴형은 조건부수급자 및 희망참여자(일반수급자, 자활급여특례자, 차상위자 등)이며, 특히 수급자 중 일용 · 임시고용 등 불완전취업상태에 있는 자의 참여를 적극 유도한다. 복지도우미는 생계 · 의료급여 수급자, 자활급여특례자이고, 자활도우미는 생계 · 의료급여 수급자, 자활급여특례자이며, 사회복지시설도우미는 조건부수급자 및 희망참여자(일반수급자, 자활급여특례자, 차상위자 등)이다.

④ 시장진입형 자활근로사업

시장진입형 자활근로사업은 매출액이 총 사업비의 30% 이상 발생하고, 일정기간 내에 자활기업 창업을 통한 시장진입을 지향하는 사업단 사업을 말한다. 참여대상자는 조건부수급자 및 희망참여자(일반수급자, 자활급여특례자, 차상위자 등)이고, 대상사업은 시장진입 가능성이 높고 자활기업 창업이 용이한 사업으로 매출액이 총투입 예산의 30% 이상 발생하는 사업이다.

(3) 자활기업 지원 사업
① **자활기업**

자활기업이란 2인 이상의 수급자 또는 차상위자가 상호협력하여 조합 또는 사업자의 형태로 탈빈곤을 위한 자활사업을 운영하는 업체로, 「국민기초생활 보장법」에 의한 자활기업 요건을 갖추고 보장기관으로부터 인정을 받은 자활기업을 말한다. 2000년 10월 「국민기초생활 보장법」 시행으로 '자활공동체' 창업을 지원하였고, 2012년 8월 「국민기초생활 보장법」 개정으로 자활공동체에서 자활기업으로 명칭을 변경하고, 설립요건을 사업자등록상 2인 공동사업자에서 1인 이상 사업자로 완화하였다.

자활기업의 원활한 수행을 위하여 자활기업 참여자는 관할 시·군·구 지역 거주자에 국한하지 않으며, 사업실시지역은 관할지역을 벗어날 수 있다. 보장기관은 시장진입형 자활근로사업의 기술향상·경험축적 등 수행능력을 제고하고, 기존 자활기업 성공사례를 벤치마킹하여 자활기업으로 육성 및 지원한다.

자활기업의 설립요건은 다음과 같다. 2인 이상의 수급자 또는 차상위자로 구성하여야 한다. 또한 조합 또는 「부가가치세법」상 1인 이상 사업자로 설립하여야 하며, 조합형태로 설립을 추진하더라도 사업자등록을 하여야 하며, 사업자등록이 없는 경우 자활기업으로 인정하지 않는다.

자활기업 지원 요건은 다음과 같다.

첫째, 자활기업 구성원 중 기초생활보장 수급자가 3분의 1 이상이어야 한다.
둘째, 모든 자활기업 참여자에 대해 시장진입형 표준소득액 이상의 임금 지급이 가능하여야 한다. 시장진입형 표준소득액 이상의 임금 지급이 가능하고 지속성이 있는 경우 특별한 사유가 없는 한 자활기업으로 전환하여야 한다.
셋째, 자활기업 근로일수가 조건이행 기준을 충족하여야 한다.
넷째, 자활근로사업단의 자활기업 전환 시 사업의 동일성을 유지해야 한다.

다섯째, '창업전 교육' 및 '경영자 과정'을 이수해야 한다.

여섯째, 자활정보시스템에 매분기마다 자활기업 기초정보, 참여자 현황, 사업성과 등을 현행화하여 입력하여야 한다.

② 광역자활기업

광역자활기업은 광역단위의 자활사업 추진을 목적으로 광역자치단체에서 인정한 자활기업을 말한다. 광역자치단체의 지원을 받을 수 있으며, 규모 있는 사업추진으로 시장 경쟁력 확보가 가능하다. 자활사업의 확대로 광역단위로 추진이 필요한 사업이 나타나고 있고, 기초 단위별 사업추진의 제약을 극복하고 광역 단위의 홍보, 영업, 조사 등 사업 범위의 확대가 필요함에 따라 광역자활기업을 운영하며, 자활사업의 경쟁력 강화와 규모 있는 사업추진으로 저소득층의 자립을 촉진하기 위해, 광역자활기업을 인정한다.

광역자치단체로부터 인정을 받은 광역자활기업이 광역단위의 자활사업에 우선 참여할 수 있도록 광역자치단체는 필요한 지원을 할 수 있으며, 광역자활센터는 광역자활기업의 성장 및 발전을 위해 관리 및 지원을 수행하여야 한다. 광역자활기업은 자활사업의 규모화 및 경쟁력 강화를 위해 광역단위 추진이 필요하다고 판단되는 모든 분야를 주된 사업으로 한다. 광역자활센터는 광역자활기업의 설립을 도와야 하며, 운영과 판로개척 등 광역자활기업 육성에 대하여 지원을 할 수 있다.

③ 전국자활기업

전국자활기업은 전국단위의 자활사업 추진을 목적으로 보건복지부에서 인정한 자활기업으로 보건복지부의 지원을 받을 수 있으며, 전국단위 사업추진으로 시장경쟁력 확보가 가능하다. 전국단위의 자활사업 규모화 및 경영지원을 통해 경쟁력을 강화하고, 전국단위 자활기업을 육성함으로써 일자리 창출 및 저소득층의 자립지원 활성화를 도모한다. 전국자활기업은 인정기준 부합여부, 사업계획 타당성, 성공 가능성 등을 해당 시·도의 광역자활센터 및 중앙자활센터가 연계하여 검토 후, 보건복지부에서 인정서를 발급한다. 인정을 받은 전국자활기업이 전국단위의 자활사업에 우선 참여할 수 있도록 보건복지부는 필요한 지원을 할 수 있다. 중앙자활센터는 전국자활기업의 설립을 도와야 하며, 중앙자산키움펀드를 활용하여 운영과 판로개척 등 전국

자활기업 설립·육성에 대하여 지원을 할 수 있다.

④ 저소득층 생업자금융자

2016년부터 '저소득층 생업자금융자' 사업이 폐지됨에 따라 신규대출 중지, 사업 창업 및 운영자금 등의 수요자에게 '미소금융사업'으로 최대한 안내하고 있다. 신규 대출은 없으나 시·군·구청장(읍·면·동장)은 기존에 융자된 저소득층 생업자금 관련 사후관리를 철저히 하여야 한다.

5) 자활사업 지원체계

(1) 지역자활센터
① 개요

지역자활센터는 근로능력이 있는 저소득층에게 집중적이고 체계적인 자활지원서비스를 제공함으로써 자활의욕을 고취하고 자립능력 향상을 지원하기 위해 설치·운영되고 있다. 기초수급자 및 차상위계층의 자활 촉진에 필요한 사업을 수행하는 핵심 인프라로서의 역할을 수행하고 있다. 2006년 12월 28일 「국민기초생활 보장법」 개정으로 '지역자활센터'로 명칭이 변경되었으며, 1996년 시범사업 실시 이후 기초자치단체인 시·군·구에 1개소씩 설치를 목표로 2017년 12월 현재 249개 기관을 지정·운영 중이다.

② 지역자활센터의 주요사업

「국민기초생활 보장법」 제16조에 따르면, 지역자활센터는 자활의욕 고취를 위한 교육, 자활을 위한 정보제공, 상담, 직업교육 및 취업알선, 생업을 위한 자금융자 알선, 자영창업 지원 및 기술·경영 지도, 자활기업의 설립·운영 지원, 그 밖에 자활을 위한 각종 사업을 수행한다. 지역자활센터의 주요사업은 〈표 15-6〉과 같다.

지역자활센터의 운영과 관련하여 기본적인 사항은 보건복지부장관이 정하는 바에 따른다. 지역자활센터 운영주체로 지정된 법인(비영리법인, 단체) 등은 센터장과 연대하여 지역자활센터사업 및 기관운영 등에 최종 책임을 지나, 신청 법인 등과는 독립적·자율적으로 운영되어야 한다. 또한 지역자활센터 사업은 「부가가치세법」상 실사업자인 지역자활센터 명의로 등록해야 한다.

표 15-6　지역자활센터의 주요 사업

주요 사업	구체 사업내용
자활의욕 고취를 위한 교육	근로능력이 있는 저소득층의 자활의욕 고취 및 기초능력 배양을 위한 교육 프로그램을 개발·운영하고 전문교육은 광역자활센터 및 자활연수원과 연계
자활을 위한 정보제공·상담·직업교육 및 취업알선	자활을 위한 각종 정보 제공, 상담, 직업교육 및 취업알선
자영창업 지원 및 기술·경영지도	창업을 통해 자활할 수 있도록 기술·경영지원을 하고, 창업 후에도 적극적인 사후관리를 통해 완전 자립할 수 있도록 지원
자활기업의 설립·운영지원	기초수급자 등 저소득층이 모여 경제적으로 자립할 수 있는 자활기업을 설립해 자립·자활할 수 있도록 체계적으로 지원
사회서비스 지원사업	장애인, 산모·신생아, 노인 돌보미 바우처사업 등 사회서비스 사업 위탁 수행
자활사업 참여, 취업·창업으로 인하여 지원이 필요한 가구에 대한 사회복지서비스 등 필요한 서비스 연계	수급자나 차상위자의 자활사업 참여나 취업·창업으로 인하여 지원이 필요하게 된 가구에 대하여 사회복지서비스 등 필요한 서비스 연계
통장사례관리	희망키움통장Ⅰ, 희망키움통장Ⅱ, 내일키움통장 등 복지부 시행 근로빈곤층 대상 자산형성지원사업 참여자에 대한 사례관리 및 자립역량교육 지원 등
그 밖에 수급자 등의 자활을 위한 각종 사업	기타 수급자 등의 자활을 위한 다양한 사업 실시

출처: 보건복지부(2018b), p. 157을 재구성함.

(2) 광역자활센터

① 개요

「국민기초생활 보장법」 제15조의3에 따르면, 수급자 및 차상위자의 자활촉진에 필요한 사업 수행을 위해 사회복지법인, 사회적협동조합 등 비영리법인과 단체를 법인 등의 신청을 받아 특별시·광역시·특별자치시·특별자치도 단위의 광역자활센터로 지정할 수 있다.

정부는 광역자활센터의 시범사업 시행을 위해 광역단위 자활사업의 활성화가 필요한 시·도 지역을 대상으로 신청을 받아 2004년 3개 지역(인천, 대구, 경기)을 선정하여 3년간(2004. 1.~2006. 12.)의 시범사업 기간 및 평가를 통해 자활지원사업의 지원인프라로서의 광역자활센터 기능 및 사업성과를 확인하였다. 또한 2007년 1월 시범사업기간이 종료됨에 따라 기존 광역자활센터는 자활사업 전달체계로 포함되었고, 2008년에 부산, 강원, 전북에, 2010년에 서울에 추가 설치되었다. 2012년 2월 1일「국민기초생활 보장법」개정으로 광역자활센터에 대한 법적 근거인 제15조의3이 신설되었다. 한편, 2013년에는 광주, 충북, 경남 3개소가, 2014년에는 대전, 충남, 전남, 경북에 광역자활센터가 추가 설치되었다.

광역자활센터의 목적은 기초단위에서 단편적으로 추진되고 있는 자활지원체계를 광역단위의 자활사업 인프라를 구축하여 종합적이고 효율적으로 추진함으로써 자활사업의 효과성을 제고하고 활성화를 도모하는 데 있다. 즉, 광역단위의 공동사업 추진, 자활사업 네트워크 구축 등을 통한 지역내 자활사업 활성화를 위한 다각적인 사업을 추진하고, 다양한 자활정보 제공 및 전문적·체계적인 교육·훈련으로 창업·취업 능력을 배양하여 센터별로 구체적인 자활성공사례를 배출하는 데 초점을 둔다. 또한 중앙-광역-지역으로 이루어지는 효율적인 자활지원 인프라를 통한 자활사업의 내실화 및 자활지원 정책의 효과적인 전달체계를 형성하는 데 목적을 두고 있다.

② 광역자활센터의 주요사업

광역자활센터의 사업추진 방향은, 첫째, 기초생활수급자 및 차상위계층 등 저소득층의 자활촉진을 위해 역량을 강화하여 안정적이고 지속적인 소득보장을 통해 탈빈곤을 촉진할 수 있도록 사업을 추진하는 것, 둘째, 지역내 전문인력 등 네트워크를 구성·운영하는 등 지역내 자원을 최대한 활용하여 자활 사업을 활성화하는 것, 셋째, 참여자 성별 특성 및 지역 특성을 고려한 자활프로그램 개발·보급 및 사업개발을 지원하는 것이다.

광역자활센터는 시·도 단위의 자활기업 창업지원, 시·도 단위의 수급자 및 차상위자에 대한 취업·창업 지원 및 알선, 지역자활센터 종사자 및 참여자에 대한 교육훈련 및 지원, 지역특화형 자활프로그램 개발·보급 및 사업개발 지원, 지역자활센터 및 자활기업에 대한 기술·경영 지도, 그 밖에 자활촉진에 필요한 사업으로서 보건복지부장관이 정하는 사업을 수행한다. 광역자활센터의 주요사업은 다음과 같다.

- 시·도 단위의 자활기업 창업지원: 자활기업(사업단)의 설립 과정에서 경영 및 사후 관리 단계까지 전문 인력을 통한 컨설팅 지원, 지역 내 관련 전문가와의 네트워크 구성·연계를 통해 경영진단 및 자문 등 지원, 자활기업 지원
- 시·도 단위의 수급자 및 차상위자에 대한 취업·창업 지원 및 알선: 저소득층 개인 창업 지원, 자활사업 참여자 사례관리를 통해 지역밀착형 취업 지원, 지역 자활사업 참여자 및 실직 빈곤층 중심 데이터베이스 등의 구축을 통한 지역사회 구인·구직 네트워크 구성, 지역 중소기업·사회서비스 제공기관 등과의 일자리 연계
- 시·도 단위의 지역자활센터 종사자 및 참여자에 대한 교육훈련 및 지원: 자활사업 실무자 전문성 강화 등을 위한 교육·훈련, 자활사업 참여자 취업능력 강화를 위한 교육·훈련, 전문 창업지원인력 육성 등 전문교육 실시
- 지역특화형 자활프로그램 개발·보급 및 사업개발 지원
- 시·도 단위의 지역자활센터 및 자활기업에 대한 기술·경영 지도
- 시·도 단위의 자활지원을 위한 조사·연구·홍보
- 시·도 단위의 자산형성지원사업을 위탁 운영
- 자활기금 위탁운영 및 마이크로크레딧(Microcredit) 집행
- 기타 자활 활성화를 위한 사업

(3) 중앙자활센터

2006년 12월 28일 「국민기초생활 보장법」 개정으로 중앙자활센터의 법적 근거인 제15조2가 신설되었다. 중앙자활센터는 중앙자활센터 → 광역자활센터 → 지역자활센터라는 자활사업전달체계에서 자활지원체계의 총괄 조정 및 자활사업 직·간접 참여기관 간의 협력 네트워크 구축을 통하여 자활지원사업의 전문성 및 효율성을 제고하기 위해 설립되었다. 중앙자활센터는 자활지원을 위한 조사·연구 및 프로그램 개발·평가, 민간자원 연계 등의 기능 수행 및 자활 관련 기관 간의 협력체계 구축 등 지원업무를 전담하여 자활사업 지원체계의 전문성 및 효율성을 제고하는 데 목적이 있다. 중앙자활센터의 주요사업은 〈표 15-7〉과 같다.

표 15-7 중앙자활센터의 주요사업

주요 사업	구체 사업내용
자활지원을 위한 조사 · 연구 · 교육 및 홍보사업	• 탈빈곤 관련 국내외 동향 및 환경 분석 • 자활사업 우수운영기관 사례분석 및 우수사례 도출 · 전파 • 우수자활기업의 선정, 육성 및 사례공유 지원 • 광역 · 지역자활센터 종사자의 전문역량 강화 • 자활사업 참여자의 근로능력 함양을 위한 지원 강화 • 자활사업단의 직무역량 강화를 위한 교육연계 확대
자활지원을 위한 사업의 개발 및 평가	• 자활프로그램 개발 · 보급 • 광역 · 지역자활센터 성과평가 실무총괄 기능 수행 • 자활사업 수행기관 우수 및 미흡기관 교육, 컨설팅 체계 구축 • 자활 성공 확대를 위한 우수지역 특화 자활프로그램 개발 · 보급 • 자활사업단의 정부재정 일자리 및 공공일자리 사업의 연계성 확보 • 자활수익금, 매출금 관리 및 매칭금 중앙기금 운영
광역자활센터, 지역자활센터 및 자활기업의 기술 · 경영지도 및 평가	• 자활사업단의 경쟁력 확보를 위한 전문 경영컨설팅 지원체계 마련 • 「협동조합기본법」에 따른 자활기업의 전환 및 육성 지원 • 지역 자활기업의 규모화 · 전문화 촉진 • 자활사업 생산품 유통 활성화 지원 • 취약계층 생산품 유통매장 BI 통합지원 및 표준화
자활 관련 기관 간의 협력체계 및 정보네트워크 구축 · 운영	• 정부 · 학계 및 현장 관계자 등 자활관련 전문가 포럼 운영 • 자활사업과 민간사회공헌(개인, 기업, 단체 등) 연계모델 구축 및 제안 • 자활사업 관련 정보통계 DB 구축 및 분석을 통한 정책수립 기초자료 제공 • 사회적 경제 주체들과의 연계를 통한 사회적 창업역량 강화
취업 · 창업을 위한 자활 촉진 프로그램 개발 및 지원	• 자산형성지원사업 지원금(정부, 민간 등) 적립 · 해지 등 사업지원 총괄 • 마이크로크레딧 '희망키움뱅크' 대출상환 모니터링 및 수행기관 운영 관리
전국 단위의 자활기업 창업지원	자활기업(사업단)의 설립과정에서 경영 및 사후관리 단계까지 컨설팅 지원
광역자활센터에 대한 사업 컨설팅 및 광역단위 자활기업 관리	광역자활센터에 대한 사업 컨설팅 및 광역단위 자활기업 관리
그 밖의 자활촉진에 필요한 사업	그 밖에 자활촉진에 필요한 사업으로서 보건복지부장관이 정하는 사업

출처: 보건복지부(2018b), pp. 207-208를 재구성함.

(4) 한국자활연수원

한국자활연수원은 자활·자립분야 및 사회적 경제영역 종사자와 참여자의 전문성 및 실무능력 향상 등 자활촉진을 위한 전문 교육기관이다. 2014년 12월 30일 신설된 「국민기초생활 보장법」 제18조의5에 근거하여 한국자활연수원이 설치·운영되고 있다. 근로빈곤층의 '일을 통한 탈빈곤' 지원을 위해 자활의욕을 고취시키고, 자립할 수 있는 기반 마련을 위한 체계적인 교육·훈련을 지원하고, 자활·자립분야 및 사회적 경제 영역 종사자와 참여자의 전문성을 향상시키고, 실무역량 강화를 위하여 '한국자활연수원'을 운영하고 있다.

주요 사업내용으로, 자활·자립분야 및 사회적 경제 분야 인력의 전문성 강화를 위한 교육개발 및 운영, 자활·자립분야 교육체계수립 및 전문인재양성을 위한 조사·연구, 자활·자립분야 관련 기관 간의 협력체계 및 네트워크 구축사업 등이 있다.

(5) 자활기금

자활기금은 자활지원사업의 원활한 추진을 위한 재원으로 활용하기 위해 해당 지방자치단체에 조성·운용하는 기금으로, 「국민기초생활 보장법」 제18조의3에 근거한다. 「국민기초생활 보장법」은 기초생활보장과 함께 근로능력이 있는 수급자의 자활지원을 중요한 목적으로 하고 있으나, 현재 자활지원사업의 추진을 위한 인프라가 미비하고, 지역별 편차도 큰 실정이다. 따라서 지역별 여건에 부합하는 자활지원사업을 탄력적으로 수행할 수 있는 재원으로서 기금의 조성·활용이 필수적인데, 이러한 현실을 고려하여 2000년부터 각 지방자치단체에서 기금을 조성·운영하여 지역별 여건에 맞는 자활지원사업을 추진하고 있다.

(6) 자활기관협의체

자활기관협의체는 시장·군수·구청장이 조건부수급자 등 저소득층에 대한 자활지원사업의 효율적인 추진을 위하여 직업안정기관·자활사업실시기관 및 사회복지시설 등의 장으로 구성된 상시적인 협의체로, 「국민기초생활 보장법」 제17조에 근거한다. 자활기관협의체의 목적은, 첫째, 조건부수급자 등 저소득층의 자활을 위한 사업 의뢰 및 사후관리체계를 구축하는 것, 둘째, 지역자활지원사업의 활성화를 위한 공공 및 민간자원을 총체적으로 활용하는 것, 셋째, 수급자의 자활 및 복지욕구 충족을 위한 지역사회 중심의 복지서비스 연계시스템을 마련함으로써 실질적인 사례관리 (Case Management)체계를 구축하는 것이다.

자활기관협의체의 구성 · 운영주체는 시장 · 군수 · 구청장이며, 자활기관협의체는 「직업안정법」에 의한 직업안정기관(고용센터), 상공회의소 및 소상공인지원센터, 「사회복지사업법」에 의한 사회복지시설, 자활사업실시기관 등 각 기관 및 시설의 대표자로 구성된다. 자활기관협의체의 위원장은 시장 · 군수 · 구청장이 되며, 부위원장은 보건복지국장(또는 과장)으로 하고, 사회복지과장(또는 계장)을 간사로 한다.

3. 지역아동센터[3]

1) 개요

1980년대 빈곤운동의 일환으로 빈곤지역 주민과 아동 · 청소년들을 위한 교육 · 문화사업을 실시하던 순수한 민간차원의 '공부방'은 1990년대 들어 대도시 외곽의 빈민지역과 농어촌 지역으로 확대되었다. 정부는 2004년 1월 「아동복지법」 개정을 통해 지역아동센터(구 '공부방')를 아동복지시설로 법제화하였고, 이러한 변화에 힘입어 지역아동센터는 취약계층 아동들의 학습지원을 위한 단순한 '공부방'으로서의 기능을 넘어 종합적인 아동복지서비스를 제공하는 명실상부한 아동복지시설로 자리매김함과 동시에 양적으로도 급증하였다. 법제화되던 2004년 당시 총 895개소의 지역아동센터가 23,347명 아동들에게 서비스를 지원하였으나, 2016년 12월말 현재 4,107개 지역아동센터에서 106,668명의 아동들에게 서비스를 제공한 것으로 나타나 시설 및 서비스 이용아동 수 면에서 4배 이상 증가한 것으로 나타났다(지역아동센터중앙지원단, 2018).

지역아동센터의 법적인 근거는 「아동복지법」 제50조~제52조, 제54조~제75조(설치근거 제52조 제1항 제8호)인데, 「아동복지법」에 별도로 규정이 있는 경우를 제외하고는 「사회복지사업법」을 따른다(「사회복지사업법」 제3조). 지역아동센터의 개념정의는

---

3) 이 내용은 보건복지부(2018c)를 주로 참고하였음.

「아동복지법」에 명시되어 있다. 제52조 제1항 제8호에 의하면, 지역아동센터란 "지역사회 아동의 보호·교육, 건전한 놀이와 오락의 제공, 보호자와 지역사회의 연계 등 아동의 건전육성을 위하여 종합적인 아동복지서비스를 제공하는 시설"이다. 지역아동센터는 방과후 돌봄이 필요한 지역사회 아동의 건전육성을 위하여 보호·교육, 건전한 놀이와 오락의 제공, 보호자와 지역사회의 연계 등 종합적인 복지서비스를 제공하는 데 목적이 있다.

2) 지역아동센터의 추진체계

지역아동센터는 크게 보건복지부(아동권리과, 지역아동센터 중앙지원단), 시·도(담당부서, 지역아동센터 시·도지원단), 시·군·구(담당부서 또는 드림스타트), 시설(지역아동센터) 차원으로 구분된다. 지역아동센터의 추진주체 및 기능·역할은 〈표 15-8〉과 같다.

표 15-8 지역아동센터의 추진체계

추진주체		기능 및 역할
보건복지부	아동권리과	• 기본계획 수립, 지침 마련, 법령·제도개선 등 사업총괄 • 국고보조금 지원, 아동복지교사 예산지원·사업총괄 및 평가 • 사업운영 지도·점검, 평가총괄 및 표준화모델 개발·보급 • 시설정보시스템 개편 및 관리 총괄 • 방과후 돌봄서비스 추진기관 간의 서비스 연계·조정 등
	지역아동센터 중앙지원단	• 종사자 교육기획, 프로그램 개발, 컨설팅 등 시설운영 지원 • 시도지원단 사업 조정·평가 및 아동복지교사 운영지원 • 시설정보시스템 관리지원 및 중앙지원단전산관리시스템 구축·관리 • 연구개발 및 시설평가사업 운영 • 홍보, 민간자원 개발·연계 지원 등 유관기관 네트워크 구축 • 중앙부처 방과후 돌봄서비스 추진 업무 지원 등

시·도	담당부서	• 사업계획의 검토·조정 및 국고보조금 예산집행 • 관할 지역아동센터 지원사업에 대한 지도, 점검 • 아동복지교사 시·도별 사업총괄 및 지도점검 • 시·도 방과후 돌봄서비스 추진 기관 간의 서비스 연계·조정 등
	지역아동센터 시·도지원단	• 시·도 지역아동센터 종사자 교육, 컨설팅 등 시설운영 지원 • 시설정보시스템 관리·평가사업·아동복지교사 교육 등 지원 • 시·도 특성화사업 개발 • 홍보, 정보관리, 민간자원 개발·연계지원 등으로 네트워크 구축 • 시·도 방과후 돌봄서비스 추진 업무 지원 등
시·군·구 담당부서 또는 드림스타트		• 시·군·구 지역아동센터 관리, 예산지원 등 운영 • 시·군·구 지역아동센터 이용아동 이용·종결 관리 • 아동복지교사 예산집행, 운영관리(채용·계약, 배정·노무, DB 관리 등) • 지역아동센터 지도·점검, 후원금 내역 관리 • 시·군·구 방과후 돌봄서비스 추진 기관 간의 서비스 연계·조정 등
아동이용 시설	지역아동센터	• 지역아동센터 운영으로 방과후 돌봄서비스 제공 • 방과후 돌봄서비스 추진기관 및 지방자치단체 협조 등

출처: 보건복지부(2018c), p. 6.

3) 지역아동센터 운영

지역아동센터의 이용 대상은 만 18세 미만의 아동으로, 우선보호아동과 일반아동으로 구분된다. 우선보호아동은 선정기준에 따른 소득기준, 가구특성기준, 연령기준을 모두 만족하는 경우의 아동 또는 우선보호특례에 해당하는 아동으로, 「국민기초생활 보장법」에 따른 생계·의료·주거·교육급여 수급자 가정 아동, 차상위계층 가정아동, 다문화가족의 아동, 등록장애인이 있는 가족의 아동, 조손가족의 아동, 한부모가족의 아동, 3명 이상 다자녀가족의 아동, 맞벌이가정의 아동, 기타 승인아동으로 보호가 필요한 아동이 해당된다(보건복지부, 2018c). 또한 일반아동은 선정기준에 따른 소득기준은 초과하나 가구특성기준, 연령기준을 만족하는 경우의 아동이다. 보호가 필요한 아동에 대한 우선보호를 위해 시설별 신고정원의 80% 이상은 우선보호아동이어야 하며, 일반아동은 시설별 신고정원의 20%를 초과할 수 없다.

지원대상 시설은 「아동복지법」 제50조에 따라 설치·신고된 지역아동센터로서

24개월 이상 운영시설 중 진입평가 결과를 반영하여 선정한다. 지역아동센터는 월~금요일을 포함하여 주 5일, 1일 8시간 이상을 상시 운영(공휴일 제외)하여야 학교의 학기 중 또는 방학기간에 따라 센터의 기본운영시간은 8시간으로, 학기 중에는 14:00~19:00(필수 운영시간) 및 방학(단기방학 포함)에는 12:00~17:00(필수 운영시간)로, 필수 운영시간을 포함하여 8시간 이상 운영하여야 한다. 지역아동센터는 이용아동 수에 따라 시설장, 생활복지사, 영양사가 적절히 배치되어야 한다. 각 센터마다 시설장 1명이 배치되고, 추가적으로 아동 10명 이상~30명 미만 시설은 생활복지사 1명, 아동 30명 이상~50명 미만 시설은 생활복지사 2명, 50명 이상 시설은 생활복지사 3명과 영양사 1명이 배치되어야 한다(보건복지부, 2018c).

4) 지역아동센터의 주요 프로그램

지역아동센터는 아동보호(안전한 보호, 급식 등), 교육 기능(일상생활 지도, 학습능력 제고 등), 정서적 지원(상담·가족지원), 문화서비스(체험활동, 공연) 등으로 지역사회 내 아동돌봄에 대한 사전 예방적 기능 및 사후 연계를 제공한다. 그 외에 지역사회 특수성 및 주요대상의 특성을 고려한 맞춤형 운영 프로그램인 특화프로그램을 운영한다. 특화 프로그램은 주말·공휴일프로그램, 야간보호프로그램, 가족기능강화프로그램, 청소년을 위한 프로그램을 운영한다(지역아동센터중앙지원단, 2018). 지역아동센터의 기본프로그램을 구체적으로 살펴보면 다음과 같으며, 각 영역별 세부 프로그램은 〈표 15-9〉와 같다.

① **보호프로그램**: 아동이 안전한 곳에서 건강한 생활을 할 수 있도록 지원하는 프로그램이다. 생활(일상생활관리, 위생관리, 급식지도) 및 안전(생활안전지도, 안전귀가지도, 5대 안전의무교육) 영역의 프로그램이 있다.
② **교육프로그램**: 다양한 교육활동 지원을 통해 아동의 몸과 마음이 건강하게 성장할 수 있도록 지원하는 프로그램이다. 학습(숙제지도, 교과학습지도), 특기적성(예체능활동, 적성교육), 성장과 권리(인성·사회성 교육, 자치회의 및 동아리 활동) 영역의 프로그램으로 구성된다.
③ **문화프로그램**: 다양한 문화활동 지원을 통해 즐거움과 심리·정서적 안정감을 제

공하여 아동의 정서적 성장 촉진을 도모하는 프로그램이다. 체험활동(관람·견학, 캠프·여행) 및 참여활동(공연, 행사) 프로그램이 해당된다.

④ 정서지원프로그램: 아동 및 가족에 대한 지원을 통해 가족기능을 강화하는 프로그램이다. 상담(연고자 상담, 아동 상담) 및 가족지원(보호자교육, 행사·모임) 영역의 프로그램으로 구성된다.

⑤ 지역사회 연계프로그램: 지역네트워크를 통해 아동들에게 필요한 서비스를 제공하고, 지역아동센터에 필요자원 공급 및 지역사회에 필요자원으로 역할을 수행하기 위한 프로그램이다. 홍보(기관홍보) 및 연계(인적연계, 기관연계) 영역의 프로그램이 있다.

표 15-9 **지역아동센터의 기본프로그램 분류**

영역 (대분류)	세부영역 (중분류)	세부프로그램 (소분류)	프로그램 예시 (시설별 선택 운영)
보호	생활	일상생활관리	센터생활적응지도, 일상생활지도, 일상예절교육, 부적응아동지도 등
		위생건강관리	위생지도, 건강지도 등
		급식지도	급식지도, 식사예절교육 등
	안전	생활안전지도	저녁돌봄 등
		안전귀가지도	안전귀가지도, 생활안전지도 등
		5대안전의무교육	교통안전, 실종유괴예방, 약물오남용예방, 재난대비, 성폭력예방 등
교육	학습	숙제지도	숙제지도, 학교생활관리 등
		교과학습지도	수준별 학습지도, 온라인교육(IPTV 학습 등), 학습부진아 특별지도 등
	특기 적성	예체능활동	미술, 음악, 체육지도 등
		적성교육	진로지도, 적성교육(독서, 요리, 과학 등) 등
	성장 관리	인성·사회성교육	인성교육, 사회성교육 등
		자치회의 및 동아리활동	자치회의, 동아리 활동 등

문화	체험 활동	관람 · 견학	공연 및 연극 관람, 박물관 견학 등
		캠프 · 여행	체험활동, 캠프 및 여행 등
	참여 활동	공연	공연 등
		행사(문화/체육 등)	전시회, 체육대회 등
정서 지원	상담	연고자상담	부모 및 가족상담, 연고자상담 등
		아동상담	아동상담 등
		정서지원프로그램	정서지원프로그램 등
	가족 지원	보호자교육	보호자교육 등
		행사 · 모임	부모소모임, 가정방문 등
지역 사회 연계	홍보	기관홍보	기관홍보 등
	연계	인적연계	자원봉사활동, 인적결연후원, 후원자 관리 등
		기관연계	지역조사와 탐방, 전문기관 연계, 복지단체 연계 등

출처: 보건복지부(2018c), pp. 51-52.

4. 자원봉사센터[4)]

1) 개요

자원봉사활동을 활성화하고 보다 효율적으로 지원하기 위해 2005년 8월 4일 「자원봉사활동 기본법」이 제정되었다. 동법의 제정 목적은 정부의 자원봉사전달체계 단일화를 통해 인적자원의 중복과 낭비를 방지하고, 지역사회 자원봉사활동의 활성화를 지원하기 위함이었다(배기효 외, 2007). 이 법은 자원봉사활동의 개념, 기본방향, 범위, 자원봉사센터 설치 · 운영 등 자원봉사활동과 관련된 기본사항을 명시하고 있다. 「자원봉사활동 기본법」 제2조에 의하면, 자원봉사활동은 국민의 협동적인 참여 능력을 높일 수 있는 방향으로 추진하여야 하고, 무보수성, 자발성, 공익성, 비영리성, 비정파성, 비종파성의 원칙하에 수행될 수 있도록 하여야 한다. 또한 모든 국민은 나이, 성별, 장애, 지역, 학력 등 사회적 배경에 관계없이 누구든지 자원봉사활동에 참여할

---

4) 본 내용은 행정안전부(2018)를 주로 참고하였음.

수 있도록 하여야 하며, 자원봉사활동의 진흥을 위한 정책은 민·관 협력의 기본 정신을 바탕으로 하여 추진하여야 한다.

「자원봉사활동 기본법」 제3조에 따르면, "자원봉사센터"란 자원봉사활동의 개발·장려·연계·협력 등의 사업을 수행하기 위하여 법령과 조례 등에 따라 설치된 기관·법인·단체 등을 말하는데, 「자원봉사활동 기본법」(제19조 등)에 따라 자원봉사센터의 운영에 필요한 사항을 정하여 성숙한 자원봉사문화 확산에 기여하는 데 목적이 있다. 자원봉사센터는 민·관 협력의 기본정신에 입각하여 법인으로 운영하거나 비영리법인에게 위탁하여 운영하는 것을 원칙으로 한다. 자원봉사센터 장의 임용과 자원봉사센터 조직 운영 시 관련 법령 및 지침을 준수하여야 하며, 지방자치단체는 자원봉사센터의 활성화를 위해 센터 운영과 근무자 처우개선 등에 필요한 경비를 지원한다. 또한 자원봉사센터는 민·관 협력의 바탕 위에서 주민의 자원봉사활동을 개발·장려하는 거점 역할을 수행하고 지속적으로 관련단체, 유관 기관 등과 연계·협력을 강화하여야 한다.

자원봉사센터는 행정구조상 행정안전부에 소속되어 있으며, 자원봉사활동의 수요와 공급을 효과적으로 조정하고 자원봉사활동을 활성화하기 위해 각 지방자치단체에 1개소 설치를 목표로 추진되어 1996년부터 설치되기 시작하였다. 2018년 현재 한국중앙자원봉사센터 1개소, 특별시·광역시·도 단위의 자원봉사센터 17개소 및 시·군·구 단위의 자원봉사센터 228개소의 자원봉사센터가 설치·운영되고 있다(한국중앙자원봉사센터, 2018).

2) 자원봉사센터의 추진체계

자원봉사센터의 추진체계는 행정안전부, 시·도 자치단체, 시·군·구 자치단체 및 한국중앙자원봉사센터, 시·도 자원봉사센터, 시·군·구 자원봉사센터로 구성된다. 자원봉사센터의 추진체계는 [그림 15-6]과 같다.

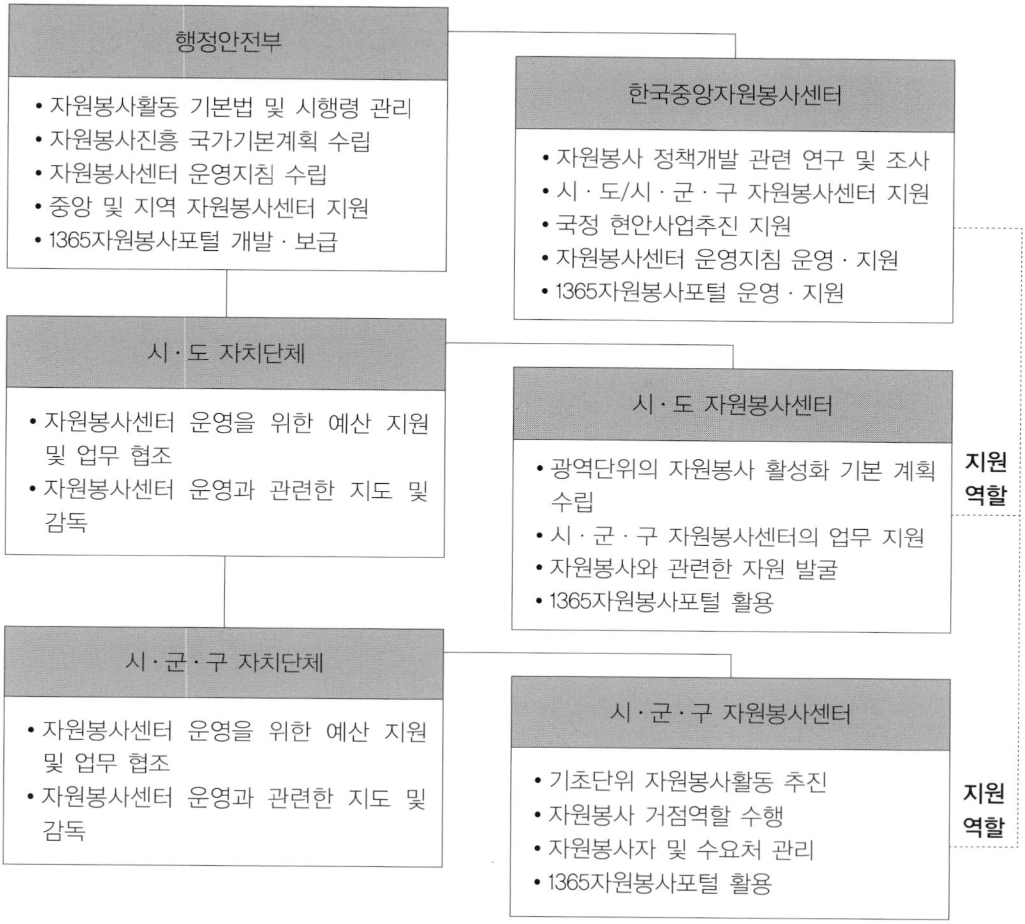

그림 15-6　**자원봉사센터 추진체계**

출처: 행정안전부(2018), p. 2.

3) 자원봉사센터의 기능과 역할

자원봉사센터는 자원봉사활동이 원활이 이루어질 수 있도록 지원하기 위하여 자원봉사자의 수요와 공급을 조정하고, 자원봉사활동을 기록·등록하고, 자원봉사활동을 지원하고, 자원봉사자 양성 및 연수, 홍보·계발, 네트워킹, 조사·연구 등의 기능이 있으며, 그에 따른 역할과 업무를 수행한다. 자원봉사센터의 기능과 역할은 〈표 15-10〉과 같다.

표 15-10　자원봉사센터의 기능과 역할

기능	역할	업무
수급 조정	수급	모집, 상담, 연결, 관리배치
	안내(상담)	자원봉사활동(프로그램)에 대한 상담
기록·등록	기록 및 등록	• 활동의 기록작성(활동카드, 상담카드 작성) • 등록카드 작성(등록카드, 욕구카드 작성)
자원봉사 활동 지원	기자재· 장소 대여	• 회의장·기자재의 제공 • 자원봉사활동에 대한 각종 지원금 소개·절차 안내 • 자원봉사활동을 위한 기금조성
	인정 및 보상	• 자원봉사자 보험가입 • 자원봉사활동 인정서·수첩 발급, 자원봉사자 표창
	상담·조언	• 자원봉사활동에 관한 상담·정보제공 • 자원봉사활동에 관한 자료의 안내·제공·대출
	육성·조직	자원봉사자 소그룹 활동의 지원(전산프로그램 설치)
양성·연수	교육·훈련	• 자원봉사자 오리엔테이션 및 재교육 • 자원봉사자 스쿨, 워크숍
	연수	자원봉사담당자 교육 및 훈련
홍보·계발	홍보	홍보지·포스터 발행, 자원봉사신문 발행, 사례집 발간
	계발	자원봉사캠페인 실시, 자원봉사체험학교
네트워크화	연계망 구축	자원봉사단체 간의 협의체 구성
	교류	• 자원봉사자, 자원봉사활동그룹, 관계기관·단체, 담당자 간의 교류 • 지역연대사업(지역 내 공동의 자원봉사자대회 참가)
조사·연구	조사·연구	욕구, 지역 조사 등
	프로그램 개발	조사·연구를 통한 프로그램 개발

출처: 박태영(2008), pp. 299-300.

4) 자원봉사센터의 역할 구분

자원봉사센터의 역할 강화를 위해 자원봉사센터 역할을 명확히 규정하여 자원봉사센터와 자원봉사단체 간 역할 중복으로 인한 혼선을 방지하고, 중앙센터, 광역센터 및 기초센터 간의 역할 정립을 통해 자원봉사 활성화를 위한 체계적인 업무를 추진하고자 한다. 각 수준별 자원봉사센터의 역할은 〈표 15-11〉과 같다.

표 15-11   각 수준별 자원봉사센터의 역할 구분

구분	중앙센터	광역센터	기초센터
역할	• 자원봉사정책 개발 및 연구 • 중앙단위 자원봉사기관·단체, 기업과 협력체계 구축 • 지역자원봉사센터 지원 및 협력 • 자원봉사 아카이브 운영 • 자원봉사 국제교류 및 협력 • 1365자원봉사포털 위탁 운영 • 자원봉사센터 행정업무 정보화 지원 • 재난대응 및 지원체계 구축 • 자원봉사 확산을 위한 홍보 및 문화행사 • 그 밖에 자원봉사 진흥에 기여할 수 있는 사업 추진	• 중앙센터 및 시·군·구 센터와 협력체계 구축 • 광역단위 기관·단체, 기업과의 협력 • 시·군·구 자원봉사 관리자 및 지도자 대상 교육 • 자원봉사 프로그램 개발·보급 • 지역 자원봉사 활성화를 위한 조사·연구 • 시·군·구 센터 간 정보교류 및 사업 조정·지원 • 1365자원봉사포털 서비스 이용 및 회원정보 관리·운영 • 그 밖에 특별시·광역시·도 지역의 자원봉사 진흥에 기여할 수 있는 사업	• 기초단위 기관·단체들과의 협력체계 구축 • 읍·면·동 자원봉사자 모집 및 교육·홍보 • 자원봉사활동 수요처에 자원봉사자 배치 • 자원봉사 프로그램 운영 • 지역자원봉사 및 공동체 활성화의 거점 역할 수행 • 자원봉사 관련 정보 수집 및 제공 • 1365자원봉사포털 서비스 이용 및 회원정보 관리·운영 • 그 밖에 시·군·구 지역의 자원봉사 진흥에 기여할 수 있는 사업

출처: 행정안전부(2018), p. 6.

5. 사회복지공동모금회[5]

1) 공동모금회의 설립과 발전과정

한국전쟁 이후 자선기금 마련을 위한 모금활동이 산발적으로 이루어지자 정부는 1949년 11월에 「기부통제법」을 제정하여 기부금품 모집 통제를 통해 국민의 경제적 부담을 완화하고 생활안정에 기여하고자 하였다. 또한 1951년 11월에는 「기부금품모집금지법」을 제정하여 한국전쟁 당시 사회적 혼란기에 시국대책 명분의 기부금품모집 폐해를 방지하였다(행정안전부, 2009a). 한편, 1970년에 제정된 「사회복지사업법」은 사회복지법인으로서의 사회복지공동모금회 설립을 명시하였고, 1971년 한국사회복지공동모금회를 설립하여 1972년 1차 캠페인을 시도하였으나 성공하지는 못하였다(김범수, 신원우, 2006). 그 후 정부주도적으로 이루어진 이웃돕기모금활동의 국가예산 투입에 대한 문제가 제기됨에 따라 1995년 12월 「기부금품모집규제법」 제정으로 국가 또는 지방자치단체의 기부금품 모집을 금지하였고, 국제구호, 천재지변, 자선사업 등 국민들의 준조세적 성격의 성금을 정비하였다(행정안전부, 2009a).

1997년 3월 민간에 의한 자발적인 복지자원 개발 활동을 지원하기 위해 제정된 「사회복지공동모금법」이 제정되어 공동모금회 설립의 기초를 마련하였고, 이에 따라 1998년 7월 이후 중앙과 지방에서 동시에 공동모금활동이 전개되었다. 또한 「사회복지공동모금법」은 2년 후인 1999년 3월 「사회복지공동모금회법」으로 대체입법되었다(http://busan.chest.or.kr). 「기부금품모집규제법」 폐지와 함께 2006년 3월 「기부금품의 모집 및 사용에 관한 법률」이 제정됨에 따라 기부금품 모집절차를 허가제에서 등록제로 전환하고 사후관리를 강화함으로써 성숙한 기부문화를 조성하고 건전한 기부금품 모집제도를 정착시키고자 하였다(행정안전부, 2009a).

공동모금회의 발전과정은 다음과 같이 정리될 수 있다(강철희 외, 2010, pp. 3-4). 설립초기(1998~2001년)에는 연말집중모금 캠페인을 중심으로 모금의 기초를 마련하였고, 새로운 모금방식을 고안하고 주요기업의 참여를 이끌어 냈으며, 배분사업의 기

---

5) 이 내용은 지은구, 조성숙(2010)의 제21장을 주로 참고하여 수정·보완하였음.

본적 틀을 형성하여 효율적인 배분 시스템 구축 노력이 시작되었다. 성장1기(2002~ 2005년)는 기업기부의 급속한 성장을 통해 총 모금액 규모의 비약적인 성장을 이뤄낸 시기로, '외국동전 모으기 운동' 등의 이벤트 성격의 개인모금 캠페인을 통해 시민 개인의 참여 기반을 마련하였고, 초기 배분사업의 성과와 함께 보다 체계적인 배분시스템을 구축하였다. 성장2기(2006~2010년)에는 모금방식을 주요 타깃별로 세분화시켜 모금 규모의 파격적 성장을 이룩하였는데, 새롭고 다양한 상품의 도입과 함께 시민 개인기부의 활성화를 모색하였다. 배분의 책임성에 대한 문제의식과 함께 지역사회의 삶의 질 향상에 초점을 두는 커뮤니티 임팩트(community impact) 사업들을 배분사업에 실험적으로 도입하였다. 이러한 기조는 그 후에도 계속 진행되고 있으며, 사업의 성장과 함께 보다 효율적인 사업운영을 위해서 조직구조의 변화를 지속적으로 모색하고 있다. 모금과 배분 등의 사업관리영역과 이를 지원하는 조직관리영역으로 이원화된 구조를 갖게 되었고, 아울러 사회문제 해결을 선도하기 위해 기획기능 및 조사연구 기능의 강화를 모색하고 있다.

공동모금회라는 명칭은 시대별, 국가별로 상이하게 사용되고 있다. 예를 들어, 미국, 캐나다, 호주에서는 United Way라는 명칭을 사용하는 반면, 한국, 일본, 싱가포르는 Community Chest라는 명칭을 사용하고 있다. 기관연합모금회라는 폐쇄적인 멤버십 모델에 입각하여 모금이 이루어지고 있는 미국의 United Way와는 달리, 한국의 사회복지공동모금회는 충족되지 않은 지역사회의 복지욕구에 대응하여 복지수준 향상을 위해 민간자원을 동원하고 배분하는 개방적인 모금과 배분체계를 가지고 있다 (석재은, 김가율, 이민영, 장은진, 이관호, 2008).

2) 공동모금의 목적

사회복지공동모금은 지역사회주민의 복지욕구를 충족시키기 위하여 과학적이고 전문적인 모금캠페인을 통하여 사회복지에 필요한 자원을 공동으로 마련하여 모금액을 복지사업에 적절히 배분하는 활동을 말한다. 「사회복지공동모금회법」 제2조에 따르면, 사회복지공동모금이란 "사회복지사업이나 그 밖의 사회복지활동 지원에 필요한 재원을 조성하기 위하여 이 법에 따라 기부금품을 모집하는 것"이라고 명시하고 있다.

사회복지공동모금은 공동모금을 통하여 사회복지에 대한 국민의식을 개선하고 국민의 자발적인 성금으로 조성된 재원을 효율적이고 공정하게 관리·운용함으로써 사회복지증진에 이바지함을 목적으로 한다. 즉, 사회복지공동모금은 지역사회주민들의 자발적인 참여를 통하여 지역사회주민들의 자원봉사활동을 활성화하고, 개별모금의 서비스가 상호 중복, 누락되는 것을 보완해 지역사회 자원배분의 합리성을 높이고, 창조적이고 수준 높은 사회복지 프로그램들을 개발하는 데 목적이 있다(사회복지공동모금회, 2005). 공동모금제도는 사회복지 영역 등을 포괄하는 사회영역에서 민간자원을 보다 효율적이고 책임성 있게 동원하기 위한 하나의 사회 전략으로, 사회구성원들에게 그들이 속한 사회를 위해 나눔을 통한 참여의 가치를 인식시켜 의식의 연대로까지 발전하도록 이끄는 기제로서 궁극적으로는 공동체 및 지역사회의 문제를 함께 해결해 보고자 하는 목적을 가지고 있다(강철희 외, 2010).

3) 공동모금의 의의

공동모금의 의의는 다음과 같이 정리될 수 있다.

첫째, 산발적으로 이루어지는 자선이나 기부의 창구를 단일화하여 보다 효율적이고 효과적으로 민간자원을 동원하고 배분할 수 있게 한다. 모금창구 단일화를 통해 모금에 참여하는 기부자의 입장에서는 어떤 복지기관에 기부할 것인가 고민하지 않게 함으로써 기부자의 참여를 용이하고 편리하게 하여 의사결정과정의 효율성을 꾀할 수 있고, 모금을 하는 기관의 입장에서도 비용과 노력을 절감할 수 있다(김범수, 신원우, 2006; 강철희 외, 2010).

둘째, 공동모금제도는 사회문제 해결을 위한 합리적 배분 시스템 구축이라는 측면에서도 의의가 있다. 즉, 민간자원은 정부의 여력이 미치기 어려운 사각지대의 문제를 발굴 및 해결하여 정부의 사회문제 해결을 보완함으로써 사회발전 과정에서 레버리지 효과를 창출한다는 측면에 그 중요성이 있다. 공동모금은 새롭게 나타나는 지역사회의 다양한 문제와 정부의 역량으로 해결하기 어려운 문제에 대해 보충적인 기능을 수행할 뿐만 아니라, 민간 영역이 해결할 수 있는 문제에 대해 지역별로 우선순위를 정하여 합리적인 해결을 가능하게 한다(강철희 외, 2010).

셋째, 공동모금은 지역사회주민이 공동체의식을 가지고 지역사회문제에 보다 많은 관심을 가지고 문제해결에 주체적으로 참여할 수 있는 자원봉사 기회를 제공하고 지역사회복지운동과 시민운동 활성화에 기여한다.

넷째, 공동모금은 사회복지사업에 대한 일반국민의 인식을 개선하는 데 기여한다. 일반국민들은 모금사업을 통한 홍보 및 모금활동을 통하여 공동모금회가 수행하는 사업들과 사회의 소외된 계층에 대한 보다 많은 관심을 가질 수 있게 된다(김범수, 신원우, 2006; 사회복지공동모금회, 2005).

다섯째, 공동모금은 선별적 수혜경쟁을 통하여 재원이 배분되므로 사회복지기관이나 시설이 창조적이고 양질의 사회복지프로그램들을 개발할 수 있게 하여 서비스의 질적 향상과 전문성 제고에 기여한다(표갑수, 2003).

4) 공동모금의 특성

공동모금은 민간복지활동, 지역사회 기반, 일원화 및 효율성, 공개성, 전국적인 협력성, 계획성, 복지교육성의 특성을 가진다. 공동모금의 특성은 〈표 15-12〉와 같다.

표 15-12 공동모금의 특성

구분	내용
민간복지활동	사회연대, 상부상조 정신을 바탕으로 한 지역주민의 자발적이고 자주적인 민간봉사활동
지역사회에 기반	지역사회를 단위로 하여 지역주민을 동원함으로써 해당 지역사회의 거주자와 기부자, 수혜자와 민간사회복지조직들의 협력에 의해 그 지역의 특성에 맞는 지역사회복지 증진 도모
일원화 및 효율성	각 시설이나 단체들이 개별적으로 모금하는 경우 낭비와 어려움에 직면하게 되는데, 모금을 일원화하고 면밀한 조사와 적정한 평가를 통해 배분함으로써 기부금을 효율적으로 활용. 기부금의 모집, 관리, 배분을 일원화함. 기부자의 입장에서는 의사결정에 드는 비용이 절감되고 기관의 입장에서는 기부금 모집에 대한 노력, 시간, 경비를 절약
공개성	모금실시 전에 각 회원시설 및 단체들로부터 신청된 필요액을 심사해 배분 계획을 세우고 모금목표액을 결정하여 공표함으로써 기부자인 지역주민에게 필요한 금액에 관한 이해를 구하고 모금결과에서 모금액의 사용용도에 관해 공약하고, 기부금 배분이 종료된 후에도 그 결과를 공표

전국적인 협력성	각 지역공동모금회는 전국적인 협조관계를 유지함으로써 같은 기간 동안 전국적으로 일제히 모금운동을 전개하고 여론에 강력하게 호소하여 주민들 개개인이 모금운동을 이해하고 참가하도록 호소
계획성	지역사회 내 민간사회복지의 자금수요를 파악하고, 활동단체 등으로부터 배분신청을 받아 이를 심사하여 배분계획을 책정하고 모금운동 전개
복지교육성	모금운동을 통해 주민의 사회복지에 대한 이해를 높이고, 주민의 사회복지활동 참가를 촉진하는 역할 수행

출처: 류기형(1991), pp. 13-20, 대구광역시 사회복지협의회(1998), pp. 5-8, 강철희 & 정무성(2006), p. 459을 정리함.

5) 공동모금의 기본 원칙

공동모금의 기본 원칙들은 다음과 같다(대구사회복지협의회, 1998).

첫째, 공동모금은 시민의 자발적 참여를 기본 전제로 민간에 의해 조성되므로 지역사회문제를 지역주민 스스로 해결하기 위한 민간 사회복지서비스 재원으로서 활용되어야 한다. 현대사회의 각종 사회적 제문제, 사회복지서비스에 대한 국민의 욕구에 대해서는 정부가 공적 책임을 다하고, 민간재원인 공동모금은 민간 사회복지서비스 프로그램의 질적 향상 및 활성화와 시민들의 지역사회 참여의식 강화의 목적 등으로 사용되어야 할 것이며, 지역사회문제를 지역주민 스스로 해결하고자 하는 지역복지의 정신을 실행하는 데 이용되어야 할 것이다.

둘째, 공동모금을 효과적으로 관리·운영하기 위한 공동모금회가 설립되어야 한다. 즉, 전국단위의 공동모금사업을 관리하기 위한 전국공동모금회와 지역단위 공동모금사업을 관리하기 위한 시·도 단위 지역공동모금회를 설치하여 운영하여야 한다. 효과적인 업무수행을 위하여 전국공동모금회는 지역공동모금회 간의 역할 및 업무 조정, 전국단위의 총괄적인 조사, 연구, 기획, 홍보 등의 역할을 수행해야 하며, 각 지역공동모금회는 지역단위의 공동모금을 효과적으로 모집, 운영, 배분하는 체계를 개발해야 한다.

셋째, 공동모금회는 대표적인 주민조직체로서의 기능을 수행하여야 한다. 지역공동모금회는 해당지역주민들의 적극적인 참여에 의하여 유지되고 실질적인 권위는 그 지역사회 여론에 의해 결정되므로, 공동모금회가 해당지역사회에 속한다는 것을 인식해야 한다. 지역공동모금회는 지역주민 대표자를 통해서 전국관계기관들과의 협력관계를 형성·유지할 수 있어야 하며, 해당지역사회의 지역주민들에게 기부행위에 대한 일반적인 기준이나 규범을 제공해야 한다.

넷째, 효과적이고 효율적인 공동모금을 위하여 전국민을 대상으로 적극적이고 통일된 홍보전략을 개발하여야 한다. 공동모금은 민간의 사회복지재원을 확충하고 궁극적으로는 일반 국민의 사회복지의식 및 사회복지적 사고방식을 증진시키는 역할을 한다. 따라서 초기에 공동모금을 시행할 때에는 복지사회를 지향하는 친숙하고 미래지향적인 홍보전략이 필요할 것이며, 지역공동모금회는 전국공동모금회와 연합하여 통일된 공동모금회의 심벌, 슬로건, 명칭 등을 사용할 필요가 있다.

다섯째, 기부자의 이성적이고 합리적인 기부행위를 유도하여야 한다. 즉, 온정에 호소하는 형태의 모금활동뿐만 아니라 이성과 교육에 의해 다듬어져 기부되는 모금을 지향해야 한다. 이를 위하여 지역공동모금회는 지역사회의 전문가집단, 단체 및 다른 기부원천에 관한 구체적인 기부자료를 보관하고 있어야 한다.

여섯째, 공동모금은 배분의 투명성과 효과성이 제고되어야 한다. 민간모금활동이 대다수 국민의 참여를 이끌어 내기 위해서는 모금과정뿐만 아니라 배분과정에서도 정부의 지나친 관여나 개입 없이 투명하고 효과적으로 이루어져야 한다. 따라서 전국단위 및 지역단위 공동모금회는 모금활동 자체에 대한 노력뿐만 아니라 모금액의 사용용도와 배분행위를 공개하여 재원의 사용에 투명성을 보장하여야 한다.

일곱째, 기부행위에 대한 보상제도가 마련되어야 한다. 공동모금을 활성화하기 위하여 기부자의 모금행위를 독려하기 위한 보상제도에 대한 법적 근거가 마련되어야 한다. 가장 일반적인 보상방법은 기부금에 대한 면세제도를 들 수 있다.

여덟째, 지역공동모금의 제도적 정착을 유도하여야 한다. 공동모금제도가 정착될 수 있도록 시민의 개별성, 자발성을 유도할 수 있는 하나의 공동모금제도로 정착시켜 나가야 한다.

6) 공동모금제도의 조직구조

(1) 자체구조 측면

공동모금회 자체구조적 측면에서는 전국조직이 있는 경우와 전국조직이 없는 경우로 구분할 수 있다. 먼저 전국조직이 있는 경우는 연맹형과 중앙집중형으로 나뉜다. 연맹형은 관계구조의 특성을 최대한 살리면서 자율성을 최대한 보장하고 전국연맹이 지역공동모금회들의 상호연락, 업무조정, 전국적인 차원에서 필요한 프로그램을 제공하는 반면, 중앙집중형은 전통적인 조직구조로 위계구조에 입각하여 중앙에서 모든 것을 총괄, 운영함으로써 지역공동모금회는 전국적인 공동모금회의 지침에 따라 일치의 활동을 전개한다.

전국조직이 없는 경우는 일부 도시지역에서만 공동모금회가 조직되어 활동이 이루어지며, 지역적인 경험을 바탕으로 전국적인 확산을 이루게 된다. 〈표 15-13〉은 공동모금회 자체구조에 따른 분류를 나타낸다.

표 15-13 공동모금회 자체구조에 따른 분류

	전국조직이 있는 경우		전국조직이 없는 경우
	연맹형	중앙집중형	
특성	자율성을 최대한 보장하고 전국연맹이 지역공동모금회들의 상호연락, 업무조정, 전국적인 차원에서 필요한 프로그램 제공	전통적인 조직구조로 위계구조에 입각하여 중앙에서 모든 것을 총괄·운영함으로써 지역공동모금회는 전국적인 공동모금회의 지침에 따라 일치의 활동 전개	일부 도시지역에서만 공동모금회가 조직되어 활동이 이루어지며, 지역적인 경험을 바탕으로 전국적인 확산을 이룸
장점 및 단점	장점: 지역공동모금회가 지역사회중심으로 운영되는 특성을 살리면서 전국적인 공동보조를 취해 공동모금 캠페인에 유리한 분위기 조성	• 장점: 전국적인 협조 및 효율성과 일원화의 특성을 가장 잘 살릴 수 있음. • 단점: 지나친 전국 일원화와 효율성을 강조함으로써 지역의 특성을 살리기 어렵고 기부자의 입장에서는 기부의 결과를 직접 느낄 수 있는 기회가 적어 참여도가 낮아질 가능성 있음	장점: 내부자체구조의 측면은 연맹형과 같이 소지역 단위별로 나누어 운영하므로 연맹형의 장점을 살리고 지역적인 응집력을 바탕으로 중앙집중형의 장점을 최대한 살릴 수 있음
채택 국가	미국, 일본, 호주, 캐나다, 영국, 필리핀, 남아프리카, 요르단 등	홍콩, 싱가포르, 벨기에, 태국 등	뉴질랜드, 인도, 베네수엘라, 버진군도

출처: 사회복지공동모금회(2005), pp. 4-5를 정리하였음.

(2) 대정부관계 측면

공동모금회와 정부의 관계측면에서는 자율형과 정부주도형으로 나뉜다. 먼저 자율형은 정해진 법률 내에서는 모든 활동에 대하여 국가의 통제를 배제할 수 있고 최대한의 자율성이 보장되는 형태이다. 국가의 적극적인 후원과 지지를 받을 수 없기 때문에 대규모적인 프로그램의 실시가 어렵고, 국가의 정책에 의해 부정적인 영향을 받을 가능성이 높다는 단점이 있다. 이를 채택하고 있는 국가는 미국, 오스트레일리아, 벨기에, 캐나다, 영국, 홍콩, 인도, 싱가포르 등이 있으며, 한국의 경우도 민간주도의 자율형으로 규정되어 있다. 한편, 정부주도형은 국가의 적극적인 후원과 지지를 통해 광범위하고 대규모적인 프로그램을 실시함으로써 보다 효과적이고 효율적인 결과를 기대할 수 있다는 장점이 있다. 그러나 이러한 형태에서는 정부의 지나친 간섭이나 통제로 공동모금회의 활동이 위축될 수 있으며 주민들의 자발적이고 적극적인 참여를 저해할 가능성이 높다는 단점이 있다. 일본, 자메이카, 필리핀, 푸에르토리코, 대만 등이 이 유형에 속한다(사회복지공동모금회, 2005). 〈표 15-14〉는 정부와 공동모금회의 관계에 따른 유형을 제시한다.

표 15-14 정부와 공동모금회의 관계에 따른 유형

구분	자율형	정부주도형
정부의 기능	• 공동모금회의 설립·등록 관련법 제정 • 기부금에 대한 세제상의 혜택	• 재정적 지원 • 세제상의 혜택 • 모금활동의 승인 및 허가 • 모금회 운영 감독
공동모금회의 기능	모금, 운영, 배분	공공복지의 보완적 기능
장점	최대한의 자율성 확보	효율적인 효과 기대
단점	광범위하고 대규모적인 프로그램 지원 불가	• 민간 활동의 위축 • 주민의 자발적 참여 저하
채택국가	미국, 한국, 호주, 싱가포르, 영국, 캐나다, 인도, 벨기에	일본, 대만, 필리핀, 자메이카

출처: 사회복지공동모금회(2005), pp. 5-6.

7) 공동모금제도의 모금 및 배분 방법

(1) 공동모금제도의 모금방법에 의한 분류

공동모금제도의 모금방법에 따라 개별형, 기업중심형, 단체형, 특별사업형이 있는데, 각 유형의 특성, 장점, 단점, 해당국가는 〈표 15-15〉와 같다.

표 15-15 공동모금제도의 모금방법에 의한 분류

	개별형	기업중심형	단체형	특별사업형
특성	개인이나 가정의 헌금을 통해 모금함	회사, 공장 및 사업체 등과 그 근로자를 대상으로 모금함	재단, 협회 등의 단체가 모금대상이 됨	백만인 걷기 대회, 카니발, 오페라, 발레, 자선골프대회, 카드 발매 등 다양한 사업이나 프로그램 중심으로 모금함
장점	모든 주민이 사회복지사업에의 관심과 참여 제고	적은 노력과 시간을 통해 일시에 많은 금액을 모금할 수 있음. 특히 급료공제와 같은 근로자를 대상으로 하는 경우 아주 간편하고 꾸준하게 모금을 할 수 있음	재력 있는 재단이나 협회로부터 보조금을 받음으로써 손쉽게 많은 액수를 모금할 수 있음	기부자에게 흥미, 오락성, 반대적인 급부 등을 제공한다는 점에서 호응도가 높고, 또 여론의 형성과 분위기 조성 등 최대의 홍보효과를 가져올 수 있음
단점	많은 금액을 단기간에 모금하는 것이 어렵고 일일이 방문해야 하므로 많은 인력과 시간이 필요함	근로자나 기업체에 강제적인 모금을 하게 할 수 있고 대상이 재력이 있는 기업이므로 주민들의 참여가 저조하게 될 수 있음	• 많은 주민을 참여시킬 수 없음 • 개별형과 기업중심형보다 대상이 한정됨	모금의 안정성을 확보하기 힘들고, 사치성과 낭비성에 대한 비판을 면하기 어려우며, 주민들의 관심을 끌기 위한 프로그램 개발이 어려움
채택국가	일본, 필리핀	미국, 영국, 캐나다, 오스트레일리아, 홍콩, 벨기에, 싱가포르, 대만 등		홍콩, 인도, 요르단, 필리핀 등

출처: 사회복지공동모금회(2005), pp. 6-7를 정리하였음.

(2) 공동모금제도의 배분방법에 의한 분류

공동모금제도의 배분방법에 따라 기관배분형, 문제 및 프로그램 배분형, 혼합형, 지역배분형으로 나눌 수 있으며, 각 유형에 대한 구체사항은 〈표 15-16〉과 같다.

표 15-16   공동모금제도의 배분방법에 따른 분류

	기관배분형	문제 및 프로그램 배분형	혼합형	지역배분형
특성	• 사회복지시설 혹은 기관을 대상으로 모금액을 배분함 • 가장 어려운 사람이나 기관에 대해 지속적인 배분이 이루어짐 • 전국적인 공동모금활동이 전개되는 경우 각 지역의 사정이 다르고 각 지역별로 시설 또는 기관이 골고루 분포되어 있지 않아 지역별 불균형을 초래할 수 있음	• 지역사회의 보건 및 사회문제를 해결하기 위해 배분하거나 이를 위한 구체적인 프로그램을 위해서 배분함 • 새로운 문제에 대해 신속하게 대처할 수 있음 • 새로운 문제가 아닌 경우 이를 간과하거나 소홀히 할 수 있음	기관배분 우선형과 문제 및 프로그램 우선형이 혼합된 경우	• 지역을 단위로 배분하는 방법으로 복지혜택에 있어서 낙후된 지역을 중심으로 배분하여 지역별 특수문제를 해결하고 지역복지를 증진시키기 위함 • 지역 간의 복지균형을 유지하고 지역복지 증진을 꾀할 수 있음. • 지역중심을 지나치게 강조하면 전국적인 문제에 대처할 수 없음
채택국가	오스트레일리아, 벨기에, 인도, 마우리티우스, 푸에르토리코 등	자메이카, 필리핀, 대만 등	• 기관배분 우선형: 캐나다, 요르단, 뉴질랜드, 남아프리카, 태국, 베네수엘라 등 • 문제 및 프로그램 우선형: 홍콩, 싱가포르, 버진군도, 미국, 한국[6] 등	일본

출처: 사회복지공동모금회(2005), pp. 7-9를 정리하였음.

---

6) 한국의 경우 혼합형의 성격을 띠고 있는데 중앙 사회복지공동모금회에서는 궁극적으로 문제 및 프로그램을 대상으로 배분하고 있으나 지역단위로 배분하고 있어 지역 배분형도 병행한다고 볼 수 있음.

8) 한국의 사회복지공동모금회

한국의 사회복지공동모금회는 중앙조직의 회장을 중심으로 이사회, 감사, 기획/홍보/모금/배분분과실행위원회 및 시민감시위원회가 있고, 각 시·도에 17개 지회가 있다. 그리고 사무국에는 기획조정본부, 경영지원본부, 모금사업본부, 배분사업본부, 대외홍보본부, 나눔연구소가 있다. 사회복지공동모금회의 조직도는 [그림 15-7]과 같다.

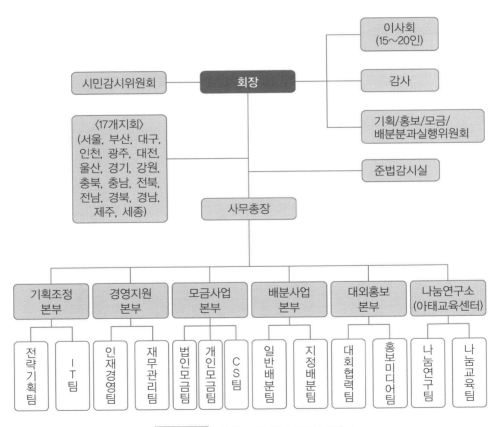

그림 15-7 사회복지공동모금회 조직도

출처: 사회복지공동모금회 홈페이지(www.chest.or.kr).

6. 사회복지협의회[7]

1) 개요

민간 사회복지증진을 위한 대표적인 민간 사회복지협의·조정체로 사회복지협의회가 있다. 한국사회복지협의회의 전신은 1952년에 설립된 사단법인 한국사회사업연합회이다. 1961년에 사단법인 한국사회복지사업연합회로 개칭하였다가 1970년에 사회복지법인 한국사회복지협의회로 명칭을 다시 변경하였고 1983년 5월 21일 「사회복지사업법」 개정으로 법정단체화되었다. 1984년에는 시·도 사회복지협의회가 조직되었고, 1998년에 「사회복지사업법」 개정으로 시·도 사회복지협의회는 독립법인으로 운영하는 체제가 되었으며, 2003년 「사회복지사업법」 개정으로 시·군·구 협의회 또한 법인화가 이루어졌다. 현재 전국 단위의 한국사회복지협의회가 있으며, 17개 시·도 단위의 사회복지협의회가 운영되고 있다(한국사회복지협의회 홈페이지, 2018).

사회복지협의회는 「사회복지사업법」 제33조에 의거하여 설립된 사회복지법인이다. 동법 제33조에 따르면, 사회복지에 관한 조사·연구 및 정책 건의, 사회복지 관련 기관·단체 간의 연계·협력·조정, 사회복지 소외계층 발굴 및 민간사회복지자원과의 연계·협력, 대통령령으로 정하는 사회복지사업의 조성 등을 수행하기 위해 전국단위의 한국사회복지협의회와 시·도 단위의 시·도 사회복지협의회를 두며, 필요한 경우에는 시·군·구 단위의 시·군·구 사회복지협의회를 둘 수 있다고 규정하고 있다.

사회복지협의회는 사회복지법인 및 사회복지사업과 관련있는 비영리법인의 대표자, 경제계·언론계·종교계·법조계·문화계·교육계 및 보건의료계 등을 대표하는 자, 기타 사회복지전문가 등이 참여하여 전국단위 혹은 지방단위로 설립된다. 사회복지협의회는 "사회복지에 관한 조사·연구와 각종 복지사업을 조성하고, 각종 사회복지사업과 활동을 조직적으로 협의·조정하며 사회복지에 대한 국민의 참여를 촉

---

7) 이 내용은 지은구, 조성숙(2010)의 제22장을 주로 참고하여 수정·보완하였음.

진시킴으로써 우리나라의 사회복지 증진과 발전에 기여함을 목적으로 한다"고 정관에 명시되어 있다.

2) 사회복지협의회의 원칙

사회복지협의회는 지역사회의 민간 사회복지관련 조직이나 개인들이 보다 효율적으로 사업을 수행할 수 있도록 조정 및 협의하는 기관으로, 다음과 같은 원칙에 의거하여 운영되어야 한다(박태영, 2008, pp. 244-245).

첫째, 주민욕구 중시의 원칙이다. 사회복지협의회는 지역주민의 생활실태와 사회복지 욕구를 파악하고 그 욕구를 충족시키기 위한 활동을 수행해야 한다. 현재 표출된 주민의 욕구뿐만 아니라 향후에 발생하게 될 잠재된 욕구에 대한 관심도 가져야 한다.

둘째, 주민참가의 원칙이다. 사회복지협의회는 주민들이 사회복지활동에 주체적으로 참여할 수 있도록 사회복지에 대한 관심을 높이고, 개방된 조직구조와 민주적인 과정을 통하여 합의를 도출해 나가야 한다.

셋째, 전문성의 원칙이다. 사회복지협의회는 지역사회복지활동을 추진해 나가는 데 있어 지역사회복지활동의 계획·실시, 점검·평가, 조직화, 조사, 교육, 홍보 등의 분야에서 전문성을 발휘하는 활동을 수행하여야 한다.

넷째, 민간성의 원칙이다. 사회복지협의회는 공공적 성격을 지닌 민간단체로서의 특성을 십분 발휘하여 주민의 복지욕구, 지역사회의 복지과제에 대응하는 개척성이나 적응성, 유연성을 발휘하여야 한다.

다섯째, 민·관 협력의 원칙이다. 사회복지협의회는 민·관의 사회복지조직이나 보건·의료, 교육, 노동, 환경 등의 각종 관련조직뿐만 아니라 지역사회주민 등과 협력과 역할 분담으로 지역사회복지사업을 계획적이고 종합적으로 수행해야 한다.

여섯째, 지역특성 존중의 원칙이다. 지방단위의 사회복지협의회의 조직과 구조는 지역사정에 따라 결정되어야 하며, 지역적 특성에 적절한 사업내용과 방법을 사용하여야 한다.

3) 사회복지협의회의 기능

사회복지협의회가 수행해야 할 기능은 크게 세 가지로 정리된다(박태영, 2008, pp. 245-246).

첫째, 지역사회복지활동 기능이다. 사회복지협의회는 지역사회 주민의 생활실태와 사회복지욕구를 파악하고 해결방안을 강구하고 계획을 세워 실행함으로써 지역사회의 복지를 증진시키는 데 이바지하여야 한다. 이를 위해 지역사회 주민의 욕구와 문제를 파악하고 주민의 자발적인 참여를 유도하여야 한다.

둘째, 연락 · 조정 · 협의의 기능이다. 사회복지협의회는 지역사회복지조직이나 단체들 간의 상호연계 · 협력을 통하여 민간복지 역량을 강화하고 중복적으로 수행되는 사업을 조정하여 제한적인 민간자원의 효율적 활용을 도모하며 관련 기관 · 단체와의 협력체계를 구축하여야 한다. 이를 위해 관련 기관들이 사회복지협의회를 민간기관의 대표성 있는 기관으로 인정하고, 연락 · 조정 · 협의를 위한 모임에 적극적으로 활동하는 것이 전제되어야 한다.

셋째, 보완 · 유지의 기능이다. 사회복지협의회의 지역사회복지활동기능과 연락 · 조정 · 협의 기능을 잘 수행할 수 있도록 조사 · 연구, 정책 개발 및 제안, 교육 · 훈련, 정보제공 및 출판 · 홍보, 자원 조성 및 분배 등을 보완해 주어야 한다.

한편, 강철희와 정무성(2006)은 사회복지협의회 정관에 의한 협의회의 기능을 사회복지 관련 주체와의 관계 차원에서 4가지로 제시하고 있다.

첫째, 정부와의 관계에서의 역할이다. 사회복지협의회는 정부가 사회복지정책과 제도를 확립하고 추진할 수 있도록 전문적인 자문을 제공하고, 사회복지정책을 시행해 나가는 데 적극적으로 건의하는 역할을 수행한다.

둘째, 회원 및 관련 단체와의 관계에서의 역할이다. 사회복지협의회는 사회복지 회원기관이나 관련 단체들이 사회복지서비스를 효과적으로 제공할 수 있도록 그들의 업무 간의 연락 · 협의 · 조정의 역할과 필요한 서비스를 개발 · 육성하고 이에 따라 지도하는 역할을 수행한다.

셋째, 지역사회와의 관계에서의 역할이다. 사회복지협의회는 지역사회복지 증진을 위하여 시민참여를 촉진하고, 지역사회 주민의 협동정신을 배양하며, 지역사회지도자를 양성·훈련하고 지역사회 개발계획을 수립하여 이를 실현해 나가는 데 필요한 지식과 기술을 제공하고 지도하는 기능을 가진다.

넷째, 국제기구와의 관계에서의 역할이다. 사회복지협의회는 국제사회복지협의회, 국제사회복지협회, 국제사회복지사연맹 등의 회원기관으로서 사회복지분야에 대한 국가 간의 정보를 교류하는 기능을 수행한다.

4) 사회복지협의회의 주요업무

「사회복지사업법」 제33조 그리고 「사회복지사업법 시행령」 제12조에 따르면, 사회복지협의회는 다음과 같은 업무를 담당한다.

① 사회복지에 관한 조사·연구 및 정책 건의
② 사회복지 관련 기관·단체 간의 연계·협력·조정
③ 사회복지 소외계층 발굴 및 민간사회복지자원과의 연계·협력
④ 대통령령으로 정하는 사회복지사업의 조성 등
  • 사회복지에 관한 교육·훈련
  • 사회복지에 관한 자료수집 및 간행물 발간
  • 사회복지에 관한 계몽 및 홍보
  • 자원봉사활동의 진흥
  • 사회복지사업에 관한 기부문화의 조성
  • 사회복지사업에 종사하는 사람의 교육·훈련과 복지증진
  • 사회복지에 관한 학술 도입과 국제사회복지단체와의 교류
  • 보건복지부장관이 위탁하는 사회복지에 관한 업무(중앙협의회만 해당)
  • 시·도지사 및 중앙협의회가 위탁하는 사회복지에 관한 업무(시·도협의회만 해당)
  • 시·도지사, 시장·군수·구청장, 중앙협의회 및 시·도협의회가 위탁하는 사회복지에 관한 업무(시·군·구협의회만 해당)

- 그 밖에 중앙협의회, 시·도협의회, 시·군·구협의회의 목적 달성에 필요하여 각각의 정관에서 정하는 사항

(5) 사회복지협의회의 발전과제

사회복지협의회가 지역사회복지의 발전을 위한 본래의 기능을 수행하기 위해 다음의 사항이 고려되어야 한다(강철희, 정무성, 2006).

첫째, 사회복지협의회가 본래 기능을 다하기 위해서는 시민의 참여가 전제되어야 한다. 즉, 사회복지협의회는 지역사회로부터 정당성을 인정받고, 지역사회 주민이 적극적으로 참여하고 전문직원의 역량이 펼쳐질 수 있을 때 주어진 기능을 수행할 수 있다. 이를 위해 지역사회의 사회복지 관련 집단과 조직들이 자발적으로 참여할 수 있도록 기회를 부여하고 의사결정과정이 민주적으로 진행될 수 있도록 보장되어야 한다. 그리고 지역사회 주민들의 욕구와 지역사회의 문제를 정확히 파악하고 효과적으로 대처할 수 있도록 기획력을 증진시키고 조정역할이 강화되어야 한다.

둘째, 지역사회 주민들의 자원봉사를 적극적으로 이끌어 낼 수 있도록 사회복지협의회는 주도적인 역할을 하여야 한다. 앞에서 사회복지협의회의 기능을 고찰하였듯이, 지역사회복지 증진을 위하여 시민참여가 뒷받침이 되어야 한다. 그러나 한국의 경우 행정안전부가 자원봉사센터를 통하여 자원봉사를 주도적으로 관리함에 따라 시민의 자원봉사영역에 정부가 개입될 수 있는 여지가 있다. 따라서 각 지역사회복지협의회가 자원봉사센터를 유치할 수 있도록 법적인 장치가 재정립되어 자원봉사의 효율성을 높일 수 있어야 한다.

셋째, 사회복지협의회는 독립적인 민간재원 확보방안을 모색하여야 한다. 그동안 사회복지협의회는 재정적으로 정부에 크게 의존함으로써 다양한 측면에서 정부로부터 많은 통제를 받아 온 것이 사실이다. 정부, 민간, 지역사회, 국제기구와의 관계에서 조정·협의하는 역할을 효과적으로 수행하기 위해서 사회복지협의회는 정부로부터의 보조금을 축소하고 후원회원 모집, 공동모금 배분수입, 출판수입, 수익사업의 확대 등을 통하여 수입원을 다양화하여야 한다. 뿐만 아니라, 공동모금회와의 협력적 관계를 구축하여 모금자금의 배분과정에서 사회복지협의회의 사회복지 계획과 조정의 역할이 반영될 수 있도록 해야 한다.

참고문헌

감정기, 백종만, 김찬우(2005). 지역사회복지론: 이론 기술현장. 경기: 나남출판.

강철희, 정무성(2006). 지역사회복지실천론. 경기: 나남출판.

강철희, 최재성, 한동우, 구지윤, 강은나, 정병오, 이지미, 유재윤, 안성호(2010). 한국 공동모금제도의 사회적 성과와 발전과제(연구보고서 2010권7호). 서울: 사회복지공동모금회 나눔연구소.

강혜규(2003). 지방자치단체 사회복지계획 수립의 과제와 활성화 방안. 보건복지포럼, 75, 75-83.

구자경, 유철종(1998). 변환적 리더십이 임파워먼트에 미치는 영향에 관한 연구. 경영경제, 16, 19-48.

김범수, 신원우(2006). 지역사회복지론. 경기: 공동체.

김인숙, 우국희(2002). 사회복지사가 인식하는 임파워먼트의 의미에 관한 질적 연구: 한국에서 임파워먼트 실천은 가능한가. 한국사회복지학, 49, 34-61.

김혜란 외 공역(2006). 사회복지실천과 역량강화. 서울: 나눔의 집.

남세진, 조흥식(1995). 한국사회복지론. 서울: 나남출판.

대구광역시 사회복지협의회(1998). 지역 사회복지공동모금회 운영 방안에 관한 연구. 대구: 대구광역시 사회복지협의회.

류기형(1991). 지역공동모금제도에 관한 연구. 서울대학교 대학원 박사학위논문.

박태영(2008). 지역사회복지론(제2판). 경기: 학현사.

배기효 외(2007). 자원봉사론. 경기: 공동체.

배응환(2000). 정치체제변화에 따른 정부와 경제이익집단의 정책네트워크 연구: 산업정책에 있어서 전경련과 대한상의를 중심으로. 고려대학교 대학원 박사학위논문.

보건복지부(2004). 사회복지사무소 시범사업 기본계획. 서울: 보건복지부.

보건복지부(2005a). 사회복지사무소 시범사업 안내. 서울: 보건복지부.

보건복지부(2005b). 2004년도 보건복지백서. 서울: 보건복지부.

보건복지가족부(2009a). 2008 보건복지가족백서. 서울: 보건복지가족부.

보건복지부(2014). 2014년 지역아동센터 운영매뉴얼. 서울: 보건복지부.

보건복지부(2017a). 찾아가는 보건복지서비스 강화하여 지역사회 안전망 구축(2017. 12. 7. 보도자료).

보건복지부(2017b). 2017 읍면동 맞춤형 복지 업무 매뉴얼. 세종: 보건복지부.

보건복지부(2017c). 2017 지역사회보장협의체 운영안내. 세종: 보건복지부.

보건복지부(2017d). 2017 통계로 보는 보건복지(2017. 12. 29. 보도자료).

보건복지부(2018a). 사회복지관 운영관련 업무처리 안내. 세종: 보건복지부.

보건복지부(2018b). 2018년 자활사업 안내(I). 세종: 보건복지부.

보건복지부(2018c). 2018 지역아동센터 지원 사업안내. 세종: 보건복지부.

보건복지부(2018d). 2018 희망복지지원단 업무 안내. 세종: 보건복지부.

석재은, 김가율, 이민영, 장은진, 이관호(2008). 사회복지공동모금회 기초복지 지원사업 현황분석 및 전략수립 연구(연구보고서). 사회복지공동모금회.

안혜영, 김영종(2009). 시·군·구 지역사회복지계획수립 업무 매뉴얼. 보건복지가족부·한국보건복지인력개발원.

양난주(2007). 사회정치적 임파워먼트와 노인복지: 개념화, 지표개발 및 적용. 사회복지연구, 35, 239-266.

오정수, 류진석(2004). 지역사회복지론. 서울: 학지사.

오정수, 류진석(2009). 지역사회복지론(3판). 서울: 학지사.

오정수, 류진석(2016). 지역사회복지론(5판). 서울: 학지사.

원석조(2008). 사회복지정책론. 경기: 양서원.

이강희, 양희택, 노희선(2006). 사회복지발달사. 경기: 양서원.

이인재(1995). 사회복지운동의 주체로서 사회복지실천가의 사회적 위상에 관한 연구. 한국사회복지학, 26호. 한국사회복지학회.

이철수(2006). 사회복지학소사전. 서울: 높이깊이.

이철수(2009). 남북한 사회복지. 북한연구학회보, 13(1), 139-174.

이현주(2007). 사회복지 전달체계 관련 조직 및 인력 개선. 서울: 한국보건사회연구원.

정무성, 황정은(2013). 사회복지 마케팅. 서울: 신정.

정익준(2005). 비영리마케팅. 서울: 형설출판사.

조휘일(2003). 지역사회취약계층 클라이언트를 위한 옹호(Advocacy) 활동전략 및 과정에 관한 연구. 한국지역사회복지학, 13, 173-194.

지은구(2003). 사회복지경제학연구. 서울: 청목출판사.

지은구(2005). 사회복지행정론. 서울: 청목출판사.

지은구(2006). 자본주의와 사회복지. 청목출판사.

지은구(2007). 사회복지 조직연구. 서울: 청목출판사.

지은구, 장현숙, 김민주, 이원주(2015). 최신사회문제론. 서울: 학지사.

지은구, 조성숙(2010). 지역사회복지론. 서울: 학지사.

최명민(2007). 임파워먼트와 사회복지실천. 경기: 나남출판.

최성재, 남기민(2006). 사회복지행정론. 경기: 나남출판.

최일섭, 이현주(2006). 지역사회복지론(제2개정판). 서울: 서울대출판문화원.

표갑수(2003). 지역사회복지론. 경기: 나남출판.

행정안전부(2009a). 기부금품 모집제도 설명회. 서울: 행정안전부.

행정안전부(2018). 자원봉사 활성화를 위한 자원봉사센터 운영지침. 서울: 행정안전부.

현외성(2006). 사회복지운동론. 서울: 집문당.

홍현미라, 김가율, 민소영, 이은정, 심선경, 이민영, 윤민화(2010). 지역사회복지론. 서울: 학지사.

Abramson, L. V., Seligman, M., & Teasdale, J. D. (1978). Learned helplessness in humans: Critique and reformulation. *Journal of Abnormal Psychology, 87*, 49-74.

Adams, R. (1997). Empowerment, marketisation and social work. In B. Lesnik (Ed.), *International perspectives in social work: Change in social work.* London: Ashgate.

Adler, P. S., & Kwon, S. W. (2002). Social capital: Prospects for a new concept. *Academy of Management Review, 27*(1), 17-40.

Aldrich, H. E. (1971). Organizational boundaries and interorganizational conflict. *Human Relations, 24*, 279-281.

Aldrich, H. E. (1979). *Organizations and environments.* Englewood Cliffs, NJ: Prentice-Hall.

Alesina, A. F. (2007). *Political economy.* Boston: NBER Reprter.

Alinsky, S. D. (1971). *Rules for radicals.* New York: Random House.

Alinsky, S. D. (1974). *Principles of citizen action: Class materials.* Chicago, Illinois: The Midwest Academy.

Altman, D. G., Balcazar, F. E., Fawcett, S. B., Seekins, T., & Young, T. Q. (1994). *Public health advocacy: Creating community change to improve health.* Palo Alto, CA: Stanford Center for Research in Disease Prevention.

Anderson, E. (1990). *Streetwise: Race, class, and change in an urban community.* Chicago: University of Chicago Press.

Anderson, J. (1981). *Social work methods and process.* Belmont, CA: Wardworth.

Arnstein, S. (1969). A ladder of citizen participation. *Journal of the American Institute of Planner, 35*(4), 216-24.

Bailey, A., & Koney, K. M. (2000). *Creating and maintaining strategic alliances: From affiliation to consolidation.* Thousand Oaks, CA: Sage.

Barker, R. L. (1991). *The social work dictionary* (2nd ed.). Silver Spring, MD: NASW Press.

Barker, R. L. (1995). *The social work dictionary* (3rd ed.). Washington, DC: NASW Press.

Beresford, P., & Croft, S. (1993). *Citizen involvement: A practical guide for change.* London: Macmillan.

Berg, B. (1998). *Qualitative methods for the social sciences* (3rd ed.). Boston: Allyn & Bacon.

Besley, T., & Burgess, R. (2002). The political economy of government responsiveness: Theory and evidence from India. *The Quarterly Journal of Economics, 117*(4), 1415-1451.

Bhandari, H., & Yasunobu, K. (2009). What is social capital? A comprehensive review of the concept. *Asian Journal of Social Science, 37*(3), 480-510.

Bobo, K., Kendall, J., & Max, S. (1991). *Organizing for social change: A manual for activists in the 1990s*. Cabin John, MD: Seven Locks Press.

Boneham, M. A., & Sixsmith, J. A. (2006). The voices of older women in a disadvantaged community: Issues of health and social capital. *Social Science & Medicine, 62*(2), 269–279.

Bowels, S., & Gintis, H. (2002). *Schooling in Capitalist America Revised*. Sociology of Education. Sanfrancisco: JSTOR.

Brager, G., Specht, H., & Torczyner, J. (1987). *Community organizing* (2nd ed.). New York: Columbia University Press.

Brower, A. M., & Nurius, P. S. (1993). *Social cognition and individual change: Current theory and counseling guidelines*. Newbury Park, CA: Sage Publications.

Brueggemann, W. G. (2002). *The practice of macro social work* (2nd ed.). Belmont, CA: Brooks/Cole.

Burch, H. (1996). *Basic social policy and planning*. New York: Haworth.

Burghardt, S. (1987). Community-based social action. In *Encyclopedia of social work* (18th ed.). Washington, DC: NASW Press.

Burghardt, S. (1979). Tactical use of group structure and process in community organizations. In F. M. Cox, J. L. Erlich, J. Rothman & J. E. Tropman (Eds.), *Strategies of community organization* (3rd ed.). Itasca, IL: F.E. Peacock.

Campbell, D. T., & Stanley, J. C. (1963). Experimental and quasi-experimental designs for research. *Handbook of research on teaching, 171–246*.

Chambers, D. (1993). *Social policy and social programs: A method for the practical public policy analyst*. Boston: Allyn & Bacon.

Chambers, D. (2000). *Social policy and social program: A method for the practical public policy analyst* (3rd ed.). Boston: Allyn and Bacon.

Chambers, D., Wedel, K., & Rodwell, M. (1992). *Evaluating social programs*. Boston: Allyn & Bacon.

Chambon, A. (1999). Foucaults approach: Making the families visible. In A. Chambon, A. Irving & L. Epstein (Eds.), *Reading foucault for social work*. New York: Columbia University Press.

Chaskin, R. J. (2013). *Theories of community: The handbook of community practice*. Thousand Oaks, Londres, Nova Deli e Singapura, London: Sage Publications, 105–122.

Chelimsky, E. (1997). The coming transformations in evaluation. *Evaluation for the 21st century: A handbook, 1–26*. London: Sage.

Cnnan, R. A., & Rothman, J. (1995). Locality development and the building of community. In J. Rothman, J. Erlich & J. Tropman (Eds.), *Strategies of community organization*. Itasca, IL: F. E. Peacock Publishers, INC.

Coleman, J. S. (1990). *Foundations of social theory*. Cambridge, MA: Belknap Press of Harvard

University Press.

Coleman, J. S. (1988). Social Capital in the Creation of Human Capital. *American Journal of Sociology, 94*: S95–S121

Collins, P. (2010). The new politics of community. *American Sociological Review, 75*(1), 7–30.

Coombe, C. (1999). Using empowerment evaluation in community organizing and community based health initiatives. In M. Minkler (Ed.), *Community organization and community building for health*. New Brunswick, NJ: Rutgers University Press.

Cummerton, J. (1986). A feminist perspective on research. What does it help us see? In N. Van Den Berge & L. Cooper (Eds.), *Feminist visions for social work*. Silver Spring, MD: NASW.

Dahrendorf, R. (1959). *Class and class conflict in industrial society* (Vol. 15). Stanford, CA: Stanford University Press.

Decker, S., & Van Winkle, B. (1996). *Life in the gang*. New York: Cambridge University Press.

Delgado, M. (2000). *Community social work practice in an urban context: The potential of a capacity enhancement perspective*. New York: Oxford University Press.

Delgado, G. (1996). Puerto Rican food establishments as social service organizations: Results of an asset assessment. *Journal of Community Practice, 3*(2), 57–78.

Dosher, A. (1977). Creating the Network. *The Self-Determination Quarterly Journal, 1*.

Emery, F. E., & Trist, E. L. (1965). The causal texture of organizational environments. *Human Relations, 18*, 21–32.

Erlich, J., Rothman, J., & Tropman, J. E. (Eds.) (2001). *Strategies of community intervention*. Boston: Wadsworth/Thomson Learning.

Fabricant, M., & Burghardt, S. (1992). *The welfare state crisis and the tramsformation of social service work*. New York: M. E. Sharpe.

Fauri, D. P., Wernet, S. P., & Netting, F. E. (Eds.) (2000). *Case in macro social work practice*. Boston: Allyn and Bacon.

Fauri, D. P., Wernet, S. P., & Netting, F. E. (2008). *Cases in macro social work practice*. Boston: Pearson Allyn and Bacon.

Fellin, P. (2001). *The community and the social worker* (3rd ed.). Itasca, IL: F.E. Peacock.

Fellin, P. (1995). *The community and the social worker*. Sanfrancisco: FE Peacock Publishers.

Fellin, P. (2008). Understanding American communities. In J. Rothman, L. Erlich & J. E. Tropman (Eds.)(1996), *Empowerment evaluation*. Thousand Oaks, CA: Sage.

Fetterman, D. (1996). Empowerment evaluation: an introduction to theory and practice. In D. Fetterman, S. Kaftarian & A. Wandersman (Eds.), *Empowerment evaluation: Knowledge and tools for self-assessment and accountability*. Thousand Oaks, CA: Sage.

Fetterman, D. (1998). Empowerment evaluation and the Internet: A synergistic relationship. *Current Issues in Education, 1*(4), 1–20.

Figueira-McDonough, J. (2001). *Community analysis and praxis: Toward a grounded civil society*. London: Routledge.

Figueira-McDonough, J. (1991). Community structure and delinquency: A typology. *Social Service Review, 65*(1), 68-91.

Fisher, E. (2005). History, context, and emerging issues for community practice. In *Handbook of community practice*. Thousand Oaks, CA: Sage Publications.

Fisher, E. (2007). Occupying the margins: labour integration and social exclusion in artisanal mining in Tanzania. *Development and change, 38*(4), 735-760.

Fisher, R., & Shragge, E. (2000). Challenging Community Organizing: Facing the 21st Century. *Journal of Community Practice, 8*(3), 1-19.

Forester, J. (1989). *Planning in the face of power*. Berkeley: University of California Press.

Friedmann, J. (1987). *Planning in the public domain: From knowledge to action*. Princeton: Princeton University Press.

Friesen, B. J., & Poertner, J. (1995). *From case management to service coordination for children for emotional, behavioral, or mental disorders: Building on family strengths*. Baltimore: Paul H. Brookes.

Fukuyama, M. F. (1995). *Trust: The social virtues and the creation of prosperity* (No. D10 301 c. 1/c. 2). NY: Free Press Paperbacks.

Fukuyama, M. F. (2000). *Social capital and civil society*. Washington D.C.: International Monetary Fund.

Galaskiewicz, J., & Wasserman, S. (1993). Social network analysis: Concepts, methodology and directions for the 1990s. *Sociological Methods and Research, 22*, 3-22.

Gamble, D. N., & Weil, M. (2005). *The handbook of community practice*. London: SAGE Publications.

Gamble, D. N., & Weil, M. (2008). Community practice interventions. Mizrahi, T. & Davids, L. E. (Eds-in-Chief). *Encyclopaedia of Social Work* (pp. 355-368). New York: NASW Press and Oxford University Press.

Gamble, D. N., & Weil, M. (2010). *Community practice skills: Local to global perspectives*. New York: Columbia University Press.

Germain, C. B. (1985). The place of community work within an ecological approach to social work practice. In S. H. Talor & R. W. Roberts (Eds.), *Theory and practice of community social work*. New York: Columbia University Press.

Gilbert, N., & Terrel, P. (1998). *Dimensions of social welfare policy* (4th ed.). Boston: Allyn & Bacon.

Ginsberg, L. (1994). *Understanding social problems polices, and programs*. Columbia, SC: University of South Carolina.

Gittell, R., & Vidal, A. (1998). *Community organizing: Build social capital as a development strategy*. Thousand Oaks, CA: Sage.

Glasby, J. (2005). The integration dilemma: How deep and how broad to go? *Journal of Integrated Care, 13*(5), 27-30.

Granovetter, M. (1985). Economic action and social structure: The problem of embeddedness. *American Journal of Sociology, 91*(3), 481-510.

Guba, E. (1987). *Naturalistic evaluation: New directions for program evaluation*. San Francisco: Jossey-Bass.

Gutierrez, L., Parsosn, R., & Cox, E. O. (Eds.) (1998). *Empowerment in Social Work Practice: A Source Book*. Pacific Grove, CA: Brooks/Cole.

Hardcastle, D. A, Wenocur, S., & Powers, P. R. (1997). *Community practice: theories and skills for social workers* (3rd ed.). New York: Oxford University Press.

Hardcastle, D. A., Powers, P., & Wenocur, S. (2004). *Community practice theories and skills for social workers* (2nd ed.). London: Oxford University Press.

Hardcastle, D. A, Wenocur, S., & Powers, P. R. (2011). *Community practice: theories and skills for social workers* (3rd ed.). New York: Oxford University Press.

Hardina, D. (1997). Workfare in the US: Empirically-tested programs or ideological quagmire. Workfare: Ideology for a New Under-Class, 131-148. Toronto: Garamond Press.

Hardina, D. (2000). Models and tactics taught in community organization courses: Findings from a survey of practice instructors. *Journal of Community Practice, 7*(1), 5-18.

Hardina, D. (2002). *Analytical skills for community organization practice*. New York: Columbia University Press.

Harper, C. L. (1998a). *Exploring social change: America and the world* (3rd ed.). New Jersey: Prentice-Hall, Inc.

Harper, D. (1998b). An argument for visual sociology. Image-based research: A sourcebook for qualitative researchers, 24-41. London: Routledge.

Harrison, W. D. (1997). *Community development*. In *Encyclopedia of social work*(19th ed). Washington, DC: NASW Press.

Hasenfeld, Y. (1983). *Human service organizations*. Englewood Cliffs, NJ: Prentice-Hall.

Hawley, A. (1968). *Urban ecology*. Chicago: Chicago University Press.

Hawley, A. (1950). *A human ecology: A theory of community structure*. New York: Roland Press.

Hepworth, D. H., Rooney, R. H., & Larsen, J. A. (1997). *Direct social work practice: Theory and skills* (5th ed.). Pacific Grove, CA: Brooks/Cole.

Hepworth, D. H. & Larsen, J. A. (1993). *Direct social work practice*. Pacific Grove, CA: Brooks/Cole.

Hoffman, K. S., & Sallee, A. L. (1994). *Social work practice: Bridges to change*. Boston, MA: Allyn and Bacon.

Homan, M. S. (2004). *Promoting community change: Making it happen in the real world*. Belmont, CA: Wadsworth/Thomson Learning.

Horton, P. B., & Leslie, G. R. (1970). *The sociology of social problems*. New York: Appleton Century Crofts.

Hummel, J. (1996). *Starting and running a nonprofit organization* (2nd ed.). Minneapolilis: University of Minnesota Press.

Huysman, M., & Wulf, V. (Eds.) (2004). *Social capital and information technology*. MIT Press.

Hyde, C. (1994). Commitment to social change: Voices from the feminist movement. *Journal of Community Practice, 1*(2), 45-63.

Itzhaky, H., & York, A. S. (2000). Empowerment and community participation: Does gender make a difference? *Social Work Research, 24*(4), 225-234.

Jacobson, M. & Heitkamp, T. (1995). *Working with communities*. In H. W. Johnson, *The social services: An introduction* (4th ed.). Itasca, IL: F. E. Peacock Publishers, INC.

Jenson, J. (1998). *Mapping social cohesion: The state of Canadian research* (pp. 109-128). Family Network, CPRN.

Johnson, H. W. (1995). Basic concepts: Social welfare, social work, and social services. In H. W. Johnson (Ed.), *The social services: An introduction* (4th ed.). Itasca, IL: F. E. Peacock.

Johnson, J. V., & Hall, E. M. (1994). Social support in the work environment and cardiovascular disease. *In Social support and cardiovascular disease* (pp. 145-166). Springer, Boston: MA.

Kahn, S. (1978). *How people get power*. New York: McGraw-Hill.

Kahn, S. (1991). *Organizing: A guide for grassroots leaders* (rev. ed.). Silver Spring, MD: NASW Press.

Kahn, S. (1995). Community organization. In *Encyclopedia of social work* (19th ed.). Washington, DC: NASW Press.

Kaminsky, L., & Walmsley, C. (1995). The advocacy brief: A guide for social workers. *The Social Workers, 63*, 53-58.

Kaufman, (1959). Toward an interactional conception of community. *Social Forces, 38*(1).

Kemp, S. P. (1995). Practice with communities. In C. H. Mayor & M. A. Mattaini (Eds.), *The foundations of social work practice*. Washington, DC: NASW Press.

Kingsley, G. T., McNeely, J. B. & Gibson, J. (1997). *Community building: Coming of age*. Washington DC: Development Training Institute, Inc. and the Urban Institute.

Kirst-Ashman, K. K., & Hull. Jr. G. H. (2009). *Introducing generalist practice* (5th ed.). Belmon, CA: Brooks/Cole.

Klein, K. (2007). *Fundraising for social change* (5th ed.). San Francisco: Jossey-Bass.

Knoke D., & Yang, S. (2008). *Social network analysis*. New York: Sage.

Knuttila, M. (1992). *State theories: From liberalism to the challenge of feminism*. Halifax, Nova

Scotia: Fernwood.

Kramer, R. M., & Specht, H. (Eds.) (1975). *Reading in community organization practice* (2nd ed.). Englewood Cliffs, NJ: Prentice Hall.

Kretzmann, J., & Mcknight, J. (1993). *Building communities from the inside out: A path toward finding and mobilizing a community assets.*

Krueger, R. A. (1988). *Focus groups: A practical guide for applied research.* Newbury Park, California: Sage.

Kurzman, P. (1985). Program development and service coordination as components of community practice. In S. H. Talor & R. W. Roberts, *Theory and practice of community social work.* New York: Columbia University Press.

Kutchins, H., & Kutchins, S. (1978). Advocacy and social work. In G. Weber & G. McCall (Eds.), *Social scientists as advocates: Views from the applied disciplines.* Beverly Hills, CA: Sage.

Lauffer, A. (1981). The practice of social planning at the community level. In N. Gilbert & H. Specht (Eds.), *Handbook of the social services.* Englewood Cliffs, NJ: Prentice-Hall.

Lauffer, A. (1984). *Strategic marketing for not-for-profit organizations: Program and resource development.* New York: free Press.

Lee, M., & Greene, G. (1999). A social constructivist framework for integrating cross-cultural issues in teaching clinical social work. *Journal of Social Work Education, 35*(1), 21-37.

Lohmann, R. A., & Lohmann, N. (2002). Social administration. New York: Columbia University Press.

Long, D., Tice C., & Morrison, J. (2006). *Macro social work practice: A strengths perspective.* Belmont, CA: Thomson.

MaCroskey, J., & Meezan, W. (1992). Social work research in family and children's services. In J. Brown & M. Weil (Eds.), *Family practice.* Washington, D.C.: Child Welfare League of America.

MacNair, R. H. (1996). Theory for community practice in social work: The example of ecological community practice. *Journal of Community Practice, 3*(3-4), 181-202.

Maris, R. W. (1988). *Social problems.* Belmont, CA: Wardworth.

Martinez-Brawley, E. E. (1995). Community. In *Encyclopedia of social work* (19th ed.). Washington, DC: NASW Press.

McCracken, M. (1998), October. *Social cohesion and macroeconomic performance.* In Centre for the Study of Living Standards (CSLS), Conference: The state of living standards and the quality of Life.

Meenaghan, T., Washington, R., & Ryan, R. (1982). *Macro practice in the human service.* New York: Free Press.

Meier, A., & Usher, C. (1998). New approaches to program evaluation. In R. Edwards, J. Yanskey

& M. Altpeter (Eds.), *Skills for the effective management of nonprofit organizations.* Washington, DC: NASW.

Melucci, A. (1980). The new social movement. *Social Sciene Information, 19,* 199-226.

Menjivar, C. (1995). Kinship networks among immigrants: Lessons from a qualitative comparative approach. *International Journal of Comparative Sociology, 36*(3-4), 219-33.

Mickelson, J. S. (1995). Advocacy. In R. L. Edwards (Ed.), *Encyclopedia of social work* (19th ed.). Washington, DC: NASW Press.

Miley, K. K., O'Melia, M., & DuBois, B. (2004). *Generalist social work practice: An empowering approach* (4th ed.). Boston: Pearson A and B.

Mizrahi, T., & Rosenthal, B. (1993). *Managing dynamic tensions in social change coalitions.* Community organization and social administration: Advances, trends and emerging principles, 11-40. New York: Haworth Press.

Mondros, J., & Staples, L. (2008). Community organization. *Encyclopedia of Social Work,* 387-398.

Mondros, J. B., & Wilson, S. M. (1994). *Organizing for power and empowerment.* Columbia University Press.

Moyser, G., & Parry, G. (1997). *Voluntary associations and democratic participation in Britain. Private Groups and Public Life.* London: Routledge, 24-46.

Muller, C. M. (1992). Building social movement theory. In A. D. Morris & C. M. Muller. *Frontier in social movement theory.* New Haven, CT: Yale University Press.

Mullay, J. (1997). Instrumental-variable estimation of count data models: Applications to models of cigarette smoking behavior. *Review of Economics and Statistics, 79*(4), 586-593.

Murty, S. (1998). Network analysis as a research methodology. In R. MacNair (Ed.), *Research methods for community practice.* New York: Haworth.

Netting, F. E., & Kettner, P. M. (1998). *Social work macro practice.* London: Pearson.

Netting, F. E., Kettner, P. M., & McMurtry, S. L. (2004). *Social work macro practice*(3rd ed.). London: Oxford University Press.

Netting, F. E., Kettner, P. M., & McMurtry, S. L. (1993). *Social work macro practice.* White Plains, NY: Longman.

Netting, F. E., & Kettner, P. M., & McMurtry, S. L. (2004). *Social work macro practice.* London: Pearson.

Netting, F. E., Kettner, P. M., & McMurtry, S. L. (2008). *Social work macro practice* (4th ed.). Boston: Allyn & Bacon.

Netting, F. E., & Kettner, P. M., McMurtry, S. L., & Thomas M. L. (2011). *Social work macro practice.* (6th ed.). London: Pearson.

Netting, F. E., Kettner, P. M., McMurtry, S. L., & Thomas, M. L. (2016). *Social work macro practice* (6th ed.). London: Pearson.

Newton, K. (2001). Trust, social capital, civil society, and democracy. *International Political Science Review, 22*(2), 201–214.

Norlin, J. M., & Chess, W. A. (1997). *Human behavior and the social environment: Social system theory.* Boston: Allyn & Bacon.

O'Connor, P. (1998). 'Mapping social cohesion', Canadian Policy Research Networks, CPRN Discussion Paper No. FI 01 (Ottawa, ftp://ftp.cprn.org/family/msc_e.pdf).

OECD. (2001). *The well-being of nations: The role of human and social capital.* Paris: OECD iLibrary.

Ohmer, M. L. (2008). The relationship between citizen participation and organizational processes and outcomes and the benefits of citizen participation in neighborhood organizations. *Journal of Social Service Research, 34*(4), 41–60.

Padilla, Y., Lein, L., & Cruz, M. (1999). Community-based research in policy planning: a case study-addressing poverty in the Texas-Mexico border region. *Journal of Community Practice, 6*(3), 1–22.

Pantoja A., & Perry, W. (1992). Community development and restoration: A perspective. In F. Rivera & J. Erlich (Eds.), *Community organizing in a diverse society.* Boston: Allyn and Bacon.

Park, R. E. (1983). Human ecology. In R. L. Warren & L. Lyon (Eds.), *Community organizing in a diverse society* (1st ed.). Boston: Allyn and Bacon.

Parsons, R. J. (2008). Empowerment practice. In T. Mizrahi & L. E. Davis (Eds.), *The encyclopedia of Social Work* (20th ed.). Washington, DC: NASW Press.

Parsons, T. (1971). *The system of modern societies.* Englewood Cliffs, NJ: Prentice-Hall.

Patton, M. Q. (1997). Toward distinguishing empowerment evaluation and placing it in a larger context. *Evaluation Practice, 18*(1), 147–163.

Pecukonis, E. V., & Wenocur, S. (1994). Perceptions of self and collective efficacy in community organization theory and practice. *Journal of Community Practice, 1*(2), 5–21.

Perkins, D. (1983). Evaluating social interventions: A conceptual schma. In R. Kramer & H. Specht (Eds.), *Community Organization practice.* Englewood Cliffs, NJ: Prentice-Hall.

Perry, M., Williams, R. L., Wallerstein, N., & Waitzkin, H. (2008). Social capital and health care experiences among low-income individuals. *American Journal of Public Health, 98*(2), 330–336.

Picker, L. A. (2001). The corporate support marketplace. In J. M. Greenfield (Ed.), *The nonprofit handbook: Fundraising* (3rd ed.). New York: Wiley.

Pilisuk, M., and McAllister, J., & Rothman, J. (1999). Social change professionals and grassroots organizing. In M. Minkler (Ed.), *Community organizing and community building for health.* New Brunswick, NJ: Ruhgers University Press.

Pinderhughes, E. (1983). Empowerment for our clients and ourselves. *Social Casework, 31,* 214–

219.

Piven, F. F., & Cloward, R. (1971). *Regulating the poor.* New York: Pantheon.

Piven, F. F., & Cloward, R. (1979). *Poor peoples movement: Why they succeed, how they fail.* New York: Vintage.

Popple, P. R., & Leighninger, L. (2007). *The policy-based profession: An introduction to social welfare policy analysis for social workers.* Boston. Allyn & Bacon, Inc.

Popple, K., & Redmond, M. (2000). Community development and the voluntary sector in the new millennium: the implications of the Third Way in the UK. *Community Development Journal, 35*(4), 391-400.

Popple, K. (1995). *Analysing community work.* UK: McGraw-Hill Education.

Powell, F. W. (2001). *The politics of social work.* London: Sage.

Prusak, L., & Cohen, D. (2001). *In good company: How social capital makes organisations work.* Brighton: Harvard Business School Press.

Putnam, R. D. (1993). The prosperous community. *The American Prospect, 4*(13), 35-42.

Putnam, R. D. (1995). Bowling alone, revisited. *The Responsive Community, 5*(2).

Putnam, R. D. (2000). Bowling alone: America's declining social capital. In *Culture and politics* (pp. 223-234). New York: Palgrave Macmillan.

Pyles, L., & Cross, T. (2008). Community revitalization in post-Katrina New Orleans: A critical analysis of social capital in an African American neighborhood. *Journal of Community Practice, 16*(4), 383-401.

Rapp, C., Shera, W., & Kisthardt, W. (1993). Research strategies for consumer empowerment of people with severe mental illness. *Social Work, 38*(6), 727-36.

Reed, M. (2005). *In Organization Theory.* The Oxford handbook of organization theory, 289.

Rees, S. (1991). *Achieving power: Practice and policy in social welfare.* North Sydney, Australia: Allen & Unwin.

Reisch, M. (1990). Organizational structure and client advocacy: Lessons from the 1980s. *Social Work, 35*(1), 73-74.

Reich, J., & Zautra, A. (1981). Life events and personal causation: Some relationships with distress and satisfaction. *Journal of Personality and Social Psychology, 41,* 1002-1012.

Reinharz, S. (1992). *Feminist methods in social research.* New York: Oxford University Press.

Rodwell, M. (1998). *Social work constructivist research.* New York: Garland.

Rojek, C. (1986). The subject in social work. *British Journal of Social Work, 16*(1), 65-77.

Ross, M. G. (1967). *Community organization: Theory, principles and practice* (2nd ed.). New York: Harper & Row.

Rossi, P., & Freeman, H. (1982). *Evaluation: A systematic approach* (2nd ed.). Beverly Hills, CA: Sage.

Rossiter, A. (1996). A perspective on critical social work. *Journal of Progressive Human Services,*

7(2), 23-41.

Ross, M. G. (1967). *Community organization: Theory, principles and practice* (2nd ed.). New York: Harper & Row.

Royse, D., & Thyer, B. A. (1996). *Program evaluation* (2nd ed.). Chicago: Nelson-Hall.

Rothman, J. (1976). *Promoting Innovation and Change in Organizations and Committies: A Planning Manual.* New York: ERIC.

Rothman, J. (1979). Three models of community organization practice: Their mixing and phasing. In F. M. Cox, J. L. Erlich, J. Rothman & J. E. Tropman (Eds.), *Strategies of community organization* (4th ed.). Itasca, IL: F.E. Peacock.

Rothman, J. (1995). Approaches to community intervention. *Strategies of community intervention,* 26-63.

Rothman, J. (1996). The interweaving of community intervention approach. *Journal of Community Practice,* 3(3/4), 69-99.

Rothman, J. (2001). Approaches to community intervention. In *Strategies of community intervention* (5th ed.). Itasca, IL, F. Peacock.

Rothman, J., & Salovey, P. (2007). The reciprocal relation between principles and practice: Social psychology and health behavior. In A. W. Kruglanski & E. T. Higgins (Eds.), *Social psychology: Handbook of basic principles* (pp. 826-849). New York, NY, US: Guilford Press.

Rubin, A., & Babbie, E. (1997). *Research methods for social work.* Pacific Grove, CA: Brooks/ Cole.

Rubin, H., & Rubin, I. (1992). *Community organizing and development* (2nd ed.). New York: Macmillan.

Rubin, H., & Rubin, I. (2001). *Community organizing and development* (3rd ed.). Boston: Allyn and Bacon.

Rubin, H., & Rubin, I. (2008). *Community organizing and development* (4rd ed.). London: Pearson.

Saegert, S., & Winkel, G. (2004). Crime, social capital, and community participation. *American Journal of Community Psychology,* 34(3-4), 219-233.

Saint P. G., & Verdier, T. (1996). Inequality, redistribution and growth: A challenge to the conventional political economy approach. *European Economic Review,* 3(40), 719-728.

Saleebey, D. (1994). Culture, theory, and narrative: The intersection of meanings in practice. *Social Work,* 39(4), 351-359.

Sanders. (1966). *The community: An introduction to a social system* (2nd ed.). N.Y.: Ronald Press Co.

Schmuck, R. (1997). *Practical action research for change.* Arlington Heights, IL: SkyLight Professional Development.

Schneider, R. L., & Lester, L. (2001). *Social work advocacy: A new framework for action*. Brooks/Cole.

Schulz, A., Israel, B., Selig, S., & Bayer, I. (1998). Development and implementation of principles for community-based research in public health. In R. MacNair (Ed.), *Research strategies for community practice*. New York: Haworth.

Scott, J. (1991). *Social network analysis: A handbook*. Thousand Oaks, CA: Sage.

Scriven, M. (1967). The methodology of evaluation. In R. W. Tyler, R. M. Gagne & M. Scriven (Eds.), *Perspectives of curriculum evaluation*. Chicago: Rand-McNally.

Silver, M. (1980). Social infrastructure organizing technology. Unpublished doctoral dissertation: University of California at Berkeley.

Smith, S. (1997). Deepening participatory action research. In S. Smith, D. Wilms & N. Johnson (Eds.), *Nurtured by knowledge*. New York: Apex.

Social Capital Initiative. (1998). World Bank: The initiative on defining, Monitoring and measuring social capital. Overview and program description. Social Capital Initiative working paper, No. 1. Washington, D.C.: World Bank Publications.

Sohng, S. S. L. (1998). Research as an empowerment strategy. In L. Gutierrez, R. Parsosn & E. O. Cox (Eds.), *Empowerment in social work practice: A source book*. Pacific Grove, CA: Brooks/Cole.

Solomon, B. (1976). *Black empowerment: Social work in oppressed communities*. New York: Columbia University Press.

Speer, P. W., & Zippay, A. (2005). Participatory decision-making among community coalitions: An analysis of task group meetings. *Administration in Social Work, 29*(3), 61-77.

Speeter, G. (1978). *Power: A respossesion manual*. Amherst, MA: Citizen Involvement Training Project.

Spergel, I. A. (1987). Community development. In *Encyclopedia of social work* (18th ed.). Washington, DC: NASW Press.

Spradley, B. W. (1990). *Community health nursing: Concepts and practice* (3rd ed.). Glenview, IL: Scott, Foresman.

Staples, L. (1990). Powerful ideas about empowerment. *Administration in Social Work, 14*(2), 29-42.

Strauss, A., & Corbin, J. (1990). *Basics of qualitative research*. Newbury Park, CA: Sage.

Streeck, W. (2011). The crises of democratic capitalism. *New Left Review,* (71), 5-29.

Swank, E., & Clapp, J. (1999). Some methodological concerns when estimating the size of organizing activities. *Journal of Community Practice, 6*(3), 49-69.

Taylor, E. D. (1987). *From issue to action: An advocacy program model*. Lancaster, PA: Family Service.

Taylor, S. H. & Roberts, R. W. (1985). The fluidity of practice theory: An overview. In S. H.

Taylor & R. W. Roberts, *Theory and practice of community social work*. New York: Columbia University Press.

Themba, M. N. (1999). *Making policy, making change: How communities are taking the law into their own hands*. Berkeley, CA: Chardon Press.

Thompson, J. D. (1967). *Organizations in action*. New York: McGraw-Hill.

Tobin, S. S., Ellor, J., & Anderson-Ray, S. (1986). *Enabling the elderly: Religious istitutions within the community service system*. New York: State University of New York.

Torre, D. (1985). Empowerment: Structured conceptualization and instrument development. Unpublished doctoral dissertation. New York: Cornell University.

Touraine, A. (1985). An introduction to the study of social movements. *Social Research, 52*(4): 749-787.

Tropman, J., Erlich, J. L., & Rothman. J. (2002). *Tactics and techniques of community intervention* (4th ed.). Itasca, IL: F.E. Peacock.

Twelvetrees, A. (2002). *Community work* (3rd ed.). New York: Palgrave.

Wagner, D. (1994). Beyond the pathologizing of network: Alternative activities in a street community. *Social Work, 39*, 718-28.

Warren, R. L. (1971). Types of purposive social change at the community level. In R. L. Warren (Ed.), *Truth, love, and social change*. Chicago: Rand McNally.

Warren, R. L. (1972). *The community in America* (2nd ed.). Chicago: Rand McNally & Co.

Warren, R. L. (1978). *The community in America* (3rd ed.). Chicago: Rand McNally & Co.

Wasserman, S., & Faust, F. (1994). *Social network analysis: Methods and applications*. New York: Cambridge University Press.

Weil, M. O., & Gamble, D. N. (1995). Community practice models. In *Encyclopedia of social work* (19th ed.). Washington, DC: NASW Press.

Weil, M. O., & Gamble, D. N. (2008). Community practice interventions. In T. Mizrahi & L. E. Davids (Eds-in-Chief), *Encyclopaedia of social work*. New York: NASW Press and Oxford University Press.

Weil, M. O., & Gamble, D. N. (2010). *Community practice skills: Local to global perspectives*. Columbia University Press.

Weick, K. (1976). Educational organizations as loosely coupled systems. *Administrative Science Quarterly, 21*, 1-19.

Whitworth, J. M., Lanier, M. W., & Haase, C. C. (1988). The influence of child protection teams on the development of community resources. In D. C. Bross, R. D. Krugman, M. R. Lenherr, D. A. Rosenberg & B. D. Schmitt (Eds.), *The new child protection handbook*. New York: Garland.

Wood, J. L. & Jackson, M. (1982). *Social movement: Development, participation, and dynamics*. Belmont, CA: Wardworth.

Woodard, K. L., & Doreion, P. (1994). Utilizing and understanding community service provision networks: A report of three case studies having 583 participants. *Journal of Social Service Research, 18*, 15–16.

Woolley, F. (1998). 'Social cohesion and voluntary activity: Making connections', Paper presented at the, Conference 'The State of Living Standards and the Quality of Life', Centre for the Study of Living Standards (CSLS), October 30–31, 1998, Ottawa, Ontario/Canada.

World Bank. (2007). Social capital for development. Available at: http://www.worldbank.org/prem/poverty/scapital/.

Van der Gaag, M., & Snijders, T. A. (2003, October). A comparison of measures for individual social capital. In conference "Creation and returns of Social Capital (pp. 30–31).

Van der Gaag, M., Snijders, T. A., & Flap, H. D. (2008). Position generator measures and their relationship to other social capital measures. *Social capital: An international research program,* 27–49.

Yip, K. (2004). The empowerment model: A critical reflection of empowerment in Chinese culture. *Social Work, 49*(3), 479–487.

York, R. O. (1983). *Human service planning: Concepts, tools, and methods.* Chapel Hill: The University North Carolina Press.

Zachary, E. (2000). Grassroots leadership training: A case study of an effort to integrate theory and method. *Journal of Community Practice, 7*(1), 71–93.

Zippay, A. (1992). Corporate funding of human service agencies. *Social Work, 37,* 210–214.

부산사회복지공동모금회 http://busan.chest.or.kr/
사회복지공동모금회. http://www.chest.or.kr
지역아동센터중앙지원단. https://www.icareinfo.go.kr/main.do
찾기쉬운 생활법령정보 홈페이지. http://oneclick.law.go.kr
한국사회복지관협회 홈페이지. http://www.kaswc.or.kr
한국사회복지사협회 홈페이지. http://www.welfare.net
한국사회복지협의회 홈페이지. https://kncsw.bokji.net
한국중앙자원봉사센터. http://v1365.or.kr/company/01.php
National Association of Social Workers. http://www.socialworkers.org

찾아보기

내용

저자 소개

지은구(Ji, Eungu)

계명대학교 사회과학대학 사회복지학과 교수

〈주요 저서 및 논문〉

『복지국가와 사회의 질』(사회평론아카데미, 2018)

Ji, E. (2006). A study of the structural risk factors of homelessness in 52 metropolitan areas in the United States. *International Social Work, 49*(1), 107-117 외 다수

조성숙(Cho, Sungsook)

계명대학교 사회과학대학 사회복지학과 교수

〈주요 저서 및 논문〉

『사회서비스와 성과측정』(공저, 학지사, 2017)

Cho, S., & Gillespie, D. F. (2006). A conceptual model exploring the dynamics of government-nonprofit service delivery. *Nonprofit and Voluntary Sector Quarterly, 35*(3), 493-509 외 다수

지역사회복지실천론
Community Welfare Practice

2019년   3월   10일   1판   1쇄   인쇄
2019년   3월   20일   1판   1쇄   발행

지은이 • 지은구 · 조성숙
펴낸이 • 김진환
펴낸곳 • (주) **학지사**
　　　　04031 서울특별시 마포구 양화로 15길 20 마인드월드빌딩
대표전화 • 02)330-5114　　　　팩스 • 02)324-2345
등록번호 • 제313-2006-000265호

홈페이지 • http://www.hakjisa.co.kr
페이스북 • https://www.facebook.com/hakjisa

ISBN 978-89-997-9264-9 93330

정가 19,000원

이 도서의 국립중앙도서관 출판시도서목록(CIP)은 서지정보유통지
원시스템 홈페이지(http://seoji.nl.go.kr)와 국가자료공동목록시스템
(http://www.nl.go.kr/kolisnet)에서 이용하실 수 있습니다.
(CIP 제어번호: CIP2019005963)

교육문화출판미디어그룹 **학지사**

심리검사연구소 **인싸이트** www.inpsyt.co.kr
원격교육연수원 **카운피아** www.counpia.com
학술논문서비스 **뉴논문** www.newnonmun.com
간호보건의학출판 **학지사메디컬** www.hakjisamd.co.kr